퇴계와 동서철학의 만남

퇴계와 동서철학의 만남

안유경

박문사

서문

　퇴계(이황, 1501~1570)의 학문적 위상은 조선사회의 통치이념이던 주자학(성리학)을 세계적 수준으로 재해석하고 독자적 수준으로 발전시킨 석학이자 거장이다. 송대(宋代) 주자의 성리학이 조선왕조의 창업(1392)과 더불어 국가의 통치이념으로 받아들여졌으나, 조선의 성리학이 독자적인 모습을 갖게 된 것은 200년이 지난 퇴계에 이르러서이다.
　그의 학문체계는 성리학에 근거하여 리와 기로 인간과 세계를 다룬 이기론적 문제와 이에 근거한 심·성·정의 구조를 다룬 심성론적 문제를 기본 과제로 삼지만, 무엇보다 수양론이 그 중추를 이룬다. 수양의 올바른 실천을 통해 인간의 품성을 온전하게 실현하여 인격적 완성을 이루는 것을 목표로 삼는다. 특히 경(敬)의 개념으로 수양론의 실천방법을 체계화하여 조선성리학의 기본 틀을 확고하게 정립한다. 게다가 사단칠정논변을 계기로 풍부한 철학적 토론과 이론적 심화과정을 거치면서, 이후 조선성리학의 특성과 방향을 정립하는데 결정적인 역할을 한다. 이 점에서 조선성리학은 퇴계에 와서 비로소 독자적인 모습을 갖게 되었다고 할 수 있다.
　퇴계의 탁월한 학문적 성취는 한 시대에만 그친 것이 아니라, 그 다음 시대로 이어져 많은 후학들이 그의 학풍을 계승함으로써 다양하게 전개된다. 17세기에 이르면 퇴계를 계승한 퇴계학파(영남학파)가 형성되는데, 그것은 율곡(이이)을 계승한 율곡학파(기호학파)와 뚜렷한 학문적 차이를 보인다. 이들 학파가 서로 논쟁하면서 조선성리학 또는 한국 사상사의 내용을 형성하며, 20세기에 이르기까지 3백년 이상 광범하게 확산된다. 특히 퇴계철학은 국내뿐만 아니라 일본 등 국외에 전파되어 폭넓은 영향력을 미치고 활발한 연구의 대상이 된 것도 사실이다.

실제로 퇴계가 주자를 표준으로 삼고 있지만, 주자와 어깨를 나란히 할 정도로 높이 평가되어 왔다. '공자를 배우고자 하면 주자를 통하여 들어가야 하며, 주자를 배우고자 하면 퇴계를 통하여 들어가야 한다'는 말처럼, 퇴계를 통하지 않고는 주자도 공자도 제대로 알 수 없다고 하겠다. 이러한 의미에서 금장태(『퇴계의 삶과 철학』)는 "한국유학에서 퇴계의 위치는 금강산 일만이천봉 가운데 비로봉에 견줄 수 있다. 그 인격의 고매함은 따뜻한 빛으로 우리의 삶을 비춰주고, 그 학문의 심원함은 맑은 샘으로 우리의 정신을 해갈시켜 주기에 넉넉한 철인(哲人)이다"라고 평가한다.

따라서 우리 시대에 퇴계를 다시 배워야하는 이유로는, 사람들에게 인간심성의 내면을 성찰하는 눈을 열어줌으로써 도덕적 품성을 기를 수 있게 일깨워주고, 또한 올바른 인격을 형성하는 '경'의 실천방법을 제시함으로써 오늘날 우리 사회에 건강한 인격체를 배양할 수 있게 이끌어준데 있다. 이러한 여러 이유에서 실제로 퇴계철학을 고전으로만 남겨 두지 않고, 오늘의 현실에서 현대적 관점으로 새롭게 해석하려는 시도가 활발하게 전개되고 있다.

무엇보다 퇴계철학이 우리시대에도 의미 있는 철학적 보편성을 확보하기 위해서는 우리시대의 철학적 언어와 방법으로, 예컨대 해석학·실존철학·과정철학·유물론 등 현대의 다양한 서구적 학문분야로 퇴계철학을 재해석하는 작업이 필요하다. 이러한 인식은 퇴계철학의 현대적 해석을 통한 세계화를 표방하는 것에 다름 아니다. 이를 통해 퇴계철학이 한국에서뿐만 아니라 세계만방에 널리 보급될 것이다.

특히 서양철학과의 비교를 통해 새로운 해석의 폭을 넓힘으로써 퇴계철학의 이해를 더욱 풍성하게 할뿐만 아니라, 아울러 한국철학의 유산이면서 세계철학으로 확산될 것이다. 이를 계기로 퇴계철학이 한국철학에서 세계철학으로 뻗어나가고, 인문과학·사회과학의 모든 분야에로 확산되어 퇴계철학이 현대화와 세계화로 새롭게 부활하는데 도움을 줄 것이다.

이러한 관점에서 저자는 그동안 퇴계와 동서철학 전반에 대해 비교연구를 꾸준히 해왔으며, 이 책은 그동안의 연구내용을 단행본 형식으로 묶은 것이다. 이 책의 출판을 계기로, 앞으로 서양철학과의 비교뿐만 아니라, 해석학·분석철학·종교철학·예술철학 등 다양한 학문영역으로 퇴계철학의 연구가 확장될 것을 기대한다.

이 책의 내용은 크게 제1부와 제2부로 나누어져 있다. 제1부에서는 퇴계철학을 고대로부터 현대에 이르기까지 서양의 여러 학자들과 비교한 내용이며, 제2부에서는 퇴계와 주자 및 타종교와 비교한 내용이다. 본 내용을 전개하기에 앞서, 서론에서는 퇴계의 인물과 퇴계 성리학의 내용 및 특징을 개괄하였다.

제1장에서는 퇴계와 플라톤(Platon)의 이원론적 세계관을 고찰한 것으로써, 이를 통해 객관적이고 영원불변하는 절대적 기준으로서 리와 이데아의 의미를 해명하였다. 제2장에서는 퇴계의 리를 아리스토텔레스(Aristoteles)의 신(神: 不動의 動者)의 범주와 비교한 것으로써, 이를 통해 더 이상 신을 필요로 하지 않을 만큼 그 자체로 충분하고 완전한 존재로서 리의 초월적·절대적 의미를 해명하였다. 제3장에서는 퇴계와 아우구스티누스(Augustinus)의 악에 대한 해석을 고찰한 것으로써, 이를 통해 악의 실체성은 인정하시 않시만 나만 악을 극복하는 방법상에 인문주

의적 정신과 신학적 구도라는 이론적 차이를 확인하였다.

제4장에서는 퇴계와 칸트(Kant)의 도덕성에 관한 해석을 고찰한 것이다. 이들은 모두 성(리) 또는 선의지라는 선한 도덕성을 가지고 있음을 인정하면서도, 동시에 기 또는 감성계로써 현실 속에 만연한 인간의 부조리한 상황을 해명하고 있음을 확인하였다. 제5장에서는 퇴계와 분석심리학자 융(Carl Jung)의 마음구조에 대한 해석을 고찰한 것이다. 이들은 모두 '본성의 실현' 또는 '자기의 실현'을 궁극적 목표로 삼지만, 그 과정에서 퇴계는 자신의 감정·욕망을 절제할 것을 강조한다면, 융은 개인의 감정·욕망을 인정할 뿐만 아니라 자기발전의 원동력으로 이해한다는 사실을 확인하였다. 제6장에서는 퇴계와 머레이 북친(Murray Bookchin)의 인간에 대한 해석을 고찰한 것이다. 이들은 모두 자연과 구분되는 인간의 우수성을 인정하고, 이러한 인간에 대한 신뢰를 전제로 올바른 인간상을 회복할 때에 자연만물과 조화를 이룰 수 있다는 사실을 확인하였다.

제2부에서는 퇴계가 평생 주자를 표준으로 삼음에 따라, 퇴계와 주자 및 동양철학의 내용을 다루었다. 실제로 주자의 인식론이나 심론 등의 내용은 퇴계의 이론과 다르지 않다. 제7장에서는 퇴계의 리, 다산(정약용)의 상제, 수운(최제우)의 천주, 증산(강일순)의 상제를 중심으로 이들 속을 관통하는 고대 종교적 천관(天觀)의 성격을 고찰한 것이다. 제8장에서는 주자와 아리스토텔레스의 인식론을 고찰한 것이다. 이를 통해 동양철학인 주자 인식론의 목적이 수양론으로 귀결되는 것임을 해명하고, 이것이 바로 서양철학의 인식론과 구분되는 특징임을 확인하였다. 제9장에서는 주자 성리학과 마명(馬鳴)『대승기신론』의 심에 대한 해석을 고찰한 것이다. 성리학이 현실 속의 '기질지성'을 통해 '본연지성'을 회복하듯이,『대승기신론』역시 현실 속의 '생멸심'을 통해 '진여

심'을 자각하는데 있음을 확인하였다. 제10장에서는 천주교 신부인 마테오 리치(Matteo Ricci)의 우주론과 심성론을 고찰한 것으로써, 이를 통해 마테오 리치와 주자 성리학의 이론적 차이를 확인하였다. 부록에서는 21세기 대학교육이 나아갈 방향과 퇴계의 교육철학이 갖는 의미를 고찰한 것이다.

　이러한 내용을 통해, 우리 시대에 퇴계철학의 이해를 넓혀가는 하나의 작은 시도가 될 것이라 기대한다.

　끝으로 이 책의 출판을 허락해주신 박문사 윤석현사장님과 멋진 책으로 편집해주신 편집부 최인노선생님께 감사의 인사를 드린다. 또한 항상 바르게 잘 자라주는 자랑스러운 두 아이 준우와 민우한테도 고마운 마음을 전하며, 그리고 지금의 저를 있게 해주신 아이들의 외할아버지(안국진님)와 할머니(이상숙님)께도 이 기회를 빌어서 진심으로 감사의 인사를 드린다.

2025. 04. 09.
안유경

목차

서문 / 5

서론   퇴계철학의 서설   13
    1. 퇴계 이황: 백대의 스승   15
    2. 퇴계 성리학의 내용과 특징   27

제1부   퇴계와 서양철학   59
  제1장   퇴계와 플라톤의 이원론적 세계관   61
      1. 퇴계의 이원론적 세계관   63
      2. 플라톤의 이원론적 세계관   76
  제2장   퇴계의 리와 아리스토텔레스의 신   93
      1. 퇴계의 리   96
      2. 아리스토텔레스의 '부동(不動)의 동자(動者)'   116
  제3장   퇴계와 아우구스티누스의 악의 해석   125
      1. 퇴계의 악에 대한 해석   126
      2. 아우구스티누스의 악에 대한 해석   140
  제4장   퇴계와 칸트의 도덕성 해석   157
      1. 퇴계의 도덕성   158
      2. 칸트의 도덕성   170
  제5장   퇴계의 심성론과 융의 분석심리학   187
      1. 퇴계의 심성론   189
      2. 융의 분석심리학   206

	제6장	퇴계와 북친의 인간 해석	223
		1. 퇴계의 인간 해석과 역할	225
		2. 머레이 북친의 인간 해석과 역할	238

제2부 퇴계와 동양철학 — 255

	제7장	퇴계와 조선유학자의 천관(天觀)	257
		1. 퇴계 이황의 리(理)	261
		2. 다산 정약용의 상제(上帝)	269
		3. 수운 최제우의 천주(天主)	276
		4. 증산 강일순의 상제(上帝)	283
	제8장	주자와 아리스토텔레스의 인식론	295
		1. 주자의 인식론	297
		2. 아리스토텔레스의 인식론	313
	제9장	주자 성리학과 마명『대승기신론』의 심론	325
		1. 주자 성리학의 심론(心論)	326
		2. 마명『대승기신론』의 심론(心論)	342
	제10장	주자 성리학에서 본 천주교: 마테오 리치의 우주론과 심성론	357
		1. 마테오 리치의 우주론	359
		2. 마테오 리치의 심성론	369

결론	지금 왜 퇴계인가: 퇴계철학의 현대화와 세계화		385
부록	퇴계의 교육철학		393
	1. 퇴계의 학교교육 인식		397
	2. 퇴계의 교육철학		409

참고문헌 / 425
찾아보기 / 435
책에 실린 글의 출처 / 453

서론

퇴계철학의 서설

1. 퇴계 이황: 백대의 스승

퇴계는 1501년(연산군 7) 11월 25일 경상도 예안현(禮安縣) 온계리(溫溪里: 현 안동시 도산면 온혜리)에서 진사 이식(李埴)과 박씨 부인(후처) 사이에서 6남매의 막내아들로 태어났다. 퇴계가 태어날 때 아버지는 39세요 어머니는 32세였다. 어머니 박씨 부인은 퇴계를 낳던 날 밤 꿈에 공자가 대문 앞에 오시는 것을 보았다고 한다. 퇴계가 태어난 지 7개월 만에 아버지는 40세의 젊은 나이에 세상을 떠나자, 홀어머니 슬하에서 자랐다.

이에 퇴계의 성장과정에서 어머니의 가르침이 컸다. 평소 자식들에게 학문에 힘쓸 뿐만 아니라 몸가짐과 행실을 삼갈 것을 경각시키고 타일렀으니 "세상 사람들은 으레 과부의 자식이라 배우지 못했다고 욕하는데, 너희들이 남들보다 백배나 노력하지 않는다면 어떻게 이러한 욕을 면할 수 있겠느냐." 퇴계 역시 평소 어머니의 뜻을 따르고 거스르는 행동이 없었는데, 어머니는 이러한 퇴계의 성품을 미리 알아서 인지, 일찍감치 높은 벼슬이 그에게 적당하지 않다고 말해주었다. "너의 벼슬은 고을의 현감을 하는 것이 적당하고 높은 벼슬을 하는 것은 적당하지 않으니, 아마도 세상이 너를 받아들이지 못할까 염려된다."[1] 퇴계의 온순하고 공손한 품성을 알게 해 주는 말이다.

어머니의 가르침 때문인지, 어려서부터 몸가짐을 단정하게 하고 언행을 신중하게 하여 경건한 모습을 잃지 않았으니 "평소 새벽이면 일어나서 반드시 세수하고, 머리 빗고, 의관을 갖추고서 종일토록 책을 보았다."[2] "새벽이면 일어나서 반드시 향을 피우고 정좌하여 종일 책을 읽

---

1 『言行錄』卷2,「居家」, "嘗曰, 汝仕宦, 宜做州縣, 不宜作高官, 恐世不汝容也." (원래 『退溪先生言行錄』인데, 이하 『言行錄』으로 약칭한다.)

2 『言行錄』卷1,「學問」, "平居, 未明而起, 必盥櫛冠衣, 終日觀書."

었으며, 일찍이 나태한 모습을 볼 수 없었다."³ 글씨도 반드시 정자(正字)로 쓰고 어지러운 글씨를 싫어하였으니 "비록 우연히 한 글자를 쓰더라도 정돈되지 않음이 없었으니 점과 획과 글 자체가 바르고 단정하였다."⁴ 또한 머무는 곳도 단정하게 정돈된 정갈한 성품을 지녔으니 "거처는 반드시 조용하고 정돈되었으며, 책상은 반드시 말끔하고 깨끗했으며, 벽장의 도서가 가득하였으나 항상 어지럽지 않고 가지런하였다."⁵ 어려서부터 절제된 몸가짐과 마음가짐을 보임으로써 학자로서의 기품이 일찍부터 그의 몸에 배어 있음을 알 수 있다.

퇴계의 독서는 『논어』・『성리대전』・『심경』・『심경부주』・『주자대전』・『소학』・『근사록』・『역학계몽』 등 광범위하였으나, 특히 『심경』을 중시하였다. "내가 『심경』을 얻은 후에 비로소 심학(心學)의 연원과 심법(心法)의 정미함을 알게 되었다. 그러므로 나는 평생 이 책을 신명처럼 믿고 엄한 부모처럼 공경하였다."⁶ 퇴계가 『심경』을 얼마나 중시하였는지를 알게 하는 구절이다.

『심경』은 송대의 학자요 주자의 제자인 진덕수(陳德秀)가 마음을 수양하는 방법에 대해 성현들의 격언을 모아 편찬한 책이다. 후대에 명대의 정민정(程敏政)이 『심경』의 내용이 너무 소략하다 하여 해설을 덧붙여 보완한 것이 바로 『심경부주(心經附註)』이며, 퇴계는 이 책에 대한 자신의 입장을 밝힌 「심경후론(心經後論)」을 저술하기도 한다.

그렇다면 퇴계는 왜 이토록 『심경』을 중시하였는가. 『심경』은 한 마디로 말하면, 마음을 어떻게 수양해야(다스려야) 하는지를 안내해주는

---

3 『言行錄』卷2, 「起居語默之節」, "晨起, 必焚香靜坐, 終日觀書, 未嘗見其惰容."
4 『言行錄』卷5, 「雜記」, "先生, 雖偶書一字, 莫不整頓, 點畫字體, 方正端重."
5 『言行錄』卷2, 「起居語默之節」, "居處必靜整, 几案必明淨, 圖書滿壁, 常秩秩不亂."
6 『言行錄』卷1, 「學問」, "吾得心經而後, 始知心學之淵源, 心法之精微. 故吾平生信此書如神明, 敬此書如嚴父."

해설서이다. 사람의 마음속에는 도덕적 의식(도심)과 감각적 욕망(인심)이 끊임없이 갈등하는데, 감각적 욕망인 인심을 도덕적 의식인 도심으로 제한해나가는 것이 마음(수양)공부의 요지이다. 『심경』의 첫 장에 나오는 말처럼, "인심은 위태롭고 도심은 미약하니 오직 정밀하게 살피고 한결같이 지켜서 진실로 그 중심(中)을 잡아라."[7] 욕망에 빠지기 쉬운 인심은 항상 위태로우니 그것을 정밀하게 살펴야 하고, 도의(道義)에 부합하는 도심은 항상 미약하니 그것을 한결같이 지켜야 한다. 그렇게 하면 위태로운 마음(인심)도 안정되고 미약한 마음(도심)도 드러나서 말과 행동이 저절로 절도에 맞아 잘못되는 일이 없게 된다. 이것은 전통적인 유학의 수양방법인 '천리를 보존하고 인욕을 억제한다(存天理 遏人欲)'는 말과 다르지 않다.

특히 퇴계는 이 과정에서 정밀하게 살피고 한결같이 지키는 구체적 실천방법으로써 '경'의 개념을 제시하는데, '경'으로써 마음을 다스려나가는 것이 바로 퇴계 심학의 요지이다. "몸을 주재하는 것이 마음이고, 마음을 주재하는 것이 경이다"[8]라는 말처럼, 우리의 몸과 마음을 제어하고 통제하여 잘못되지 않도록 단단히 잡아 지키는 것이 바로 '경'이다. 그 '경'을 실천하는 방법으로는 마음을 하나에 집중하여 〈생각이〉 다른 데로 달아나지 않도록 하는 '주일무적(主一無適)', 항상 마음을 깨어 있게 하는 '상성성법(常惺惺法)', 마음을 수렴하여 한 생각(잡념)도 용납하지 않도록 하는 '기심수렴불용일물(其心收斂不容一物)', 몸가짐과 마음가짐을 바르게 하는 '정제엄숙(整齊嚴肅)' 등이 있다. 이러한 '경'의 방법으로 몸가짐과 마음가짐을 단속해나가면 모든 일이 절도에 맞게 되니, 이

---

7 『書經』, 「大禹謨」, "人心惟危, 道心惟微, 惟精惟一, 允執厥中."
8 『退溪集』卷7, 「進聖學十圖箚」, 〈第八心學圖〉, "蓋心者, 一身之主宰, 而敬又一心之主宰也."

것이 바로 퇴계가 "경이라는 한 글자가 성인이 되는 학문의 처음과 끝을 이루는 요체이다"[9]라고 말한 이유이다.

이에 『소학』・『근사록』・『심경』 중에서 어느 책이 가장 절실한지를 묻는 제자의 질문에 대해, 『심경』이 더 절실하다고 대답한다. "『소학』・『근사록』도 모두 읽어야 하지만, 초학자가 공부해야 할 것으로는 『심경』보다 더 절실한 것이 없다."[10] 『심경』이 중요한 이유로는 무엇보다 세상사의 모든 일이 마음을 어떻게 쓰느냐에 달려있으니, 예컨대 천리를 따라 마음을 좋게 쓰면 모든 일이 다스려지고 천하가 편안해지지만, 인욕을 따라 마음을 잘못 쓰면 모든 일이 혼란해지고 천하가 위태로워지기 때문이다.

또한 퇴계는 학문하는 방법을 알려주는 좋은 길잡이로 『주자전서』를 중시하였으니 "내가 보기에는 주자 책을 능가하는 것이 없다."[11] 43세(중종 38) 때 왕명으로 『주자전서』의 교정을 주관하고, 이듬해 고향에 돌아올 때 이 책을 가져와서 여름 내내 무더위 속에서도 읽기를 그치지 않았다고 한다. 당시 주변 사람들이 건강을 상할까 염려하자 "이 책을 읽으면 문득 가슴 속에서 서늘한 기운이 느껴져 저절로 더위를 알지 못하니, 무슨 병이 생기겠는가"[12]라고 대답했다고 하니, 그가 주자의 학문세계에 얼마나 심취하였는지를 짐작할 수 있다.

게다가 "선생의 집에 『주자전서』 사본 한 질이 있었는데, 책이 너무 낡고 글자의 획이 거의 떨어져나간 것은 읽어서 그렇게 된 것이다."[13]

---

9 『退溪集』卷7, 「進聖學十圖箚」, 〈第四大學圖〉, "然則敬之一字, 豈非聖學始終之要也哉."
10 『言行錄』卷1, 「讀書」, "〈小學・近思錄〉皆不可不讀, 而初學用功之地, 莫切於心經."
11 『言行錄』卷1, 「讀書」, "以余觀之, 無踰於朱子書."
12 『言行錄』卷1, 「讀書」, "先生曰, 講此書, 便覺胸膈生凉, 自不知其暑, 何病之有."

그가 이 책을 얼마나 반복해 읽었는지를 말해준다. "만년에는 오로지 주자의 책에만 전념하였는데, 평생에 힘을 얻은 곳이 이 책에서 나온 것이다."[14] 그의 학문세계를 열어준 통로가 바로 『주자전서』임을 말해준다.

또한 글 읽는 방법에 대해서는 반복하여 익히는 과정을 통하여 완성될 수 있음을 강조하였다. "다만 익숙하게 할 뿐이다. 글을 읽는 사람이 비록 글의 뜻을 이해했다 하더라도 익숙하지 못하면, 읽었다가도 곧바로 잊어버려 마음속에 간직할 수가 없다. 배우고 또 익히는 공부를 더한 다음에야 비로소 마음에 간직할 수 있어 푹 젖어드는 맛이 있게 된다."[15] 과일이나 술도 적당한 햇볕이나 온도에서 시간이 경과해서 익어야 향기와 맛을 내듯이, 공부도 반복하여 읽어 익숙해져 성현의 말씀을 마음으로 체득해야 학문의 진보가 있다. 그렇지 않고 건성으로 읽어 넘기거나 대충 외우면, 비록 글의 뜻을 이해했다 하더라도 마음으로 터득한 실질이 없으므로 배움에 아무런 도움이 못된다. 여기에서 그의 공부가 문장의 구절이나 천착하는 지식의 추구가 아니라, 마음으로 체득하여 자신의 인격을 변화시키는 공부임을 알 수 있다.

50세 이후는 고향의 한적한 시냇가에 계상서당(溪上書堂, 51세) 및 도산서당(陶山書堂, 59세)을 세우고, 문인들을 가르치며 성리학의 연구와 저술에 몰두하였으니, 그가 이룬 가장 큰 업적은 후학을 가르치는 일이었다. 도산서당에서 세상을 떠날 때까지 가르치는 일을 쉬지 않았는데 "배우는 자가 학업에 관해 묻고 더 가르침을 청하면, 그 자질의 얕고 깊음에 맞게 일러주었다. 만약 깨닫지 못하는 곳이 있으면, 반복하여 자

---

13 『言行錄』卷1, 「讀書」, "先生家, 有朱子書寫本一帙, 卷帙甚舊, 字畫幾刓, 乃讀而然也."
14 『言行錄』卷1, 「讀書」, "晚年專意朱書, 平生得力處, 大抵自此書中發也."
15 『言行錄』卷1, 「讀書」, "止是熟. 凡讀書者, 須曉文義, 若未熟, 則旋讀旋忘, 未能存之於心. 必也旣學而又加溫熟之功, 然後方能存之, 而有浹洽之味矣."

세히 설명하여 깨우쳐준 다음에야 그쳤다. 가르치는 일을 싫어하거나 게을리 하지 않았으며, 비록 병이 있어도 강론을 그만두지 않았다."[16] 돌아가시기 전 달에도 제자들과 강론하기를 평일과 다름이 없이 하였다고 하니, "배우는데 싫증내지 않고 남을 가르치는데 게을리 하지 않았다"[17]는 공자와 마찬가지로, 학문과 교육을 자신의 책무로 인식하고 배우거나 가르치기를 게을리 하지 않은 교육자로서의 모습을 잘 보여준다.

53세(명종 8) 때 남명(조식)에게 보낸 편지에서 자신이 살아온 길을 돌아보면서 벼슬길에 들어선 것을 후회하고, 학문에 매진하고자 하는 소원을 진솔하게 밝히고 있는 사실에서도 그의 평생사업이 학문에 있었음을 알 수 있다.

〈황은〉집이 가난하고 모친이 늙어서 억지로 과거를 보아 이득과 녹봉을 취하게 되었습니다.……그 뒤로 병이 더욱 깊어지고, 또 세상에서 할 수 있는 일이 없음을 스스로 헤아린 뒤에야 비로소 반성하고 물러나 옛 성현의 글을 취하여 읽어보니, 전날의 나의 학문방향과 처신이 모두 옛 사람과 크게 어긋났습니다. 이에 두려운 마음으로 〈전날의 잘못을〉깨닫고 〈옛 사람을〉따르고자 길을 바꾸어 노년에나마 만회하려 하였습니다. 그러나 마음은 노쇠하고 정신은 쇠퇴하여 질병마저 뒤따라 몸을 휘감아 힘을 쓸 수가 없게 되었습니다. 그렇다고 그대로 그만둘 수도 없어, 벼슬을 그만두고 서적을 싸 짊어지고 고향으로 돌아가서 장차 이르지 못한 바를 더욱 구하려 하였습니다. 행여 하늘의 신령함에 힘입어 조금씩 공부가 쌓

---

16 『言行錄』卷1,「敎人」, "學子, 質業請益, 隨其淺深, 而告詔之. 若有未曉處, 則反覆詳說, 啓發乃已. 訓誨引進, 不厭不倦, 雖有疾恙, 不輟講論."
17 『論語』,「述而」, "學而不厭, 誨人不倦."

인 끝에 만에 하나라도 터득하는 것이 있어 일생을 헛되이 보내는데 이르지 않기를 바라니, 이것이 나의 10년 이래의 소원입니다.[18]

집이 가난하고 늙은 노모를 봉양하기 위해 부득이 벼슬을 하였으나, 후에 자신이 세상에 나가 할 수 있는 일이 없다는 것을 깨달은 뒤에는 물러나 학문에 전념하는 것을 자신의 사명으로 인식한다. 그가 벼슬을 그만두고 고향으로 돌아간 가장 큰 이유는 무엇보다 학문에 전념하기 위한 것이다.

물론 그가 벼슬에서 물러나려는 또 다른 이유가 있었으니, 그것은 당시 사화(士禍)의 여파에 따른 시대적 상황과도 무관하지 않다. 퇴계가 관직생활을 하던 중종－명종시대는 기묘사화(1519) 이후 을사사화(1545)의 여파로 선비들이 혹독한 수난과 희생을 당하던 어지러운 시기였다. 퇴계 자신도 45세 때 을사사화를 겪으면서 이기(李芑)의 배척으로 관직이 삭탈되었고, 게다가 50세 때는 넷째 형 이해(李瀣)가 이들의 보복으로 유배 도중에 죽음을 당하였으니, 이러한 혼란한 정치현실에서 46세 때는 호를 '퇴계(退溪)'로 하고 벼슬에서 물러날 뜻을 굳게 한 것으로 보인다.

이러한 이유에서 그의 생활세계는 출세와 같은 복잡한 세상으로 나아가는 바깥으로 관심을 가졌던 것이 아니라, 책이나 사색의 세계로 침잠하는 내면으로 관심이 이끌려갔다. "한가한 곳에 홀로 거처하면서 경

---

18 『退溪集』卷10, 「與曹楗仲(植)」, "家貧親老, 强使之由科第取利祿.……其後病益深, 又自度無所猷爲於世, 然後始乃回頭住脚, 益取古聖賢書而讀之, 則向也凡吾之學問趣向處身行事, 率皆大謬於古之人. 於是愓然覺悟, 欲追而改塗易轍以收之桑楡之景. 則志慮衰晩, 精神頹敗, 疾病又從而纏繞, 將無以用其力矣. 而不可以遂已也, 則乞身避位, 抱負墳典, 而來投於故山之中, 將以益求其所未至. 庶幾賴天之靈, 萬有一得於銖累寸積之餘, 斬不至虛過一生. 此滉十年以來之志願."

전 밖에 다른 것은 마음에 두지 않았다. 가끔 물과 돌 사이를 산책하며 성정을 읊음으로써 한가한 감흥 속에 살았다."[19] 산과 물이 둘러싸인 고요한 자연 속에서 학문과 수양을 통한 삶의 모습을 보여준다.

이러한 초야에 묻혀 산수의 경치를 즐기고 학문에 평생을 맡기려는 모습은 한적하고 고요함을 좋아하는 그의 기질과도 부합한다. "성품은 담박하고 말이 적었으며, 명예와 이익 및 부귀영화에는 담담하였다."[20] 고봉(기대승)이 지은 묘갈명에 따르면, "선생은 기품이 총명하고 타고난 자질이 독실하여 어려서부터 조용하고 학문을 좋아하였으며 세상의 권세와 이익에는 담담하였다."[21] 어려서부터 학문을 좋아하고 권세나 부귀에는 마음을 두지 않았음을 보여준다.

이것은 그가 풍기군수 직을 떠날 때도 서적을 담은 궤짝 몇 개뿐이었고, 집에 돌아온 후에는 그 궤짝마저 다시 풍기군으로 돌려보낸 사실에서도 확인된다. "풍기군수를 그만두고 집으로 돌아올 때, 행장이 단출하여 겨우 서적 몇 짐뿐이었다. 담아온 상자는 집에 돌아와서는 관아에 다시 돌려주었다."[22] 이러한 모습은 한 점 사사로운 마음이 없이 벼슬에 임한 청렴한 선비의 한 모범을 보여준다.

무엇보다 그가 세상의 권세나 이익에 담담할 수 있었던 것은 평소 '경'으로써 몸과 마음을 단속하며 수양의 실천에 힘썼던 학문경향 때문이라 할 수 있다. "사람은 생각이 없을 수 없으니, 다만 쓸데없는 생각을

---

19 『言行錄』卷6, 「遺事」, "居閒處獨, 典墳之外, 他不挂懷, 有時逍遙水石間, 吟詠性情, 以寓蕭散之興."
20 『言行錄』卷6, 「實記」, "性簡淡寡言, 於名利紛華, 泊如也."
21 『言行錄』卷5, 「考終記」, "先生氣稟穎悟, 天資篤實, 自少沉靜好學, 於勢利紛華, 泊如也."
22 『言行錄』卷3, 「居官」, "解豐基歸家之日, 行橐蕭然, 唯書籍數馱而已. 其所盛柑籠, 到家還付官卒."

제거해야 할 뿐이다. 그 요지는 경(敬)하는데 불과하다. 경하면 곧 마음이 하나로 통일되고, 마음이 하나로 통일되면 생각은 저절로 고요해진다."23 마음이 물욕으로 혼탁하거나 잡다한 생각으로 복잡할 경우, '경'으로써 그 마음을 다잡아 지킬 수 있으면 마음이 저절로 고요해져서 맑은 기상을 회복하게 된다. 그의 맑고 안정된 기품은 하루아침에 이루어진 것이 아니라, 어려서부터 자신을 단속하여 몸에 배었던 것임을 보여준다.

한 평생 수양과 실천을 통한 절제된 모습과 태도를 보여주었듯이, 자신을 단속함이 엄격하였다. 61세(명종 16) 때에 도산서당이 건립되었으나, 서당 바로 앞의 강에는 관청에서 설치한 어량(魚梁)이 가까이 있었다. '어량'은 물이 흐르는 곳에 물살을 한 곳으로 흐르게 하여 그곳에 통발을 치고 물고기를 잡도록 하는 것을 말한다. 관청에서 엄하게 금지하여 사람들이 사사로이 물고기 잡을 수 없었다. 그래서 퇴계는 물고기를 잡는 여름철이 되면 본댁에 머물고 도산서당에는 가지 않았으니, 그 이유는 '배나무 아래서는 갓끈을 고쳐 매지 않는다'는 속담처럼 의심받을 일을 하지 않겠다는 뜻이다.

그 이야기를 듣고 남명(조식)이 웃으며 말하기를 "어찌 그리도 소심한가. 내가 하지 않으면 비록 관청의 어량이 있다한들 무엇을 꺼리고 무엇을 피하겠는가." 퇴계가 그 말을 듣고 말하기를, "남명이라면 그렇게 하겠지만 나는 이대로 하겠다."24 조식은 자신이 정직하다면 어디에서나 당당할 수 있다는 입장이지만, 퇴계는 자신이 정직하더라도 남의 의

---

23 『言行錄』卷1,「論持敬」, "人不可無思慮, 只要去閒思慮耳. 其要不過敬而已. 敬則心便一, 一則思慮自靜矣."
24 『言行錄』卷2,「處鄕」, "陶山精舍下, 有魚梁, 官禁甚嚴, 人不得私漁. 先生每當暑月, 則必居溪舍, 未嘗一到于此. 曹南冥聞之, 笑曰, 何屑屑也. 我自不爲, 雖有官梁, 何嫌何避. 先生曰, 在南冥則當如彼, 在我則亦當如是."

심을 받지 않도록 조심하고 신중해야 한다는 입장이다. 이것은 두 분의 기질적 차이를 잘 드러내준 일화이다.

선비의 품격은 그 생애를 마무리 짓는 죽음의 자리에서도 다시 한 번 확인할 수 있다. 퇴계는 70세 되던 1570년 12월 8일 세상을 떠났다. 그가 세상을 떠나자, 원근의 선비들이 사방에서 모여들어 큰 현인의 죽음을 슬퍼하였다. 12월 18일에 부고가 조정에 올라가자, 선조임금은 그를 영의정으로 추증하여 그 공을 높이는가하면, 사흘 동안 조회를 중지하고, 시장의 문을 닫게 하며, 사형의 집행을 중지시키는 등 극진한 애도를 보여주었다.

1576년에는 문순(文純)이라는 시호가 추증되니, '문'은 '도덕을 갖추고 학문이 넓다(道德博聞)'는 뜻이고, '순'은 '치우치지 않고 바르며 뒤섞이지 않고 순수하다(中正精純)'는 뜻이다. 시호는 고위관직을 지내거나 학덕이 높거나 국가에 큰 공을 세운 인물에게 그의 사후에 국가에서 내려주는 이름이다. 그 중에서도 당시 사람들은 높은 도덕과 학문의 뜻을 가진 '문'자의 시호를 가장 선호하였다고 하니, 퇴계가 최상의 시호를 받은 것이라 할 수 있다.

그의 사후 40년이 되는 1610년(광해 2)에는 성균관과 전국의 유생들이 상소하여 문묘에 종사할 것을 요구함에 따라, 퇴계와 더불어 한훤당(김굉필)·일두(정여창)·정암(조광조)·회재(이언적) 다섯 분이 함께 문묘에 종사되었다. '문묘(文廟)'는 공자를 모신 사당으로, '문묘종사'는 학덕이 있는 사람의 신주를 공자의 문묘에 함께 모시는 것이니, 문묘종사의 대상이 된다는 것은 국가가 공인한 선비의 사표로 인정받았다는 뜻이다.

1610년 9월에 문묘에서 제사를 지낼 때 반포한 교지(敎旨: 국왕의 명령이 담긴 말씀)에서는 특히 퇴계를 드러내어 "그의 뜻은 하·은·주 삼대(三代)의 정치를 만회하려는 것이고, 훌륭한 이론을 세우고 후세에 가르침을 남긴 것은 실제로 우리나라의 주자이며, 임금의 잘못을 바로잡고 바르게 경계한 것은 하남의 정자에 손색이 없다."[25] 주자와 정자에 버금가는 우리나라 유학의 종사(宗師)이자 사표(師表)로서, 주자와 정자의 도통을 계승하고 있음을 밝힌 것이다.

이렇게 볼 때, 퇴계는 학문과 교육을 통해 인간의 올바른 도리를 밝히고 후세를 위해 참다운 삶의 표준을 제시함으로써 유학의 이념을 정립하고 심화시킨 위대한 교육자이며, 동시에 그것을 자신의 생활 속에서 실천함으로써 인격의 전형(典型)을 구현한 군자요 선비이다. 실제로 그의 제자들이 정리한 『퇴계선생언행록』에는 그의 가르침이 학문과 생활의 전반에 걸쳐 모범이자 표준으로서, 제자들에게 얼마나 절실하게 받아들였던지 엿볼 수 있다. 58세 때(1558년)에 제자와 후학들에게 보낸 편지를 모아 『자성록(自省錄)』을 편찬하였는데, 그것을 항상 책상 위에 두고 자신을 성찰하는 자료로 삼았다고 하니, 그의 학문과 교육의 자세가 얼마나 성실한 것이었는지를 가장 잘 드러내주고 있다.

이처럼 퇴계가 이룬 업적은 한 시대에 유학의 이념을 사회적으로 실현하는데 그치는 것이 아니라, 교육을 통해 사람들에게 인간 심성의 내면을 돌아보고 성찰할 수 있는 안목을 열어주고 올바른 인격형성의 실천방법을 제시해주었으니, 이것이 바로 우리 시대에도 퇴계를 다시 배워야 하는 가장 중요한 이유이다.[26]

이러한 퇴계의 학문적 업적은 한 시대에만 그친 것이 아니라, 여러 시대에 걸쳐 스승과 제자의 관계로 퇴계의 학풍을 계승하여 다양하게

---

25 『言行錄』卷6, 「文廟從祀時 中外頒敎文」, "其志則挽回三代, 立言垂訓, 實是海東之考亭, 格非獻規, 不愧河南之程氏."
26 이상의 내용은 『퇴계선생언행록』(홍승균 외, 퇴계학연구원, 2007)의 내용에 근거하여 퇴계의 일생을 개괄한 것이다.

전개된다. 이것은 그대로 조선후기로 이어지면서 '퇴계학파'를 형성한다. 퇴계학파는 지역적으로 보면 안동지역이 중심이지만, 전국에 걸쳐 매우 폭넓은 다양성을 보여준다.

16세기 후반에 활동한 퇴계의 대표적 문인으로는 안동의 조목(趙穆)·이덕홍(李德弘)·김성일(金誠一)·유성룡(柳成龍)을 비롯하여, 성주의 정구(鄭逑)와 김우옹(金宇顒) 등이 있다. 퇴계학파는 16세기 후반에는 주로 퇴계의 문하에서 직접 배운 제자들이 활동하였다면, 17세기부터 20세기에 이르기까지는 퇴계학파의 후학들에 의해 계승되어가는 과정을 볼 수 있다.

퇴계학파는 지역적 배경과 관련하여 시대에 따라 다양하게 분화되지만, 17세기 이후 퇴계학파는 크게 네 갈래로 구분된다. ①김성일 계열은 퇴계학파의 중심을 이루는 정통학맥으로 가장 많은 학자들이 배출되니, 김성일 이후 이현일(李玄逸) – 이재(李栽) – 이상정(李象靖) – 남한조(南漢朝) – 유치명(柳致明) – 김흥락(金興洛)·이진상(李震相) 등으로 이어짐으로써 퇴계학파의 학통을 확고하게 정립한다. ②유성룡 계열은 상주지역의 정경세(鄭經世)에 계승되어 정경세 – 유진(柳袗) – 유원지(柳元之) – 유주목(柳疇睦)로 이어짐으로써 유성룡 가문의 가학적 특징을 보여준다. ③정구 계열은 허목(許穆)과 장현광(張顯光)을 통해 독특한 성격의 학풍을 이루는데, 이들은 영남지역에만 국한된 것이 아니라 기호지역으로까지 확대·계승된다. 허목을 사숙한 이익(李瀷)은 실학적 학풍을 열고 그의 문하는 이익 – 안정복(安鼎福) – 황덕길(黃德吉) – 허전(許傳) – 허훈(許薰) 등으로 이어지며, 장현광은 가학으로 계승되어 칠곡의 장복추(張福樞)로 이어진다. ④그밖에 퇴계를 사숙한 강원도 법천의 정시한(丁時翰)을 들 수 있는데, 그의 문하에 상주의 이만부(李萬敷)와 이천의 이식(李栻) 등이 있다. 이처럼 퇴계학파는 지역별 배경과 관련하여 전국

적인 폭넓은 전개양상을 보여준다.²⁷

2. 퇴계 성리학의 내용과 특징

성리학은 공자와 맹자로부터 전해오던 유가사상을 북송시대의 염계(주돈이)·횡거(장재)·강절(소옹)·명도(정호)·이천(정이)이 종합하고, 남송시대의 주자(주희)가 집대성한 학문체계를 말한다. 주자가 집대성한 성리학은 리와 기의 개념으로 우주와 인간의 생성과 존재를 설명하는 이기론의 내용, 인간의 심·성·정의 개념으로 선악문제를 설명하는 심성론의 내용, 그리고 이상적 인간인 성인이 되기 위한 구체적인 실천방법을 설명하는 수양론의 내용 등 방대한 이론체계로 구성되어 있다. 이 과정에서 태극과 음양, 리와 기, 인심과 도심, 사단과 칠정, 본연지성과 기질지성, 천리와 인욕 등의 문제가 깊이 있게 다루어진다. 이에 따라 퇴계의 성리학 내용 역시 이기론·심성론·수양론으로 구분되어 전개된다.

(1) 이기론: 이동설(理動說)

성리학은 이 세상에 존재하는 모든 것을 리와 기의 개념으로 설명한다. 이때 리는 사물의 성질을 결정하며, 기는 사물의 형태를 결정한다. 다만 리는 형이상의 이치이므로 홀로 존재할 수 없고 반드시 기 속에 내재하니, 사물의 형체 속에는 반드시 리가 본질로써 갖추어져 있으며, 이 리가 바로 사물의 존재를 가능하게 하는 이유이며 근거가 된다. 따

---

27 퇴계의 제자와 학파의 내용은 금장태의 『퇴계평전』(지식과 교양, 2012)을 참고한 것이다.

라서 리와 기가 결합해야 실제로 만물의 생성과 존재가 가능하다.

퇴계 역시 인간과 만물을 포함한 모든 존재를 리와 기의 결합된 구조로 이해한다. 인간은 리와 기의 결합으로 존재하고 만물도 리와 기의 결합으로 존재하니, 자연세계의 존재구조와 인간세계의 존재구조는 기본적으로 일치한다. 주돈이의 「태극도설」에서처럼, 인간과 만물은 모두 '무극의 진'(無極之眞: 태극 또는 리)과 이오의 정(二五之精: 음양·오행 또는 기)이 오묘하게 결합하고 응결된 것이니, 인간과 만물은 모두 리와 기의 결합으로 존재한다.

그러나 리와 기는 형이상의 도(道)와 형이하의 기(器), 또는 추상적인 이치와 구체적인 사물이라는 서로 다른 성격을 갖기 때문에 구분된다. 무릇 모양과 형기를 갖추고 우주 안에 가득 차 있는 것은 모두 '기'이고, 그것에 갖추어져 있는 이치는 '도'이다. 그러므로 '도'는 '기'를 떠나지 않지만 어떠한 형상도 없으므로 '형이상'이라 하고, '기' 역시 '도'를 떠나지 않지만 형상이 있어 말할 수 있으므로 '형이하'라 한다. 이처럼 도와 기 또는 리와 기는 서로 떨어질 수 없는 것이지만, 형상이 있는지 없는지에 따라 '리'와 '기'로 나누고 형이상과 형이하로 구분된다.

리는 어떠한 형상도 없지만, 그렇다고 아무런 작용이 없는 것이 아니다. 비록 리의 활동하는 자취는 보이지 않지만, 사계절이 변화하고 만물이 생성하는 모든 자연현상의 변화를 일으키는 주체가 된다. "천지는 움직이지 않는 것이 아니라, 움직이면서도 그 자취를 보이지 않을 뿐이다. 그러므로 사계절이 저절로 운행되고 만물이 저절로 자라나는 것이 움직이지 않으면서 변화하는 것이다."[28] 여기에서 퇴계는 리의 활동성·운동성을 강조하는데, 이것이 바로 리의 활동성에 반대하고

---

28 『退溪集』卷35, 「答李宏仲」, "天地非無動, 動而不見其迹耳. 然而四時自行, 萬物自生, 是不動而變也."

리의 '무위성'을 강조하는 율곡(이이)의 이론과 구분되는 큰 특징 중의 하나이다.

이렇게 볼 때, 리는 언제나 기 속에 깃들어 있으면서, 동시에 형이상과 형이하라는 서로 다른 성격을 갖는다. 리가 기 속에 있으므로 둘은 '서로 떨어질 수 없으며', 동시에 형이상과 형이하로 구분되므로 둘은 '서로 섞일 수도 없다.' 성리학에서는 서로 떨어질 수 없는 관계를 불상리(不相離)라고 부르고, 서로 섞일 수 없는 관계를 불상잡(不相雜)이라 부른다.

여기에서 '불상리'와 '불상잡'의 관점 중에서 어느 쪽에 중점을 두느냐에 따라 학자들의 학문방향이 결정된다. 퇴계는 기본적으로 리와 기의 '불상리'와 '불상잡' 두 관점을 전제하면서도, '불상리'보다 '불상잡'의 관점을 중시한다. 그 이유는 무엇보다 리에 활동성·능동성을 부여하기 위한 것이니, 이것은 리와 기를 분리시켜볼 때라야 가능하다. 만약 '불상리'의 관점에서처럼 리가 기 속에 있으면, 실제로 작용하는 기의 영향을 받으므로 리의 활동성은 약화될 수밖에 없다. 따라서 '불상잡'의 관점에서 리와 기를 분리시켜 볼 때라야 기에 구속되지 않고 상대적으로 리의 역할이 강화된다.

나아가 퇴계는 '불상잡'의 관점에서 리가 실제로 동정하는 주체임을 강조한다. "태극에 동정이 있는 것은 태극이 스스로 동정하는 것이요, 천명이 유행하는 것은 천명이 스스로 유행하는 것이니, 어찌 다시 시키는 자가 있겠는가."[29] 리(태극) 밖에 또 다른 무엇이 있어서 그것의 시킴(명령)을 받아 동정하는 것이 아니라, 리가 스스로 동정하고 유행하는 주체이다. '리가 스스로 동정한다'는 것은 리가 스스로 작용성이나 운동

---

29 『退溪集』卷13,「答李達·李天機」,"太極之有動靜, 太極自動靜也; 天命之流行, 天命之自流行也, 豈復有使之者歟."

성을 가진다는 의미이다. 그러나 리는 형이상의 개념이므로 작용이나 운동이 있을 수 없으니, 주자의 말대로 '리는 정의도 없고 조작도 없는' 무위(無爲)한 개념이기 때문이다. 그럼에도 퇴계는 리의 실재적 동정을 인정하니, 그것은 무엇보다 기에 대한 리의 절대적 우위를 확보하기 위한 것이다.

이것은 사람과 말의 관계에 비유할 수 있다. 사람이 말을 탈 경우, 사람의 역할은 말이 방향을 이탈하지 않도록 잘 제어하는데 있고 말의 역할은 사람을 태우는데 있다. 만약 '불상리'의 관점에서처럼 리가 기의 영향 속에만 있다면, 즉 모든 작용을 기에만 귀속시킨다면, 실제로 리는 있어도 그만 없어도 그만인 무용지물이 되고 만다. 이로써 사람이 말을 제어하지 못하듯이 리가 기를 제어하지 못하게 되니, 결국 리가 주인이 아닌 기가 주인이 되는 전도된 상황이 초래된다.

이러한 이유에서 퇴계는 리에 실재적인 능동성·운동성을 부여하니, 이것이 바로 그의 이동설(理動說)의 내용이다. 이것은 리가 존재의 근원이라는 의미뿐만 아니라, 모든 작용을 주재하는 능동적인 주체가 된다는 것을 의미한다. 이로써 리는 만물을 생성하고 조화하는 작용의 근원이며, 동시에 그 작용을 주재하는 능동적 주체가 되니, 사물에 명령하고 사물의 명령을 받지 않는 주재적·절대적 존재이다. "이 리는 지극히 존귀하여 상대가 없으니, 사물에 명령하고 사물에게서 명령을 받지 않는다."[30] 리는 상대가 없는 절대적 존재이니, 병졸이 장수의 명령을 들어야 하듯이, 기 역시 리의 명령을 들어야 한다. "리는 기의 장수가 되고, 기는 리의 병졸이 된다."[31] '기가 리의 명령을 듣는다'는 것은 리

---

30 『退溪集』卷13,「答李達·李天機」, "此理極尊無對, 命物而不命於物故也."
31 『退溪續集』卷8,「天命圖說」, "理爲氣之帥, 氣爲理之卒."

가 실제로 기를 주재한다는 의미이다. 리가 실제로 기를 주재하는 존재이니, 이로써 리는 절대적 우위를 확보하게 된다.

리가 기보다 우위에 있으니 '리는 귀하고 기는 천하다'거나 '리는 선하고 기는 악하다'는 가치우열의 관계가 성립된다. "사람의 몸은 리와 기를 겸비하지만 리는 귀하고 기는 천하다."[32] 여기에서 퇴계는 리가 기보다 귀하고 우월하다는 '리'우위적 사고를 전개한다. 이러한 '리'우위적 사고는 리를 기와 분리시켜 볼 때라야 가능하다.

이러한 리의 우위성에 근거하여, 실제로 리가 기를 주재하는 주재적 지위를 확립하게 된다. '주재'란 장수가 부하에게 명령하는 것처럼, 리가 작위성을 갖고서 기를 제재하거나 통제할 수 있는 것을 의미한다. 이러한 리의 적극적 주재 하에서만이 현실의 혼란한 기적 세상이 질서를 유지해나갈 수 있으니, 이러한 이유에서 퇴계는 리의 실재적·능동적 주재를 강조한 것이다.

이어서 퇴계는 이러한 리의 성질을 '허'와 '실'의 개념으로 설명한다. "진실하여 거짓이 없는 것으로 말하면 천하에 리보다 더 실(實)한 것은 없으며, 소리도 없고 냄새도 없는 것으로 말하면 천하에 리보다 더 허(虛)한 것이 없다."[33] 리는 소리도 냄새도 없는 형상(경험적 대상) 너머의 존재이므로 지극히 '허'하지만, 현실세계 속에 진실로 실재하는 존재이므로 지극히 '실'하다. 다시 말하면, 리는 지극히 '허'하므로 초월적 존재이면서, 동시에 지극히 '실'하므로 실재적 존재이다. 이처럼 리는 음양·오행과 만사·만물의 근본이 되지만, 음양오행과 만사만물에 구속되지(섞이지) 않는 근원적이고 초월적인 존재이다. 이것이 바로 리가

---

32 『退溪集』卷12,「與朴澤之」, "人之一身, 理氣兼備, 理貴氣賤."
33 『退溪集』卷25,「與鄭子中(別紙)」, "蓋自其眞實無妄而言, 則天下莫實於理, 自其無聲無臭而言, 則天下莫虛於理."

기와 구분되는 것이요, 하나(一物)가 될 수 없는 이유이다.

또한 퇴계가 리의 우위성을 강조하는 이유 중의 하나는, 이것이 인간에게 있어서는 특히 도덕의 문제로 이어지기 때문이다. 현실에서는 리와 기에 선후가 없다는 것을 인정하면서도, 리를 기보다 우위에 두려는 것은 선도 있고 악도 있는 기보다는 순선무악(純善無惡)한 리가 가치적으로 더 우위에 있다고 보기 때문이다. 리와 기의 관계가 도덕의 가치 문제와 연결되면 리=선, 기=유선악이라는 도식이 성립하는데, 이러한 도식에서 보면 상대적 선인 기보다 절대적 선인 리에 보다 많은 비중을 두지 않을 수 없다. 이것은 리와 기를 질적으로 구분하여 인간의 도덕적 근거를 절대선인 리에 근거지우려는 것이다. 이러한 이유에서 퇴계는 리를 기에서 분리시켜 리의 절대성과 순수성을 부각시킨 것이다. 리가 기 속에 있으면, 기에 구속되어 리의 절대성과 순수성이 보장될 수 없기 때문이다.

이처럼 퇴계는 주자의 '리와 기는 결단코 두 물건이다(理氣決是二物)'라는 명제를 자신의 기본입장으로 받아들임으로써 리가 기를 주재하는 '리' 우위성을 주자의 정통적 입장으로 확립한다. 그와 같은 시대를 살았던 그의 선배들 가운데 서경덕(徐敬德)이 주기설을 주장하고, 이언적(李彦迪)은 주리설을 표방하여 이기론의 두 가지 철학적 입장으로 양립하는 양상을 드러낸다. 퇴계는 리를 기준이며 주장으로 삼는 주리철학을 성리학의 정통적 입장으로 확립함으로써, 한국유학사의 기본성격과 방향을 정립하는데 중요한 역할을 한다.

이러한 리와 기가 인간존재에 있어서는 '성'과 '기질'의 관계로 나타난다. 주자에 따르면, 하늘이 음양·오행으로 만물을 생성할 때에 기로써 형체를 이루고 리 또한 부여하니, 사람과 사물은 모두 천지의 리를 부여받아 성이 되고 천지의 기를 부여받아 형체가 된다. 다만 천지의 리가 하나이므로 사람과 사물의 성은 동일하나, 천지의 기가 만 가지로 다르므로 그 형체는 천차만별하다. 여기에서 '기의 차이'라는 것도 사람과 사물이 서로 다른 기(또는 기질)로 이루어진 것이 아니라 모두 같은 음양·오행의 기로 이루진 것이지만, 다만 바른지 치우쳤는지(正偏), 맑은지 탁한지(淸濁), 순수한지 잡박한지(粹駁)에 따른 상태의 차이를 의미할 뿐이다. 이것은 성리학의 우주론이 그만큼 사람과 사물을 같은 평면 위에 두고 있는 것을 의미한다.

따라서 사람과 사물은 리에서 보면 모두 같은 성을 지니고 있지만, 기에서 보면 '바른 기'와 '치우친 기', '맑은 기'와 '탁한 기', '순수한 기'와 '잡박한 기' 등의 차이가 있다. 결국 사람은 바른 기를 타고난 것이고, 사물은 치우친 기를 타고난 것으로 구별된다. 주돈이(周敦頤)의 「태극도설」에서 말한 것처럼, 사람은 만물 가운데 가장 빼어난 기를 얻은 존재이다. 이것은 사람이 만물 가운데 하나이지만, 동시에 바르고(正) 맑고(淸) 순수한(粹) 기를 부여받아 밝은 지각능력(사유능력)과 선한 도덕능력을 지닌 존재라는 말이다.

이러한 기질의 차이가 지각능력으로 나타날 때면, 사람과 사물의 차이는 더욱 커진다. 사람은 기질이 통하고 지각능력이 밝다면, 사물은 기질이 막히고 지각능력이 어두운 차이로 드러난다.[34] 그러므로 사람은 기질이 통하고 지각능력이 밝으므로 그 형상이 바르고 곧게 서며(不正直立), 금수는 지각능력이 혹 하나의 길에만 통하므로 머리가 옆으로 나오며(橫生), 초목은 지각능력이 완전히 막혀서 통하지 않으므로 머리가 거꾸로 나오는(逆生) 존재양상의 차이를 보여준다.

그렇다고 이러한 사람과 사물의 차등화는 사람이 다른 사물을 지배

---

[34] 『退溪續集』卷8, 「天命圖說」, "人旣得陰陽之正氣, 則其氣質之通且明, 可知也; 物旣得陰陽之偏氣, 則其氣質之塞且暗, 可知也."

하거나 도구화할 수 있는 권리를 보장해주는 것이 아니다. 다만 사람이 지닌 밝은 지각능력에 따라 드러나게 되는 도덕적 세계는 인간이 실현하고 지켜야 할 도덕적 표준으로 제시될 뿐이다. 이 도덕적 세계는 인간 존재의 가치기준이며, 성리학이 추구하는 인격성취의 목표라 할 수 있다.

또한 사람이 하늘로부터 부여받은 '기'에도 맑고 탁함(淸濁)의 차이가 있고, 또한 땅으로부터 부여받은 '질'에도 순수함과 잡박함(粹駁)의 차이가 있다. 이러한 기질의 차이에 따라 사람과 사물의 차이는 물론이요, 성인과 범인뿐만 아니라 같은 사람 사이에도 상지(上智)·중인(中人)·하우(下愚)의 인격적 차등이 있게 된다. 여기서 상지·중인·하우의 차이를 구체적으로 비교하면 다음과 같다. 타고난 기질의 차이를 보면, '상지'는 맑고 순수하며, '중인'은 맑으면서 잡박하거나 탁하면서 순수함이 뒤섞여 있고, '하우'는 탁하고 잡박하다. 그러므로 '상지'는 아는 것이 밝고 행하는 것이 지극하여 저절로 하늘과 합치하고, '중인'은 알기는 하나 행하는 것이 부족하기도 하고 행하기는 하나 아는 것이 부족하기도 하여 하늘과 합치되는 점도 있고 어긋나는 점도 있으며, '하우'는 아는 것이 어둡고 행하는 것이 바르지 못하니 하늘과 어긋난다.

그럼에도 그 기질 속에는 하늘로부터 부여된 동일한 성이 내재하니, 결국 사람과 사물이 존재의 양상에서는 기질에 따른 차이가 있음에도 불구하고, 존재의 본질에서는 성(리)이 일치하는 모습을 보여준다. 결국 사람과 사물은 기질적 차이가 있음에도 불구하고, 본질적인 의미에서는 동일한 성을 부여받은 존재이다. 여기에서 사람은 사물을 화육하는 하늘의 덕을 본받아 다른 사람을 사랑하고 사물을 사랑해야 한다는 당위성이 성립된다.

퇴계의 관심은 사람과 만물의 관계에 있으니, 천지와 만물을 나와 한 몸으로 일체화시킴으로써 모든 사람이 나와 형제(同胞)가 되고, 만물은 나와 한 가족이 되는 물아일체(物我一體)의 세계와 우주일가(宇宙一家)의 친족관계로 이해한다. 이때 천지만물과 한 몸임을 체득할 수 있는 것이 바로 인(仁)의 상태이다. '인'의 상태에서는 남을 사랑하는 측은한 마음이 천지만물로 확장해나가는데, 이로써 다른 사람에 대한 사랑으로 나아가고, 마침내 만물에 대한 사랑으로 확장되어 나와 만물과 우주가 하나로 조화를 이루게 된다.

결국 사람은 하늘로부터 리를 부여받아 그 자신 속에 성으로 갖추고 있으니, 이것은 자연세계의 질서가 바로 인간세계의 도덕과 당위의 이론적 근거가 된다는 말에 다름 아니다. 이에 퇴계는 자연세계의 태극·음양·오행·만물을 인간세계의 성·심·오상·만사에 대응시킨다. "천지의 태극이 사람에 있어서는 바로 성(性)이며, 천지의 동정·음양이 사람에 있어서는 바로 심(心)이며, 천지의 수·화·목·금·토 오행이 사람에 있어서는 바로 인·의·예·지·신 오상(五常)이며, 천지가 화생한 만물이 사람에 있어서는 바로 만사(萬事)이다."[35] 이것은 자연의 질서이며 법칙인 리가 인간의 마음속에 성으로 깃들어있다는 말이다. 다시 말하면, 인간세계의 도덕적 근거를 자연세계의 질서·법칙에서 찾았으니, 여기에 바로 '천인합일'이라는 동양적 사고가 내재하게 된다.

또한 성리학에 따르면, 인간의 성품이 하늘의 명령(天命)에 의해 리로써 부여된 것이니, 이것은 인간존재의 본질(성)이 '천'에 근원하고 있음을 지적한 것이다. 여기에서 '천' 개념에 대한 인식이 요구되며, 퇴계는 '천'에 대한 인식을 현실세계의 인간을 통해 해명한다. 하늘의 원·형·

---

35 『退溪集』卷22, 「答李剛而(別紙)」, "天地之太極, 在人便是性, 天地之動靜陰陽, 在人便是心, 天地之金木水火土, 在人便是仁義禮智信, 天地之化生萬物, 在人便是萬事."

이·정(四德)과 인간의 인·의·예·지(五常)를 동일한 이치로 파악하니, 이것은 하늘과 인간이 동일한 구조임을 확인하는 근거이다.

다만 천인관계는 이치라는 본체의 측면에서의 합일을 의미할 뿐이다. 본체에서 합일한다고 하더라도 구체적 현실에서는 항상 합일하는 것이 아니며, 실제로 합일하기가 어려운 것이 사실이다. 그래서 퇴계는 당시 사회적 위기상황을 천인관계가 조화를 이루지 못한 것으로 파악한다. 이렇게 볼 때, '천인합일'은 하늘과 인간이 이치에서 동일하다는 본체론적 인식이니, 여기에는 인간이 하늘과 합일을 추구해야 한다는 당위적 의미를 내포하게 된다.

이로써 '천인합일'을 위한 구체적 방법이 요구되는데, 즉 '천인합일'하는 방법으로써 '천 또는 리'를 밝게 알아야 하고, 그것을 끝까지 실현해가야 한다는 실천적 과정이 요구된다. 리를 실현하기 위해서는 무엇보다 인간 자신을 변화시키는 것이 중요하며, 인간 자신을 변화시키는 방법은 바로 수양론에 기초한다. 때문에 '천인합일'의 실현 역시 인간의 도덕적 자기완성을 추구하는 수양론의 문제로 귀결된다.

여기에서 퇴계는 부모에 대한 효도와 하늘에 대한 외경(畏敬)을 같은 마음으로 인식한다. "부모 섬기는 마음을 미루어 하늘을 섬기는 도리를 다하여 어느 일에나 수신·성찰하지 않음이 없어야 하고 어느 때나 두려워하지 않음이 없어야 한다."[36] 일상 속에서 부모를 섬기는 마음으로 하늘에 대한 무한한 경외감을 잃지 않고, 나아가 자신을 수신·성찰하는 실천을 통하여 '천인합일'을 실현할 수 있으니, 바로 여기에 퇴계의 '천관'이 지니는 신앙적 성격뿐만 아니라 실천적 수양론의 특징이 드러나고 있음을 알 수 있다.

---

36 『退溪集』卷6, 「戊辰六條疏」, "伏願殿下推事親之心, 以盡事天之道, 無事而不修省, 無時而不恐懼."

(2) 심성론

이기론에서는 현상세계의 모든 존재와 생성을 리와 기의 개념으로 설명하듯이, 심성론에서는 인간의 심·성·정의 내용을 리와 기의 개념을 사용하여 그것들의 선악문제를 설명한다. 리와 기가 인간의 심·성·정의 개념을 이해하는데 사용되니, 결국 이기론이 심성론의 이론적 근거가 된다는 것을 알 수 있다. 그러므로 심성론은 반드시 이기론과의 연관 속에서 이해해야 한다.

구체적인 인간에서 보면, 리와 기는 '성'과 '기질'로서 존재하니, 왜냐하면 리가 기질에 내재된 이후가 성이 되기 때문이다. 성은 기질 속에 존재하며, 기질을 떠나서는 성을 드러낼 수 없다. 특히 성과 기질을 함께 포용하고 있는 주체를 '마음(心)'으로 이해한다. 인간에 있어서 중추가 되는 것은 '한 몸을 주재하는' 마음이니, 마음의 문제가 결국 심성론의 중심내용을 이룬다. 퇴계는 마음을 체용의 구조에 따라 성과 정의 통합체로 인식하고, 또한 허령(虛靈: 지각능력)·지각(知覺: 지각작용)의 양면으로 분석한다. 그리고 마음의 구체적 현상으로서 감정을 사단·칠정의 두 양상으로 분석한다.

먼저 퇴계는 '심통성정'의 말처럼, 마음을 성과 정의 통합체로 인식한다. "성이라 하고 정이라 하는 것을 모두 갖추고 운용하는 것은 이 심의 신묘함이 아님이 없다. 그러므로 심은 주재가 되고 항상 성과 정을 통섭하니, 이것이 사람 마음의 대요이다."[37] 성과 정은 인간의 마음에 내포된 두 가지 존재양상이며, 이때 성은 마음의 본체에 해당하고 정은 마음의 작용에 해당한다. 마음이 작용을 시작하면 성이 정으로 드러나는데(性發爲情), 이때 성(리)에는 온갖 이치가 갖추어져 있으므로 만사에

---

[37] 『退溪續集』卷8, 「天命圖說」, "至於曰性曰情之所以該具運用者, 莫非此心之妙. 故心爲主宰, 而常統其性情, 此人心之大槪也."

대응하고 주재할 수 있다. 이로써 마음은 성과 정을 통섭하고(心統性情) 한 몸을 주재하는 주재적 존재가 된다. 이러한 의미에서 퇴계는 소옹(邵雍)의 "마음이 태극이다(心爲太極)"는 말에 근거하여 마음을 태극과 일치시켜 해석하기도 한다.

이 마음은 적연부동(寂然不動)하여 사려가 아직 일어나지 않는 고요한 상태(靜)와 감이수통(感而遂通)하여 사려가 이미 일어나서 활동한 상태(動)로 구분된다. 전자는 마음이 아직 발동하지 않는 것이므로 미발(未發)이라 하고, 후자는 마음이 이미 발동한 것이므로 이발(已發)이라 한다. 미발 때의 마음이 고요한 상태는 본체로서의 '성'이 되고, 이발 때의 마음이 활동한 상태는 작용으로서의 '정'이 된다. 그러므로 '마음이 한 몸을 주재한다'는 것은 미발 상태나 이발 상태, 즉 고요한 때든 활동한 때든 항상 한 몸을 주재한다는 것을 말한다.

이것을 선악으로 말하면, 미발의 때에도 기가 없는 것은 아니지만(심은 리와 기가 합쳐진 것이지만) 아직 기가 작용하지 않으므로 순수한 선만 있고 악이 없다.[38] 이발의 때에는 기가 비로소 작용하므로 선과 악의 구분이 없을 수 없으니, 왜냐하면 기가 작용을 시작하면 리가 곧바로 드러나지 못하고 기에 의해 가려지거나 방해를 받기 때문이다. "〈성이〉 발할 때에 리가 드러나서 기가 순응하면 선이고, 기에 가려져서 리가 숨으면 악이다."[39] 마음은 리와 기가 합쳐진 것이니, 이때 리가 실현되어 기가 리에 순응하면 선으로 드러나고, 기가 작용하여 리가 기에 은폐되면 악으로 드러난다. 이로써 정은 성이 발한 것이지만, 기의 제약을 받아서

---

38 『退溪集』卷24, 「答鄭子中(別紙)」, "心之未發, 氣未用事, 本體虛明之時, 則固無不善."(심이 아직 발하지 않고 기가 아직 작용하지 않아 본체가 허명할 때는 진실로 선하지 않음이 없다.)
39 『退溪集』卷25, 「答鄭子中講目」, "其發也, 理顯而氣順則善, 氣掩而理隱則惡耳."

선이 온전하게 실현되지 못하는 경우가 있으니, 성은 순선(純善)하지만 정에는 선·악의 차이가 있다.

이 때문에 퇴계는 성이 발하여 정으로 드러나는 그 경계 지점이 마음의 작용에서 가장 중요하다고 지적한다. "성이 발하여 정으로 드러나는 경계가 바로 심의 기미(幾微)이고, 온갖 조화의 관건이며, 선과 악이 갈라지는 곳이다."[40] '기미'란 마음이 움직이기 시작하면 생각이 막 일어나서 선과 악이 나누어지기 시작하는 바로 그때의 미세한 지점이다. 마음이 움직이기 시작하는 '기미'의 순간에 이미 선과 악의 분별이 시작되니, 이 기미의 순간을 자세히 살펴서 선과 악이 막 갈라지는 그 지점에 신중히 대처해야 한다. 이것은 생각이 일어나는 원초부터 선과 악을 엄격하게 분별하여 악(인욕)을 물리치고 선(천리)을 선택해야 한다는 말이다.

그러나 이것은 기의 제약에 따른 선악의 가능조건을 말한 것이지, 인간의 자율적 의지에 따른 선악의 도덕적 책임문제를 말하는 것이 아니다. 다시 말하면, 마음에서 성이 발하여 정으로 드러나는 과정에서 보면, 성은 리가 그대로 간직된 상태라면, 정은 기가 작용하기 시작하면서 리가 곧바로 드러나지 못하고 기에 의해 가려지거나 방해를 받을 수 있다. 따라서 성은 선하지만, 정은 선과 악의 차이가 없을 수 없다. 다만 정은 성이 발한 것이니, 선이 온전하게 드러나지 못하는 경우란 기의 조건에 따른 가능성일 뿐이지 인간의 자율적 의지에 따른 것이 아니다.

여기에서 퇴계는 선악의 문제를 기의 제약에 따른 것과 달리, 마음의 작용에 '의'가 개입하고 있는 사실에 주목한다. "의(意)는 심이 발한 것이고, 또 그 정을 끼고 좌지우지하여 혹은 천리의 공정함을 따르기도 하고

---

40 『退溪集』卷7,「聖學十圖」, "性發爲情之際, 乃一心之幾微, 萬化之樞要, 善惡之所由分也."

혹은 인욕의 사사로움을 따르기도 하니, 선과 악의 구분이 이로부터 결정된다."[41] '의'는 마음이 발동하여 나타나는 양상으로서, 그것의 자율적 의사에 따라 천리(公)를 따라 선을 실현하기도 하고 인욕(私)을 따라 악에 빠지기도 함으로써 선·악이 갈라지게 된다.

결국 선악의 도덕적 책임은 기질에 따른 수동적인 의미의 정에 있는 것이 아니라, '의'라는 마음의 자발적·자율적 의지에 있음을 확인한다. 선악의 가능성과 자연적 발동현상은 정에서 확인할 수 있으나, 선악이 결정되는 도덕적 책임은 '의(의지)'로써 파악한 것이다. 이로써 마음에는 성·정이 있을 뿐만 아니라, 주체적 자율성으로서 '의'가 포함된다.

이러한 이유에서 퇴계는 악의 실체를 부정하니 "악이란 본래 악한 것이 아니라, 다만 지나치거나 미치지 못하는 것일 뿐이다."[42] 악이 성(리)에 근원하여 성과 대등한 지위에 있는 본질적 존재가 아니라 다만 기질적 조건에 따른 현상일 뿐이니, 본래적이고 고유한 것이 아니다.

또한 퇴계는 마음의 기본 작용으로서 지각과 사유에 주목한다. 『맹자』의 말처럼 마음의 직무를 '생각하는 것(思)'이라 간주하고, 마음을 체용의 구조에 따라 허령(虛靈)과 지각(知覺)으로 양분한다. '허령'은 마음이 형체로 나타나지 않는 리의 허령한 지각능력을 가리키며, 이러한 허령한 지각능력에 근거하여 실제로 지각작용으로 나타난다. 이것이 바로 『맹자집주』의 "심은 사람의 신명(神明)으로, 온갖 이치를 갖추고서 만사에 응하는 것이다"[43]라는 뜻이다. 허령한 지각능력에 이미 온갖 이치를 갖추고 있으므로 지각작용을 통해 만사에 대응할 수 있다. 이러한

---

41 『退溪續集』卷8, 「天命圖說」, "於是意爲心發, 而又挾其情而左右之, 或循天理之公, 或循人欲之私, 善惡之分, 由茲而決焉."
42 『退溪集』卷37, 「答李平叔」, "謂之惡者本非惡, 但過與不及便如此."
43 『孟子集註』, 「盡心(上)」, "心者, 人之神明, 所以具衆理而應萬事者也."

지각작용이 바로 사물과 구분되는 사람만의 특징이니 "오직 사물은 추리할 수 없으나 사람은 추리할 수 있다."[44]

　퇴계는 이러한 심의 작용을 리와 기의 결합으로 이해한다. "리와 기가 합하여 심이 되니 자연히 허령과 지각의 오묘함이 있다."[45] 리와 기가 합쳐짐으로써 허령한 지각능력과 사유하는 지각작용이 가능하다. 마음을 허령과 지각으로 설명할 때, '허령'은 마음의 본체로서 텅 비어 있으면서 영명(靈明)한 지각능력을 갖추고 있는 것을 말하며, '지각'은 마음의 작용으로서 지각능력에 근거하여 대상을 인식하는 지각작용을 말한다. "리와 기가 합하여 마음이 되니 저렇게 허령하고 헤아릴 수 없기 때문에 사물이 다가오면 바로 지각할 수 있다"[46] 마음은 허령한 본체가 지각작용으로 나타나며, 이러한 지각작용을 통해 사물과 일의 '리'를 인식하는 것이다. '인식한다'는 것은 그 사물에 내재한 법칙·원리로서의 리를 깨닫는 것이요, 이때 인식의 근거는 마음속에 갖추어져 있는 허령한 지각능력에 있다.

　이처럼 마음은 미발 때의 고요한 본체와 이발 때의 활동한 작용으로 구분되니, 미발의 본체가 '성'이 되고 이발의 작용이 '정'이 된다. 마음은 성을 갖추고서 정을 베풀어 쓰는 통합적 주체로서, 이것이 바로 장재(張載)가 제시한 '심통성정'의 뜻이다. 결국 심은 성과 정을 통섭하고 있으며, 이때 본체인 성이 발하여 나온 것을 정이라 한다(性發爲情). 또한 이때 심은 리와 기가 결합한 것이므로 발하여 나온 정의 기본양상도 두 가지로 구분되니, 성(리)이 순수하게 드러난 것을 사단(측은·수오·사양·시

---

44 『退溪集』卷38, 「答中啓叔」, "惟是物不能推, 而人能推耳."
45 『退溪集』卷18, 「答奇明彦(別紙)」, "理氣合而爲心, 自然有虛靈知覺之妙."
46 『退溪集』卷25, 「答鄭子中(別紙)」, "理氣合而爲心, 有如許虛靈不測, 故事物纔來, 便能知覺."

비)이라 하고, 성이 기에 따라 가려진 것을 칠정(희·로·애·구·애·오·욕)이라 한다.

사단칠정론: 이발설(理發說)

마음의 구조를 체용으로 분석하면, 마음은 본체로서의 성과 작용으로서의 정으로 구분된다. 이것은 본체로서의 성과 작용으로서의 정이 모두 마음속에 갖추어져 있다는 말이다. 이것이 바로 '심통성정'의 뜻이다. 심의 작용을 통하여 심속에 내재되어 있는 성이 밖으로 드러난 것이 정이다. 결국 마음에 어떤 감정이 일어나게 되는 것은 마음속에 내재되는 성이 어떤 외부의 자극에 대한 감응으로 활성화된 것이니, 이것이 바로 성발위정(性發爲情)의 뜻이다.

사단과 칠정은 모두 정이다. 사단은 맹자가 인간의 본성이 선한 증거로써 제시한 것으로, 측은·수오·사양·시비지심을 말한다. 여기에서 '측은지심'은 남을 불쌍히 여기는 마음이며, '수오지심'은 자신의 잘못을 부끄러워하거나 남의 잘못을 미워하는 마음이며, '사양지심'은 남에게 양보하는 마음이며, '시비지심'은 옳고 그름에 대해 스스로 판단할 줄 아는 마음이다. 이러한 측은·수오·사양·시비지심이 인·의·예·지의 성을 드러내는 네 가지의 단서 또는 실마리라는 의미에서 사단(四端)이라고 부른다. 칠정은 『예기』「예운」에서 배우지 않고도 할 수 있는 것, 즉 사람이 태어날 때부터 가지는 감정으로 희(喜)·로(怒)·애(哀)·구(懼)·애(愛)·오(惡)·욕(欲)을 말한다.

사단과 칠정은 서로 다른 문맥에서 나온 것이지만, 모두 인간의 정이라는 점에서는 공통된다. 그러나 이들을 선악과 연결시켜 보면, 사단이 '성이 선하다'는 근거로 제시된 것인 만큼 순선한 것이라면, 칠정은 희·로·애·구·애·오·욕의 감정이 일어나서 중절(中節)한 경우는 선하지만 그렇지 않은 경우는 불선하므로 선할 수도 있고 불선할 수도 있다.

정의 부분에서 중요한 것은 정에 대한 이기론적 해석이다. 심·성과 마찬가지로, 정 역시 리와 기의 구조로 해석함으로써 본격적인 논쟁이 전개된다. 이기론적 해석에 따르면, 사단=리=선, 칠정=기=유선악의 도식이 성립한다. 여기에서 칠정을 기로 해석할 경우, 선한 사단과 달리 악으로 해석될 수 있기 때문이다.

이 문제는 퇴계를 비롯한 조선유학자들에 의해 본격적으로 제기되며, 퇴계학파와 율곡학파라는 학파적 입장으로까지 확대된다. 이것이 바로 한국유학사에서 가장 빛나는 '사단칠정논변'이다. 이러한 논변이 벌어지게 된 배경에는 무엇보다 당시 성리학의 인식수준이 심화되고 확산되어 학문적 여건의 성숙이 그 원인으로 볼 수 있다.

퇴계와 기대승(奇大升) 사이의 사단칠정논변은 이 「천명도」에서 발단한다. 정지운(鄭之雲)이 1543년에 「천명도」를 짓고, 퇴계가 1553년에 그것을 수정한 것이 사단칠정의 문제에 관심을 집중시키는 계기가 된다. 퇴계는 정지운의 「천명도설」의 내용에서 "사단은 리에서 발한 것이고 칠정은 기에서 발한 것이다(四端發於理, 七情發於氣)"는 구절을 "사단은 리가 발한 것이고 칠정은 기가 발한 것이다(四端理之發, 七情氣之發)"로 수정한다.

이후 1558년에 기대승으로부터 사단과 칠정을 지나치게 리와 기로 분속시킨다는 지적을 받고, 이듬해 봄에 다시 자신의 견해를 "사단이 발한 것은 순수한 리이므로 선하지 않음이 없고, 칠정이 발한 것은 기를 겸하므로 선도 있고 악도 있다(四端之發純理, 故無不善, 七情之發兼氣, 故有善有惡)고 수정한다. 그리고 기대승에게 그의 의견을 묻는 편지를 보낸 것이 8년에 걸친 퇴계와 기대승 사이에 벌어진 사단칠정논변의 발단이 된다.

사단칠정논변의 핵심 쟁점은 사단과 칠정이 '하나의 정인가 서로 다른 정인가'에 있다. 기대승이 사단과 칠정을 하나의 정으로 해석한다면, 퇴계는 사단과 칠정을 서로 다른 정으로 해석한다. 그러므로 기대승은 사단과 칠정을 하나의 정으로 보아야 하는 이유를 논증해나가고, 퇴계 역시 사단과 칠정을 서로 다른 정으로 보아야 하는 이유를 논증해나가는데, 이것이 바로 사단칠정논변이다. 기대승은 사단과 칠정이 하나의 정이라는 입장에서 칠정이 사단을 포함하는 내포적 관계로 해석하고, 퇴계는 사단과 칠정이 서로 다른 정이라는 입장에서 사단과 칠정을 대립적 관계로 해석한다. 또한 기대승은 사단과 칠정이 하나의 정이므로 그 근원 역시 성(리: 본연지성) 하나가 되지만, 퇴계는 사단과 칠정이 서로 다른 정이므로 그 근원 역시 사단의 소종래는 본연지성(리)가 되고 칠정의 소종래는 기질지성(기)이 된다.

리가 기 속에 있는 것이 성이니, 이때 리만을 가리켜서 말한 것을 '본연지성'이라 하고 리와 기를 합쳐서 말한 것을 '기질지성'이라 한다. 이로써 성은 하늘로부터 부여받은 순수한 본연지성과 기질 속에 들어있는 기질지성으로 구분된다. 이것을 선악으로 설명하면, 본연지성은 리만을 말한 것이니 선한 것이지만, 기질지성은 기질을 겸하므로 기질의 차이에 따라 선악이 공존한다. 물론 기질 자체에는 선과 악이 없지만, 탁한 기질은 사람을 악으로 흐르게 할 가능성이 있다.

여기에서 두 가지 상반된 주장이 제기된다. 하나는 순선한 본연지성과 기질지성을 대립적 관계로 보는 경우이고, 다른 하나는 기질지성이 본연지성을 내포하는 성의 전체로 보는 경우이다. 대립적 관계로 볼 때는 순선한 본연지성과 달리 기질지성이 악의 원인이 되지만, 내포적 관계로 볼 때는 기질지성이 선할 수도 악할 수도 있는 중립적 상태가 된다. 퇴계가 본연지성과 기질지성을 대립적 관계에서 리와 기로 분속한다면, 기대승은 기질지성에도 리(선)가 있으므로 기에만 분속하는데 반대한다.

먼저 기대승은 사단과 칠정이 하나의 정이라는 인식에서 자신의 이론을 전개한다. 성발위정(性發爲情)에 따르면, 사단과 칠정은 모두 성이 발하여 드러난 정이다. 다만 사단은 칠정 가운데 절도에 맞는 선한 부분만을 가리켜서 말한 것이니, 칠정은 정의 전체에 대한 명칭이고 사단은 정의 선한 부분에 대한 명칭이므로 칠정이 사단을 포함하는 '칠포사(七包四)'의 관계이다. 결국 사단과 칠정은 하나의 정이지만 다만 '나아가서 말한 것(所就以言之)'이 다르니, 이들은 존재상의 차이가 아니라 인식상의 구별일 뿐이다. 그러므로 사단과 칠정은 '실지는 같으나 명칭만 다르니(同實而異名)' 소종래(근원)가 다르다는 퇴계의 주장에 반대한다.

사단과 칠정이 하나의 정이니 그 근원으로서의 성 역시 하나이다. "천지지성(天地之性)을 논할 때는 오로지 리만을 가리켜서 말한 것이고, 기질지성을 논할 때는 리와 기를 섞어서 말한 것이다"[47]라는 주자의 말에 근거하면, 칠정의 근원인 '기질지성' 역시 리와 기를 겸한다. 칠정의 근원이 되는 기질지성이 리와 기를 겸하니 칠정 역시 리와 기를 겸한다. 그러므로 칠정은 '기가 발한 것(氣發)'이라는 퇴계의 주장에 반대한다. 칠정은 오로지 기만을 말한 것이 아니라 이기를 겸하니, 퇴계처럼 사단/이발과 칠정/기발로 상대시켜 말할 수 없다. 정이란 성이 발한 것이니, 리와 기를 겸하고 선과 악이 함께 있는 것이다. 그러므로 사단과 칠정은 리와 기 또는 이발(理發)과 기발(氣發)로 분속할 수 없으며, 오직 칠정 가운데 절도에 맞는 것만이 사단인 것이다.

반면 퇴계는 사단과 칠정이 서로 다른 정이라는 인식에서 자신의 이

---

47 『朱子語類』卷4, "論天地之性, 則專指理言; 論氣質之性, 則以理與氣雜而言之."

론을 전개한다. 사단은 인·의·예·지의 성(본연지성)에서 발하여 나온 것이고, 칠정은 바깥사물이 형기에 감응함으로써 성이 기질과 뒤섞여 (기질지성) 발하여 나온 것이다. 사단의 근원은 본연지성(리)이 되고 칠정의 근원은 기질지성(기)이 되니, 그 소종래가 근원적으로 구분된다. "정에 사단과 칠정의 구분이 있는 것은 성에 본연지성과 기질지성(氣稟)의 차이가 있는 것과 같다."[48] 그러므로 각각 '주로 하여 말한 것(所主而言)'이 다르니, 이것은 인식상의 분별을 넘어서 그 발생의 근원에서 분별된다.

퇴계 역시 기대승처럼 사단과 칠정이 모두 성이 발한 정이니 리와 기를 겸한다는 주장을 인정한다. 그럼에도 사단에도 리와 기가 함께 있고 칠정에도 리와 기가 함께 있다고 하더라도, 사단은 리를 주로 하여 말한 것이고 칠정은 기를 주로 하여 말한 것이니, 각각 주리(主理)와 주기(主氣)의 분별이 있으므로 사단과 칠정을 리와 기로 분속시켜 말할 수 있다. 여기에서 퇴계는 자신의 이기호발설의 타당성을 주장하기 위해 주리·주기의 이론을 전개한다.

결국 퇴계는 기대승의 '사단과 칠정이 모두 이기를 겸한다'는 주장을 받아들여 최종적으로 사단을 '리가 발하는데 기가 따르는 것이고(理發而氣隨之)' 칠정은 '기가 발하는데 리가 타고 있는 것이다(氣發而理乘之)'라고 정의한다. 사단에도 기가 없는 것이 아님을 '기수지(氣隨之)'로 표현하고, 칠정에도 리가 없는 것이 아님을 '이승지(理乘之)'로 표현하지만, 사단은 리가 주가 되므로 '이발'인 것이고 칠정은 기가 주가 되므로 '기발'인 것이다. 사단은 '리가 발한 것'이므로 그 근원(소종래)은 리가 되고, 칠정은 '기가 발한 것'이므로 그 근원(소종래)은 기가 된다. 사단의 근원은 리가 되므로 선이지만, 칠정의 근원은 기가 되므로 악으로 흐르기 쉽

---

48 『退溪集』卷16,「答奇明彦」, "故愚嘗妄以爲情之有四端七情之分, 猶性之有本性氣稟之異也."

다. 이처럼 퇴계는 선한 사단과 악으로 흐르기 쉬운 칠정을 분명히 분별한다.

이러한 논변이 마무리될 무렵에 퇴계가 먼저 논변의 불필요성을 밝히자, 기대승도 자신의 입장을 수정한다. 이에 퇴계가 기대승의 수정을 환영함으로써 전후 8년간에 걸친 사단칠정논변이 종결된다. 이들이 논변을 종결한 이유로는 무엇보다 성리설이 수양론의 이론적 기초로서 실천을 지향하는 본래적 방향을 망각한 채 이론적 쟁점에만 빠져있을 수 없다는, 즉 논리적 분석 그 자체가 성리학의 목적이 되어서는 안 되기 때문이다. 그러나 여전히 두 입장의 기본적 차이는 논변이 봉합된 이후에도 그대로 남아있는 것 역시 사실이다. 기대승은 칠정 가운데 절도에 맞는 것이 사단이며, 칠정이 이기를 겸한다는 본래의 견해를 굽히지 않는다.

그럼에도 기대승이 퇴계의 이기호발설, 즉 사단/이발(또는 理發而氣隨之)과 칠정/기발(또는 氣發而理乘之)에 타당성이 있음을 인정하게 된 근거는 무엇보다 "사단은 리가 발한 것이므로 확충해나가야 하고, 칠정은 이기를 겸하지만 리가 기를 주재하지 못하여 기가 도리어 리를 가리게 되므로 성찰하여 다스려나가야 한다."[49] 즉 사단은 확충의 대상이고 칠정은 단속의 대상이라는 수양론의 요구를 수용하는데 따른 것이라 할

---

49 『退溪集』卷17, 「附奇明彦四端七情總論」, "但四端只是理之發. 孟子之意, 正欲使人擴而充之, 則學者可不體認而擴充之乎. 七情兼有理氣之發, 而理之所發, 或不能以宰乎氣, 氣之所流, 亦反有以蔽乎理, 則學者於七情之發, 可不省察以克治之乎. 此又四端七情之名義, 各有所以然者."(사단은 리가 발한 것일 뿐이다. 맹자의 뜻은 바로 사람들로 하여금 그것을 확충하도록 함이니 배우는 자들이 체인하여 확충하지 않을 수 있겠는가. 칠정은 리와 기의 발함을 겸하고 있지만 리의 발함이 혹 기를 주재하지 못하여 기의 유행이 도리어 리를 가리게 되니, 배우는 자들이 칠정이 발할 때에 성찰하여 다스리지 않을 수 있겠는가. 이것이 사단과 칠정의 명칭이 각각 있게 되는 까닭이다.)

수 있다.

　리가 발한 사단은 선한 정이므로 그것을 확충해나가야 하지만, 기가 발한 칠정은 악으로 흐르기 쉬운 정이므로 그것이 발할 때에 잘 살펴서 단속해나가야 한다. 이 때문에 퇴계는 사단과 칠정이 모두 성이 발한 것이지만, 리가 발한 사단과 기가 발한 칠정으로 분명히 구분함으로써 사단은 확충해나가고 칠정은 단속해나간다는 수양론적 실천방법을 제시한다.

　결국 실천적인 측면에서 리(천리)에 근원하는 선을 기(인욕)에 근원하는 악으로부터 명확히 분별하자는 것이다. 때문에 사단과 칠정이 비록 같은 정이지만, 이들은 천리와 인욕 또는 리와 기에 따라 각각 주장하는 것(所主)이 다르고 그 근원(소종래)이 다르다는 분별을 엄격히 함으로써 선과 악의 근거를 명확히 구분한다. 그것은 천리를 간직하고 인욕을 억제하는 '존천리 알인욕(存天理 遏人欲)'의 수양론적 요구에 근거하고 있는 것이라 할 수 있다. 이것이 바로 퇴계 사단칠정론의 내용이며 특징이다.

　이러한 입장은 정의와 불의를 분별하고 군자와 소인을 숯과 얼음처럼 양립 불가능한 것으로 인식하는 당시의 시대상황과도 연결된다. 실제로 퇴계는 집권세력에 의해 의로운 선비들이 참혹하게 희생되는 사화(士禍)의 시대를 살았으니, 그가 선과 악을 근원적으로 구분하여 대립적으로 파악하고자 하는 시대적 인식에 따른 것이라 할 수 있다.

　이처럼 퇴계와 기대승은 자신의 주장을 논증하는 과정에서 치밀한 분석을 전개함으로써 조선성리학의 인식수준을 심화시켜 독자적인 발전을 이룩한다. 뒤이어 성혼(成渾)과 이이(李珥) 사이에 사단칠정논변이 재연되면서, 조선성리학은 퇴계학파와 율곡학파로 갈라져 두 줄기의 큰 흐름으로 전개된다. 게다가 이 양자를 절충하거나 종합하는 새로운 이론이 다양하게 전개됨으로써 이후 조선성리학의 발전과정에 기폭제의 역할을 한다.

그럼에도 퇴계는 『성학십도』「심통성정도」의 중도(中圖)와 하도(下圖)에서 리와 기의 '불상잡'과 '불상리'의 두 가지 인식을 종합하여 사단과 칠정의 해석을 포괄적으로 제시한다. '중도'에서는 기질과 섞지 않고 오로지 본연지성만을 말한 것으로써 그것(본연지성)이 발한 사단과 칠정 역시 모두 선한 것이라고 설명하고 있으며, '하도'에서는 기질과 섞여있어서 그 기질의 차이에 따라 본연지성과 기질지성으로 구분됨으로써, 그것이 발한 사단과 칠정도 각각 '이발'과 '기발'로 구분된다고 설명하고 있다. 이러한 해석은 이후 20세기까지 퇴계학파 안에서 활발한 토론의 주제가 되었으니, 퇴계의 사단칠정논변이 주로 '하도'의 문제라 하더라도 '중도'와 '하도'의 양면을 동시에 포용하는 입장을 지닌다는 사실을 확인할 수 있다.

이렇게 볼 때, 사단칠정논변은 퇴계 자신의 성리학적 입장을 정립하는데 결정적 역할을 하는 중요한 계기가 되며, 이를 계기로 이후 조선유학사에서 성리학적 인식의 심화를 이끌어냈다는 점에서 큰 의미를 지닌다.

또한 퇴계는 사단과 칠정의 이기론적 해석을 인심과 도심의 관계에도 그대로 적용한다. 사단·칠정은 정의 현상을 말한 것이고 인심·도심은 심의 현상을 말한 것으로 구분되지만, 이기론에 근거하면 사단과 도심은 '리가 발한 것(이발)'이 되고 칠정과 인심은 '기가 발한 것(기발)'이 된다.[50] 퇴계는 『중용장구』서문에 나오는 주자의 "인심은 형기(기)에서

---

50 『退溪集』卷37, 「答李平叔」, "人心爲七情, 道心爲四端, 以中庸序朱子說及許東陽說之類觀之, 二者之爲七情四端, 固無不可."('인심은 칠정이 되고 도심은 사단이 된다'는 것은 『중용』서문의 주자의 설과 동양(허겸)의 설 등으로 보면, 둘(인심과 도심)이 칠정과 사단이 된다고 하여도 진실로 불가할 것이 없나.)

생겨나고 도심은 성명(리)에 근원한다"는 말에 근거하여, 인심·도심을 사단·칠정과 마찬가지로 각각 리와 기에 분속되는 서로 다른 존재양상으로 그 도덕적 성격을 구분한다. 사단과 마찬가지로 도심은 '리가 발한 것'이므로 선하지 않음이 없고, 칠정과 마찬가지로 인심은 '기가 발한 것'이므로 악으로 흐르기 쉽다. 그러므로 악으로 흐르기 쉬운 인심은 경(敬)과 같은 자기수양을 통해 단속하거나 다스려나가야 한다.

이렇게 볼 때, 사단·칠정과 마찬가지로 인심·도심도 인간 마음에서 선악의 발생근원을 밝히는 문제로서, 인간의 도덕적 근거와 수양론적 실천으로 연결되어 중시되었음을 알 수 있다.

(3) 수양론: 거경함양과 격물궁리

성리학은 성인이 되는 것을 목표로 하는 학문이다. 성인이 되기 위한 구체적인 방법은 수양론 속에 갖추어져 있다. 수양론은 이러한 성인이 되기 위한 학문방법을 총칭하는 표현이다. 이기론과 심성론에 대한 복잡한 논의도 결국 수양론을 통한 성인이 되는 실천적 목표에서 완성된다.

사람의 마음속에는 하늘로부터 리가 부여되어 성으로 갖추어져 있다. 때문에 사람은 선천적으로 선한 성품을 가지게 된다. 그러나 몸을 구성하는 음양·오행, 즉 기 또는 기질의 영향으로 마음속에 갖추어진 선한 성품이 실제적인 행동에서 온전하게 드러나지 못한다. 그래서 사람은 마음속에 갖추어져 있는 선한 성품을 실현하지 못하고 나쁜 행동을 일삼게 된다. 이로써 기질에서 오는 각종 나쁜 영향들을 제거하여 선한 성품을 실현시켜 나갈 수 있도록 하는 노력이 필요한데, 이것이 바로 수양론의 내용이다. 이러한 수양론의 공부에는 크게 격물궁리(格物窮理)와 거경함양(居敬涵養) 두 가지 방법으로 구분되는데, 밖으로 사물의 이치를 탐구하여 지식을 넓혀가는 것과 안으로 마음속에 갖추어진 덕성을 함양해나가는 것이 그것이다.

퇴계의 학문적 관심은 이기론과 심성론을 발판으로 인간의 존재양상을 해명하고 있지만, 무엇보다 수양론을 토대로 인격의 성취에 초점이 맞추어져 있다. 특히 수양론은 퇴계의 사상적 중추를 이루는 것으로써, 그 핵심 내용은 '경(居敬 또는 持敬)'을 중심으로 전개된다. '경'은 주돈이의 「태극도설」에서 언급한 주정(主靜)에 대해, 정이(程頤)가 주경(主敬)을 제시하고 주자가 이를 계승함으로써 송대 성리학 학문방법론의 중심개념으로 확립된다. 퇴계 역시 이들의 '경' 개념을 그대로 계승한다.[51]

① 거경함양

퇴계의 수양론은 한 마디로 '경'을 통한 마음의 집중과 각성을 실현함으로써 인격을 성숙시키고 인간을 완성시키는 방법이라 할 수 있다.

그렇다면 경이란 무엇인가. 북계(진순)에 따르면, 마음은 몸을 주재하는 것이고 경은 마음을 주재하는 것이다. 퇴계 역시 "마음은 한 몸을 주재하는 것이고, 경은 한 마음을 주재하는 것이다."[52] "경은 한 마음의 주재요, 만사의 근본이다."[53] '경'은 마음과 분리되어 마음 바깥에 따로 존재하는 것이 아니라, 마음이 스스로 자신을 통제하는 힘이라 할 수 있다. 결국 '경'은 마음을 주재하는 것이니, 예컨대 흐트러지기 쉬운 마음을 통제하고 수렴하는 중심작용을 말한다.

퇴계는 마음에서와 마찬가지로, '경'을 동과 정, 안과 밖, 미발과 이발

---

51 『退溪集』卷33, 「答吳子强」, "說靜不若說敬, 程先生已言之."(靜을 말한 것이 敬을 말한 것만 못하다는 것은 정선생이 이미 말한 것이다.)
52 『退溪集』卷7, 「聖學十圖」, 〈第八心學圖〉, "心者, 一身之主宰, 而敬又一心之主宰也."
53 『退溪集』卷7, 「聖學十圖」, 〈第四大學圖〉, "敬者, 一心之主宰, 而萬事之本根也."

로 구분하여 설명한다. 예컨대 경은 사려가 일어나기 이전의 고요한 상태(靜)와 사려가 일어난 이후의 활동한 상태(動)로 구분된다. 사려가 일어나기 이전의 고요함은 마음이 작용하기 이전의 상태이므로 미발(未發)이라 하고, 사려가 일어나고 사물에 대응하는 활동함은 마음이 작용한 이후의 상태이므로 이발(已發)이라 한다.

사람의 마음속에는 태어날 때부터 하늘에서 부여받은 리가 성으로 갖추어져 있는데, 이러한 성을 내면에서 자각하여 보존해가는 것이 미발 때의 공부이다. 마음이 움직이기 시작하면 곧바로 선과 악이 나누어지기 시작하는데, 이 순간에 선과 악의 단서를 잘 살펴서 신중히 대처해야 한다. 미발의 때에는 본성을 보존하고 기르는 공부를 해야 하는데 이것을 존양(存養 또는 涵養)이라 하고, 이발의 때에는 마음을 자세히 살피는 공부를 해야 하는데 이것을 성찰(省察 또는 察識)이라 한다.

경은 고요할 때나 움직일 때를 일관하여 마음을 주재·통제하는 것이니, 고요할 때에 '존양'하는 것이 마음속에 내재된 본성을 잘 보존하여 각성시키는 역할이라면, 움직일 때에 '성찰'하는 것은 마음의 활동에 따른 옳고 그름, 선과 악을 분별하여 신중히 대처하는 것이다. 그러므로 고요할 때의 마음을 보존하고 기르는 것만으로는 부족하고, 움직일 때의 공부를 통해서 끊임없이 부딪치는 현실의 상황을 잘 살펴서 알맞게 처신할 수 있도록 해야 한다. 이것이 바로 퇴계가 정과 동, 체와 용, 미발과 이발의 공부를 동시에 강조하는 이유이다.

이처럼 경을 동과 정, 체와 용, 미발과 이발의 양쪽을 오랫동안 실천하게 되면, 그 효과로서 마음과 몸이 일치하는 수양공부의 완성단계에 이르게 된다. 경의 실천은 일시적인 노력에 그치는 것이 아니라, 끊임없는 반복적인 노력(眞積力久)을 통하여 점점 익숙하게 되어 가는 과정이 중요하며, 이로써 마침내 마음과 몸이 일치하는 단계에 이르게 된다.

여기에서 퇴계는 경의 구체적인 실천방법을 네 가지로 소개하니, 정이의 '주일무적(主一無適)'과 '정제엄숙(整齊嚴肅)', 사량좌의 '상성성(常惺惺)'과 윤돈의 '기심수렴불용일물(其心收斂不容一物)'이 그것이다. '주일무적'은 마음을 집중하여 분산되지 않게 하는 것을 말하고, '정제엄숙'은 몸가짐을 바르게 하는 것을 말하며, '상성성'은 마음(의식)이 항상 깨어 있게 하는 것을 말하고, '기심수렴불용일물'은 마음을 수렴하여 하나의 잡념도 용납하지 않게 하는 것을 말한다.

퇴계는 이 네 가지 중에서 '정제엄숙'을 공부의 급선무로 삼을 것을 강조한다. 자신의 몸가짐을 바르게 하는 공부를 지속하면 마음이 하나가 되고, 마음이 하나가 되며 저절로 잘못되는 일이 없게 된다. 결국 안으로 마음을 다스리는 것뿐만 아니라 밖으로 행동·용모·말씨 등을 다스림으로써, 안팎의 두 방면에서 동시에 실천해나가야 한다. 이처럼 경의 공부는 밖으로 몸가짐과 안으로 마음가짐을 서로 일치시켜 가는 것이며, 특히 형체가 없고 볼 수가 없는 마음을 보존하고 지키고자 하면, 반드시 형체가 있고 볼 수가 있는 것에 근거하여 공부해나갈 것을 강조한다. "형체도 없고 그림자도 없는 마음을 보존하고자 하면, 반드시 형체와 그림자가 있어 의지하여 지킬 수 있는 곳으로부터 공부해야 한다.……이것이 일용공부의 지극히 요약된 점이다."[54]

이처럼 퇴계의 '경'은 고요할 때뿐만 아니라 활동할 때에도 동시에 강조함으로써, 고요함만을 강조하는 노장의 무위(無爲)나 불교의 적멸(寂滅)과는 분명한 차이를 보인다. 그러므로 '경'의 실천은 고요할 때에 마음을 지키는 일뿐만 아니라, 사무를 처리하는 일 속에서도 동시에 이루어진다. 여기에서 퇴계는 경을 실천해야 하는 근거를 천명이 사람에게

---

54 『退溪集』卷29, 「答金而精」, "欲存無形影之心, 必自其有形影可據守處加工.……此日用功夫至要約處."

부여한 직분으로 이해한다. 사람은 천명에 의해 성을 부여받으니 사람의 마음에는 천명(성)이 내재되어 있다. 이때 마음에 내재된 천명은 바로 사람에게 부여한 직분이니, 이 직분을 수행하는 것이 바로 수양이다. "만약 직분을 받은 자가 수양하지 않으면 〈이것은〉 천명을 저버리는 것이다."[55]

이렇게 볼 때, 퇴계의 수양론은 내면의 심성을 연마하는 일에 한정되는 것이 아니라, 일상생활이나 국가의 통치행위에 이르기까지 수양을 통한 성취된 인격으로 일을 처리하거나 담당할 것을 요구하고 있음을 알 수 있다.

② 격물궁리: 이도설(理到說)

퇴계의 수양방법에는 거경함양과 구분되는 격물궁리(格物窮理)가 있다. '격물궁리'는 격물치지(格物致知)의 다른 표현이다. '격물치지'는 대상세계를 탐구함으로써 지식을 넓혀나가는 것을 말한다. 이것은 이 세계에 대한 '사물의 리'를 인식하는 것을 말한다. 사물의 리를 탐구하는 구체적 방법은 『대학』의 격물(格物) − 치지(致知)와 물격(物格) − 지지(知至)의 내용에 해당한다. 그렇지만 이들 탐구의 궁극적 목적은 사물에서 얻은 지식을 근거로 실천하는데 있으니, '격물치지' 역시 단순히 인식의 문제가 아니라 수양방법이 된다.

'격물'이란 사물에 나아가서 그 리를 궁구하는 것이며, 이러한 격물의 과정을 통해 나의 지식(앎)이 이루어지는 것이 '치지'이다. 또한 '물격'이란 격물의 완성이고 '지지'란 치지의 궁극적 경지를 말한다. 격물이 사물의 리에 이를 수 있도록 궁구해가는 과정이라고 한다면, '물격'은

---

55 『退溪集』卷38,「答申啓叔」, "有所受職分者, 苟無修爲之事, 則天命不行矣."

궁구한 결과 물리의 지극한 단계에 이르렀음을 의미한다. 격물이란 사물에 나아가 그 리를 궁구하는 것이지만, 사물의 리를 궁구한다고 해서 사물의 리가 다 파악되는 것은 아니다. 그러므로 '물격'은 격물의 단계를 거쳐 격물의 목적 또는 완성에 해당되는 사물의 리가 온전히 다 드러난(파악된) 상태를 의미한다.

다시 말하면, 격물은 나의 마음(인식주체)이 사물의 리(인식대상)를 깊이 궁구하여 지식을 이루어가는 것(致知)이라면, '물격'은 탐구가 깊어감에 따라 사물의 리가 나의 마음에 이르게 되는 것(知至)을 말한다. '격물'이 궁(窮: 끝까지 궁구하다)자에 비중을 둔 것이라면, '물격'은 지(至: 이르다)자에 비중을 둔 것이라 말할 수 있다. 결국 '격물'의 단계가 심화되어 '물격'의 단계에 이르면, 인식대상인 사물과 인식주체인 내 마음이 하나되는 상태가 되는데, 이것이 바로 물아일체(物我一體)의 경지에 해당한다.

퇴계는 처음에는 '격물치지'에 근거하여 나의 마음(지각작용)이 사물의 리를 궁구하는 것, 즉 마음의 지각작용을 거쳐서 사물의 리가 인식되는 입장을 견지하지만, 후에 기대승의 '리에 체용이 있다'는 이론을 받아들여 '사물의 리가 저절로 나의 마음에 이른다(理到說)'는 입장으로 수정한다. "격물을 말할 때는 진실로 내가 궁구하여 물리(物理)의 지극한 곳에 이르는 것을 말하지만, '물격'을 말하는데 이르면 어찌 물리의 지극한 곳이 나의 궁구하는 바를 따라 이르지 않음이 없다고 할 수 없겠는가."[56] 사물의 리를 탐구하는 '격물'의 단계를 넘어 '물격'의 단계에 이르면, 즉 인식이 심화되어 물리의 지극한 곳에 이르면, 사물의 리가 저절로 나의 마음에 이른다는 것이다. 이로써 퇴계는 이기론의 '이동설'과 심성론의 '이발설'을 이어 인식론의 '이도설'에 이르기까지 리의 능동성

---

56 『退溪集』卷18, 「答奇明彦(別紙)」, "方其言格物也, 則固是言我窮至物理之極處, 及其言物格也, 則豈不可謂物理之極處, 隨吾所窮而無不到乎."

을 일관되게 정립한다.

특히 퇴계는 '격물궁리'를 통해 객관적 대상의 리를 밝히는 존재론적 의미보다, 주로 시비·선악과 같은 도덕적 리를 밝히는 가치론적 의미에 주목한다. 그의 인식론은 대상세계에 대한 지식탐구의 의미가 아니라 시비·선악을 밝히는 행위로 심화되는데, 이것이 바로 그의 '격물궁리'가 단순한 인식론의 의미가 아니라 행위나 실천으로 이어지는 수양방법이 되는 이유이다.

이처럼 퇴계는 마음속 내면의 본성을 대상으로 하는 '거경함양'과 외부사물을 대상으로 하는 '격물궁리'의 수양방법을 동시에 강조한다. 이 두 가지는 어느 하나도 없어서는 안 되는, 즉 수레의 두 바퀴나 새의 두 날개처럼 상호 보완적 관계에 있다. '격물궁리'가 독서를 통한 대상세계의 지식을 탐구해가는 것이라면, '거경함양'은 자신의 마음을 잘 보존하고 길러나가는 수양방법이다. 예컨대 사물의 이치를 궁구하려면 '경'으로 마음을 안정시켜서 일체의 잡념이 끼어들지 못하도록 주의력을 집중시켜야 하는데, 이것이 '거경함양'이다. 그래서 격물궁리 이전에 '경'으로써 마음을 안정시키는 거경함양이 요구된다.

이러한 격물궁리와 거경함양은 서로를 촉진시켜 주는 관계로서, 거경함양으로 근본이 세워지면 격물궁리의 내용도 더욱 밝아진다. 격물궁리하게 되면 거경함양의 공부가 더욱 발전하게 되고, 거경함양하게 되면 격물궁리의 공부도 더욱 정밀해지니, 배우는 사람들은 격물궁리와 거경함양을 함께 병행해야 한다. 다시 말하면, 거경함양이 격물궁리의 기초가 되는 동시에 거경함양을 견고히 하는 바탕이 또한 격물궁리에 있다. 격물궁리를 통해 사물의 이치를 이해하고 나면, 그 사물의 이치가 나의 지식으로 전환되어 지식의 내용이 되고, 그러한 지식의 누적을 통해 내 마음속에 내재된 성(리)을 실현할 수 있다.

결국 독서궁리를 거친 후에야 비로소 내 마음속에 갖추어진 리도 밝아질 수 있으니, 이 때문에 퇴계는 내심의 자각만을 강조하는 불교의 돈오(頓悟)나 왕수인의 치양지(致良知)와 같은 공부방법을 비판한다. 왕수인에 따르면, 사람은 누구나 하늘로부터 부여받은 양지(良知)가 마음속에 온전히 갖추어져 있으므로 구태여 밖에서 구할 필요가 없다. 예컨대 "아버지를 보면 자연히 효도할 줄 알고, 형을 보면 자연히 공경할 줄 알며, 어린아이가 우물에 들어가는 것을 보면 자연히 측은해할 줄 안다. 이것이 바로 양지이니 밖에서 구할 필요가 없다."[57] 이것은 대상세계의 사물의 리를 궁구하는 '격물궁리'의 공부가 불필요하다는 말이다.

그러나 퇴계는 왕수인의 주장처럼 본심만을 말하고 학문의 과정을 멀리하는 것에 반대한다. 예컨대 "마음이 진실로 호색(好色)을 좋아한다면, 비록 장가를 들지 않고 부부간의 윤리를 폐하더라도 또한 호색을 좋아한다고 이를 수 있는가."[58] 중요한 것은 예쁜 여자를 좋아하는 마음에 있는 것이 아니라 그것을 도리에 맞게 대처할 수 있어야 하는데, 이때 도리에 맞게 대처할 수 있는 것은 학문을 통해 가능하니, 이것이 바로 학문하는 이유이다. 결국 왕수인의 주장은 모두 혈기와 인심의 부류에 해당하는 것이고 의리와 도심의 부류에 해당하는 것이 아니니, 이것은 금수에게나 가능한 것으로써 학문을 해야 하는 이유를 상실한 것이라고 비판한다.[59]

---

57 『傳習錄』卷上, "見父自然知孝, 見兄自然知弟, 見孺子入井自然知惻隱. 此便是良知, 不假外求."

58 『退溪集』卷41, 「傳習錄論辯」, "若如其說, 專事本心而不涉事物, 則心苟好好色, 雖不娶廢倫, 亦可謂好好色乎?"

59 且痛而知痛, 饑寒而知饑寒, 塗人乞人與禽獸皆能之. 若是而可謂之知行, 何貴於學問爲哉?"(아프면 아파할 줄을 알고 춥고 배고프면 춥고 배고파할 줄 아는 것은 길가는 사람이나 걸인 및 금수도 모두 가능하니, 만약 이와 같은 것을 知行이라 하면 어째서 학문하는 것을 귀하게 여기겠는가.) 즉 아플 때에도 배고플 때에도 무엇

여기에서 퇴계는 왕수인의 양지와 같은 본심(本心) 역시 강학과 궁리를 통해 밝아질 수 있음을 강조한다. "〈왕수인은〉학문을 강론하고 이치를 궁구하는 것이 바로 본심의 본체를 밝히고 본심의 작용을 통달하게 하는 것임을 알지 못하였다."[60] 이것은 주자의 '격물궁리'를 강조한 말에 다름 아니다. 이러한 이유에서 퇴계는 66세 때 왕수인의 『전습록』을 조목별로 비판한 「전습록논변(傳習錄論辯)」을 저술함으로써 주자학을 정통이념으로 확립하고 양명학의 여지를 차단하는데, 이것은 이후 조선성리학의 학문방향을 결정하고 독자적 특성을 형성하는데 중요한 역할을 한다.

이처럼 퇴계 학문의 기본성격은 주자를 표준으로 하여 이기론·심성론·수양론으로 전개되는데, 이기론의 철학적 근거를 통해 리의 우위성을 해명하고, 심성론의 개념적 분석을 통해 선의 당위성을 해명하며, 아울러 수양론의 실천방법을 통해 인격적 실현을 추구하는데 있으니, 그의 이기론과 심성론은 인간의 도덕적 자기완성을 추구하는 수양론으로 귀결된다. 무엇보다 리와 기의 개념을 대립적 관계로 해석하는 것은 그의 철학이 존재론적 해석과 구분되는 가치의 철학이요, 인격의 성숙을 추구하는 수양론적 철학임을 의미한다.

보다 도리에 맞게 대처하는 것이 중요하며 이때의 도리는 학문을 통해 가능하다는 말이다.
60 『退溪集』卷41, 「傳習錄論辯」, "不知講學窮理, 正所以明本心之體, 達本心之用."

제1부

퇴계와 서양철학

제1장
퇴계와 플라톤의 이원론적 세계관

　퇴계(이황, 1501~1570)와 플라톤(Platon, BC 428~348)은 모두 이원론적 세계관을 견지한 학자로 평가된다. 퇴계는 기보다 리를 더 중시하고, 플라톤 역시 현상계보다 이데아계를 더 중시한다. 이로써 퇴계철학은 리와 기를 구분하는 이원론적 특징을 가지며, 플라톤철학 역시 현상계와 이데아계를 구분하는 이원론적 특징을 가진다.

　철학의 역사 안에서 퇴계와 플라톤은 모두 위대하고 탁월한 철학자로 평가된다. 퇴계는 공자·맹자·정자·주자의 도를 밝힌 동방의 제일인자(第一人者)요[61], 동방의 주부자(朱夫子)이며, 동방 유학의 집대성자로 칭송된다.[62] 플라톤 역시 고대·중세·현대를 통하여 가장 큰 영향을 미친 철학자요[63], 유럽 철학의 전통이 플라톤의 각주로 이루어져 있다[64]고 할 정도로 칭송된다.

61　한국철학회 편, 『한국철학사(중권)』, 동명사, 1994, p.234 참조.
62　이병도, 『한국유학사』, 아세아문화사, 1989, p.200
63　B. Russel, 『A History of Western Philosophy』, New York, 1945, p.104(이강대, 「플라톤의 이데아론 분석 – 이데아의 개념을 중심으로 – 」, 『정신개벽』11, 원광대학교 원불교사상연구원, 1992, p.207 재인용.)
64　화이트헤드 지음, 오영환 옮김, 『과성과 실새』, 민음사, 2003, p.118

그러나 퇴계와 플라톤은 동양과 서양이라는 지리적 거리만큼이나 역사적·문화적 차이를 가지고 있으며, 특히 퇴계와 플라톤은 생몰 시기도 2천년이나 차이가 난다. 그럼에도 이들을 함께 다루려는 것은 이들이 세계를 설명하는 사유구조가 유사하기 때문이다.

퇴계는 이 세계를 리와 기로 설명하면서도 기보다 리를 중시한다. 플라톤 역시 이 세계를 가시적(可視的) 현상계와 가지적(可知的) 이데아계로 설명하면서도 현상계보다 이데아계를 더 중시한다. 이 과정에서 퇴계는 기와 구분되는 리의 실재성을 강조하고, 플라톤 역시 현상계와 구분되는 이데아계의 실재성을 강조한다. 그렇다고 퇴계와 플라톤이 모두 현실세계가 허구임을 주장하는 것은 아니다.

세계관이 유사하다는 것은 현실의 문제를 진단하고 해결하는 방법이 유사하다는 것을 의미한다. 퇴계와 플라톤은 모두 현실을 혼란과 부조리한 상황으로 진단하고, 이러한 상황에서 절대적이고 영원불변하는 리와 이데아를 인간행위의 객관적 기준으로 제시한다. 결국 이들은 현실의 문제를 해결하기 위한 방법의 일환으로 리와 이데아의 개념을 요청한 것이라고 할 수 있다. 리와 이데아가 올바른 개인·사회·국가를 실현할 수 있는 최고의 기준이라는 것이다.

따라서 이 글에서는 이들이 왜 이 세계를 리와 기 또는 현상계와 이데아계로 구분할 것을 강조하는지. 다시 말하면, 퇴계가 기보다 리를 더 중시하는 이유는 무엇이며, 플라톤 역시 현상계보다 이데아계를 더 중시하는 이유는 무엇인지. 그리고 그 내용은 무엇이며, 이들 이론의 공통점과 차이점은 무엇인지 등을 살펴본다.

1. 퇴계의 이원론적 세계관

(1) 시대적 상황

한국사의 시야에서 본다면, 퇴계가 태어나 살던 시기(1501~1570)는 이른바 '사화기'로 일컬어지는 시기에 해당한다. 그의 나이 4세 때에 이미 갑자사회(甲子士禍)가 있었고, 이어 19세 때에 기묘사화(己卯士禍), 45세 때에는 을사사화(乙巳士禍)를 각각 겪게 된다.[65] 그리고 퇴계의 생애를 대체로 초년의 수학(修學)시기(33세까지), 중년의 출사(出仕)시기(49세까지), 말년의 은거강학(隱居講學)시기(50세 이후)로 구분한다면[66], 대부분의 시기를 사화기에 보냈다고 하겠다.

갑자사화(1504)는 연산군의 어머니 폐비윤씨의 복위문제로 일어난 사화이다. 연산군이 폐비윤씨의 복위를 추진하면서 성종 때 폐비를 찬성한 훈구세력이 대부분 숙청된다. 이를 계기로 결국 연산군이 축출되고 중종반정이 일어나는 새로운 정치판도가 형성된다. 중종은 연산군의 학정을 개혁하고 조광조(趙光祖) 등 신진사류들을 등용하는 개혁정책을 추진한다. 그러나 조광조의 지나친 급진적 개혁정책으로 중종과 훈구파의 반감을 사게 되어, 본인은 물론 많은 선비들이 귀양 가거나 죽게 되는데, 이것이 바로 기묘사화(1519)이다.

명종이 즉위하는 을사년(1545)에 왕실의 외척인 대윤(大尹)과 소윤(小尹)의 반목으로 '소윤'이 '대윤'을 축출한 사건이 을사사화이다. 중종의 첫째 계비인 장경(章敬)왕후 윤씨가 인종(仁宗)을 낳고, 둘째 계비인 문정(文定)왕후 윤씨가 명종(明宗)을 낳았는데, 장경왕후의 아우에 윤임(尹任)

---

65 퇴계가 태어나기 3년 전(1498)에도 戊午士禍가 일어나 金馹孫 등 많은 사람들이 유자광과 연산군을 중심으로 한 훈구파에 의해 제거된다.
66 금장태, 『퇴계의 삶과 철학』, 서울대학교출판부, 2003, p.3

이 있었고 문정왕후의 아우에 윤형원(尹元衡)이 있었다. 윤임과 윤원형은 모두 임금의 외숙으로 서로 대립 갈등하였는데, 당시 사람들로부터 대윤(윤임)과 소윤(윤원형)으로 불렸다. 중종이 승하하고 인종이 즉위하게 되자, 윤임이 득세하여 사림들을 대거 등용하는 등 일시적이나마 사림의 기세를 회복한다. 그러나 인종이 즉위 8개월 만에 승하하고 12세의 어린 명종이 즉위하여 문정대비가 수렴청정하게 되자, 형세가 역전되어 윤원형이 득세함으로써 윤임의 세력을 제거한다. 이 여파는 그 뒤 5~6년에 걸쳐 지속되면서 유배되고 죽은 자가 거의 100여명에 달하였다고 한다.[67]

퇴계의 형 이해(李瀣)도 인종 즉위 때에 윤원형의 심복인 이기(李芑)를 탄핵한 일을 계기로 이기의 모함을 받아 명종 5년 8월에 유배를 가다가 도중에 숨진다. 퇴계 역시 을사사화에 직접 참화를 당하지는 않았지만, 이기의 고발로 관직이 삭탈당했다가 복직되는 일을 겪는다. 이처럼 퇴계가 활동하던 16세기 중엽에 이르기까지 거듭된 사화로 많은 선비들이 심한 타격을 입는다. 이는 사림과 훈구(외척)세력간의 충돌의 결과라고도 하겠으나, 단순한 권력 다툼이라기보다는 소인유(小人儒)가 그들에 대한 비판세력이요 정의사회를 구현하려던 군자유(君子儒)를 탄압한 것이라 하겠다.[68]

따라서 퇴계는 사회적 부조리와 혼란한 정치상황의 전개가 개인·집단·사회 전반에 있어서 공(公)과 사(私), 의(義)와 이(利)의 구분이 명확치 못하는데 기인한 것으로 이해한다. '공'과 '사', '의'와 '이'는 결코 혼동

---

67 금종우, 「퇴계선생의 戊辰六條疏와 聖學十圖 및 同箚子의 정치사상에 관한 연구」, 『퇴계학과 유교문화』15, 경북대학교 퇴계연구소, 1987, pp.80-81 참조.
68 이동준, 「16세기 한국성리학파의 역사의식에 관한 연구」, 성균관대학 박사학위, 1975, p.157

될 수 없으니, 이것은 바로 천리와 인욕의 엄격한 분별을 의미한다. 그 것은 그대로 리와 기, 인심과 도심, 사단과 칠정, 본연지성과 기질지성 의 명확한 구별과 함께 둘의 부잡성(不雜性)을 강조하는 이기이원론(理 氣二元論)적 구조로 나타난다. 이 과정에서 군자와 소인이 전도되는 사 회적 모순을 해결하기 위한 일환에서 리의 실재성을 주장하는데, 이것 은 리라는 절대적 기준으로 인간행위의 도덕근거를 세워서 사회질서 를 구현하려는 것이다.

(2) 리와 기는 이물(二物)이다

리와 기의 개념에 대한 정의는 주자의 「답황도부서(答黃道夫書)」에 잘 나타나 있다. "천지간에는 리가 있고 기가 있다. 리라는 것은 형이상의 도(道)로서 만물을 낳는 근본이고, 기라는 것은 형이하의 기(器)로서 만 물을 낳는 도구이다."[69] 주자는 리와 기의 차이를 형이상과 형이하의 개 념으로 구분한다. 퇴계 역시 리는 형이상의 '도'이고 기는 형이하의 '기' 로써 설명한다.

> 무릇 모양과 형기를 가지고서 육합(六合) 안에 가득 찬 것은 모두 기(器)이 고, 그것에 갖추어져 있는 이치가 바로 도(道)이다. '도'는 '기'를 떠나지 않지 만 그 형체와 그림자를 가리킬 수 없기 때문에 형이상이라 하고, '기'도 '도'를 떠나지 않지만 그 형상을 말할 수 있기 때문에 형이하라고 한다.[70]

---

69 『朱熹集』卷58, 「答黃道夫」, "天地之間, 有理有氣. 理也者, 形而上之道也, 生物之 本也; 氣也者, 形而下之器也, 生物之具也."
70 『退溪集』卷35, 「答李宏仲(甲子)」, "凡有貌象形氣而盈於六合之內者, 皆器也, 而 其所具之理, 卽道也. 道不離器, 以其無形影可指, 故謂之形而上也; 器不離道, 以 其有形象可言, 故謂之形而下也."

육합(六合)은 동·서·남·북·상·하의 여섯 방위이니 우주를 말한다. 우주 안에 형상이 있는 것은 모두 기(器)이고, 그 속에 갖추어져 있는 이치는 도(道)이다. 이때의 '도'는 형상으로 말할 수 없기 때문에 '형이상'이라 하고, '기'는 형상으로 말할 수 있기 때문에 '형이하'라 한다. 여기에서 도(道)와 기(器)는 리(理)와 기(氣)에 해당한다. "형이상은 모두 태극의 리이고, 형이하는 모두 음양의 기이다."[71] 태극은 형이상이고 음양은 형이하이니, 리는 형이상이 되고 기는 형이하가 된다. 퇴계는 이들에 대해 "솔개가 날고 물고기가 뛰는 것은 기이고, 날게 하고 뛰게 하는 소이(所以)는 리이다"[72]라고 말한다. 기는 날고 뛰는 사물의 현상을 가리키고, 리는 그렇게 되는 까닭, 즉 원인 또는 이유를 가리킨다. 결국 기는 현상세계 속의 구체 사물에 해당하고, 리는 그 이면의 일체의 원리나 법칙에 해당한다.

여기에서 하나 중요한 것은 이러한 리와 기의 관계에 대한 해석이다. 먼저 퇴계는 "도는 기(器)를 떠나지 않고 기(器)도 도를 떠나지 않는다"라고 하여, 리와 기가 서로 떨어질 수 없음을 전제한다. 이때 리와 기의 서로 떨어질 수 없는 관계를 불상리(不相離)라고 말한다. 그러면서도 또한 퇴계는 "리는 형이상의 도(道)이고 기는 형이하의 기(器)이다"라고 하여, 리와 기를 형이상과 형이하의 개념으로 구분한다. 이때 리와 기의 서로 섞일 수 없는 관계를 불상잡(不相雜)이라 말한다. 이렇게 볼 때, 퇴계는 리와 기의 '불상리'와 '불상잡'의 두 관계를 동시에 인정하지만, 그럼에도 퇴계의 요지는 '불상잡'에 있다고 말할 수 있다.

이에 퇴계는 '불상잡'의 관점에 근거하여 리와 기가 서로 다른 이물

---

71 같은 곳, "凡形而上, 皆太極之理; 凡形而下, 皆陰陽之器也."
72 『退溪集』卷40, 「答喬姪問目」, "其飛其躍, 固是氣也, 而所以飛所以躍者, 乃是理也."

(二物)임을 강조한다. 그리고 리와 기를 '이물'로 보아야 하는 이유를 선현들의 말에 근거하여 설명한다. 예컨대 공자의 "역에 태극이 있으니 이것이 양의(兩儀)를 낳는다"거나 주돈이의 "태극이 움직여서 양을 낳고 고요하여 음을 낳는다"는 구절에 근거해서 볼 때 "공자와 주돈이는 태극이 음양을 낳은 것이라고 분명히 말하였다. 만약 리와 기가 본래 일물(一物)이라 하면, 태극이 바로 양의이니 어찌 태극이 양의를 낳을 수 있겠는가."[73] 태극이 음양을 낳으므로 태극과 음양, 즉 리와 기는 반드시 이물(二物)이 되어야 한다. 또한 "만약 리와 기가 과연 '일물'이라면, 공자께서 어찌하여 굳이 형이상과 형이하를 가지고 도(道)와 기(器)로 나누었겠는가."[74] 공자가 『주역』 「계사전」에서 "형이상의 것을 '도'라 하고 형이하의 것을 '기'라 한다"[75]라고 하여, 형이상과 형이하를 '도'와 '기'로 구분한 것 역시 리와 기를 이물(二物)로 보았기 때문이라는 것이다.

이어서 퇴계는 주자의 「답유숙문서(答劉叔文書)」의 내용에 근거하여 리와 기가 '이물'임을 강조한다.

> 리와 기는 결코 이물(二物)이다. 다만 사물상에서 보면, 〈리와 기〉이물(二物)이 섞여있어 나누어져 각각 한 곳에 있을 수가 없다. 그러나 이물(二物)이 각각 일물(一物)되는데 문제되지 않는다. 만약 이치상에서 보면, 비록 사물이 있기 이전에도 이미 사물의 리가 있다. 그러나 또한 그 리가 있을 뿐이지 일찍이 실제로 사물이 있는 것은 아니다.[76]

---

73 『退溪集』卷41, 「非理氣爲一物辯證」, "今按孔子·周子·明言陰陽是太極所生. 若曰理氣本一物, 則太極卽是兩儀, 安有能生者乎."
74 같은 곳, "若理氣果是一物, 孔子何必以形而上下分道器."
75 『周易』, 「繫辭傳(上)」, "形而上者謂之道, 形而下者謂之器."
76 『退溪集』卷41, 「非理氣爲一物辯證」, "朱子答劉叔文書曰, 理與氣決是二物. 但在物上看, 則二物渾淪, 不可分開各在一處, 然不害二物之各爲一物也. 若在理上看,

퇴계는 사물상과 이치상의 두 관점에서 리와 기의 관계를 설명한다. 먼저 사물상에서 보면, 리는 사물(기) 속에 내재하여 둘이 분리될 수 없으니 리와 기는 일물(一物)이 된다. 이로써 "천하에는 리 없는 기가 없고 기 없는 리가 없다."[77]

그러나 이치상에서 보면, 사물이 있기 이전에도 이미 사물의 리가 있으니 리와 기는 이물(二物)이 된다. 사물의 생성을 계속 거슬러 올라가면, 그 생성에는 마침내 시원으로서의 원초적인 생성이 있을 것이다. 퇴계는 이것을 '일원(一元)의 기(氣)', 즉 음양이라고 말한다.[78] 그렇다면 이 '일원의 기'는 어떻게 생기는가. 퇴계는 '일원의 기'를 생기게 하는 것, 즉 기의 생성에 선행하는 것을 '리'라고 생각한다. 이로써 리는 모든 사물의 생성원인이 되니, 리가 기를 낳는다는 것이다. 그러므로 "기가 있기 이전에도 이미 리가 있으며", 기가 있기 이전에는 "리가 있을 뿐이지 실제로 사물이 있는 것이 아니다." 즉 사물이 있지 않을 때도 리는 있다는 말이다. 이러한 의미에서 퇴계는 "기가 있기 이전에 먼저 리가 있으며, 기가 존재하지 않을 때도 리는 항상 존재한다는 것을 반드시 알아야 한다"[79]라고 강조한다.

이것이 바로 리를 기보다 앞에 두는 이선기후(理先氣後)적 사고이다. 퇴계의 이러한 '이선기후'적 사고는 그대로 가치의 우위로 이어진다. "리는 본래 존귀하여 상대가 없고 사물에게 명령하고 사물에게서 명령을 받지 않으니, 기가 이길 수 있는 것이 아니다."[80] "리는 기의 장수가

則雖未有物, 而已有物之理, 然亦但有其理而已, 未嘗實有是物也."

77 『退溪集』卷36,「答李宏仲問目」, "天下無無理之氣, 無無氣之理."
78 『退溪集』卷24,「答鄭子中(別紙)」, "氣之始……有一元之始." 참조.
79 『退溪集』卷41,「非理氣爲一物辯證」, "須知未有此氣, 先有此性, 氣有不存, 性卻常在."
80 『退溪集』卷13,「答李達・李天機」, "理本其尊無對, 命物而不命於物, 非氣所當

되고 기는 리의 병졸이 된다."⁸¹ 이것은 존재론(또는 우주생성론)적으로뿐만 아니라 가치론적으로도 리가 기보다 우위에 있다는 것을 의미한다.

그렇지만 리는 소리도 없고 냄새도 없고 형체도 없기 때문에 우리의 감각기관으로는 인식할 수 없다. 이것은 리란 반드시 기에 근거해야 작용이 가능하다는 말에 다름 아니다. 이에 퇴계는 "리는 독자적으로 작용할 수 없다. 때문에 리를 말하려고 할 때는 먼저 기를 말하는 것이지, 기를 리로 보아 섞어서 한 덩어리로 만들려는 뜻이 아니다"⁸²라고 말한다. 리는 반드시 기에 근거해야 추론이 가능하므로 리를 말할 때에는 먼저 기를 말하는 것이지, 원래 리와 기가 일물(一物)로 구분이 없다는 말이 아니다. 리와 기가 결코 이물(二物)이라는 말이다.

더 나아가 퇴계는 형체도 없고 조짐도 없는 리이지만, 이러한 리 속에는 온갖 이치가 **빽빽**이 갖추어져 있음을 강조한다.

> 지금 사람들은 다만 앞부분 한 단락의 일이 형체도 없고 조짐도 없는 것만 보고서 이것은 '텅텅 비어 아무 것도 없다(空蕩蕩)'고 하고, 도리어 '충막무짐(沖漠無朕)하나 만상이 **빽빽**이 이미 갖추어져 있다'는 것을 알지 못한다. 아직 사물이 있지 않을 때에도 이 리가 이미 갖추어져 있으니, 잠시 뒤에 응하는 것은 다만 이 리일 뿐이다.⁸³

勝也."
81 『退溪續集』卷8,「天命圖說」, "理爲氣之帥, 氣爲理之卒."
82 『退溪集』卷32,「答禹景善(別紙)」, "蓋理不能獨行. 故將說理處, 先說氣, 其意非以氣爲理, 而袞作一片說也."
83 『退溪集』卷25,「鄭子中與奇明彦論學(庚申)」, "又曰今人只見前面一段事無形無兆, 將謂是空蕩蕩, 卻不知道沖漠無朕, 萬象森然已具. 又曰未有事物之時, 此理已具, 少間應處, 只是此理."

이 글은 정자중(鄭子中)이 기대승(奇大升)과 정자가 말한 '충막무짐 만상삼연이구(沖漠無朕 萬象森然已具)'[84]에 대해 강론하다가 의견이 맞지 않자 퇴계에게 자문을 구하였는데, 이에 대한 퇴계의 대답이다. 여기에서 '앞부분 한 단락의 일'은 정자의 '충막무짐 만상삼연이구(沖漠無朕 萬象森然已具)' 가운데 앞 구절에 해당하는 '충막무짐'을 가리킨다. 사람들은 앞 구절의 '충막무짐', 즉 고요하고 아득하여 아무런 조짐이 없는 것만을 보고서 텅 비어 아무 것도 없는 것으로 생각하는데, 이것은 정자의 '충막무짐 만상삼연이구'의 뜻을 제대로 알지 못한 것이다. 정자의 말은 비록 리가 형체도 없고 조짐도 없지만, 삼라만상의 온갖 이치가 이미 그 속에 빽빽이 갖추어져 있다는 것이다. 이것은 사물이 있기 이전에 먼저 사물의 리가 있다는 말에 다름 아니다. 아직 사물이 있지 않을 때에도 이 리가 이미 갖추어져 있다. "예컨대 임금과 신하가 있기 이전에 이미 먼저 임금과 신하의 리가 있고, 아버지와 아들이 있기 이전에 이미 먼저 아버지와 아들의 리가 있다는 것과 같다."[85] 다시 말하면, 임금과 신하의 리에 따라서 임금과 신하가 생겨나고, 아버지와 아들의 리에 따라서 아버지와 아들이 생겨난다. 결국 임금과 신하든 아버지와 아들이든 모두 리에 따라서 생겨난 것에 지나지 않는다.

이렇게 볼 때, 이 세상의 우주만물은 모두 리에서 생겨나니 리란 우주만물이 생기기 이전부터 존재한다. 그러므로 리는 언제나 존재하며 영원한 것이다. "기는 생사(生死)가 있으나 리는 생사가 없다.……리는 소리나 냄새도 없고 방소나 형체도 없으며 다하여 없어지는 일도 없으니 어느 때에 없어지겠는가."[86] 리는 생멸(生滅)이 있는 기와 달리, 영원

---

84 『二程全書』,「河南程氏遺書 第15」,〈伊川先生語〉, "沖漠無朕, 萬象森然已具."
85 『退溪集』卷25,「鄭子中與奇明彦論學(庚申)」, "如未有君臣, 已先有君臣之理; 未有父子, 已先有父子之理."

히 존재하는 실재(reality)로 상정되어 기의 생성원인과 존재근거가 된다. 이러한 해석은 플라톤이 이데아계를 실재로 상정하고 현상계의 생성원인과 존재근거로 설명하는 것과 다르지 않다.

(3) 통체일태극(統體一太極)과 각구일태극(各具一太極)

리는 우주만물의 생성원인이면서 동시에 우주만물의 존재근거이다. 리에서 만물이 생겨나니 리는 만물의 생성원인이 되고, 동시에 사물마다 모두 리를 가지고 있으니 리는 사물의 존재근거가 된다. 이러한 리의 이중적 성격은 필연적으로 리를 보는 두 관점, 즉 본원(本源)/유행(流行), 재리상간(在理上看)/재물상간(在物上看), 이간(離看)/합간(合看), 불상잡(不相雜)/불상리(不相離), 이물(二物)/일물(一物) 등의 관점이 등장하게 된다. 이것은 본원상에서 보면 리는 하나이지만, 유행상에서 보면 사물마다 모두 하나의 리를 동일하게 가지고 있다는 말에 다름 아니다.

이로써 리는 근원으로서의 하나라는 측면(이일)과 하나의 리가 유행하여 다양한 모습으로 나타난다는 측면(분수)으로 구분되는데, 이 둘의 관계를 설명하는 것이 바로 이일분수(理一分殊)이다. 우주만물을 하나의 근원적 원리에서 본 것이 이일(또는 理一之理)이고, 개개의 구체적 사물에서 본 것이 분수(또는 分殊之理)이다. 또한 이러한 근원성을 부각시키기 위하여 리 대신 태극의 개념을 사용하기도 한다. '이일'에 해당하는 근원적인 하나의 태극이 통체일태극(統體一太極)이고, '분수'에 해당하는 구체적 사물 속에 있는 태극이 각구일태극(各具一太極)이다. '통체일태극'은 만물이 모두 하나의 근원에서 나왔음을 뜻하고, '각구일태극'은 사물마다 모두 하나의 태극을 가지고 있음을 뜻한다. 퇴계는 이들의

---

86 『退溪集』卷24, 「答鄭子中(別紙)」, "氣有生死, 理無生死.……至於理, 則無聲臭, 無方體, 無窮盡, 何時而無耶."

관계를 다음과 같이 설명한다.

> 그것(사물)이 품부받은 것이 바로 태극의 리이니 어찌 각각 하나의 태극을 가지고 있다고 말할 수 없겠으며, 어찌 태극이라는 중리(衆理)의 총회(總會) 중에서 하나의 리를 잘라내어 하나의 사물에 각각 주었겠는가. 마치 하나의 달빛이 두루 비추면, 비록 강의 물이든 한 술잔의 물이든 비추지 않는 곳이 없는 것과 같다. 〈이때〉한 술잔에 비친 달빛이 그 물이 적다하여 어찌 달이 비추지 않았다고 말할 수 있겠는가.[87]

먼저 퇴계는 사물마다 각각 하나의 태극을 가지고 있음을 달에 비유하여 설명한다. 하늘의 달은 하나이지만, 강의 큰 물이든 술잔의 작은 물이든 비추지 않는 곳이 없다. 술잔의 작은 물이라고 해서 하늘에 있는 달이 나누어져 그 일부만을 비추는 것이 아니다. 사물마다 모두 동일하게 하나의 태극을 가지고 있으니 "어찌 각각 하나의 태극을 가지고 있다고 말할 수 없겠으며, 어찌 태극이라는 하나의 리를 잘라내어 하나의 사물에 각각 주었겠는가." 하늘에 있는 달과 강이나 술잔에 비친 달의 모양이 동일하듯이, 근원적인 하나의 태극(통체일태극)과 사물마다 가지고 있는 태극(각구일태극)은 내용상에서 아무런 차이가 없다. 결국 사물마다 모두 하나의 태극을 가지고 있으며, 그 하나의 태극은 총체적 하나의 태극에 근원하니, 이로써 우주만물을 하나의 근원적인 원리의 지배하에 두고자 한 것이다. 여기에서 퇴계의 '통체일태극'은 플라톤의

---

87 『退溪遺集(外編)』, 「金道盛(太極圖說講錄)」, "然其所稟來者, 卽太極之理, 則豈不可謂各具一太極乎. 豈太極衆理總會之中, 割取一理, 各付一物乎. 如一片月輝遍照, 雖江海之大, 一杯之水, 無不照焉. 一杯之月光, 豈以其水之小遂謂月不照也." (여기에서 江河之大는 江河之水의 오자인 것 같다.)

선의 이데아에 해당되고 '각구일태극'은 이데아에 해당된다고 할 수 있다.

그러면서도 퇴계는 하늘에 있는 달과 물에 비친 달빛을 분명히 구분한다.

> '달이 수만의 강에 떨어져 있으나 곳곳마다 〈달의 모습이〉 모두 둥글다'라는 설은 일찍이 선유(先儒)께서 '옳지 않다'고 논한 것을 본 적이 있는데, 지금은 〈누가 한 말인지〉 기억나지 않는다. 다만 보내온 글로 논하면, 하늘에 있는 것과 물속에 있는 것이 비록 같은 하나의 달이지만, 하늘의 것은 진짜 달이고 물속의 것은 다만 달빛의 그림자일 뿐이다. 그러므로 하늘의 달을 가리키면 실상(實相)을 얻지만, 물속의 달을 잡으려면 '실상'을 얻지 못한다.[88]

이 구절은 기대승이 '천지지성(본연지성)'과 '기질지성'의 관계를 하늘의 달과 물속에 비친 달에 비유하여 설명한 것에 대한 퇴계의 대답이다. 기대승에 따르면 "천지지성(天地之性)은 하늘에 있는 달과 같고 기질지성(氣質之性)은 물속에 있는 달과 같다. 달이 비록 하늘에 있는 것과 물속에 있는 것이 다른 듯하지만, 그것이 달이라는 점에서는 같다."[89] 마찬가지로 성 역시 본연지성과 기질지성의 구분이 있지만 성이라는 점에서는 다르지 않으니, 애당초 두 가지 성이 있는 것이 아니다. 현실적으로 실재하는 것은 기질지성뿐이며, 다만 그 가운데 선한 것만이 본연

---

[88] 『退溪集』卷17, 「答奇明彦(論四端七情 第3書)」, "月落萬川, 處處皆圓"之說, 嘗見先儒有論其不可, 今不記得. 但就來喩而論之, 天上水中, 雖同是一月, 然天上眞形, 而水中特光影耳. 故天上指月則實得, 而水中撈月則無得也."

[89] 같은 곳, "天地之性, 譬則天上之月也; 氣質之性, 譬則水中之月也. 月雖若有在天在水之不同, 然其爲月則一而已矣."

지성이니 기질지성 밖에 본연지성이 있는 것이 아니다.

이러한 주장에 대해, 퇴계는 "하늘에 있는 것은 진짜 달이고 물속에 있는 것은 다만 달빛의 그림자일 뿐이다." 즉 본연지성이 하늘의 진짜 달이고 기질지성은 물속에 비친 달그림자에 불과하니, 본연지성만이 진정한 성의 의미라는 말이다. 왜냐하면 기질지성은 기질 속에 있으므로 성의 본연의 모습을 드러낼 수 없기 때문이다. 그러므로 기질과 관계없는 순수한 본연지성과 기질 속에 있는 기질지성은 분명히 구분해야 한다. 비록 현실적으로 실재하는 것이 기질지성뿐이라고 하더라도, 기질지성은 기질에 가려져서 성의 본래 모습을 드러낼 수 없으므로 사실상 성이라고 할 수 없으니, 다만 본연지성만을 성으로 인정한다는 것이다.

또한 이것은 '이일'과 '분수'(또는 '통체일태극'과 '각구일태극')의 관계로도 설명된다. 하늘의 달은 근원적인 하나의 리인 '이일'에 해당하고, 물속의 달은 현상세계의 사물 속에 들어있는 리인 '분수'에 해당한다. 여기에서 퇴계는 하늘의 달에 해당하는 '이일'만이 진짜이고, 물속의 달에 해당하는 '분수'는 그림자에 불과하다고 설명한다. "하늘의 것은 진짜 달이고 물속의 것은 다만 달빛의 그림자일 뿐이다. 그러므로 하늘의 달을 가리키면 실상을 얻지만 물속의 달을 잡으려면 실상을 얻지 못한다." 그렇지만 이것은 '분수'에 해당하는 현상세계가 허상이라는 말이 아니라, 다만 근원으로서의 '이일'의 실재성을 강조한 표현으로 볼 수 있다.

이러한 해석은 플라톤이 현상계와 이데아계를 동굴의 비유로 설명한 것과 유사하다. 플라톤이 현상계를 동굴의 그림자에 해당시키고 이데아계를 실재로 보는 것처럼, 퇴계 역시 현상세계인 '분수'를 달그림자에 해당시키고 '이일'만을 달의 실상으로 이해한다. 왜냐하면 현상세계의 '분수'는 근원적인 하나의 '이일'이 다양하게 나타난 것에 불과하기 때문이다. 이것은 퇴계가 기와 관계없이 실재하는 근원적인 '이일'을 적극 긍정하고 있다는 말에 다름 아니다.

그렇다면 퇴계는 왜 근원적인 하나의 리(이일)를 강조하는가? 이것은 우주만물이 모두 근원적인 하나의 리로부터 유래하였음을 말하려는 것이다. 리는 한갓 원리에 불과한 것이 아니라 실재적인 개념으로 우주만물의 생성원인이며, 동시에 사물을 사물답게 하는 존재근거이다. 그러므로 리는 사물이 마땅히 지키고 따라야 할 기준이 되니, 인간의 도덕근거(도덕법칙) 역시 리에 근거지어 설명된다. 이러한 의미에서 퇴계는 현상세계의 '분수'와 구분되는 근원적인 실재로서의 '이일'을 강조한 것이다.

이러한 의미에서 퇴계는 기 없이도 실재하는 리의 특징을 다음과 같이 설명한다.

> 이 사물(리)은 지극히 깨끗하여 털끝만큼도 더할 수 없고 털끝만큼도 뺄 수 없는 것으로 음양오행과 만사만물의 근본이 되지만 음양오행과 만사만물 속에 구애되지 않으니, 어찌 기와 섞어서 하나로 인식하거나 일물(一物)로 볼 수 있겠는가.[90]

이것은 기에 의해 구속되지도 않는, 즉 기 없이도 존재하는 리의 실재성을 명명한 것으로서 "털끝만큼도 더할 수 없고 털끝만큼도 뺄 수 없으니" 더 이상 아무 것도 더할 필요가 없는 그 자체로 완전한 존재이

---

90 『退溪集』卷16,「答奇明彦(論四端七情 第2書)·別紙」, "此箇物事……潔潔淨淨地, 一毫添不得, 一毫減不得, 能爲陰陽五行萬物萬事之本, 而不囿於陰陽五行萬物萬事之中, 安有雜氣而認爲一體, 看作一物耶."

며, "지극히 깨끗하니" 완전무결한 선한 존재이다. 리란 더 이상 신(神)을 필요로 하지 않을 만큼 그 자체로 완전한 존재이다. 리에 대한 이러한 해석은 플라톤의 이데아와 다르지 않다.

리에 대한 이러한 해석은 리와 기를 일물(一物)로 보는 관점에서는 불가능하다. 때문에 퇴계는 사물상이라는 '불상리'를 전제하면서도 이치상이라는 '불상잡'을 강조하는데, 리와 기를 분리시켜 보아야만 완전한 존재로서의 리에 대한 해석이 가능하기 때문이다.

2. 플라톤의 이원론적 세계관[91]

(1) 시대적 상황

플라톤이 살았던 당시 아테네는 펠로폰네소스 전쟁(BC 431~404)에서 연이은 패배와 전쟁 중에도 과두정파가 쿠데타를 일으켜 집권했다가 민주정파가 재집권하고, 그 과정에서 스승인 소크라테스가 민주정파에 의해 처형되는(BC 399) 등 사회적·정치적 혼란의 상태였다.[92] 플라톤은 『서한문(7)』에서 이러한 정치현실을 '부정의(不正義)에 의한 통치'로 규정하고, 진정으로 지혜를 사랑하는 사람이 국가의 통치자가 되어야 한다고 강조한다.

펠로폰네소스 전쟁의 패배는 아테네의 경제력 상실, 정치적 혼란, 무수한 인명의 희생 등 많은 손실을 가져왔으나, 이 보다 더 뼈아픈 것은

---

91 이 글에서 인용한 플라톤의 작품 『국가(Politeia)』, 『파이돈(Phaidon)』, 『향연(Symposion)』 등은 천병희 옮김(도서출판 숲, 2020)을 참조한다.
92 오수웅, 「플라톤의 좋음의 이데아—개념추론과 정치교육적 함의—」, 『21세기정치학회보』 25, 21세기정치학회, 2015, p.5 참조.

사회 전반적 도덕수준의 타락이다. 패전 후 남은 사회는 탐욕만이 생동하며, 이로써 사회 구성원간의 연대감을 상실케 하여 아테네 시민들의 삶의 기반이 되는 폴리스 자체의 유지를 어렵게 했다.

이러한 탐욕 속에서 사람들은 다양한 욕구를 충족하기 원했고, 이러한 사회적 요구로 등장한 부류가 바로 소피스트(sophist)이다. '인간은 만물의 척도이다'라는 프로타고라스(Protagoras)의 말에서 볼 수 있듯이, 그들에게 객관적 진리나 절대적 가치는 중요하지 않고 주관적인 이해관계가 더 중요하다. 이로써 개인의 주관적인 판단이 보편적인 기준이 된다. 절대적·객관적 진리의 기준이 없는 그들에게 가장 중요한 것은 자신이 옳다고 여기는 것에 대한 주장을 관철시키는 것이다. 서로가 자신의 주장을 관철시킬 경우, 객관적 기준이 없으므로 자신의 의견과 타인의 의견 사이에 충돌은 필연적이다. 이때 의견의 차이는 서로간의 다툼과 혼란의 원인이 되어 사람들의 올바른 삶을 붕괴시킨다. 객관적 기준의 부재(不在)는 욕구의 기준 역시 개인의 의견에 맡겨진다. 이에 자연스럽게 탐욕이 이어지고, 특히 권력에 대한 탐욕은 탐욕의 대상자만이 아니라 시민들의 삶마저 피폐시킨다.

이러한 시대적 상황에서 절대적·객관적 진리에 대한 요구는 당연한 것이다. 플라톤은 이러한 절대성·객관성을 형상의 개념을 통하여 영원불변한 실재인 이데아(idea)로 제시한 것이다. 진리에 대한 객관적 기준의 마련은 사람과 사람 간에 의견의 필연적 충돌을 방지하며, 또한 혼란한 정치현실을 개선하고 건전한 사회를 유지하게 한다. 플라톤의 말처럼, 당시 아테네 시민들이 의견(doxa)이 아닌 진리에 따라 의사결정을 하도록 하기 위한 것이다.

플라톤은 진리가 상대적인 것이 아니라 일정한 형식의 객관적인 것으로 전제한다. 플라톤에게 안다는 것은 객관적 진리에 대한 앎이다.

이때의 진리는 변화무쌍한 감각적인 것에 의해서는 파악되지 않고 오직 이성적 사유에 의해서 이해된다. 감각을 통하여 획득된 지식은 참된 지식이 아니다.[93] 유일한 참된 지식은 우리의 형상, 즉 이데아에 관한 지식이다. 이러한 지식만이 사람들 삶의 판단기준과 근거가 된다는 것이다. 플라톤이 이데아를 구상한 이유는 바로 이러한 사회적 배경에 기인한다고 할 수 있다. 이로써 플라톤은 변하지 않는 절대적·객관적 진리에 해당하는 이데아를 제기하고, 절대적·객관적 진리를 위해 특히 '선의 이데아'를 최상의 이데아로 상정한다.

그렇다면 이데아란 무엇인가.

(2) 이데아

이데아는 플라톤 철학사상의 중심 내용이다. 이데아에 대한 플라톤의 견해는 매우 복잡하므로 단순화시켜 설명해본다. 아름다운 유리병, 아름다운 건물, 아름다운 꽃 등을 상상해보자. 이러한 아름다운 것들 속에서 우리는 '아름답다'라는 보편적인 개념을 형성하게 된다. 물론 이러한 보편적인 개념은 실제로 시간과 공간의 어느 부분도 차지하지 않는다. 플라톤의 이데아도 그러한 생각 중의 하나이다.

우리가 경험하는 현상 속의 개개의 사물들이 아름다움을 지니고 있지만, 그 아름다움은 현상에서 사라질 수도 있다. 아름다운 유리병은 충격으로 인해서 파손되고, 아름다운 건물은 세월이 지나면서 퇴색되며, 아름다운 꽃은 시든다. 그렇다고 해서 우리의 개념 속에 있는 아름다움,

---

[93] "시각과 청각은 인간에게 진실을 전달하는가, 아니면 시인이 늘 읊어대듯 우리는 아무것도 정확하게 듣지도 보지도 못한다는 게 사실인가. 이들 감각이 정확하지도 확실하지도 않다면, 나머지 감각도 정확하고 확실하기 어려울 걸세. 다른 감각들은 모두 이 두 감각보다 열등하니까."(『파이돈』, 65b)

즉 플라톤이 말하는 '아름다움 자체'가 같이 사라지지는 않는다. 즉 유리병의 아름다움, 건물의 아름다움, 꽃의 아름다움과 같은 수많은 아름다운 것들 속에는 동일하고 변하지 않는 하나의 아름다움 자체가 존재한다. 여기에서 '아름다움 자체'가 바로 플라톤의 이데아에 해당한다.

플라톤은 이러한 이데아의 성질을 다음과 같이 규정한다.

> 첫째, 늘 있는 것이어서 생성되지도 소멸하지도 않으며, 늘어나지도 줄어들지도 않는다. 둘째, 그것은 어떤 점에서는 아름답지만 다른 점에서는 추한 것도 아니고, 어느 순간에는 아름답지만 다른 순간에는 아름답지 않은 것도 아니며, 어떤 것과 관련해서는 아름답지만 다른 것과 관련해서는 추한 것도 아니며, 어떤 이들에게는 아름답지만 다른 이들에게는 추해서 여기서는 아름답지만 저기서는 추한 것도 아니다.(『향연』, 211a)

'아름다움 자체'는 생성되지도 소멸하지도 않으며 늘어나지도 줄어들지도 않으니, 불변성·동일성·영원성을 그 특징으로 한다. 때문에 이런 점에서는 아름답고 저런 점에서는 아름답지 않거나, 어떤 때는 아름답고 어떤 때는 아름답지 않는 것이 아니다. 또한 어떤 이에게는 아름답고 다른 이에게는 아름답지 않거나, 여기서는 아름답고 저기서는 아름답지 않는 것이 아니다. 아름다움 자체는 시간·관계·장소 등에 따라 변화하지 않는 불변성을 가지며, 언제나 한결같은 상태인 동일성을 유지하며, 영원히 존재한다. 이러한 해석은 퇴계의 "털끝만큼도 더할 수 없고 털끝만큼도 뺄 수 없는" 즉 그 자체로 완전한 리에 대한 해석과 다르지 않다.

이어서 플라톤은 이데아는 눈으로는 볼 수 없고 지성으로서만 알 수 있다고 설명한다.

우리는 각 사물의 다수는 볼 수는 있지만 지성으로 알 수 있는 것이 아니며, 이데아는 지성으로 알 수 있지만 볼 수 있는 것이 아니라고 주장하네.(『국가』, 507b)

먼저 플라톤은 이 세계를 눈으로 볼 수 있는 가시적(可視的) 세계와 지성으로 알 수 있는 가지적(可知的) 세계로 구분한다.[94] 전자는 감각의 세계와 의견(doxa)의 세계이고, 후자는 형상(形相)의 세계와 지식의 세계이다. 이러한 구분은 플라톤의 철학을 이해하는 출발점이 된다. "자네는 두 종류, 즉 가시적인 것과 지성에 의해 알 수 있는 것을 갖고 있네."(『국가』, 509d) 여기에서 눈으로 볼 수 있는 '가시적' 세계는 현상계를 말하고, 지성으로 알 수 있는 '가지적' 세계는 이데아계를 말한다.

또한 플라톤은 이들의 관계를 '다수의 아름다운 것들'과 '아름다움 자체'로도 설명한다. '다수의 아름다운 것들'은 가시적(可視的) 현상계를 말하고, '아름다움 자체'는 가지적(可知的) 이데아계를 말한다. '다수의 아름다운 것들'은 눈으로 볼 수 있으나 지성으로 알 수 있는 것이 아니며, '아름다움 자체'는 지성으로는 알 수 있으나 눈으로 볼 수 있는 것이 아니다. 즉 이데아는 오직 사유기능인 지성으로서 통찰될 수 있을 뿐이고 감각기능인 눈으로 볼 수 있는 것이 아니라는 것이다. 이러한 의미에서 플라톤은 "이데아는 눈으로 보거나 손으로 만지는 등 감각기관으로 지각할 수 없고, 사유나 추론으로 파악할 수 있다"[95]라고 말한다. 이

---

[94] 플라톤은 이러한 구분을 그의 선분의 비유에서 설명한다. 먼저 하나의 선분을 可視的 부류와 지성에 의해 알 수 있는 可知的 부류로 나눈다. 또한 이것은 명확성에 따라 다시 두 부류로 나누니, 상상·신념·사고·지성으로 세분화된다.(『국가』, 509d)

[95] "이것들은(현상세계) 만지고 보고 다른 감각기관으로 지각할 수 있지만, 눈에 보이지 않는 존재들은 사유나 추론으로만 파악할 수 있다."(『파이돈』, 79a)

것은 퇴계가 리를 감각기관으로 인식할 수 없는 형이상의 도로써 해석하는 것과 다르지 않다.

그러나 플라톤은 우리가 살고 있는 이 세계, 즉 우리가 보고 듣고 맛보고 느끼는 현상세계는 모두 순간적이고 덧없는 존재이므로 참다운 실재가 아니고, 오직 시공을 초월한 영원불변하는 이데아세계만이 참다운 실재라고 강조한다. 여기에서 플라톤은 '가시적' 세계는 그림자이고 '가지적' 세계가 실재임을 동굴의 비유로써 설명한다.[96] 어려서부터

---

[96] 플라톤은 동굴 속에 있는 사람들을 상상한다. 그들은 어려서부터 발과 목이 쇠사슬에 묶여 있어 언제나 같은 곳에만 머물러 있다. 쇠사슬 때문에 고개를 돌릴 수 없고 앞만 바라보고 있다. 그들 뒤로 높고 먼 곳에 불이 타고 있어서, 그 불빛이 그들을 비추고 있다. 불과 죄수들 사이에는 길이 나 있고, 그 길을 따라 벽이 세워져 있다.(『국가』, 514a-b) 이 길을 따라 사람들이 움직이게 된다. 이들은 인형극의 연출자와 같이 돌이나 나무로 만든 각종 동물의 형상을 담 위로 운반한다. 담장 너머로는 운반하는 사람은 보이지 않고, 오직 그들이 운반하는 것만 담장 위로 드러나 움직이고 있다. 이것이 입구 쪽의 불빛으로 인해서 죄수들이 보고 있는 벽에 비치게 된다. 죄수들은 결코 뒤를 돌아볼 수 없고, 그들에게 보이는 것은 오직 그림자뿐이다. 그들은 그림자가 실물이라고 생각한다. 심지어는 입구 쪽에서 소리가 나도 그것은 그림자가 내는 소리라고 생각한다. 이 죄수에게는 인공물의 그림자만이 진실이다.(『국가』, 515a-b) 플라톤의 상상은 계속된다. 그들 중 한 사람이 풀려났다고 하자. 갑자기 일어나서 불길 쪽으로 목을 돌리고, 걸어서 불빛 쪽을 쳐다보도록 강요된다. 그림자만을 보아오던 죄수는 이것이 고통스러울 것이며, 여태까지 보아온 그림자들을 제대로 바라볼 수도 없을 것이다. 그때 누군가가 "전에 그가 보고 있던 것은 하찮은 것들이고, 지금 보고 있는 것이 실재에 더 가깝고 더 올바르게 보고 있다"고 한다.(515c-d) 또한 누군가가 그를 거칠고 험한 오르막길로 힘껏 끌고 가서 태양빛이 있는 곳으로 나올 때까지 놓아주질 않는다면, 그는 그 빛에 괴로워할 것이다. 마침내 태양빛이 있는 곳에 도달하면 그의 눈은 한동안은 무엇 하나 볼 수 없는 상태가 될 것이다.(515e-516a) 태양을 보게 된 죄수는 자신에게 일어난 변화를 다행으로 여기고, 동굴 속에 있는 사람들이 불쌍하다고 생각할 것이다. 다시 동굴로 내려가면, 그의 눈은 먼저 어두움으로 가득찰 것이다. 어둠에 익숙해지려면 시간이 걸리므로 죄수들과 그림자들을 식별하는 경쟁을 벌인다면 그는 웃음거리가 되고, 죄수들은 "위로 올라갔다가 눈이 상해서 돌아왔다"거나 "위로 올라가려고 하는 것 자체가 잘못이다"고 말할 것이다. 그가 만약 사람들을 위로 데리고 올라가려고 한다면, 사람들은 그를 죽일 수만 있다면 죽이려고 할 것이다.(516c-517a)

그림자만 보고 자란 사람들은 그것들의 원형을 보여주어도 그림자를 더 진실(진짜)된 것으로 생각한다. 플라톤의 동굴의 비유는 동굴 안의 세계와 동굴 밖의 세계를 대조시킴으로써 현실세계와 실재(이데아)세계를 구분한다. 현실세계는 동굴 안의 세계이며, 실재세계는 동굴 밖의 세계이다. 우리의 일상의 삶이며 우리가 보고 듣고 지각하는 현실세계가 참으로 실재하는 것이라고 생각할지 모르지만, 동굴의 비유에서 보면 어쩌면 이것들은 동굴 안의 그림자에 불과하다. 이러한 의미에서 플라톤은 그림자의 세계를 탐구하는 것은 지혜로운 것이 아니며, 실재의 세계를 탐구하는 것이 진정한 앎이고 지혜를 사랑하는 것이라고 말한다.

또한 플라톤은 이러한 이데아가 어떤 제작자에 의해 만들어지는 것이 아니라고 설명한다. 왜냐하면 "이데아 자체를 만드는 제작자는 아무도 없으니까."(『국가』, 596b) 어떤 제작자도 이데아 자체를 만들지는 못한다. "다만 제작자는 이데아를 보고서 어떤 이는 침대를, 어떤 이는 우리가 사용하는 식탁을 만들며, 다른 것들도 같은 방법으로 만들 뿐이다." (『국가』, 596b) 즉 침대의 이데아와 식탁의 이데아를 모방하여 침대와 식탁을 만든다는 것이다. 이것은 퇴계가 "리에는 삼라만상의 온갖 이치가 이미 빽빽이 갖추어져 있으니, 임금과 신하의 리에 따라서 임금과 신하가 생겨난다"고 해석하는 것과 다르지 않다.

이로써 이데아는 현상세계의 모든 사물의 '본(paradeigma)'이 되고, 현상세계의 모든 사물은 이데아로부터 기인한다. 예를 들어 아름다움의 이데아는 현상세계에 있는 모든 아름다운 것들의 원형이고 본질이니, 아름다움의 이데아가 없으면 현상세계의 어떠한 아름다움도 없다. 여기에서 플라톤은 현상 속의 수많은 아름다운 것들이 아름다울 수 있는 것은 아름다움 자체 때문이라고 설명한다. "사물을 아름답게 만드는 것은 아름다움 자체가 그 사물에 내재하거나 어떤 방법으로든 그 사물과 관계를 맺기 때문이다."(『파이돈』, 100c-e) 아름다움 자체, 즉 이데아가 사물에 내재함으로써 사물을 아름답게 만든다. 이로써 이데아는 현상세계에 내재하여 사물을 사물답게 하는 사물의 존재근거가 된다.[97]

이렇게 볼 때, 비록 플라톤이 이 세계를 현상계와 이데아계로 구분하지만, 분명한 것은 두 세계가 별개로 존재하는 분절된 것이 아니고, 다만 '진정한 세계'와 '그렇지 못한 세계'로 구분될 뿐이다. 이것은 하나의 존재 안에서 실재성의 강도(어느 것이 더 실재적인가)라는 양상의 차이를 나타내는 것에 불과하다고 할 수 있다. 다시 말하면, 플라톤의 이데아론은 이데아계만을 중시하고 현실계를 배제하는 것을 의미하는 것이 아니다. 그가 이데아계를 중시하는 것은 어디까지나 사람들이 감각적 지각의 대상에만 집중하여 사물의 또 다른 참모습에 대해 간과하고 있는 현실을 자각하도록 하기 위한 것이라 하겠다.[98] 우리가 이 세계를 보다 참되게 이해하기 위해서는 현상세계의 존재근거인 이데아를 깨달아야 한다. 물론 이데아는 감각기관이 아니라 깨어있는 지성에 의해 인식될 따름이다. 이것은 당시 사회에 만연한 지적 회의주의(懷疑主義)와 도덕적 상대주의(相對主義)를 극복하는 최선의 방법이었다고 할 수 있다.

이러한 이데아계에서도 '선의 이데아'는 이데아 중 이데아, 즉 최고

---

[97] 아리스토텔레스의 플라톤 비판의 요지는 이데아가 사물 밖에 존재한다는 것이다. 그러나 플라톤의 이러한 해석에 근거하면, 이데아는 사물 속에 내재하여 사물이 사물되는 존재근거임을 알 수 있다. 따라서 아리스토텔레스의 플라톤 비판은 재고되어야 할 것이다.
[98] 이러한 해석은 이상인, 「플라톤의 현실인식과 형상인식 – 현실을 넘어선다는 것은?―」(『철학연구』42, 철학연구회, 1998, p.4)의 글에서도 확인할 수 있다. "플라톤 철학의 커다란 방향은 현실을 통속적 현실이해로부터 구원하여 참으로 '현실적인' 현실을 살고자 했던 스승(소크라테스)의 철학적 정신을 이어받고 확충하는데 있다. 어떻게 더럽혀진 대지의 현실을 '지혜롭게' 살 수 있을까? 이 물음이 현실주의자로서 플라톤의 철학적 과제였다."

의 이데아라고 말할 수 있다. 이에 플라톤은 모든 이데아들의 이데아로 '선의 이데아'를 상정한다.

(3) 선의 이데아

먼저 플라톤은 '선의 이데아'를 알아야 할 필요성을 제기한다. 왜냐하면 선의 이데아는 모든 지식이 유용하고 유익할 수 있는 원인이기 때문이다.

> 자네는 선의 이데아가 가장 중요한 학문이며, 정의와 그 밖의 다른 것은 선의 이데아 덕분에 유용하고 유익해진다는 말을 한두 번 들은 게 아니기 때문일세. 지금도 자네는 내가 말하고자 하는 게 바로 이것임을 틀림없이 알고 있고, 또한 우리가 선의 이데아를 충분히 알지 못한다는 것도 알고 있네. 그리고 자네는 우리가 이것을 모르면 다른 것을 아무리 많이 알아도 우리에게 조금도 유익하지 않다는 것까지 알고 있네. 그것은 마치 선(善)이 수반되지 않으면 무엇을 소유한다는 것이 아무 소용없는 것과도 같네.(『국가』, 505a)

선의 이데아는 학문 중에서도 최고의 학문으로서, 선의 이데아 덕분에 정의 · 절제 · 용기와 같은 덕목들이 쓸모 있고 유익해진다. 그런데도 우리는 실제로 선의 이데아에 대해 충분히 알지 못한다. 선의 이데아를 알지 못하면 다른 많은 지식을 안다고 하더라도 조금도 유익하지 않다. 이것은 마치 우리가 많은 재산을 소유하더라도 '선'이 수반되지 않으면 아무런 소용이 없는 것과 같다. 재산을 소유할 때에는 반드시 '선'이 수반되어야 하는 것처럼, 지식과 진리를 말할 때에는 반드시 선의 이데아를 알아야 한다. 왜냐하면 선의 이데아가 가지적(可知的) 세계의 대상인 지식과 진리의 원인이 되기 때문이다.

> 선의 이데아는 지식과 진리의 원인이긴 하지만, 지식에 의해 파악되는 것으로 생각해야 할 걸세. 그러나 지식과 진리가 둘 다 아무리 아름답다 해도 선의 이데아는 그보다 더 아름다운 것이라고 생각해야만 자네 생각이 옳을 것이네. 앞서 빛과 시각을 태양을 닮은 것으로 여기는 것은 옳지만 태양으로 여기는 것은 옳지 않듯이, 지식과 진리도 둘 다 선을 닮은 것으로 여기는 것은 옳지만 둘 중 어느 하나라도 선으로 여기는 것은 옳지 않다는 말일세. 선을 더 높이 평가해야 하기 때문이네.(『국가』, 508e-509a)

플라톤은 지식과 진리의 원인이 되는 선의 이데아를 태양에 비유[99] 하여 설명한다. 현상계인 가시적(可視的) 영역에서 태양이 시각(눈)과 사물대상과 맺는 관계는, 이데아계인 가지적(可知的) 영역에서 선의 이데아가 지식·진리나 사유대상과 맺는 관계와 같다.[100] 비록 눈에 볼 수 있는 시각기능이 있다고 하더라도 빛이 개입하지 않으면 눈은 사물을 볼 수 없다. "눈에는 시각이 있어 눈을 가진 자가 시각을 사용하려 해도 본래부터 이 목적을 위해 만들어진 제3자가 개입하지 않는 한 시각은 아무 것도 볼 수 없다."(『국가』, 507d-e) 즉 현상계인 '가시적' 영역에서는 빛이 있어야 눈이 사물을 볼 수 있다는 말이다. 마찬가지로 지식과 진리

---

[99] '비유'는 어떤 현상이나 관념을 직접 설명하지 아니하고 다른 비슷한 현상이나 사물에 빗대어서 설명하는 방식으로써, 특히 비가시적이면서 근원적이고 궁극적인 세계를 해명할 때 동반된다. 왜냐하면 가시적인 현상계에 속한 인간들의 넘을 수 없는 한계 때문이다.(윤병렬, 「플라톤철학의 선-형이상학적인 구조-」, 『철학탐구』29, 중앙대학교 중앙철학연구소, 2011, p.4 참조.)

[100] "태양이 가시적 영역에서 시각과 보이는 것에 대해 맺는 관계는, 선(선의 이데아)이 지성에 의해 알 수 있는 영역에서 지성과 지성에 의해 알 수 있는 것들에 대해 맺는 관계와 같다네."(『국가』, 508b-c)

에는 알 수 있는 사유기능이 있다고 하더라도 선의 이데아가 개입하지 않으면 사유대상을 통찰할 수 없다. "인식되는 것에는 진리를 부여하고 인식하는 자에게는 인식능력을 부여하는 것이 선의 이데아라고 일컬어도 좋네."(『국가』, 508e) 즉 이데아계인 '가지적' 영역에서는 선의 이데아에 의해 인식능력이 부여되어야 지식과 진리가 알 수 있게 된다는 말이다.

이처럼 태양이 시각의 원인이 되듯이, 선의 이데아는 지식과 진리의 원인이 된다. 다시 말하면, 태양이 그로부터 나가는 빛으로 말미암아 시각이 가능하듯이, 선의 이데아는 그로부터 방출되는 인식능력으로 말미암아 지식과 진리가 가능하다는 말이다. 이것은 결국 지식과 진리가 선의 이데아에 의해 실현된다는 말에 다름 아니다. 때문에 플라톤은 지식과 진리가 아무리 아름답다 하여도 선의 이데아를 능가할 수 없다고 말한다. 왜냐하면 선의 이데아가 지식과 진리를 실현시키는 원인이 되기 때문이다. 즉 선의 이데아에 인하여 지식과 진리가 통찰된다는 말이다. 이러한 이유에서 플라톤은 "선의 이데아는 지식과 진리보다 더 아름다운 것이니 더 높이 평가해야 한다"라고 강조한다. 물론 지식과 진리는 사유기능인 이데아를 말한다.

여기에서 선의 이데아와 이데아의 관계가 성립된다. 선의 이데아와 이데아의 관계는 태양과 빛의 관계와 비슷하다. 빛을 보낸 이가 태양이듯이, 이데아에게 인식능력을 제공하는 것이 바로 선의 이데아이다. 이렇게 볼 때, 선의 이데아는 현상계의 본질인 이데아의 존재원인이 된다. 이로써 이데아계에도 위계질서가 있음을 엿볼 수 있다.[101] 각각의

---

[101] 이데아는 현실세계에 대해서는 보편자의 개념이지만, 이데아 내부세계에서는 완전한 개별자이다. 즉 이데아 내부에서의 각각의 이데아는 그 자체로 개별자인 것이다. 그리고 그 개별자 각각이 선의 이데아와의 관계에서는 보편자인 것이다.(정

이데아는 선의 이데아를 그 존재의 근거로 삼는다. 이러한 해석은 퇴계의 이일(통체일태극)과 분수(각구일태극)의 관계와 유사하다. 현상계(사물)에는 이데아가 내재하고 그 이데아는 선의 이데아에 근원하듯이, 사물마다 하나의 리를 가지고 있고(分殊) 그 하나의 리는 총체적인 하나의 리에 근원한다(理一)는 것이다. 다만 '선의 이데아'가 존재론보다 가치론적인 의미가 크다고 한다면, '통체일태극'은 가치론보다 존재론적 의미가 크다고 하겠다.

이처럼 플라톤은 모든 이데아들의 이데아로 선의 이데아를 상정한다. 이러한 의미에서 "빛과 시각을 태양을 닮은 것으로 여기는 것은 옳지만 태양으로 여기는 것은 옳지 않듯이, 지식과 진리가 선의 이데아를 닮은 것으로 여기는 것은 옳지만 지식과 진리를 선의 이데아로 여기는 것은 옳지 않다." 즉 빛과 태양이 분명히 구분되는 것처럼, 이데아(지식과 진리)와 선의 이데아도 분명히 구분된다는 말이다.

이어서 플라톤은 우리가 태양을 볼 수 있는 것처럼, 선의 이데아도 아주 어렵긴 하지만 지성에 의해 알 수 있다고 설명한다.

> 아무튼 내 의견은 지성에 의해 알 수 있는 영역에서도 선의 이데아는 마지막으로, 또한 노력을 해야만 겨우 볼 수 있다는 것이네. 그러나 일단 본 이상에는, 그것이 모든 사람을 위해 온갖 올바른 것과 아름다운 것의 원인이 되며, 가시적 영역에서는 빛과 빛의 주인을 낳고 지성에 의해 알 수 있는 영역에서는 스스로 주인이 되어 진리와 지성을 창조한다는 결론을 내리지 않으면 안 된다는 것이네.(『국가』, 517b-c)

진규, 「플라톤의 이데아론과 형이상학적 사유」, 『철학과 문화』 28, 한국외국어대학교 철학문화연구소, 2014, pp.161-162)

플라톤에 따르면, 이 세상은 눈으로 볼 수 있는 현상계인 '가시적' 영역과 눈으로는 볼 수 없고 오직 지성으로서만 알 수 있는 이데아계인 '가지적' 영역으로 구분된다. 선의 이데아는 결코 눈으로 볼 수 있는 것이 아니다. 다만 지성으로 알 수 있을 뿐이며, 지성의 영역에서도 선의 이데아는 마지막 최종단계이므로 여간해서는 볼 수 없고 노력을 해야 겨우 볼 수 있다. 동굴의 비유에서 알 수 있듯이, 동굴의 세계를 벗어나면 선의 이데아에 대한 인식가능성이 열린다는 것이다. 이렇게 볼 때, 선의 이데아를 아는 것이 플라톤이 말하는 교육의 궁극적 목적이 된다.

그렇지만 선의 이데아를 일단 보게 되면, 그것은 모든 사람들에게 있어서 온갖 올바른 것과 아름다운 것의 원인이 된다. 여기에서 '올바른 것과 아름다운 것의 원인이 된다'는 것은 사람들이 옳고 그름을 판별할 수 있는 도덕행위의 근거와 기준이 된다는 말이다. 이로써 선의 이데아는 현상세계 모든 것들의 존재근거이며 동시에 도덕법칙이 된다.[102] 때문에 선의 이데아는 "가시적 영역에서는 빛과 빛의 주인을 낳고, 지성의 영역에서는 스스로 주인이 되어 진리와 지성을 창조한다." 즉 '가시적' 현상계에서는 우리가 볼 수 있는 빛의 주인에 해당하며, '가지적' 이데아계에서는 지식과 진리에게 인식능력을 제공하는 창조자에 해당한다는 것이다.

이어서 플라톤은 선의 이데아로 나라와 자신을 다스리는 '본'을 삼을 것을 강조한다.

---

[102] 이것은 박치완, 「플라톤의 실재관-실재(to on), 이데아의 부산물인가 시뮬라크르의 원인인가-」(『철학과 문화』12, 한국외국어대학교 철학문화연구소, 2006, p.76)에서도 알 수 있다. "플라톤에 있어 존재론의 위계는 동시에 그가 암묵적으로 전제하고 있는 도덕적 가치의 위계이기도 하다.……플라톤의 사유체계 내에서는 바로 이데아가 존재와 도덕의 최종 심급이다."

그들이 선 자체를 봤다면, 그것을 본보기로 삼아 국가와 개인과 자신을 차례차례 정돈하며 여생을 보내게 해야 하네. 물론 대부분의 시간은 철학으로 보내게 하되 자기 차례가 되면 저마다 나랏일을 위해 노력하고 국가를 위해 치자(治者)가 되게 해야 하네.(『국가』, 540b)

이것은 결국 선의 이데아를 알아야 하는 궁극적 목적이 현실의 문제, 즉 국가·개인·자신의 문제를 해결하는데 있다는 말이다. 선의 이데아를 본보기로 삼아 나라·개인·자신을 다스려나가야 한다. 선의 이데아를 알아야 철학자가 되고, 아울러 통치자가 될 자격을 얻는다. 그러나 앞에서 말한 것처럼, 선의 이데아는 모두가 추구하는 것이지만 이를 쉽게 보지 못한다. 왜냐하면 이데아계를 인식하려면 지성의 힘을 빌려야 하는데, 사람들의 인식수준은 주로 감각기관에 머물러 있기 때문이다. 여기에서 플라톤은 교육의 필요성을 제기한다. 교육을 통해서 사람들이 지식(지성)을 활용할 수 있도록 인도한다. 이것은 퇴계가 수양을 통해서 리(성)를 자각·실현해나가듯이, 플라톤 역시 교육을 통해서 선의 이데아를 자각·실현해나간다는 말에 다름 아니다.

결국 플라톤이 전달하고 싶은 이데아는 현실과 유리된 그런 세계를 의미하는 것이 아니다. 현실에 안주하지 않고 완전한 세계를 구상하는, 즉 어쩌면 가장 이상적인 것이 현실이 되는 그러한 세계를 의미한다고 할 수 있다. 이데아를 통해 사물의 본질을 파악하고 최고의 선을 실현함으로써 종국에는 더 좋은 국가, 더 좋은 사회를 건설하려는데 그 의미가 있다고 하겠다. 이것은 퇴계가 인간의 도덕근거를 리에 근거지어 설명함으로써 도덕적 이상 국가를 실현하려는 것과 다르지 않다.

퇴계와 플라톤은 모두 사화(士禍)나 전쟁 이후의 혼란한 정국을 겪으면서 당시 사회현실의 혼란과 부조리한 상황을 목격하고, 이러한 상황을 해결하기 위한 방법으로 객관적이고 영원불변하는 절대적 기준으로서 '리'와 '이데아'에 주목한다. 리와 이데아라는 절대적·객관적 기준을 통하여 사회의 모순이나 그 시대의 전도된 사회질서를 해결하고자 한 것이다. 퇴계와 플라톤이 구현하고자 했던 리와 이데아는 주관적·상대적인 변화무쌍한 혼란한 세상이 아니라, 보편적·객관적인 가치가 기준이 되는 올바른 사회, 즉 진리의 세계이다.

이 과정에서 퇴계와 플라톤은 이 세계를 감각기관으로 인식할 수 있는 형이하(기 또는 현상계)와 감각기관으로 인식할 수 없고 다만 지성으로 추론할 수 있는 형이상(리 또는 이데아계)의 두 영역으로 구분한다. 먼저 퇴계는 이 세상이 리와 기로 이루어져 있음을 전제하면서도 리와 기를 구분하고, 생멸하고 변화무쌍한 기와 달리 완전무결하고 영원불변하며 기 없이도 존재하는 리의 실재성을 강조한다. 플라톤 역시 이 세상을 가시적(可視的) 현상계와 가지적(可知的) 이데아계로 구분하고, 순간적이고 덧없는 현상계와 달리 이데아만이 시공을 초월한 영원불변하는 참된 존재임을 강조한다.

퇴계의 리와 플라톤의 이데아는 모두 실재하는 참된 존재로서, 우주만물의 생성원인이며 동시에 사물을 사물답게 하는 존재근거이다. 현실세계의 삼라만상은 모두 리와 이데아에서 생겨나고, 또한 사물이 사물다울 수 있는 것도 역시 리와 이데아에 근거한다. 이 과정에서 퇴계와 플라톤은 리와 이데아의 최종 근원을 '통체일태극'과 '선의 이데아'로 설명한다. 사물 속의 하나의 태극(각구일태극)은 총체적 하나의 태극(통체일태극)에 근원하듯이, 사물의 존재근거인 이데아는 최상의 이데아인 선의 이데아에 근원한다는 것이다.

　이러한 리와 이데아는 소리나 냄새도 없으며 형체도 없으며 다하여 없어지는 일이 없으니 영원히 존재한다. 이러한 영원성에 의해서만 사람들의 삶의 판단기준이 확보되니, 이로써 리와 이데아는 사물이 마땅히 지키고 따라야 할 도덕기준(도덕법칙)이 된다. 이러한 절대적·객관적인 도덕기준이 확보될 때에 비로소 그 시대적 모순과 사회적 부조리가 해결되어 정의사회나 이상국가의 구현이 가능하다. 이러한 시대적·사회적 배경에서 퇴계와 플라톤은 리와 이데아를 강조한 것이며, 이것이 바로 이들의 이원적 세계관이 지향하는 궁극적 목적이라 하겠다.

　이렇게 볼 때, 퇴계의 리와 플라톤의 이데아는 모두 현상세계에 이원론적인 벽을 쌓는 것이 아니라(즉 현상세계와 분리되어 존재하는 것이 아니라), 오히려 현상세계에 의미를 부여하고 현상세계의 문제를 근본적으로 해결하기 위한 목적으로 요청된 것이라고 할 수 있다. 이것은 리와 이데아가 우리가 살고 있는 시공과 전혀 다른 곳에 있는 것이 아니라, 이 세계와 유기적인 관계 속에 있다는 말에 다름 아니다. 이를 통해 인간은 현실의 유한성에 좌절하지 않고 끊임없이 노력할 수 있는 근거가 마련되며, 또한 존재론과 가치론을 하나로 아우르는 더 높은 차원으로 생각할 수 있는 사유의 원천이 마련된다.

　따라서 퇴계와 플라톤의 이원론적 세계관은 오늘날처럼 사회 가치관의 부재와 혼돈, 부정의, 윤리의식의 불감증 시대를 살아가고 있는 이 시대 사람들에게 현실 이면에 존재하는 보편적이고 객관적인 진리를 추구하도록 강한 메시지를 전해준다고 하겠다.

제2장

퇴계의 리와 아리스토텔레스의 신

　한원진(韓元震)의 저작인 『주자언론동이고(朱子言論同異攷)』는 주자의 말 가운데서 서로 같고 다른 점을 살펴서 그 진위(眞僞)와 정론(定論)을 밝힌 책이다. 주자의 말에는 이선기후(理先氣後)·이기무선후(理氣無先後)·기선이후(氣先理後) 등의 서로 다른 표현들이 나타난다. 한원진은 주자의 말이 서로 달라진 이유를 본원(本源)/유행(流行), 리상간(理上看)/물상간(物上看), 자리이언(自理而言)/자기이언(自氣而言), 전언(專言)/각언(各言), 이간(離看)/합간(合看), 불상잡(不相雜)/불상리(不相離) 등 여러 관점의 차이로 해석한다. 예를 들면 '리가 먼저이고 기가 나중이다'는 것은 본원으로 말한 것이고, '리와 기는 원래 선후가 없다'는 것은 유행으로 말한 것이라는 등이다. 이처럼 어떤 관점에 근거하여 말하느냐에 따라 리와 기의 선후가 달라지는데, 사람들은 저마다 자신의 취향에 따라 이것을 따르기도 하고 저것을 따르기도 한다는 것이다.[103]

　조선 유학의 학술 논쟁도 이러한 취향에서 벗어나지 않는다. 이황과 이이의 '사단칠정논쟁'이든, 이간(李柬)과 한원진의 '인물성동이논쟁'이

---

103 곽신환 역주, 『주자언론동이고』, 소명출판, 2003, pp.545-578 참조.

든, 근대의 심설논쟁 역시 마찬가지다. 이들은 모두 주자의 말에 근거하여 자기 이론의 정당성을 주장하니, 자기가 확신하는 주자(또는 주자의 말)로 상대가 확신하는 주자를 공격하는 양상을 보인 것이다. 이러한 후대의 논쟁을 우려한 때문인지 주자도 일찍이 '떨어뜨려서도 보고(離看) 합쳐서도 볼 것(合看)'을 강조하였다.[104]

대체로 리와 기는 '떨어뜨려서 보면' 둘이 되니, 둘이 되면 리가 먼저이고 기가 나중이 되어 '이선기후'이다. '합쳐서 보면' 하나가 되니, 하나가 되면 리와 기에는 선후가 없다. 그렇지만 한원진 역시 자신의 취향(合看)에 근거해서 주자의 말을 정리하였기 때문에 후에 이기경(李基敬, 1713~1787)의 『변한남당동이고중어(辨韓南塘同異攷中語)』를 통해 많은 비판을 받기도 한다.

그렇다면 퇴계의 취향은 무엇인가? 일반적으로 퇴계 이기론의 특징은 '떨어뜨려서 보는'데 있다고 말한다. 그렇다면 퇴계는 왜 리와 기를 떨어뜨려서 보려고 하였는가? 그 이유로써 리와 기를 떨어뜨려서 보아야 리가 기보다 우선하는, 즉 리의 선재성 · 절대성 · 초월성을 확보할 수 있기 때문이다.

아리스토텔레스(Aristoteles, BC 384~BC 322)에 대해서는 일반적으로 성리학의 이기론과 많은 면에서 유사성을 보이는 형이상학 체계를 구축하였다고 평가한다. 그의 형상(form)과 질료(matter) 개념을 리와 기에 비교하는 것이 그 단적인 예이다. 게다가 그의 이러한 형이상학 체계는 개개의 사물뿐만 아니라 동시에 우주 전체의 질서를 구축하는 이론으로 확대된다. 이 과정에서 그의 '부동(不動)의 동자(動者)' 개념이 등장하

---

[104] 鄭可學의 "한번 음이 되고 한번 양이 되는 것을 도라고 하는데, 음양을 어째서 도라고 합니까"라는 질문에, 주자는 "떨어뜨려서도 보고 합쳐서도 보아야 한다"고 대답하였다.(『朱子語類』卷74, "一陰一陽之謂道, 陰陽何以謂之道? 曰當離合看.")

는데, 이것은 퇴계의 이일분수(理一分殊)에서 '이일'의 성격과 유사한 의미를 갖는다. 다시 말하면, 퇴계의 '분수(또는 分殊之理)'가 아리스토텔레스의 '형상'에 해당한다면, 퇴계의 '이일(또는 理一之理)'은 아리스토텔레스의 제일형상인 '부동의 동자'에 해당한다고 볼 수 있다.

리의 개념적 의미를 살펴볼 때, 정자는 '리'를 천(天)으로 해석하기도 하고[105], 또한 리의 절대성을 강조하기 위해 천리(天理)라는 표현을 쓰기도 한다.[106] 또한 부여한 하늘의 입장에서 말하면 명(命)이라 하고 부여받은 사람의 입장에서 말하면 성(性)이라 하는 것처럼, 천(天)=리(理)=신(神)=제(帝)도 결국 같은 의미이며, 다만 입장에 따라 표현을 달리한 것일 뿐인 것으로 해석한다.[107] 이것은 '리'의 의미가 천=신=제(상제)의 의미와 다르지 않다는 말이다. 이렇게 볼 때 "천은 만물의 시조(祖)이다"[108]라는 말 역시 '리'가 만물을 낳는 시조라는 말과 다르지 않다.

더 나아가 주자는 "천지가 있기 전에는 다만 리일 뿐이다. 리가 있으므로 곧 천지가 있는 것이다. 만약 리가 없었다면 천지도 없었을 것이고 사람도 없었고 사물도 없었을 것이니, 아무 것도 싣지 못했을 것이다"[109]라고 단언한다. 물론 여기서의 '리'는 기독교의 하느님처럼 인격성을 갖지는 않지만, 리가 천지만물을 생성하는 지위에 있는 것만은 틀

---

105 『二程全書』, 「河南程氏遺書 第11」, "天者, 理也."
106 『二程全書』, 「河南程氏外書 第12」, "明道嘗曰, 吾學雖有所受, 天理二字卻是自家體貼出來."(나의 학문은 선인들에게 물려받은 것이지만 '천리'라는 두 글자만은 스스로 체득한 것이다.)
107 『二程全書』, 「河南程氏遺書 第11」, "天者, 理也; 神者, 妙萬物而爲言者也; 帝者, 以主宰事而名."(天은 리이고, 神은 만물을 신묘하게 함을 말한 것이고, 帝는 일을 주재하는 것으로 이름한 것이다.)
108 『二程全書』, 「伊川易傳」卷1, 〈乾卦〉, "天爲萬物之祖."
109 『朱子語類』卷1, "問, 昨謂未有天地之先, 畢竟是先有理, 如何? 曰, 未有天地之先, 畢竟也只是理. 有此理, 便有此天地, 若無此理, 便亦無天地, 無人無物, 都無該載了."

림없다. 이러한 의미에서 퇴계도 '리는 명령하는 자이지 명령을 받는 자가 아니다'고 분명히 말한 것이다.

이렇게 볼 때, 리에는 초월적이고 절대적 성격이 농후함을 확인할 수 있다. 그럼에도 그 동안 학계에서는 주로 리의 내재적 측면만을 중시하고 리의 초월적 측면에 대해서는 깊이 주목하지 않았던 것 같다. '리는 정의가 없고 조작이 없다'는 무위성(無爲性)에 근거하여 리를 지나치게 기의 소이연(所以然)의 원리·법칙·표준으로 제한시켜 해석한 것 역시 사실이다. 율곡(또는 율곡학파)의 퇴계 비판이 대부분 리의 무위성에 근거하고 있음도 고려해야 할 대상이다. 이러한 문제의식에서 이 글에서는 퇴계에서의 리의 초월적 성격을 아리스토텔레스의 신의 범주에 해당하는 '부동의 동자'와 연결시켜 살펴본다.

1. 퇴계의 리

(1) 리와 기의 개념 및 관계

리와 기의 개념적 정의는 주자의 「답황도부서(答黃道夫書)」에 잘 나타나 있다. "천지간에는 리가 있고 기가 있다. 리라는 것은 형이상의 도(道)로서 만물을 낳는 근본이요, 기라는 것은 형이하의 기(器)로서 만물을 낳는 도구이다."[110] 리는 형이상의 도체(道體, 본체·근본)이며 기는 형이하의 질료(質料, 도구·재료)이다. 여기에서 주자는 리와 기의 차이를 형이상과 형이하의 개념으로 구분한다. 주자와 마찬가지로, 퇴계도 리는 형이상의 '도'이고 기는 형이하의 '기'로써 설명한다.

---

110 『朱熹集』卷58, 「答黃道夫」, "天地之間, 有理有氣. 理也者, 形而上之道也, 生物之本也; 氣也者, 形而下之器也, 生物之具也."

무릇 모양과 형기를 갖추고서 육합(六合) 안에 가득 찬 것은 모두 기(器)이고 그것에 갖추어져 있는 이치는 도(道)이다. 도는 기를 떠나지 않지만 형영(形影)을 가리킬 수 없기 때문에 '형이상'이라 하고, 기도 도를 떠나지 않지만 형상을 말할 수 있기 때문에 '형이하'라고 한다.[111]

우주 안에 형체가 있는 것은 모두 기(器)이고, 그 속에 갖추어져 있는 이치는 도(道)이다. 또한 '도'는 형상으로 말할 수 없기 때문에 형이상이라 하며, '기'는 형상으로 말할 수 있기 때문에 형이하라 한다. 리와 기를 도(道)와 기(器)의 개념으로 설명하는 것은 『주역』 「계사전」의 '한번 음하고 한번 양하는 것을 도라 한다(一陰一陽之謂道)'거나 '형이상의 것을 도라 하고 형이하의 것을 기라 한다(形而上者謂之道, 形而下者謂之器)'는 말에 근거한다. 물론 도(道)와 기(器)는 리(理)와 기(氣)를 의미한다. 이렇게 볼 때, '리'는 우주만물 속에 갖추어져 있는 원리에 해당하고, '기'는 우주만물 속의 개개의 사물을 가리킨다는 것을 알 수 있다.

여기에서 또 하나 중요한 것은 이러한 리와 기의 관계에 대한 해석이다. 한편으로 퇴계는 '도는 기를 떠나지 않고 기도 도를 떠나지 않는다'라고 하여 도와 기가 서로 떨어질 수 없는 관계임을 인정한다. '리 없는 기가 없고 기 없는 리가 없는 것'처럼, 리와 기는 서로 떨어지지 않고 항상 붙어있기 때문에 불상리(不相離)라고 한다. 다른 한편으로 퇴계는 리와 기가 형이상과 형이하로 본질적으로 구분된다고 강조한다. '리는 형이상의 도요 기는 형이하의 기인 것'처럼, 리와 기는 서로 구분되어 하나로 뒤섞일 수 없기 때문에 불상잡(不相雜)이라고 한다. 퇴계는 이러한

---

111 『退溪集』卷35, 「答李宏仲(甲子)」, "凡有貌象形氣而盈於六合之內者, 皆器也, 而其所具之理, 卽道也. 道不離器, 以其無形影可指, 故謂之形而上也; 器不離道, 以其有形象可言, 故謂之形而下也."

리와 기의 서로 섞이지도 않고 떨어지지도 않는 관계를 '하나이면서 둘이요 둘이면서 하나'라고 설명한다.

고금의 학자들은 리와 기를 둘로 완전히 나누거나 혹은 하나로 완전히 합해서 그것들이 '하나이면서 둘이고 둘이면서 하나'라는 것을 전혀 알지 못한다. 이것은 다른 이유가 없다. 학문공부가 거경(居敬)하고 궁리(窮理)하여 정미함을 다하지 못하기 때문이다.[112]

이것은 리와 기의 '불상리'와 '불상잡'의 두 관계를 모두 볼 줄 모르고 어느 하나의 관점에 치중하는 잘못을 지적한 말이다. 특히 퇴계의 '불상잡'을 강조하는 철학적 특징과 연관시켜 볼 때 '불상리'에 치중하는 관점에 대한 비판일 것이다. 그 이유로써 거경궁리(居敬窮理)와 같은 공부가 투철하지 못하기 때문이라고 지적한다. 같은 의미에서 퇴계는 "같은 것 속에 다른 것이 있음을 알고 다른 것 속에 같은 것이 있음을 보아서 나누어서 둘이 되어도 일찍이 떨어지지 않는데 해되지 않고 합쳐서 하나가 되어도 실제로 서로 섞이지 않는데 돌아가야 비로소 두루 갖추어져서 편벽됨이 없다"[113]라고 강조한다.

이처럼 퇴계는 '리와 기는 하나이면서 둘이요 둘이면서 하나이다'거나 '같은 것 속에 다른 것이 있음을 알고 다른 것 속에 같은 것이 있음을 보아야 한다', 즉 '불상리'와 '불상잡'의 두 관점을 동시에 강조한다. 어쩌면 퇴계의 이러한 표현은 기대승이 사단칠정논변을 전개하는 과정

---

112 『退溪集』卷32, 「答禹景善問目」, "古今學者, 理與氣, 或太分而爲二, 或太合而爲一, 殊不知一而二二而一焉. 此無他故也, 學問之功, 未能居敬窮理而盡精微也."
113 『退溪集』卷16, 「答奇明彦(論四端七情 第1書)」, "就同中而知其有異, 就異中而見其有同, 分而爲二而不害其未嘗離, 合而爲一而實歸於不相雜, 乃爲周悉而無偏也."

에서 지나치게 '불상리'의 관점에서 퇴계의 이론을 비판하는데서 오는 방어용 말이 아닐까. 퇴계는 기대승에게 '불상리'의 관점에서만 보지 말고 '불상잡'의 관점에서도 봐야 한다는 것을 '리와 기는 하나이면서 둘이고 둘이면서 하나'라는 표현으로 강조한 것에 다름 아니다.

이렇게 볼 때, 퇴계가 '불상리'와 '불상잡'의 두 관점을 동시에 강조하는 듯하지만, 결국 퇴계의 요지는 '불상잡'을 말하는데 있다고 말할 수 있다. 이것은 또한 퇴계가 주자의 이기론을 계승하지만 리와 기의 관계에 대한 견해는 도리어 약간 다르다는 평가를 받는 이유이기도 하다.[114]

이에 퇴계는 '불상잡'의 관점에 근거하여 리와 기가 서로 두 가지 것, 즉 이물(二物)임을 강조한다. 그리고 리와 기를 '이물'로 보아야 하는 이유를 선현들의 말에 근거하여 설명한다. 예컨대 공자의 "역에 태극이 있으니 이것이 양의를 낳는다"거나 주돈이의 "태극이 동하여 양을 낳고 정하여 음을 낳는다"는 구절에서 볼 때, 태극이 음양을 낳으니 태극(리)과 음양(기)은 반드시 '이물'이 되어야 한다는 것이다.

이어서 퇴계는 주자의 「답유숙문서(答劉叔文書)」의 내용에 근거하여 리와 기가 '이물'임을 논증한다.

> 리와 기는 결코 이물(二物)이다. 다만 사물상에서 보면, 〈리와 기〉'이물'이 섞여있어 나누어 각각 한 곳에 있을 수가 없다. 그러나 이물(二物)이 각각 일물(一物)되는데 문제되지 않는다. 만약 이치상에서 보면, 비록 사물이 있기 전에도 이미 사물의 리가 있다. 그러나 또한 리가 있을 뿐이지 일

---

[114] 채무송은 퇴계가 주자의 이기론을 계승하였으나 다만 이기의 관계에 대한 견해는 도리어 약간 다르다고 평가한다. 퇴계가 중시하는 바는 대략은 ①리와 기는 서로 섞일 수 없다. ②리는 貴하고 기는 賤하다. ③리는 순선하고 기는 선도 있고 악도 있다는 세 가지로 나눌 수 있다.(채무송, 『퇴계율곡철학의 비교연구』, 성균관대학교출판부, 1995, p.216)

찍이 실제로 사물이 있는 것은 아니다.[115]

퇴계는 리와 기가 이물(二物)임에 근거하여 '기가 있기 전에도 이미 리는 있었다'는 리의 선재성을 강조한다. 이것이 바로 '이선기후'의 사고이다. 그렇다면 퇴계는 왜 리의 선재성을 강조하는가. 이것은 리가 기 속에 내재하는 소이연의 원리·법칙의 의미가 아니라, 만물을 창조·발생하고 주재하는 초월적·절대적 실재임을 강조하기 위한 것이다. 때문에 "기가 있기 전에 먼저 리가 있으며, 기가 존재하지 않을 때도 리는 항상 존재한다는 것을 알아야 한다"[116]라고 강조한다.

그러나 우리는 이 리를 감각기관으로 인식할 수 없다. 왜냐하면 리는 소리도 없고 냄새도 없고 형체도 없기 때문이다. 리는 반드시 기에 근거해서 작용하니, 이것은 우리가 신을 볼 수 없는 것과 마찬가지다. "리는 독자적으로 작용할 수 없기 때문에 리를 말할 때에는 먼저 기를 말하는 것이지, 기를 리로 여기고 뒤섞어 한 덩어리로 만들려는 뜻이 아니다."[117] 이것은 기에 근거해야 리를 추론할 수 있다는 말이지, 원래 리와 기가 구분 없이 하나라는 말이 아니라는 것이다. 이것은 또 "만약 기가 아니라면 비록 성인이라도 리를 말하기 어려울 것이다"[118]라는 말의 다른 표현이다.

이 때문에 퇴계는 형체도 없고 조짐도 없는 리이지만, 이러한 리 속에는 온갖 이치가 빽빽이 갖추어져 있다고 강조한다.

---

115 『退溪集』卷41,「非理氣爲一物辯證」, "朱子答劉叔文書曰, 理與氣決是二物. 但在物上看, 則二物渾淪, 不可分開各在一處, 然不害二物之各爲一物也. 若在理上看, 則雖未有物, 而已有物之理, 然亦但有其理而已, 未嘗實有是物也."
116 같은 곳, "須知未有此氣, 先有此性, 氣有不存, 性卻常在."
117 『退溪集』卷32,「答禹景善(別紙)」, "蓋理不能獨行, 故將說理處, 先說氣, 其意非以氣爲理, 而袞作一片說也."
118 『退溪集』卷32,「答禹景善(問目)」, "若非氣, 雖聖人, 難言其理也."

지금 사람들은 다만 이전에 일단의 일이 형체도 없고 조짐도 없는 것만 보고서 이것은 '텅텅 비어 아무 것도 없다(空蕩蕩)'고 말하고 '충막무짐(沖漠無朕)하여 만상이 빽빽이 이미 갖추어져 있다'는 것을 알지 못한다. 아직 사물이 있지 않을 때에도 이 리가 이미 갖추어져 있으니, 그 뒤에 응용되는 곳은 다만 이 리일 뿐이다.[119]

사물이 있기 전에도 이미 사물의 리가 갖추어져 있다. 이것이 바로 정자가 말한 '충막무짐하여 만상이 빽빽이 이미 갖추어져 있다'는 말이다. 리에 이미 온갖 사물의 리를 갖추고 있다가, 이것이 동정이라는 작용에 의해 구체 사물로 현현된다. 이것은 아리스토텔레스가 말한 가능태에서 현실태로 현실화되는 것을 의미한다.

이처럼 퇴계는 기 없이는 리가 존재할 수 없음을 인정하면서도, 동시에 기와 무관하게 존재하는 초월적 실재로서의 리를 긍정한다. 그리고 기가 있기 이전에 리의 실재를 인정할 수 있느냐는 문제에 대해 '불상잡'이라는 인식방법을 제시하였던 것이다. 기 없이는 존재할 수 없으면서도 동시에 기와 무관하게 존재하는 이러한 리의 이중적 성격은 그대로 그의 '이일분수'이론으로 이어진다.

(2) 이일지리(理—之理)와 분수지리(分殊之理)

주자는 이 세계를 인식하는 방법으로 이일분수(理一分殊)의 이론을 제시한다.[120] '이일분수'란 말 그대로 리가 하나라는 측면(이일)과, 하나의

---

119 『退溪集』卷25,「答鄭子中(庚申)」, "又曰今人只見前面一段事無形無兆, 將謂是空蕩蕩, 卻不知道沖漠無朕, 萬象森然已具. 又曰未有事物之時, 此理已具, 少間應處, 只是此理."
120 '이일분수'라는 명제를 최초로 제기한 사람은 程顥이다. 이 말은 장재의 「西銘」에 대한 해석이 '묵자의 겸애설에 빠진 것이 아닌가'라는 楊時의 질문에서 발단한다.

리가 나누어져 다양한 모습으로 나타나는 측면(分殊)을 동시에 설명하는 이론이다. 그렇다면 하나인 리가 어떻게 다양한 모습으로 나타날 수 있는가? 비유하면 하늘에 떠있는 달은 하나이지만 그것이 서로 다른 수많은 강물에서도 동일하게 빛나는 것처럼, 리는 하나이지만 이 세상에 존재하는 온갖 사물 속에도 하나의 리가 동일하게 주어져 있다는 말이다. 이때 하늘에 떠있는 하나의 달은 '이일'에 해당하고, 그것이 수많은 강물 속에서 빛나는 것은 '분수'에 해당한다.

따라서 '분수'의 측면에서 보면 이 세계는 천차만별로 다양하지만, '이일'의 측면에서 보면 반드시 하나의 근원적 원리로서 존재한다. 우주 전체를 하나의 원리에서 본 것이 이일(또는 理一之理)이요, 개개의 구체 사물에서 본 것이 분수(또는 分殊之理)이다. 이러한 리의 이중적 성격은 필연적으로 리를 보는 두 가지 관점, 즉 본원(本源)/유행(流行), 재리상간(在理上看)/재물상간(在物上看), 이간(離看)/합간(合看) 등의 관점이 등장하게 된다.

퇴계 역시 '이일분수'의 이론에 근거하여 하나의 근원적 원리세계와 사물마다 서로 다른 다양한 현상세계를 동시에 설명하고, 더 나아가 하나의 근원적 원리가 현상세계의 개별 사물 속에 동일하게 적용된다고 설명한다. 이로써 우주만물을 하나의 근원적인 원리의 지배하에 두고자 하였던 것이다.

더 나아가 퇴계(또는 주자)는 이러한 근원성을 부각시키기 위해 '태극'이라는 개념을 끌어들인다. 그리고 태극의 개념으로 '이일'과 '분수'의 관계를 설명한다. '이일'에 해당하는 근원적인 하나의 태극이 통체일태극(統體一太極)이요, '분수'에 해당하는 개개의 사물 속에 갖추어져 있는 태극

여기에서 정이는 "「서명」의 내용은 理一이면서 分殊임을 밝힌 것"이라 하여 묵자의 수평적 사랑과는 달리 유가의 차등적 사랑을 이일분수로써 설명한다.

이 각구일태극(各具一太極)이다. '통체일태극'은 만물이 모두 하나의 근원에서 나왔음을 뜻하고, '각구일태극'은 만물마다 각각 하나의 태극을 가지고 있음을 뜻한다. 그리고 두 태극의 성질은 동일하다고 규정한다. 하늘에 떠있는 달이든 강물에 비친 달이든 그 성질이 동일하듯이, 근원적인 하나의 태극이 개개의 사물 속에 온전히 갖추어져 있다는 것이다.

퇴계 역시 사물이든 사람이든 모두 하나의 태극을 가지고 있으며 그것은 근원적인 하나의 태극과 내용상 차이가 없다고 설명한다.

> 하나의 사물은 진실로 온갖 이치의 총체적 모임이라고 말할 수 없다. 그러나 그것이 품부받은 것은 태극의 리이니 어찌 각각 하나의 태극을 갖추었다고 말할 수 없겠으며, 어찌 태극이라는 온갖 이치가 모인 것 중에서 하나의 리만을 잘라내어 하나의 사물에 각각 나누어 주었겠는가. 예를 들어 하나의 달이 그 빛을 두루 비추면, 비록 강의 물이든 한 술잔의 물이든 비추지 않는 곳이 없는 것과 같다. 이때 한 술잔에 비친 달이 그 물이 적다하여 어찌 달이 비추지 않았다고 말할 수 있겠는가.[121]

퇴계는 사람뿐만 아니라 사물도 모두 각각 하나의 태극을 갖추고 있으며(각구일태극), 그 태극은 근원적인 하나의 태극(통체일태극)과 동일하다는 것을 달에 비유하여 설명한다. 하늘의 달은 하나이지만 강의 큰 물이든 술잔의 작은 물이든 곳마다 비추지 않는 곳이 없다. 술잔의 작은 물이라고 해서 하늘에 있는 달이 무수한 조각으로 나누어져 비추는

---

[121] 『退溪集(外編)』, 「金道盛(太極圖說講錄)」, "一物固不可謂之衆理之總會. 然其所稟來者, 卽太極之理, 則豈不可謂各具一太極乎? 豈太極衆理總會之中, 割取一理, 各付一物乎. 如一片月輝遍照, 雖江海之大, 一杯之水, 無不照焉. 一杯之月光, 豈以其水之小遂謂月不照也."(여기에서 江河之大는 江河之水의 오자인 것 같다.)

것이 아니듯이, 사람이든 사물이든 모두 동일하게 하나의 태극을 갖추고 있다. 그래서 "어찌 각각 하나의 태극을 갖추었다고 말할 수 없겠는가"라고 말한다.

또한 하늘에 있는 달과 강 또는 술잔에 비친 달의 모양이 동일하듯이, 근원적인 하나의 태극(통체일태극)과 개개의 사물 속에 갖추어져 있는 태극(각구일태극)은 내용상에서 아무런 차이가 없다. '통체일태극'의 일부를 떼어내어 '각구일태극'에 부여한 것이 아니라는 말이다. 그래서 '통체일태극'이라는 온갖 이치가 모인 것 중에서 하나의 리(태극)만을 잘라내어 하나의 사물에 나누어 준 것이 아니라고 말한 것이다. 따라서 사람이든 사물이든 모두 하나의 태극을 가지고 있으며, 그 하나의 태극은 결국 총체적 하나의 태극에 근원한다고 말할 수 있다. 여기까지는 기존의 '이일분수'의 내용과 다르지 않다.

한편 퇴계는 기대승에게 답하는 글에서 다음과 같이 언급하고 있다.

> '달이 수만은 강에 떨어져있으나 어느 곳이든 〈달의 모습이〉 모두 둥글다'라는 설은 일찍이 선유(先儒)께서 '옳지 않다'고 논한 것을 본 적이 있는데, 지금은 〈누가 한 말인지〉 기억나지 않는다. 다만 보내온 글로 논하면, 하늘의 달과 물속의 달이 비록 같은 하나의 달이지만, 하늘의 것은 진짜 달(眞形)이고 물속의 것은 다만 빛의 그림자(光影)일 뿐이다. 그러므로 하늘의 달을 가리키면 실상(實相)을 얻지만 물속의 달을 잡으면 실상을 얻지 못한다.[122]

하늘의 달은 '이일지리(통체일태극)'이고 물속의 달은 '분수지리(각구

---

122 『退溪集』卷17, 「答奇明彦(論四端七情 第3書)」, "月落萬川, 處處皆圓'之說, 嘗見先儒有論其不可, 今不記得. 但就來喩而論之, 天上水中, 雖同是一月, 然天上眞形, 而水中特光影耳. 故天上指月則實得, 而水中撈月則無得也."

일태극)'를 가리킨다. "하늘의 것은 진짜 달이고 물속의 것은 다만 달빛의 그림자일 뿐이다. 그러므로 하늘의 달을 가리키면 실상을 얻지만 물속의 달을 잡으면 실상을 얻지 못한다"라는 말에 따르면, 퇴계가 '분수지리'를 허상에 불과한 것으로 간주하고 있는 것처럼 보이기도 한다. 이러한 표현은 현상세계를 허상으로 보는 플라톤의 이데아를 연상케 한다.

그러나 퇴계의 뜻은 '분수지리'가 허상이라고 말하려는 것이 아니라, 그것을 보고 근원적인 '이일지리'를 파악할 것을 강조한 표현으로 볼 수 있다. 왜냐하면 개개 사물 속의 '분수지리'는 원래 근원적인 하나의 '이일지리'가 다양하게 나타난 것임에 불과하기 때문이다. 이것은 퇴계가 기와 관계없이 실재하는 근원적이고 절대적인 '이일지리'를 적극 긍정하고 있다는 것을 의미한다. 물론 이러한 사고는 '이일지리'든 '분수지리'든 이기지묘(理氣之妙)의 구조를 전제하는, 즉 기와의 관계 하에서 리를 해석하는 율곡(이이)의 이론과는 근본적으로 구분되지 않을 수 없다.

그렇다면 퇴계는 왜 '이일지리(통체일태극)'를 강조하는가? 이것은 우리의 인식이 주로 현상계에만 주목하기 때문이다. 다시 말하면, 사람들은 드러나는 현상의 모습만을 볼 수 있을 뿐이고 현상 이면에 존재하는 근원적인 본질을 보지 못하기 때문이다. 비유하면, 드러나는 초승달·반달·그믐달의 모습만을 볼 수 있을 뿐이고 드러나지 않는 달의 온전한 모습(보름달)에 대해서는 인식하지 못한다. 이러한 이유에서 퇴계는 현상계의 드러나는 '분수지리'를 통해 본체계의 근원적인 '이일지리'를 강조하였던 것이다. 더 나아가 '이일지리'의 리가 한갓 원리에 불과한 것이 아니라, 실재하는 본체이며 우주만물을 통솔·주관하는 주재자임을 밝히고 이를 따르고자 하였던 것이다.

(3) 리의 동정

퇴계는 이러한 리가 실제로 동정하는 주체임을 체용이론으로 논증한다. "주돈이의 '태극이 동하여 양을 낳고 정하여 음을 낳는다'는 구절에 대해 주자는 '리는 정의도 없고 조작도 없는 것이다'라고 하였는데, 이미 정의도 없고 조작도 없는 것이라면 어떻게 음양을 낳을 수 있겠습니까"라는 제자 이공호(李公浩)의 질문에 대해 퇴계는 다음과 같이 대답한다.

> 주자가 일찍이 말하기를, "리에 동정이 있기 때문에 기에 동정이 있는 것이다. 만약 리에 동정이 없다면 기가 어떻게 동정할 수 있겠는가"라고 하였는데, 이것을 알면 이러한 의심은 없어질 것이다. 대개 정의(情意)가 없다고 운운한 것은 본연의 본체(體)이고, 발하고 낳을 수 있다는 것은 지극히 신묘한 작용(用)이다.······리에도 저절로 작용이 있기 때문에 자연히 양을 낳고 음을 낳는 것이다.[123]

주돈이의 '태극(리)이 동정하여 음양(기)을 낳는다'는 구절과 주자의 '리는 정의가 없고 조작이 없다'는 구절은 서로 모순되는 주장임이 분명하다. 왜냐하면 리가 '정의도 없고 조작도 없이' 무위(無爲)하다면, 동정과 같은 작위적 개념을 쓸 수 없기 때문이다. 그러나 퇴계는 리의 동정과 관련하여 주자의 '리에 동정이 있기 때문에 기에 동정이 있다.' 즉 기가 동정할 수 있는 것은 전적으로 리의 동정에 근거한다는 말에 근거하여 리가 실제로 동정하는 주체임을 강조한다.

---

123 『退溪集』卷39,「答李公浩養中(問目)」, "朱子嘗曰理有動靜, 故氣有動靜. 若理無動靜, 氣何自而有動靜乎? 知此則無此疑矣. 蓋無情意云云, 本然之體, 能發能生, 至妙之用也.······理自有用, 故自然而生陽生陰也."

이어서 퇴계는 '무위'한 리가 동정이라는 작용성을 갖는데서 생겨나는 논리적인 오류를 그의 체용이론으로 설명한다. "정의가 없다고 운운한 것은 본연의 본체이고, 발하고 낳을 수 있는 것은 지극히 신묘한 작용이다." 즉 주자의 '리는 정의가 없고 조작이 없다'는 말은 리의 본연의 본체에 해당하고, 주돈이의 '리가 동정하여 음양을 낳는다'는 말은 리의 지극히 신묘한 작용에 해당한다는 것이다.

더 나아가 퇴계는 체용을 '도리상에서 말한 것'과 '사물상에서 말한 것'으로 구분한다. 전자는 리의 세계에서 말한 체용이고 후자는 현상세계에서 말한 체용이다.

> 황은 생각건대, 체용에는 두 가지가 있다. 도리상에서 말한 것이 있으니 충막무짐(沖漠無朕)하나 만상(萬象)이 빽빽이 이미 갖추어졌다는 것이 이것이요, 사물상에서 말한 것이 있으니 배는 물로 다닐 수 있고 수레는 육지로 다닐 수 있는데, 배와 수레가 물로 다니고 육지로 다닌다는 것이 이것이다.[124]

사물상에서 말하면, 배와 수레는 본체(體)가 되고 배가 물로 다니고 수레가 육지로 다니는 것은 작용(用)이 된다.[125] 이것은 현상계에서의 체용을 말한 것이다. 그러나 도리상에서 말하면, 정의가 없고 조작이 없

---

124 『退溪集』卷41, 「心無體用辯」, "況謂體用有二, 有就道理而言者, 如沖漠無朕而萬象森然已具, 是也; 有就事物而言者, 如舟可行水, 車可行陸, 而舟車之行水行陸, 是也."
125 이것은 귀가 體이면 듣는 것은 用이요, 눈이 體이면 보는 것은 用인 것과 같다. 듣는다는 작용을 떠나서 귀가 따로 존재할 수 없고 귀를 떠나서 듣는다는 작용이 존재할 수 없듯이, 체는 용의 체이고 용은 체의 용이기 때문에 둘은 분리될 수 없다. 이러한 체와 용의 떨어질 수 없는 관계를 體用一源·體用不二·體用相卽 등으로 나타낸다.

는, 즉 '충막무짐하나 만상이 빽빽이 이미 갖추어진 것'은 리의 본체가 되고, 실제로 동정하여 음양을 낳는 것은 리의 작용이 된다. 이것은 리의 본체계에서 체용을 말한 것이다. 다시 말하면, '리에는 정의가 없고 조작이 없다'는 것은 리의 본체에 해당하고, '리가 동정하여 음양을 낳는다'는 것은 리의 작용에 해당한다.

때문에 퇴계는 이전에는 '리에 정의도 없고 조작도 없다'는 말에 근거하여, 리가 실제로 능히 '현행'하는 신묘한 작용을 알지 못하였다고 고백한다.

> 정의가 없고 조작이 없는 것은 이 리의 본연의 본체이고, 곳에 따라 발현하여 이르지 않음이 없는 것은 이 리의 극히 신묘한 작용임을 알 수 있다. 전에는 단지 본체의 무위(無爲)함만을 보고 신묘한 작용이 능히 현행(顯行: 드러나 운행)함을 알지 못하여 리를 거의 죽은 물건으로 알았으니, 도와의 거리가 또한 멀고 심하지 않겠는가?[126]

이전에는 '리에 정의가 없고 조작이 없다'는 리의 무위성에 근거하여 리가 실제로 현행할 수 있는 신묘한 작용을 알지 못하였다. 즉 리는 아무런 작용이 없는 죽은 물건이 아니라 저절로 현행할 수 있으니, 능히 이르고(理到) 발하고(理發) 동하는(理動) 활물(活物)이라는 말이다. 여기에서 퇴계는 리의 실재하는 작용을 '묘용(妙用, 신묘한 작용)'이라 하여 일반적인 기의 '용(用, 작용)'과 구분한다. 퇴계는 '묘'란 지극히 깊고 지극히 신묘하여 형용하기도 어렵고 이름 붙이기도 어렵다고 정의한다.[127] 리는

---

126 『退溪集』卷18, 「答奇明彦(別紙)」, "是知無情意造作者, 此理本然之體也, 其隨寓發見而無不到者, 此理至神之用也. 向也但有見於本體之無爲, 而不知妙用之能顯行, 殆若認理爲死物, 其去道不亦遠甚矣乎?"

현상계의 작용과 구분되는 형이상의 본체계의 작용이므로 언어로 표현하기가 어렵다는 말이다. 이처럼 퇴계는 리의 '묘용'이라는 개념으로 리의 작용성을 보다 적극적으로 해석한다.

> 날거나 뛰는 것은 본래 기이고 날게 하고 뛰게 하는 소이가 바로 리이다. 그러나 자사(子思)가 이 시를 인용한 뜻은 본래 기에 있는 것이 아니라, 다만 이 두 가지 생물에서 이 리의 본체가 드러나고 그 묘용(妙用)이 활발하게(活潑潑地) 현행하는 오묘함을 관찰한 것일 뿐이다. 그러므로『중용장구』에서는 '이 리의 작용이 아닌 것이 없다'라고 말한 것이니, 어찌 기의 관계 여부를 따질 수 있겠는가.[128]

자사는『중용』에서 '솔개는 하늘에서 날고 물고기는 연못에서 뛰논다'는『시경』의 말이 상하(하늘과 땅)에서 이치가 밝게 드러난 것이라고 밝히고 있다.[129] 이에 대해 주자는 "자사가 이 시를 인용하여 화육 · 유행하여 상하에 밝게 드러남이 이 리의 신묘한 작용이 아님이 없음을 밝히셨다"[130]라고 해석한다. 즉 솔개가 하늘에서 날고 물고기가 연못에서 뛰노는 것이 바로 리의 신묘한 작용(妙用)이라는 말이다.

퇴계도 자사가 이 시를 인용한 뜻이 솔개가 날고 물고기가 뛰노는 현상계(기)를 말하는데 있는 것이 아니라, 솔개가 날고 물고기가 뛰노는 현상계 이면에 리의 신묘한 작용이 활발하게 현행하는 본체계를 보는

---

127 『退溪集(外篇)』, 「金道盛(太極圖說講錄)」, "妙是至深至妙難形難名底意."
128 『退溪集』卷40, 「答喬姪問目(中庸)」, "其飛其躍固是氣也, 而所以飛所以躍者, 乃是理也. 然子思引此詩之意, 本不在氣上, 只爲就二物, 而觀此理本體呈露妙用顯行之妙活潑潑地耳. 故章句只曰莫非此理之用, 何可問氣之與不與耶"
129 『中庸』, 第12章, "詩云, 鳶飛戾天, 魚躍于淵, 言其上下察也."
130 『中庸章句』, 第12章, "子思引此詩, 以明化育流行, 上下昭著, 莫非此理之用."

데 있다고 강조한다. "어찌 기의 관계 여부를 따질 수 있겠는가"라는 말도 반드시 기와의 관계 속에서 리를 말해서는 안 된다는 뜻이다. 이것은 리를 기와의 관계 속에서 기의 소이연의 원리로만 해석해서는 안 된다는 말의 다른 표현이기도 하다.

이처럼 퇴계는 기의 작용(用)과 구분되는 리의 '신묘한 작용(妙用)'을 통해 리가 실제로 동정하고 작위하는 활물(活物)임을 강조한다. 이것이 바로 퇴계가 현상계의 체용뿐만 아니라 본체계인 리의 체용을 말하는 이유이기도 하다.

(4) 리의 주재

주재(主宰)의 사전적 정의는 어떤 일을 중심이 되어 맡아 처리하거나 또는 처리하는 사람을 말한다. 이렇게 볼 때, 주재에는 주재하는 자가 주재되는 대상에 대해 적극적인 행동을 가하는 의미가 내포되어 있다. 일반적으로 성리학에서는 주재하는 자를 리로, 주재되는 대상을 기로 규정한다. 결국 리가 기의 주재가 된다는 말이다.

원래 주재라는 말은 고대의 '상제가 이 세상을 주재한다'는 표현에서 비롯된 것이다. 상제란 우주만물을 주관하는 최고의 주재자(인격신)를 의미한다. 자연현상에서 비·바람·천둥·번개 등을 주관할 뿐만 아니라, 인간사회에서도 착한 사람에게 복을 주고 악한 사람에게 재앙을 내리는 방법으로 이 세상을 주재하는 것이다. 그러나 시대가 발달하여 이성적 사고가 점차 뿌리를 내리면서 상제가 이 세상을 주재한다는 사상은 의심을 받게 되고, 이로써 상제의 개념이 퇴색되고 이어서 천(天)·천명(天命)·천도(天道) 등이 그 자리를 대신하게 된다.

송대에 이르면서 주자는 상제를 '리'로 대체하여 리가 세상사를 주재하는 것으로 규정한다. 세상사의 온갖 변화는 상제의 주재에 의한 것이 아니라, 리의 주재에 의해 그렇게 된다. 상제 대신에 리가 이 세상의 주재로 등장하면서 주재의 의미도 바뀌게 된다. 상제가 세상사의 화와 복을 주관하는 인격적 주재자의 의미라면, 주자의 리는 소리도 없고 냄새도 없는 형이상의 것으로서 만물의 원리·법칙·표준 등을 주재의 의미로 이해하게 된다.

그러나 퇴계는 리의 주재를 원리·법칙·표준 등의 의미로 내재화시켜 보는 것에 동의하지 않는다. 장군이 병졸에게 명령하듯이, 리는 기(우주만물)에게 명령하고 명령을 받지 않으며 우주만물의 생성·변화·운동을 주관하는 절대적 지위를 갖는다. 이것은 상제가 세상사를 주재하는 것과 같은 의미이다.

> 천지간에는 리가 있고 기가 있다. 리가 있으면 곧 기의 조짐이 있고, 기가 있으면 곧 리의 따름이 있다. 리는 기의 장수가 되고 기는 리의 병졸이 되어 천지의 공능을 수행하는 것이다.[131]
>
> 리는 본래 존귀하여 상대가 없는 것으로 사물에게 명령하고 사물에게서 명령을 받지 않는 것이니, 기가 이길 수 있는 것이 아니다.[132]

퇴계는 리와 기의 관계를 장수와 병졸에 비유하여 설명한다. 리는 기를 통솔·주재하는 장수이고 기는 리에 의해 통솔·주재되는 병졸이다. 장수가 병졸을 통솔·주재하듯이, 리는 기를 통솔·주재한다. 이렇게 볼 때, 리는 주재하는 자가 되고 기는 주재되는 대상이 된다. 이러한 리의 지위는 지극히 존귀하며 상대할 자가 없으니 "기가 이길 수 있는

---

131 『退溪續集』卷8, 「天命圖說」, "天地之間, 有理有氣. 纔有理, 便有氣朕焉; 纔有氣, 便有理從焉. 理爲氣之帥, 氣爲理之卒, 以遂天地之功."
132 『退溪集』卷13, 「答李達·李天機」, "理本其尊無對, 命物而不命於物, 非氣所當勝也."

것이 아니다." 즉 기는 리와 절대로 상대가 될 수 있는 개념이 아니라는 말이다. 이로써 리는 우주 내의 온갖 사물에게 명령할 뿐이고 명령을 받지 않는 최상의 절대적 존재이다. 이러한 표현은 현상계를 초월한 존재일 수밖에 없으니 절대자에 해당한다고 말할 수 있을 것이다.

그러면서도 동시에 현상계에 내재하는 이중적 구조를 강조한다. '리가 있으면 곧 기의 조짐이 있고 기가 있으면 곧 리의 따름이 있다'거나 '리와 기는 진실로 구분이 없으나 사물에 있어서는 혼륜하여 나눌 수 없다'[133]라는 등이다. 이것이 바로 퇴계가 혼륜(渾淪 또는 불상리)과 분개(分開 또는 불상잡)를 동시에 말하지 않을 수 없었던 이유이다.

이어서 퇴계는 이러한 리를 그대로 고대의 인격신에 해당하는 상제(上帝)의 개념에 연결시켜 해석한다.

> 태극에 동정이 있는 것은 태극이 스스로 동정하는 것이고 천명(天命)이 유행하는 것은 천명이 스스로 유행하는 것이니 어찌 다시 그렇게 시키는 것이 있겠는가. 다만 무극과 음양오행(二五)이 묘합(妙合)하여 엉기고 만물을 화생하는 곳에서 보면, 마치 주재하고 운용하여 이와 같이 하게 하는 것이 있는 것 같다. 『서경』에서 말한 "오직 위대한 상제께서 백성에게 속마음을 내려주시다"라고 한 것이나 정자가 말한 "주재하는 것을 상제(帝)라고 한다"는 것이 이것이다. 대개 리와 기가 합하여 사물에게 명령하니 그 신묘한 작용이 스스로 이와 같을 뿐이며, 천명이 유행하는 곳에 또한 따로 시키는 자가 있다고 말할 수 없다. 이 리는 지극히 높아서 상대가 없으니 사물에게 명령하고 사물로부터 명령을 받지 않기 때문이다.[134]

---

133 『退溪集』卷16, 「附奇明彦非四端七情分理氣辯」, "夫理, 氣之主宰也; 氣, 理之材料也. 二者固有分矣, 而其在事物也, 則固混淪而不可開."
134 『退溪集』卷13, 「答李達・李天機」, "太極之有動靜, 太極自動靜也. 天命之流行, 天

이 구절은 이천기(李天機)의 '태극의 동정과 천명의 유행은 리가 주인이 되어 시켜서 그러한 것인가'의 질문에 대한 퇴계의 대답이다. 퇴계는 두 가지 측면, 즉 '천명이 유행하는 측면'과 '만물이 화생하는 측면'으로 나누어 대답한다. '천명이 유행하는 측면'에서 말하면, "천명이 스스로 유행하는 것이니" 천명이 유행하도록 따로 시키는 자가 있다고 말할 수 없다. 그러나 '만물이 화생하는 측면'에서 말하면, '위대한 상제께서 백성을 내려주시는(만물을 낳는)' 것처럼 그렇게 하게 시키는 자가 있다고 말할 수 있다.

천명의 유행은 곧 사계절이 저절로 운행되고 만물이 저절로 자라나는 것처럼, 천지의 운행을 말한다. 천지의 운행이 곧 리이니, 이 리 밖에 또 다른 무엇이 있어서 운행하도록 시키는 것이 있는 것이 아니다. 이것은 바로 '움직이지 않으면서 변화하는 것(不動而變)'과 같은 의미이다. "천지는 움직이지 않음이 없지만, 다만 움직이면서 그 자취를 보이지 않을 뿐이다. 사계절이 저절로 운행되고 만물이 저절로 자라나는 것이 바로 움직이지 않으면서 변화하는 것이다."[135] 천지의 운행에서 보면, '움직이면서도 그 자취를 보이지 않기 때문'에 따로 시키는 자가 없이 스스로 운행하는 것처럼 보인다.

그러나 구체적 사물에서 보면, 상제가 세상일을 주관하는 것처럼 리의 주재와 운용에 의해서 만물이 존재한다. 이에 "리는 사물에 명령하고 사물에게서 명령을 받지 않는다"고 말한 것이다. 이렇게 볼 때, 퇴계

命之自流行也. 豈復有使之者歟? 但就無極二五妙合而凝, 化生萬物處看, 若有主宰運用而使其如此者, 卽書所謂惟皇上帝, 降衷于下民. 程子所謂以主宰謂之帝, 是也. 蓋理氣合而命物, 其神用自如此耳, 不可謂天命流行處亦別有使之者也. 此理極尊無對, 命物而不命於物故也.
135 『退溪集』卷35, 「答李宏仲(別紙)」, "天地非無動, 動而不見其迹耳. 然而四時自行, 萬物自生, 是不動而變也."

는 직접 우주창조설을 말하지 않을지라도 우주 속의 만물이 모두 리에서 생겨난 것으로 해석하고 있음을 알 수 있다. 리가 한갓 소이연의 원리적 의미가 아니라, 우주의 시원으로서 모든 존재를 낳게 하는 근원적 실재자이며 초월적·절대적인 의미를 갖는다.

이러한 리의 초월적·절대적인 성질을 퇴계는 다음과 같이 해석한다.

> 대저 일찍이 깊이 생각해보니, 옛날과 지금 사람의 학문도술이 다른 까닭은 단지 '리'자가 알기 어렵기 때문이다. 이른바 '리자가 알기 어렵다'는 것은 대략 아는 것이 어렵다는 말이 아니라, 참으로 알고 완전히 이해하여 아주 지극한 곳에 이르기가 어렵다는 말이다. 만약 온갖 이치를 궁구하여 아주 확실한데 이르러서야 이러한 사물(物事, 리)을 간파할 수 있다. 〈이것은〉 지극히 허(虛)하면서도 지극히 실(實)하며, 지극히 없으면서도 지극히 있으며, 움직이면서도 움직임이 없고, 고요하면서도 고요함이 없으며, 지극히 깨끗하여 털끝만큼도 더할 수 없고 털끝만큼도 뺄 수 없는 것으로, 음양·오행과 만사·만물의 근본이 되지만 음양·오행과 만사·만물 속에 구애되지 않으니, 어찌 기와 뒤섞어 하나로 인식하거나 같은 사물로 볼 수 있겠는가.[136]

퇴계는 옛날과 지금 사람의 학문상의 근본적인 차이가 '리'자를 제대로 알지 못하는데 있다고 단언한다. "리는 대충 알아서는 안 되고 참으

---

136 『退溪集』卷16, 「答奇明彦(論四端七情 第2書)·別紙」, "蓋嘗深思, 古今人學問道術之所以差者, 只爲理字難知故耳. 所謂理字難知者, 非略知之爲難, 眞知妙解, 到十分處爲難耳. 若能窮究衆理, 到得十分透徹, 洞見得此箇物事. 至虛而至實, 至無而至有, 動而無動, 靜而無靜, 潔潔淨淨地, 一毫添不得, 一毫減不得, 能爲陰陽五行萬物萬事之本, 而不囿於陰陽五行萬物萬事之中, 安有雜氣而認爲一體, 看作一物耶."

로 알고 완전히 이해하여 아주 지극한 곳에 이르러야 한다." 이것은 옛날부터 오늘에 이르기까지 많은 사람들이 '리'를 말하지만, 그 의미를 철저히 간파하지 못하고 있다는 말이다.

퇴계는 참으로 알기 어려운 리의 모습을 다음과 같이 묘사한다. '리란 지극히 허(虛)하면서도 지극히 실(實)하며, 지극히 없으면서도 지극히 있으며, 움직이면서도 움직임이 없고, 고요하면서도 고요함이 없는' 신(神)의 의미이다. 주돈이는 『통서』에서 '움직이면서도 움직임이 없고 고요하면서도 고요함이 없는 것'을 신으로 해석하여 '움직이는 것은 고요하지 않고 고요한 것은 움직이지 않는 사물과 구분한다.[137] 주자 역시 『주자어류』에서 "움직이면서도 움직임이 없고 고요하면서도 고요함이 없는 것은 신이다. 움직이면서도 움직임이 없고 고요하면서도 고요함이 없는 것은 움직이지 않는 것도 아니고 고요하지 않은 것도 아니다"[138]라고 해석한다. 퇴계는 주돈이와 주자가 말한 신의 의미를 끌어들여 '움직이지 않는 것도 아니고 고요하지 않은 것도 아닌', 즉 움직임과 고요함이라는 현상계를 초월하는 신의 영역으로 리를 해석하고 있음을 알 수 있다.

또한 '음양·오행과 만사·만물의 근본이 되지만, 음양·오행과 만사·만물 속에 구애되지 않는다'는 것은 기와 섞일 수도 없고 기에 의해 구속되지도 않는 초월적인 리의 실재를 인정한 표현이다. 기 없이도 존재하는 리의 실재성을 명명한 것이다. 또한 '털끝만큼도 더할 수 없고 털끝만큼도 뺄 수 없다'는 말은 더 이상 아무 것도 추가할 수 없을 정도로 완전한 존재를 의미하며, '지극히 깨끗하다'는 말은 완전무결한 선한

---

137 『通書』, 「動靜 第16章」, "動而無靜, 靜而無動, 物也. 動而無動, 靜而無靜, 神也."
138 『朱子語類』卷5, "動而無動, 靜而無靜, 神也. 動而無動, 靜而無靜, 非不動不靜也."

존재요 최상의 진리요 일자(一者)의 의미이다. 이처럼 리란 더 이상 신을 필요로 하지 않을 만큼 그 자체로 충분하고 완전한 존재이다.

때문에 퇴계는 리의 초월성과 절대성을 끊임없이 강조한다. 리의 초월성과 절대성은 리와 기의 불상리(不相離) 관계에서는 불가능하다. 때문에 퇴계는 '사물의 관점(物上看)'에서는 리와 기의 불상리 관계를 전제하면서도 '이치의 관점(理上看)'에서는 리를 기에서 분리시켜 보려고 부단히 노력하는데, 이처럼 리와 기를 분리시켜 보아야 리의 초월성과 절대성을 확보할 수 있기 때문이다.

2. 아리스토텔레스의 '부동(不動)의 동자(動者)'

아리스토텔레스 「형이상학」의 내용인 사원인설(四原因說)을 중심으로 그의 세계에 대한 해석을 살펴본다. 아리스토텔레스는 이 세상의 사물(또는 실체)을 탐구하는데 있어 네 가지 원인이 있다고 말하는데, 이것이 바로 그의 '사원인설'이다. 우리가 무엇을 탐구하든 존재하는 사물에 대해서는 다음과 같은 네 가지 질문을 제기할 수 있다.

① 그것은 무엇으로 되어 있는가? : 질료 혹은 질료인(material cause)
② 그것은 무엇인가?   : 형상 혹은 형상인(formal cause)
③ 그것은 무엇이 만들어냈는가?   : 작용 혹은 운동인(efficient cause)
④ 그것은 무엇에 유용한가?   : 목적 혹은 목적인(final cause)

예를 들면 ① 동상은 무엇으로 만들어졌느냐?(재료) ② 그것은 무엇이냐?(이름) ③ 동상은 누가 만들었느냐? ④ 동상이 존재하는 이유(또는 목적)는 무엇인가? 이렇게 볼 때, 존재하는 것(사물)은 질료와 형상의 결합과, 어떤 제작자의 운동과, 그것의 본래 목적으로 구성된다고 말할 수 있다.[139]

아리스토텔레스는 이 세상에 존재하는 사물을 질료(matter)와 형상(form)의 결합으로 설명한다.[140] 질료는 사물을 구성하는 재료가 되며, 형상은 개개의 사물 자체가 된다. 예를 들면 동상이라는 한 개체의 형상은 바로 동상의 모습이고, 질료는 그것이 가지고 있는 모종의 성분이다. 동상이라는 형상이 없으면 동상은 구리덩어리에 지나지 않는 것과 같다. 형상은 동상이 동상되게 하는 것, 즉 어떤 다른 사물이 아니라 그 사물이게끔 하는 것으로, 존재하는 사물의 본질이다. 조각가가 동상을 만들 때, 구리라는 질료에다 동상이라는 형상이 더해져야 비로소 구체적 사물이 된다. 때문에 이러한 형상과 질료는 서로 떨어질 수 없는 관계에 있다. 이것은 퇴계가 말하는 리와 기의 개념정의 및 이기관계와 다르지 않다.

또한 아리스토텔레스는 질료와 형상으로 이루어진 사물은 생성·변화하는데[141], 이러한 사물의 생성·변화를 설명하기 위해 가능태(potentiality)와 현실태(actuality)를 제시한다.[142] 사물은 그 현실화를 이루기 전에 그런

---

139 김태길 외 역, 『서양철학사』, 을유문화사, 1991, pp.110-111 참조.
140 아리스토텔레스가 말하는 '형상'은 플라톤의 이데아에 근거하여 나온 개념이다. 즉 분필은 분필의 형상(이데아)을 가지고 있고, 탁자는 탁자의 형상(이데아)을 가지고 있다는 것이다. 그러나 아리스토텔레스는 형상이라는 어떤 하나의 초월적 이데아를 말하지 않고, 형상을 현실세계 밖이 아닌 그 안에 두었다. 예를 들어 어떤 사물의 형상은 사물과 분리되어 모종의 초월적 세계(이데아) 속에 있는 것이 아니라 그 사물 안에 있으며, 그것은 사물이 사물되게 하는 근거가 된다. 성리학에서는 그것을 리(성)의 개념으로 설명한다. 이것이 바로 아리스토텔레스가 플라톤에 비해 현실세계에 훨씬 더 많은 기반을 두고 있다고 평가하는 이유이다.
141 사물은 플라톤의 이데아처럼, 영원한 것이 아니라 시간적으로 생장·변화한다. 예를 들면 도토리는 참나무, 사람은 성인으로 생장·변화하는 것과 같다.

것이 될 수 있는 가능상태에 있으니, 예컨대 복숭아씨에서 복숭아나무가 되는 것과 같다. 이때 복숭아씨는 복숭아나무에 대해서 질료가 되고, 복숭아나무는 복숭아씨의 형상이 된다. 복숭아씨는 복숭아나무가 될 가능성을 가졌으며, 성장한 복숭아나무는 현실성을 가졌다고 할 것이다.

이렇게 볼 때, 현실태는 가능태의 완성이라 할 수 있으며 실재 존재하는 것을 뜻한다. 아리스토텔레스는 "질료가 가능태로 존재할 수 있는 것은 그것이 형상을 얻을 수 있기 때문이고, 질료가 현실태로 존재할 때는 그것이 형상 가운데 있다"[143]라고 말한다. 이것은 구체적인 현실태를 통해 가능태의 존재를 인식한다는 말이다.

또한 가능태에서 현실태로의 전이, 즉 사물로의 변화에 대한 설명은 그 사물을 구성하고 있는 내적 원리의 고찰만으로는 충분하지 않고 다른 외적 원인의 개입이 필요하다. 왜냐하면 가능태는 그 자체의 힘으로는 현실화되지 못하기 때문이다. 이러한 외적 원인에 의해 가능태에 있던 어떤 것이 현실화되어 존재하게 된다.[144] 이때의 외적 원인을 '작용' 혹은 '운동인'이라고 부른다. 사실 '운동인'이 작용하지 않으면 질료가 형상으로 현실화될 수 없으니, 결국 가능태가 현실태로 완성될 수 없다.

어떤 사물이든 그 자체로는 가능태에서 현실태로 건너갈 수 없다. 그러므로 모든 생성과 변화는 '운동인'을 필요로 한다.[145] 이에 아리스토

---

142 이 세계안의 사물은 모두 변화한다. 물체는 움직이며, 식물은 성장하며, 동물은 나고 죽으며, 인간은 지식을 쌓아간다. 이 세계는 변화로 충만한데, 이러한 변화는 사물의 현실태와 가능태를 인정할 때 비로소 가능해진다. 변화란 가능태에 있던 것이 현실된 상태 혹은 완전한 상태(현실태)로 되는 것을 의미한다.(정의채,『형이상학』, 열린, 1997, p.256)
143 아리스토텔레스,『Metaphysics』, 1050a 15
144 정의채,『형이상학』, 열린, 1997, p.325
145 정의채,『형이상학』, 열린, 1997, pp.329-356 참조.

텔레스는 "생성되는 것은 모두 어떤 것의 작용에 의해서 생성된다"[146]라고 말한다. '운동인'의 작용에 의해서 비로소 사물이 생성된다는 말이다. 물론 아리스토텔레스에 있어서 최후의 운동인은 '부동의 동자(unmoved mover)'이며, 이 '부동의 동자'는 결국 신의 범주에 해당된다. 왜냐하면 신은 모든 것을 움직이게 만들지만, 그의 뒤에서 그를 움직이게 하는 어떠한 것도 더 이상 존재하지 않기 때문이다. 이로써 신은 우리의 뒤에서 모든 것을 움직이게 하는 '운동인'이 되고 또한 우리의 앞에서는 '목적인'이 된다.

그러나 '운동인'은 어떤 사물이 왜 그런 것으로 생성되었으며 왜 그렇게 변화되었는지의 문제에 대해서는 충분한 대답을 주지 못한다. 이것이 바로 '목적' 혹은 '목적인'이 필요한 이유이다. '목적인'은 어떤 것이 생성되는 원인(이유·목적)에 해당한다. 예를 들면 도토리의 목적인은 참나무인 것과 같다. 결국 '운동인'이 작용하는 것도 목적 때문에 작용하는 것이라고 말할 수 있다. 아리스토텔레스는 "변화하고 생성하는 것은 모두 어떤 원리 곧 어떤 목적을 향하여 움직이며, 현실태는 그 목적이며 가능태는 이 목적을 위해서 이루어진다"[147]라고 말한다. 가능태는 질료로서 변화 및 운동의 원리이며, 현실태는 형상으로 운동의 목적이라 할 수 있다. 여기에서 질료와 형상이라고 하는 정적(靜的)인 개념이 비로소 질료는 가능태의 의미로, 형상은 현실태의 의미로 동적(動的)인 해석을 갖게 된다. 지금까지는 운동·변화하는 개별 사물의 입장에서 말한 것이다.

그러나 전체 우주의 입장에서 하나로 통일하여 말하면, 이때의 '운동

---

146 아리스토텔레스, 『Metaphysics』, 1032a 13
147 아리스토텔레스, 『Metaphysics』, 1050a 7-10

인'은 바로 움직이지 않으면서 움직이는 또는 운동하지 않으면서 운동하는 '부동의 동자'가 된다. 전체 우주의 '운동인'은 '부동의 동자'이다.

> 이것은 영원하면서도 움직이지 않으며 감각적인 사물과는 독립적인 존재이다.[148]

운동하고 감각적인 개별 사물과 구분되는 영원하고 비감각적이며 움직이지 않는 존재라는 말이다. 결국 개별 사물 속의 운동은 모두 궁극적 원인, 즉 '부동의 동자'에 의해 이루어지는 피동자가 된다. 이 둘은 비록 다 같이 '운동인'이라고 말하지만 그 뜻은 완전히 다르다. 하나는 초월적 의미를 갖고, 다른 하나는 내재적 의미를 갖는다고 말할 수 있다. 때문에 이 둘의 '운동인'은 이중적인 의미를 가진다. '운동인'이 두 가지 뜻을 가지고 있다면 '목적인' 역시 두 가지 뜻을 가진다. 때문에 모든 사물은 자신 속에 각각의 '운동인'과 '목적인'을 가지고 있으며, 이 것은 또한 전체 우주에서 '부동의 동자'로서의 '운동인'과 '목적인'을 가지고 있다. 이것이 바로 퇴계가 말하는 각구일태극(各具一太極)과 통체일태극(統體一太極) 또는 분수지리(分殊之理)와 이일지리(理一之理)의 의미이다.

그렇지만 아리스토텔레스는 이 둘의 관계에 대해 구체적으로 언급하고 있지 않은 듯하다. 우주 전체에서 말하면, 결국 '부동의 동자'로 갈 수밖에 없다. 이렇게 되면 우주 최고의 '목적인'은 바로 '부동의 동자'가 되며, 최후의 '운동인' 역시 '부동의 동자'가 된다. 더 나아가 아리스토텔레스는 이러한 '부동의 동자'를 신과 연결시켜 해석한다.

---

148 아리스토텔레스, 『Metaphysics』, 1073b

> 영원하고 실체이며 현실태인 것으로서, 운동함이 없이 운동을 있게 하는 것이 신(神)이다.[149]

운동하지 않으면서 운동하게 하는 제일의 '부동의 동자'가 바로 신이다. 신의 부동성은 운동의 부재를 뜻하는 것이 아니라, 불완전한 현상계의 운동에 대비되는 완전한 본체계의 운동을 가리킨다. 왜냐하면 '제일(第一)'이란 것은 그것에 의해 다른 것들이 모두 그렇게 있는 것을 의미하기 때문이다. 그러므로 움직여지는 것은 어떤 것에 의해 움직여지고, 최초의 동자(動者, first mover)는 본질적으로 움직이지 않는다.

따라서 영원한 부동의 실체가 없다면 모든 것이 소멸해버릴 것이며, 영원한 운동은 불가능하다. 이것은 주자가 말한 "만약 리가 없었다면 천지는 생겨나지 못했을 것이다"[150]라는 말의 다른 표현이다. 왜냐하면 전체 우주는 운동하게 하는 자, 즉 질서를 부여하는 자인 신(또는 理)이 있어서 그렇게 만들기 때문이다.

퇴계의 리에는 이중적 성격, 즉 절대성(초월성)과 상대성(내재성)을 동시에 가지고 있다. '리가 있으면 기가 있고 기가 있으면 리가 있다'는 것처럼 리와 기를 섞어서 말하면, 리는 기 속에 내재한다. 리가 기 속에 내재하면 기의 구속을 받지 않을 수 없기 때문에 리의 성격은 상대적인 것이 된다. 반대로 '리는 형이상의 것이요 기는 형이하의 것이다'는 것처

---

149 아리스토텔레스, 『Metaphysics』, 1072b 25-29 참조.
150 『朱子語類』卷1, "若無太極, 便不翻了天地."

럼 리와 기를 떨어뜨려 보면, 리는 기의 영향을 받지 않기 때문에 리의 성격은 절대적인 것이 된다.

퇴계는 리의 이중적 성격을 동시에 인정하면서도 리의 초월적이고 절대적 성격을 강조한다. 이것은 그의 '이일분수(통체일태극과 각구일태극)'에서도 나타난다. 퇴계는 이일(통체일태극)과 분수(각구일태극)를 동시에 언급하면서도 '이일'의 측면을 강조한다. '이일'의 측면이 강조될 경우, 리의 성격은 절대적·초월적이 된다.

또한 퇴계는 리가 실제로 동정하는 주체임을 그의 체용이론으로 논증하고, 사물에 명령하고 명령을 받지 않는 리의 주재성과 절대성을 강조한다. 이로써 리는 '존귀하여 상대가 없으며 명령하고 명령을 받지 않는' 절대적 일자(一者)의 위상을 확보한다. '일자'란 다른 것에 의존하지 않고 스스로 존재하는 자립자(自立者)이니 절대적이라고 말할 수 있다.

결국 이러한 리의 초월적·절대적 성질은 '움직이면서 움직임이 없고 고요하면서 고요함이 없는' 움직임과 고요함이라는 현상계를 초월한 신의 영역으로 묘사되기에 이른다. '지극히 깨끗하니' 완전무결한 선한 존재이며, '털끝만큼도 더할 수 없고 털끝만큼도 뺄 수 없는' 더 이상 아무 것도 더할 수 없을 정도로 완전한 존재로 묘사된다. 또한 '음양·오행과 만사·만물의 근본이 되지만, 음양·오행과 만사·만물 속에 구애되지 않는다'는 것은 기와 섞일 수도 없고 기에 의해 구속되지도 않는 초월적인 리의 실재를 인정한 표현이다. 이처럼 리는 더 이상 신을 필요로 하지 않을 만큼, 그 자체로 충분하고 완전한 존재이다.

이러한 리는 아리스토텔레스의 '부동의 동자', 즉 신의 개념과 다르지 않다. 아리스토텔레스 역시 질료와 형상으로 이 세계를 설명하지만, 결국은 제일질료와 제일형상을 통해 신을 요청하고 그것을 그대로 '부동의 동자'로 표현한다.

그렇다면 퇴계든 아리스토텔레스든 '무위(無爲)인 리와 부동자(不動者)인 신이 어떻게 움직여서 만물을 낳게 할 수 있는가'하는 문제에 직면하게 된다. '무위'와 '부동자'가 어떻게 사물을 낳고 움직일 수 있는가? 이러한 문제에서 퇴계와 아리스토텔레스는 모두 '자신은 움직이지 않으면서 만물을 운동시키는 존재'로 해석한다.

리의 무위(無爲)는 문자 그대로의 무위가 아니다. '무위'라는 것은 리의 작용이 '현상세계의 인간과 전혀 다르게 작용한다'는 것이지, 문자 그대로 '아무 일도 하지 않는다거나 할 수 없다'는 것이 아니다. 리가 아무런 작용이 없는 사물(死物)이 아니라, 실제로 적극적으로 작용하는 활물(活物)의 의미라는 말이다. 리는 자신의 작용을 현상계의 인간과는 전혀 다르게 행사하는데, 왜냐하면 그것은 현상계를 벗어난 형이상의 본체계의 개념이기 때문이다. 퇴계는 이것을 현상계의 작용과 구분하여 '신묘한 작용(妙用)'으로 표현한다.

아리스토텔레스의 부동(不動)도 마찬가지다. 이때의 '부동'도 운동의 부재를 뜻하는 것이 아니라, 현상계의 불완전한 운동에 대비되는 완전한 운동을 가리킨다. 따라서 '부동의 동자'는 우주만물을 움직이게 하는 영원한 운동의 근본이니, 신에 해당한다. 바깥에서 만물을 창조하는 것만이 신이 아니라는 말이다. 그러므로 우주 안의 어떤 것도 그저 우연적으로 생겨나는 것은 없다. 우주만물은 자의적이고 멋대로 생겨나는 것이 아니라, '리'의 주재와 '부동의 동자'와 같은 '신'의 지도에 따라 일정한 패턴으로 생겨난다. 적어도 퇴계와 아리스토텔레스는 우주를 이렇게 해석하였던 것이다.

제3장

퇴계와 아우구스티누스의 악의 해석

  악은 인간에게 있어서 매우 중요한 문제 중의 하나이다. 그 이유는 간단하다. 악은 인간의 삶의 현장에 늘 직면하는 일이기 때문이다. "물론 악의 존재, 즉 악이 있다는 것을 거부하는 사람들도 적지 않다. 그러나 이 세계에 악이 있다는 것은 너무나 명백한 사실이며, 그것은 우리 일상의 체험이기도 하다."[151] 사건과 사고에 얼룩진 일상의 체험에서 볼 때, 악은 선과 별개로 하나의 근원을 지니는 것으로 생각되기도 한다. 무엇보다도 악의 문제는 기독교의 신정론(神正論, theodicy)이 대답해야 할 문제이기도 하다. 신이 정의로운 존재라면 어째서 악을 허용하는가. 아우구스티누스 역시 이러한 신정론에 근거해서 악의 문제를 진단한다.

  아우구스티누스는 기독교의 신앙을 형이상적인 신학체계로 정립한 대표적 인물로 평가된다.[152] 그는 플라톤의 이원론적 세계관에 영향을 받아 플라톤의 '선 이데아'에 신적인 지위를 부여함으로써 하나님을 최고의 선으로 규정한다. 최고의 선이신 하나님이 이 세상을 창조하셨으

---

151 정의채, 『형이상학』, 성바오로출판사, 1982, p.153
152 김은총, 「기독교의 사랑의 윤리와 유교의 仁의 윤리 비교연구」, 이화여자대학교 석사학위논문, 2017, p.4

니, 하나님의 창조물인 인간도 본래 선한 존재이다. 그러나 현실은 그렇지 않다. 무엇 때문인가.

퇴계 역시 주자의 철학을 발전시켜 가장 완전한 성리학 체계를 이룬 동아시아의 대표적 학자로 평가된다.[153] 그는 주자의 이기론적 세계관에 근거하여 인간의 존재에 대한 형이상학적인 해석을 전개한다. 퇴계의 이기론에 따르면, 인간은 '리'를 부여받음으로써 본래 선한 존재이다. 그러나 현실은 그렇지 않다. 무엇 때문인가.

따라서 이 글에서는 동양의 대표적인 유학자(유교) 퇴계와 서양의 대표적인 신학자(기독교) 아우구스티누스(Aurelius Augustinus, 354~430)를 중심으로 인간의 삶 속에 뿌리내려 있는 악에 대한 해석을 살펴본다. 다시 말하면, 유교 문명과 기독교 문명이라는 두 문명 간의 악을 중심으로 하는 인간에 대한 해석인 것이다. 이를 통해 첫째, 퇴계와 아우구스티누스의 악에 대한 객관적인 이해에 도움을 줄 수 있으며, 둘째 오늘날 사회에 만연해 있는 악의 문제를 진단하고 그 해결방안을 모색하는데 하나의 이론적 지혜를 제공할 수 있으며, 셋째 전통의 유학적 세계관과 서구의 기독교적 세계관이 대립 갈등하고 있는 한국사회의 상황을 이해하는데 도움을 줄 수 있을 것이다.

1. 퇴계의 악에 대한 해석

(1) 사람은 본래 선하다

먼저 퇴계는 악의 발생을 다음과 같이 설명한다.

---

[153] 한국철학회 편, 『한국철학사(중권)』, 동명사, 1994, p.235

주자가 말하기를, 사람은 천지의 중(中)을 받아서 태어나서 사물에 감응되기 전에는 순수하고 지선(至善)하여 온갖 이치가 갖추어져 있으니, 이른바 성(性)이라는 것이다. 그러나 사람에게 이 성이 있으면 곧 이 형체가 있으며, 이 형체가 있으면 곧 이 심이 있어서 사물에 감응이 없을 수 없다. 사물에 감응하여 움직이면 성의 욕(欲, 욕구)이 나와서 선과 악이 여기에서 나누어지니, '성의 욕'이 바로 이른바 정(情)이다.[154]

이 글은 『예기』 「악기」의 내용[155]에 대한 주자의 해석이다. 퇴계는 「악기」에 대한 주자의 해석이 비록 간략하지만, 성(性)과 정(情)의 뜻을 남김없이 다 말한 것이라고 평가한다.[156] 이것은 퇴계가 악의 문제를 성과 정의 개념으로 설명하고 있다는 의미이다. 성리학에 의하면, 성과 정을 총괄하는 개념이 심이므로(心統性情), 결국 악의 문제는 심·성·정에 대한 해석으로 전개된다. 이렇게 볼 때, 성리학의 심성론은 결국 악의 문제를 해석하기 위한 이론이라 할 수 있다.

퇴계는 이러한 주자의 해석에 근거하여 악의 발생과정을 설명한다. 아우구스티누스와 마찬가지로 퇴계 역시 사람의 본래모습은 선하다고 규정한다. "사람은 천지의 중(中)을 받아 태어나므로 순수하고 지선(至善)하다." 이때의 순수하고 지선한 사람의 본질을 '성'이라 부른다. 성은 천지의 리, 즉 우주의 질서·법칙이며 가치의 근원으로서 절대선에 해당

---

154 『退溪集』卷17, 「重答奇明彦(附奇明彦四端七情總論)」, "朱子曰, 人受天地之中以生, 其未感也, 純粹至善, 萬理具焉, 所謂性也. 然人有是性, 則卽有是形, 有是形, 則卽有是心, 而不能無感於物. 感於物而動, 則性之欲者出焉, 而善惡於是乎分矣, 性之欲, 卽所謂情也."
155 『禮記』, 「樂記」, "人生而靜, 天之性也, 感於物而動, 性之欲也."
156 『退溪集』卷17, 「重答奇明彦(附奇明彦四端七情總論)」, "此數言者, 實釋樂記動靜之義, 語雖約, 而理則該, 其於性情之說, 可謂竭盡無餘蘊矣."

하는 리가 사람에게 부여되어 성으로 갖추어진 것이다. 따라서 사람은 누구나 태어나면서 하늘로부터 순수하고 지선한 성을 부여받으니, 이것이 바로 『중용』에서 말한 천명지위성(天命之謂性)의 뜻이다. 사람은 '하늘의 명령(天命)'에 의해 순수하고 지선한 성을 부여받으니, 이로써 사람은 선천적으로 선한 존재가 된다. 이것은 아우구스티누스가 선하신 하나님의 창조물인 인간을 선한 존재로 규정하는 것과 다르지 않다.

그러나 사람은 이 성을 부여받음과 동시에 형체를 가지게 되는데 "이 성이 있으면 반드시 이 형체가 있다." 이것은 '천명지위성'에 대한 주자의 해석인 "하늘이 음양 · 오행으로 만물을 생성할 때에 기로써 형체를 이루고 리 또한 부여한다"[157]라는 뜻이다. 하늘이 부여한 리(성)도 결국 형체(기)와 결합해야 그 현실화 · 구체화가 가능하다. 여기에서 하나 중요한 것은 이때의 형체(기)가 악의 원인으로 지목된다는 사실이다.[158] 왜냐하면 사람은 리와 기로 이루어진 존재이며 이때 리(성)가 선의 근거라면, 남는 기는 악의 몫이 되지 않을 수 없기 때문이다. 물론 기 그 자체가 악은 아니지만, 그럼에도 악으로 흐를 수 있는 가능성은 전적으로 기의 몫이 된다.

또한 사람은 형체 속에 성이 부여되면 바로 심의 작용이 시작되니 "형체가 있으면 마음이 있어서 사물에 감응이 없을 수 없다." 물론 이때 심의 작용은 주로 사려 · 분별과 같은 지각작용을 가리킨다. 이러한 심의 작용은 사물(대상)에 대한 감응으로 일어난다. 사물에 감응하면, 바로 심에 지각작용이 일어나서 그 사물에 대한 사려 · 분별을 시작하게 된다. 심에는 지각작용뿐만 아니라 주재작용도 있는데, 선악의 문제는

---

157 『中庸章句』, 第1章, "天以陰陽五行, 化生萬物, 氣以成形, 而理亦賦焉."
158 주자 역시 악의 원인으로 기를 지목한다.(『朱子語類』卷4, "此理却只是善. 既是此理, 如何得惡. 所謂惡者, 却是氣也.")

주로 심의 주재작용과 연결된다.

이어서 퇴계는 이러한 심의 작용을 정(情)의 개념과 연결시켜 선악의 발생을 설명한다. "심이 사물에 감응하여 움직이면 성의 욕(欲)이 나와서 선과 악이 여기에서 나누어지니, '성의 욕'이 바로 이른바 정이다." 심이 사물에 감응하여 작용하게 되면 성이 정으로 드러나는데, 성리학에서는 이것을 성발위정(性發爲情)이라고 부른다. '성발위정'에 따르면, 성이 발하여 정으로 드러난 것이니, 이때의 정 역시 성과 마찬가지고 선한 것이어야 한다. 그러나 퇴계는 이때 드러난 정을 '성의 욕'으로 설명한다. '성의 욕'이 곧 정이니, 이때의 정은 순수하고 지선한 성과 달리 악으로 흐를 수 있는 가능성을 내포하게 된다. 이로써 정에는 선한 정도 있고 악한 정도 있게 된다.

그렇다면 정은 어째서 선한 정이 되기도 하고 악한 정이 되기도 하는가. 정을 선하게도 하고 악하게도 하는 것은 무엇인가. 이에 대해 퇴계는 또한 주자의 말에 근거하여 설명한다.

> 주자가 말하기를, 사물에 감응하는 것은 심이고 그것이 움직이는 것은 정이다. 정은 성에 근본하지만 심에 의해 주재되니, 심이 주재하면 그 움직임이 또한 절도에 맞지 않음이 없다. 어찌 인욕이 있을 수 있겠는가. 오직 심이 주재하지 못하여 정이 스스로 움직이면, 이 때문에 인욕으로 흘러서 매양 그 올바름을 얻지 못하는 것이다. 그렇다면 천리와 인욕의 판가름과 중절(中節)과 부중절(不中節)의 구분은 오직 심이 주재하거나 주재하지 못하는데 달려있는 것이지, 정이 그것을 잘못되게 할 수 있는 것이 아님이 또한 이미 분명하다.[159]

---

[159] 『退溪集』卷36,「答李宏仲問目」, "熹謂感於物者, 心也; 其動者, 情也. 情根乎性而宰乎心, 心爲之宰, 則其動也無不中節矣. 何人欲之有. 惟心不宰而情自動, 是以流

퇴계는 정에 선한 정이 있고 악한 정이 있는 것을 심의 주재와 연결시켜 설명한다. "정은 성에 근본하지만 심에 의해 주재되니, 심이 주재하면 그 움직임이 또한 절도에 맞지 않음이 없다." '성발위정'에 따르면, 정은 성이 발하여 드러난 것이므로 본래 선한 것이다. 그러나 성이 발하여 정으로 드러나는 과정에는 반드시 심의 작용이 개입되는데, 이때 심이 어떻게 작용(주재)하느냐에 따라서 선한 정으로 드러날 수도 있고 악한 정으로 드러날 수도 있다. 이것이 바로 심의 지각작용과 구분되는 심의 주재작용에 해당한다.

그렇다면 심의 작용은 어째서 주재하기도 하고 주재하지 못하기도 하는가. 이것은 리와 기로 이루어진 심의 성질 때문이다. 심은 리와 기로 이루어져 있으므로 심이 사물에 감응하여 작용이 일어날 때에 리의 영향을 받을 수도 있고 기의 영향을 받을 수도 있다. 이때 리의 영향을 받아 리를 따르면 '주재하는 것'이 되어 선한 정으로 드러나고, 반대로 기의 영향을 받아 기를 따르면 '주재하지 못하는 것'이 되어 악한 정으로 드러난다. 이것은 퇴계의 "리와 기를 합하고 성과 정을 총괄하는 것이 심이다. 그러므로 감응하여 움직이는 것이 비록 오성(五性)이지만, 그것이 발할 때에 리가 드러나서 기가 따르면 선이 되고, 기가 가려서 리가 숨으면 악이 될 뿐이다"[160]라는 말에서도 확인할 수 있다. 심은 리와 기로 이루어진 것이므로 리와 기로부터 동시에 영향을 받는데, 이때 심이 리를 따르면(심이 주재하면) 선한 정이 되고, 심이 기를 따르면(심이 주재하지 못하면) 악한 정이 된다. 이러한 의미에서 퇴계는 "천리와 인욕

於人欲而每不得其正也. 然則天理人欲之判, 中節不中節之分, 特在乎心之宰與不宰, 而非情能病之, 亦已明矣."
160 『退溪集』卷25,「答鄭子中講目」, "蓋合理氣, 統性情者, 心也. 故感動者, 雖是五性, 而其發也, 理顯而氣順則善, 氣揜而理隱則惡耳."

의 판가름과 '중절'과 '부중절'의 구분은 오직 심이 주재하거나 주재하지 못하는데 달려있는 것이지, 정이 그것을 잘못되게 할 수 있는 것이 아님이 또한 이미 분명하다"라고 말한다. 이것은 정에 선과 악이 있는 것은 전적으로 심의 주재여부에 따른 것이지, 정의 잘못이 아니라는 말이다.

여기에서 하나 중요한 문제가 발생한다. 선한 정과 악한 정, 특히 악한 정을 단순히 기의 영향 때문으로 설명한다면, 자칫 악 자체를 외재적인 조건 탓으로 돌리게 되어 운명으로 해석될 수 있다. 왜냐하면 성리학에서는 리와 마찬가지로 기 역시 태어나면서 부여받은 것이기 때문이다. 그러나 악은 결코 운명이 되어서는 안 되고 전적으로 인간의 책임 하에 두어야 한다. 만약 악이 운명이라면 더 이상 인간에게 악에 대한 책임을 물을 수 없기 때문이다.

이러한 이유에서 퇴계는 심의 주재문제에 의(意)의 개념을 끌어들여 선악에 대한 책임을 인간의 주체적 의지로 설명한다.

> 의(意)는 심이 발한 것이고, 심은 성과 정의 주체이다.……이때에는 기가 비로소 작용하기 때문에 그 정이 발함에 선과 악의 다름이 없을 수 없으나, 그 단서는 매우 미약하다. 여기서 '의'는 심이 발한 것으로서 또 그 정을 끼고 좌우지하여 천리의 공정함을 따르기도 하고 인욕의 사사로움을 따르기도 하여 선과 악의 구분이 이로부터 결정된다. 이것이 이른바 '의'는 선악의 기미라는 것이다.[161]

---

161 『退溪續集』卷8,「天命圖說」, "意者, 心之所發, 而心者, 性情之主也.……於斯時也, 氣始用事, 故其情之發, 不能無善惡之殊, 而其端甚微. 於是意爲心發, 而又挾其情而左右之, 或循天理之公, 或循人欲之私, 善惡之分, 由茲而決焉. 此所謂意幾善惡者也."

심의 주재여부에 의해 선악의 구분이 있지만, 이때는 "기가 비로소 작용하기 때문에 그 단서가 미약하다." 그러나 심의 주재에 '의'가 개입하면, 이때는 '의'가 정을 좌지우지하여 천리(리)를 따르기도 하고 인욕(기)을 따르기도 하여 선과 악이 이로부터 결정된다. 결국 심의 주재여부가 리를 따르기도 하고 기를 따르기도 하는 것은 전적으로 '의'의 결정에 근거한다. 이것은 심의 주재여부를 리와 기의 영향으로만 설명하는 것보다 선악에 대한 인간의 자율적 책임을 보다 강조한 표현이라 할 수 있다. 정은 저절로 발생하지만, '의'는 내가 마음을 이리저리 먹고 쓰는 것이기 때문에 인간의 자율성을 말하려면 '의'를 가지고 말해야 한다.

이렇게 볼 때, 악이란 인간의 자율적 의지(意)에 따른 것이므로 악의 책임은 전적으로 인간의 몫이 된다. 이것은 아우구스티누스가 악을 인간의 자유의지에 따른 선택으로 해석하여 악의 책임을 인간에게로 돌리는 것과 다르지 않다.[162]

(2) 악의 원인: 기(또는 기질)

정에 선악이 있는 것은 정 자체의 잘못이 아니라 심의 주재에 따른 것이다. 성이 발하여 정으로 드러날 때에 심이 어떻게 주재하느냐에 따라, 즉 심이 주재하여 리를 따르면 선한 정이 되고 심이 주재하지 못하여 기를 따르면 악한 정이 된다. 이것이 바로 심에 대한 이기론적 해석이다.

---

[162] 그렇지만 퇴계가 중요하게 보는 용어는 心이지 意가 아니다. "마음은 天君이고, 意는 마음이 발한 것이다."(『退溪集』卷6, 「戊辰六條疏」, "心爲天君, 而意其發也.") 왜냐하면 마음은 몸을 주재하는 天君으로 도덕적 주재자가 되지만, 意는 다만 마음이 움직여서 밖으로 나타난 것이기 때문이다. 이러한 이유에서 양명수는 "의지보다는 마음(心)을 말하고, 그 마음의 발현인 情에 의지는 종속되어 있다"라고 설명한다.(양명수, 「퇴계의 칠정론과 악의 문제」, 『퇴계학보』122, 퇴계학연구원, 2007, p.14)

그럼에도 퇴계는 심과 마찬가지로 정에 대해서도 이기론적 해석을 전개한다. 정 역시 리와 기를 겸하기 때문에 선과 악이 있다. 이때 리의 영향을 받으면 선이 되고, 기의 영향을 받으면 악이 된다. 이것은 정에 선악이 있는 것은 정의 잘못이 아닌 것이 아니라 정의 잘못이라는 말이다.

> 이미 이 마음이 있어서 사물에 감응이 없을 수 없으니, 정이 리와 기를 겸한다는 것을 알 수 있다. 사물에 감응하여 움직여서 선과 악이 여기에서 나누어지니, 정에 선과 악이 있다는 것을 또한 알 수 있다.[163]
>
> 정에 선만 있고 악이 없는 것은 사단이 이것이다. 칠정과 같은 것은 악이 없다고 말할 수 없는 것이니, 그 기가 반드시 순선(純善)한 것이 아니기 때문이다.[164]

심이 사물에 감응하면 정으로 드러나는데, 이때 정은 리와 기를 겸한다. 왜냐하면 이때의 정은 성이 발한 이발(已發)한 것이기 때문이다. 정은 사단과 칠정을 포괄하니, 사단과 칠정은 모두 리와 기를 겸한다. 그러나 퇴계는 리가 주가 되는 사단과 기가 주가 되는 칠정으로 둘을 분명히 구분한다. '리가 주가 된다'는 것은 리가 이겨서 기가 순해지는 것이니 선이며, '기가 주가 된다'는 것은 기가 거칠어 리를 이기는 것이니 악이다.[165] 사단은 리가 주가 되므로 선한 정이고, 칠정은 기가 주가 되므

---

163 『退溪集』卷17,「重答奇明彦(附奇明彦四端七情總論)」, "夫旣有是心, 而不能無感於物, 則情之兼理氣者, 可知也. 感於物而動, 而善惡於是乎分, 則情之有善惡者, 亦可知也."
164 『退溪集』卷25,「答鄭子中講目」, "情之有善無惡, 四端是也. 若七情不可言無惡者, 以其氣未必純善故也."
165 『退溪集』卷36,「答李宏仲問目」, "氣與理相爲勝負, 氣麤而勝卽理負, 理達而勝卽氣順也."(이 말은 이굉중의 말인데, 퇴계가 옳다고 답했다.)

로 악한 정(악으로 흐르기 쉬운 정)이다. 그러므로 "정에 선과 악이 있다는 것을 또한 알 수 있다"라고 할 때, 선한 정은 사단이 되고 악한 정은 칠정이 된다.

먼저 퇴계는 사단을 선한 정으로 해석한다. "사단은 인·의·예·지의 단서이니, '인'의 단서에 어찌 불선이 있겠으며, '의'의 단서에 어찌 악이 있겠는가. '예'와 '지'도 마찬가지이다. 다만 발하여 이루어지기 전에 기에 의해 가려지면 불선(不善)으로 흐르는데, 〈그것을〉 어찌 사단이라 할 수 있겠는가."[166] 사단에 해당하는 측은·수오·사양·시비는 인·의·예·지의 단서이니 불선이 될 수 없다. 만약에 성이 발하여 정으로 드러나기 전에 기의 영향을 받아서 불선으로 흐를 수도 있다고 한다면(왜냐하면 사단 역시 성이 발한 이발(已發)한 정으로 리와 기를 겸하기 때문이니) 그러한 정은 사단이라고 말할 수 없다. 사단은 결코 불선한 정이 아니며, 불선한 정은 사단이 될 수 없다.

그러나 사단과 달리, 칠정은 악한 정(악으로 흐르기 쉬운 정)으로 해석한다. "칠정과 같은 것은 악이 없다고 말할 수 없다." 왜냐하면 "〈칠정은〉 그 기가 반드시 순선(純善)한 것이 아니기 때문이다." 칠정은 기가 주가 되는데, 이때의 기가 순선하지 못하기 때문에 악한 정으로 흐르게 된다는 말이다.[167]

이어서 퇴계는 기가 주가 되는 칠정을 그대로 '기가 발한 것(氣發)'이

---

[166] 『退溪集』卷39, 「答李公浩養中(庚午)」, "蓋四端是仁義禮智之端緒也, 仁之端緒, 豈有不善; 義之端緒, 何嘗有惡; 禮智亦然. 但發之未遂, 爲氣所揜, 則流於不善, 豈可謂之四端乎."

[167] 여기에서 기에 대한 퇴계의 해석을 엿볼 수 있다. 퇴계는 '기가 純善하지 못하다'는 것처럼, 기를 가치개념으로 해석하려고 한다. 기가 가치개념과 연결되면, 절대선인 리와 상대되는 개념으로 악으로 흐르기 쉬운 것이 된다. 이것은 율곡(이이)이 기의 작용성에 근거하여 가치중립적인 의미로 해석하려는 것과 구분된다.

라고 해석한다. '기가 발한 것'이란 악으로 흐르기 쉬운 정이라는 의미이다.

> 칠정이 발한 것이 비록 오성(五性)에 연유하지 않는다고 말할 수 없지만, 사단이 발한 것과 상대하여 말한다면 '사단은 리를 주로 하여 기가 따르는 것이고, 칠정은 기를 주로 하여 리가 타는 것이다.' 그러므로 단(사단)은 미약해지기 쉽고, 정(칠정)은 포악해지기 쉬우니 그 형세가 그러하다.……그 중에 분노(怒)와 슬픔(哀)이 더욱 제어하기 어려운 것은 역시 이 기를 편중되게 품부받아 그러한데 불과하다.[168]

퇴계는 칠정을 포악해지기 쉬운 정으로 설명한다. '포악해지기 쉽다'는 것은 악으로 흐르기 쉬운 정이라는 말에 다름 아니다. 물론 퇴계도 "칠정이 발한 것이 오성(五性)에 연유하지 않는다고 말할 수 없다." '성발위정'에 따르면, 칠정 역시 성에 근원하므로 그 본래모습은 선하다. 그럼에도 칠정은 "기를 편중되게 부여받았기" 때문에 제어하기 어렵고 포악해지기 쉬운 정이다.

또한 퇴계는 이러한 칠정을 사단과 상대시켜 설명한다. "사단은 리를 주로 하여 기가 따르는 것이고, 칠정은 기를 주로 하여 리가 타는 것이다." 사단은 리가 주가 되므로 리가 발한 것이고(理發), 칠정은 기가 주가 되므로 기가 발한 것이다(氣發). 여기에서 사단은 '이발'이고 칠정은 '기발'이라는 퇴계의 이기호발설이 성립한다. 이로써 사단은 리가 발한 것이므로 선한 정이 되고, 칠정은 기가 발한 것이므로 악으로 흐르기 쉬

---

[168] 『退溪集』卷11, 「答李仲久」, "七情之發, 雖不可謂不由於五性, 然與四端之發, 對擧而言, 則四端主於理而氣隨之, 七情主於氣而理乘之. 故端易微而情易暴, 其勢然也.……其於怒與哀, 尤患難制者, 亦不過稟得此氣偏重而然也."

운 정이 된다.

그러나 이러한 사단/이발, 칠정/기발은 자칫 '사단에는 기가 없고 칠정에는 리가 없는 것'으로 해석될 수 있다. 왜냐하면 사단과 칠정은 모두 성이 발한 이발(已發)한 정으로 리와 기를 겸하기 때문이다. 이에 퇴계는 '사단에도 기가 없는 것이 아니고 칠정에도 리가 없는 것이 아니다'는 의미에서 이발과 기발에다 각각 기수지(氣隨之)와 이승지(理乘之)를 덧붙인다. 이로써 퇴계의 최종 견해인 '사단/이발이기수지(理發而氣隨之), 칠정/기발이이승지(氣發而理乘之)'가 성립된다. 여기에서 '사단과 칠정이 모두 리와 기를 겸한다'는 말은 결국 칠정에도 리가 없는 것이 아니므로 칠정을 그대로 '기발'로 해석해서는 안 된다는 의미이다. 이것이 바로 기대승이 퇴계의 사단칠정론에 끝까지 양보할 수 없었던 부분이다.

퇴계는 이러한 칠정 중에서 특히 분노(怒)를 경계한다. 이에 퇴계는 「정성서(定性書)」의 "사람의 정에서 쉽게 발하고 억제하기 어려운 것으로는 성냄이 가장 심하다"[169]라는 글을 인용하여, 칠정이 '기발'이라는 사실을 논증한다. "이른바 쉽게 발하고 억제하기 어려운 것은 리인가 기인가. 리라면 어찌 억제하기 어려움이 있겠는가. 오직 기이기 때문에 빨리 내달려서 제어하기 어려울 뿐이다."[170] 결국 칠정이 악으로 흐르기 쉬운 원인은 전적으로 칠정 속의 기에 근거한다는 말이다.

더 나아가 퇴계는 정에서의 칠정과 마찬가지로 성에서의 기질지성 역시 악으로 흐르기 쉬운 것으로 해석한다.

---

169 『二程全書』, 「定性書(答橫渠張子厚先生書)」, "夫人之情易發而難制者, 惟怒爲甚."(이 글은 장재의 '자신의 마음이 바깥 사물에 이끌리는 것을 걱정하고서 어떻게 하면 본성을 안정시킬 수 있는가(定性)'라는 질문에 대한 정호의 대답이다.)
170 『退溪集』卷16, 「答奇明彦(論四端七情 第2書)」, "夫所謂易發而難制者, 是爲理耶, 爲氣耶. 爲理, 則安有難制. 惟是氣故決驟而難馭耳."

대개 성은 비록 본래 선한 것이지만, 기질에 떨어지면 치우치지 않을 수 없기 때문에 기질지성이라 한다.[171]

천하에는 기 없는 리가 없으니 리만 있는 것이 아니다. 그러나 오로지 리만을 가리켜서 말할 수가 있다면(본연지성), 기질지성이 비록 리와 기가 섞여있지만 어찌 기만을 가리켜서 말할 수가 없겠는가. 하나는 리가 주가 되기 때문에 리에 나아가서 말한 것이고, 하나는 기가 주가 되기 때문에 기에 나아가서 말한 것일 뿐이다.[172]

천지의 리가 사람의 형체에 부여되어 성이 되니, 이때의 성은 선한 것이다. 그러나 리가 형체에 부여되어 성이 되는 순간, 이 성은 동시에 형체(기 또는 기질)의 영향을 받지 않을 수 없다. 왜냐하면 리는 다만 무형(無形)의 이치로만 존재할 뿐이고, 실제적 활동은 모두 기의 몫이기 때문이다. 이때 기질 속에 있는 성을 '기질지성'이라 부른다.

또한 퇴계는 칠정과 마찬가지로, 기질지성이 비록 리(성)와 기(형체)를 겸하지만 기를 주로 하여 말한 것이라고 해석한다. 여기에서 '기가 주가 된다'는 것은 그대로 악으로 흐르기 쉬운 것을 의미하니, 결국 기질지성 역시 순선한 본연지성과 달리 악으로 흐르기 쉬운 것이 된다. '악으로 흐르기 쉽다'는 것은 악의 성향을 표현한 말에 다름 아니다.

기질지성이란 인간의 현실적 모습을 의미한다. 왜냐하면 현실의 인간은 모두 기질지성으로 존재하기 때문이다. 이렇게 볼 때, 퇴계는 현실적 인간의 모습을 악으로 흐르기 쉬운 심각한 상태로 보았음을 알 수

---

171 『退溪集』卷17, 「重答奇明彦(附奇明彦四端七情總論)」, "蓋性雖本善, 而墮於氣質, 則不無偏勝, 故謂之氣質之性."
172 『退溪集』卷16, 「答奇明彦(論四端七情 第二書)」, "天下未有無氣之理, 則非只有理. 然猶可以專指理言, 則氣質之性, 雖雜理氣, 寧不可指氣而言之乎. 一則理爲主, 故就理言, 一則氣爲主, 故就氣言耳."

있다. 이것은 아우구스티누스가 인간을 타락한 존재로 보는 것과 유사하다.

(3) 경(敬): 수양론

퇴계는 인간의 일반적 감정인 칠정과 인간의 현실적 모습인 기질지성을 모두 악으로 흐르기 쉬운 것으로 해석한다. 이것은 현실의 인간을 악의 성향을 지닌 심각한 존재로 본다는 것을 의미이다. 그렇다면 인간은 악의 성향대로 살아야 하는가. 여기에서 퇴계는 현실의 악에서 벗어날 수 있는 방법으로 경(敬)을 제시한다. 이것이 바로 그의 수양론에 해당한다.

> 사람이 하늘에서 명을 받을 때에 사덕(四德)의 리를 갖추어 일신(一身)의 주재가 되는 것은 심이고, 사물이 〈마음〉속에서 감응할 때에 선과 악의 기미를 따라서 일심(一心)의 작용이 되는 것은 정(情)과 의(意)이다. 그러므로 군자는 이 마음이 고요할 때에 반드시 존양하여 그 본체(體)를 보존하고, '정'과 '의'가 발할 때에 반드시 성찰하여 그 작용(用)을 바르게 한다.……이 때문에 군자의 학문은 이 마음의 미발 때에 반드시 경을 주로 하여 존양공부를 더하고, 이 마음의 이발 때에도 반드시 경을 주로 하여 성찰공부를 더하니, 이 경이 학문의 처음이 되고 끝이 되어 체와 용을 관통하는 까닭인 것이다.[173]

---

[173] 『退溪續集』卷8,「天命圖說」, "人之受命于天也, 其四德之理, 以爲一身之主宰者, 心也. 事物之感於中也, 隨善惡之幾, 以爲一心之用者, 情意也. 故君子於此心之靜也, 必存養以保其體, 於情意之發也, 必省察以正其用.……是以君子之學, 當此心未發之時, 必主於敬而加存養工夫, 當此心已發之際, 亦必主於敬而加省察工夫, 此敬學之所以成始成終而通貫體用者也."

사람이 태어날 때에 천명에 의해 사덕(四德)의 리, 즉 인·의·예·지의 성을 부여받는다. 이때의 성은 심의 본체로서 심이 일신(一身)의 주재를 가능하게 하는 근거가 된다. 이 성이 형체(기)에 부여되면 동시에 심의 작용이 시작된다. 심의 작용에 의해 정(情)과 의(意)가 드러나고, 이와 동시에 선과 악이 발생한다. 이때 심이 리를 따르면 선한 정이 되고, 심이 기를 따르면 악한 정이 된다. 이것은 심에 대한 체용의 해석으로서 '심의 체는 성이고 심의 용은 정이다'는 뜻이다.

또한 퇴계는 이러한 심에 대한 수양방법으로 '경'을 제시하는데, 이때도 체용의 관계로 설명한다. '심의 체는 미발(未發)이고, 심의 용은 이발(已發)이다'는 관점에서 심을 미발과 이발로 구분하고, 미발 때의 존양(存養)공부와 이발 때의 성찰(省察)공부를 동시에 강조한다. 먼저 심이 아직 사물에 감응하기 이전인 미발의 때에도 심의 본체(성)를 보존하고 기르는 공부가 필요하다. 이러한 공부를 통해 미발 때의 심의 본체가 확립되면, 이발 때의 심의 작용은 저절로 절도에 맞게 된다는 것이다. 또한 심이 이미 사물에 감응하여 생각이나 감정이 일어난 이후인 이발(已發)의 때에도 선과 악의 기미를 살피는 성찰공부가 필요하다. 이것은 심의 작용에 의해 성이 정으로 드러날 때에, 심이 리를 따르고 기를 따르지 않도록 잘 살펴서 신중히 대처해야 한다는 것이다.

이처럼 퇴계는 심의 본체인 미발의 때에도 경을 주로 하는 존양공부를 강조하고, 심의 작용인 이발의 때에도 경을 주로 하는 성찰공부를 강조함으로써 체용을 관통하는 경의 수양논리를 제시한다. 경이 바로 성인이 되는 학문의 요체이니, 이를 실천하면 악에서 벗어나 누구나 성인이 될 수 있다.

이렇게 볼 때, 퇴계는 인간이 지니는 악의 성향을 심각한 상태로 보고 있지만, 그럼에도 '경'과 같은 수양방법을 통해 인간은 누구나 스스로 악에서 벗어날 수 있다는 낙관적이고 인문주의적인 모습을 견지하고 있음을 알 수 있다. 이로써 인간 내면의 자기 수양을 통해 결국 유학이 지향하는 최고의 인간인 성인이나 도덕적 이상사회의 건설도 가능하다. 이것은 아우구스티누스가 인간 스스로의 힘으로는 악에서 벗어날 수 없고, 오직 신의 도움(은총)에 의해서만 구원될 수 있다고 보는 것과는 분명히 구분된다.

2. 아우구스티누스의 악에 대한 해석[174]

(1) 하나님이 만든 피조물은 모두 선하다

아우구스티누스가 그의 저술에서 특히 강조하는 것은 '하나님은 존재하고 동시에 하나님은 선하다'는 데 있다. 하나님이 존재하므로 이 세상을 창조하며, 또한 하나님이 선하므로 하나님이 창조한 이 세상의 모든 존재가 선하다. 아우구스티누스는 이러한 하나님을 다음과 같이 설명한다.

> 하나님은 전능하시고 절대적으로 불변하시며, 모든 선한 일의 창조자이시다.[175]
>
> 하나님은 존재하시고, 선한 것은 모두 그분으로부터 온다.……존재하

---

[174] 이 글은 공성철 옮김, 『아우구스티누스: 전기 저서들』(두란노 아카데미, 2011)이라는 번역서를 참조하되, 이 책의 내용 중 「자유의지론(On Free Will, 394년)」과 「선의 본성(The Nature of the Good, 404년)」을 중심으로 전개한 것이다. 그리고 이 두 편은 모두 마니교의 이원론적 사고, 즉 선한 신과 악한 신 또는 선한 본성과 악한 본성이 서로 대적하고 있다는 사고에 대한 아우구스티누스의 반론에 해당한다.
[175] 『자유의지론』1권, 2. 5(p.165)

는 모든 것은 하나님으로부터 온다.[176]

하나님은 선하며, 존재하는 모든 것은 하나님으로부터 나온다. 그러므로 존재하는 모든 것은 선하니, 하나님이 만든 피조물은 모두 선한 것이다. 이에 아우구스티누스는 하나님을 '최고의 선이며 완전한 선이다'라고 고백한다.

그럼에도 아우구스티누스는 하나님과 피조물과의 관계를 분명히 구분한다.

> 하나님은 다른 모든 것을 초월하는 최고선이다. 이로 인해서 그것은 불변한 선이며, 참으로 영원하고, 참으로 불멸이다. 다른 모든 선한 것들은 자기들의 근본을 그에게서 가져오지만, 그의 일부는 아니다. 그의 일부인 것은 그와 같은 것이지만, 그가 만든 것들은 그와 같지 않다.[177]

하나님은 최고의 선이다. 그러므로 존재하는 모든 것들의 선은 하나님에 근본한다. "다른 모든 선한 것들은 자기들의 근본을 그분에게서 가져온다." 존재하는 모든 것들의 선의 근거는 바로 하나님이다. 왜냐하면 존재하는 모든 것들은 최고의 선이신 하나님으로부터 나오기 때문이다. 하나님은 선하며, 선한 하나님이 만든 피조물 역시 선할 수밖에 없다.

이렇게 볼 때, 하나님이 만든 피조물은 모두 선해야 한다. 그러나 현실세계는 그렇지 않다. 무엇 때문인가. 이러한 현실적 이유에 직면하

---

176 「자유의지론」2권, 18. 47(p.229)
177 「선의 본성」, 1. 1(p.441)

여, 먼저 아우구스티누스는 하나님과 피조물의 관계를 분명히 구분한다. 피조물은 절대로 하나님과 동일할 수 없으니 "그가 만든 것들은 그와 같지 않다." 하나님이 만든 것들(피조물)은 하나님과 같지 않다. 비록 피조물이 하나님으로부터 나온 것이지만 "그의 일부는 아니다." 피조물(인간)은 하나님의 일부가 아니므로 하나님과 동일할 수 없다. 하나님과 동일하지 않으므로 선한 하나님과 달리 인간은 악을 행할 수 있다.

'하나님의 일부가 아니다'는 것은 하나님이 만든 본래의 모습(본성)을 잃어버리고 타락할 수 있다는 것을 의미한다. 하나님과 동일하지 않기 때문에 인간은 타락할 수 있다. 여기에서 바로 인간이 악을 짓게 되는 근본적인 이유가 소재한다. 만약 피조물이 하나님의 일부라면, 즉 "그의 일부인 것은 그와 같은 것이다." 하나님과 동일한 것이기 때문에 결코 악을 짓지 않는다. 이러한 의미에서 아우구스티누스는 인간이 하나님과 같을 수 없음을 거듭 강조한다. "사람이 선하다고 말하지만 하나님과 같지는 않다. 영혼이 불멸하다고 말하지만 하나님과 같지는 않다. 사람이 지혜롭다고 말하지만 하나님과 같지는 않다."[178] 인간이 아무리 선하고 지혜롭다고 하더라도 결코 하나님과 동일할 수 없다. 때문에 아우구스티누스는 이러한 인간(피조물)을 하나님의 존재와 구분하여 '비존재'라고 표현하기도 한다.[179] 이러한 해석은 성리학에서 인간이 절대선인 리(성)를 부여받기 때문에 누구나 성인이 될 수 있다고 전제하는 것과 구분된다.

---

178 「선의 본성」, 39. 1(p.458)
179 "인간이 하나님으로부터 존재하는 것이지만, 하나님과 같은 존재가 아니므로 비존재라고 할 수 있다."(「고백록」7권, 11)

(2) 악의 원인: 자유의지

하나님은 선하므로 하나님이 만든 인간도 선해야 한다. 그러나 현실은 그렇지 않다. 여기에서 아우구스티누스는 하나님과 인간을 분명히 구분하여 인간이 악을 지을 수 있는 가능성을 열어둔다. 하나님이 만든 인간이 악을 짓는 것은 전적으로 하나님과 동일하지 않기 때문이다.

그럼에도 하나님이 인간을 창조한 이상, 인간이 짓는 악 역시 하나님의 작품이라는 데서 자유로울 수 없다. 왜냐하면 하나님이 이 세상을 창조하였으니, 이 세상에 존재하는 모든 것은 하나님으로부터 나오기 때문이다. 그렇다면 악 역시 하나님의 작품이 아니겠는가. 이러한 질문은 주로 기독교의 신정론(神正論)에서 거론되는 악의 문제를 대표하는 내용이다. 이와 유사한 질문을 고대 그리스 철학자인 에피쿠로스(Epicurus, BC 341~270)도 제기한 바가 있다.

> 신이 악을 없애려 하지만 그럴 수 없다면, 그는 전능한 것이 아니다. 악을 없앨 능력이 있지만 하지 않는다면, 그는 악의를 갖고 있는 것이다. 악을 없앨 능력도 있고 없애려 하기도 한다면, 왜 악이 존재하는가. 악을 없앨 능력도 없고 없애려 하지도 않는다면, 왜 그를 신이라 불러야 하는가.[180]

만약 하나님이 선하다면 하나님은 악을 제거하려 할 것이고, 만약 하나님이 전능하다면 하나님은 악을 제거할 수 있을 것이다. 그러므로 하나님이 선하고 전능하다면, 이 세상에는 악이 존재하지 않을 것이다. 그런데도 이 세상에는 악이 만연하다. 그렇다면 하나님은 선하지 않고

---

180 Lactantius, 『De Ira Dei(하나님의 진노)』, 13. 20-21.(문유미, 「아우구스티누스의 결여 개념 이해」, 『기독교철학』28, 한국기독교철학회, 2019, p.36 재인용.)

전능하지 않는 것인가. 물론 아우구스티누스는 하나님이 결코 죄의 창시자, 즉 악의 근원이 아니라고 설명한다.[181]

이러한 문제에 직면하여 아우구스티누스는 '자유의지'라는 개념을 제시한다.[182] 하나님은 인간에게 선을 선택할 수도 있고 악을 선택할 수도 있는 자유의지를 주었으니, 이러한 자유의지에 따라 인간은 선을 행할 수도 있고 악을 행할 수도 있다. 결국 악이란 인간이 부여받은 자유의지의 선택에 근원한다. 그렇지만 아우구스티누스는 하나님이 인간에게 자유의지를 주신 것은 악을 행하도록 하기 위한 것이 아니라, 선을 행하도록 하기 위한 것이라고 강조한다.

> 사람이 선하다면, 그리고 먼저 그렇게 되려고 원하지 않고서는 선을 행할 수 없을 것이다. 자유의지가 없이는 바르게 행할 수 없을 것이기 때문에 우리는 자유의지를 가지고 있어야만 한다. 자유의지를 가짐으로 인해서 죄를 범할 수도 있지만, 우리는 하나님께서 그 목적 때문에 그것을 주셨다고 믿으면 안 된다. 그러므로 사람에게 그것이 주어져야만 했던 충분한 이유는 그것 없이는 사람이 바르게 살 수 없기 때문이라는 사실이다.[183]

하나님이 인간에게 자유의지를 주신 것은 전적으로 선을 행하여 바르게 살도록 하기 위한 것이다. 사람이 바르게 살 수 있는 것도 바르게

---

181 「자유의지론」2권, 2. 4(p.165) "우리는 믿고 있다. 존재하는 모든 사물이 한 분 하나님께로부터 왔지만, 하나님께서 죄의 창시자가 아니다."
182 '자유의지'에 관한 내용은 그의 「자유의지론(On Free Will)」속에 들어있다. 원래 제목은 '악의 본성과 기원'이지만, 그것이 피조물의 자유의지 안에서 발견되기 때문에 「자유의지론」이라는 제목을 갖게 된 것이다.(공성철, 「아우구스티누스: 전기 저서들」, 두란노 아카데미, 2011, p.152)
183 「자유의지론」2권 1. 3(pp.192-193)

(또는 선하게) 살려고 하는 의지를 가질 때라야 가능하다. 이것은 "정의가 바르게만 사용할 수 있도록 우리에게 주어진 것과 똑같은 의미인 것이다."[184]

물론 인간은 자유의지를 가지게 됨으로써 죄를 범할 수도 있다. 왜냐하면 악 역시 인간의 자유의지에 따른 선택이기 때문이다. 그렇지만 하나님이 죄를 범하도록 하기 위해 자유의지를 주신 것은 아니다. "하나님께서 그 목적 때문에 그것을 주셨다고 믿으면 안 된다." 즉 하나님이 인간에게 자유의지를 부여한 것은 죄를 범하도록 하기 위한 것이 아니라, 전적으로 선을 행하거나 바르게 살도록 하기 위한 것이다. 왜냐하면 "그것 없이는 사람이 바르게 살 수도 없기 때문이다."

이렇게 볼 때, 하나님이 인간에게 부여한 자유의지는 전적으로 선을 행하는데 사용하기 위한 것이지, 악을 행하는데 사용하기 위한 것이 아님을 알 수 있다. 이것은 하나님이 인간에게 악을 행하도록 하는 자유의지를 주지 않았다는 말에 다름 아니다. 이 때문에 아우구스티누스는 자유의지를 나쁘게 사용하면 하나님으로부터 벌을 받는다고 강조한다. "누군가가 자기의 자유의지를 죄를 범하는데 사용한다면, 하나님께서는 반드시 그를 벌할 것이다."[185]

이러한 의미에서 아우구스티누스는 하나님이 인간에게 자유의지를 부여한 목적을 '정의'라는 개념으로 설명하기도 한다. 이것은 하나님이 자유의지를 부여한 목적이 악을 행하는데 있는 것이 아니라, 의로움을 행하는데 있다는 말이다.[186]

---

184 「자유의지론」2권, 18. 47(p.230)
185 「자유의지론」2권, 1. 3(p.193)
186 "하나님이 죄인을 벌할 때에 '왜 너는 자유의지를 준 목적대로, 곧 의롭게 행하라고 주었는데, 그렇게 사용하지 않았느냐'라고 말씀할 것이다"(「자유의지론」2권, 1. 3(p.193))

정의는 죄를 정죄하고 옳은 행위를 칭찬하기 때문에 선하다고 찬양을 받는 것이다. 사람이 자유의지를 가지고 있지 않다면 어떻게 이것이 가능하겠는가. 행위는 자발적으로 이루어지지 않으면 올바르지 않을 것이다. 같은 이유로 사람이 자유의지를 가지고 있지 않다면 의롭지 않을 것이다.……그러므로 하나님께서 사람에게 자유의지를 주셨음이 분명하고 주셔야만 한다.[187]

아우구스티누스에 따르면, 정의는 사람이 가지는 최고의 선한 것 중의 하나이다. 그러나 이러한 정의 역시 인간이 선택한 자유의지의 결과이다. 만약 인간에게 자유의지가 없다면 "〈정의와 같은〉 행위는 자발적으로 이루어지지도 않을 것이며 또한 의롭지도 않을 것이다." 즉 인간에게 있어서 최고의 선인 정의도 결국 자유의지에 따른 결과이며, 만약 이러한 자유의지가 없다면 정의 자체도 없게 된다는 것이다.

때문에 하나님은 정의와 같은 의로움을 행하도록 하기 위해서 자유의지를 주셨으니, 이것이 바로 "하나님께서 사람에게 자유의지를 주시고 또한 주셔야만 하는" 이유이다. 이것은 자유의지가 선의 관점에서 해석되어야 한다는 말에 다름 아니다. 이 때문에 아우구스티누스는 "자유의지는 선한 것들 가운데 열거되어야 한다"[188]거나 "자유의지는 선한 것들에 속해야 한다"[189]라고 강조한다.

이어서 아우구스티누스는 자유의지가 선에 속한다는 것을 신체에 비유하여 설명한다. 비록 자유의지가 악을 행하는데 사용될지라도, 결코 자유의지는 없어져서는 안 된다는 것이다.

---

187 『자유의지론』2권, 1. 3(p.193)
188 『자유의지론』2권, 18. 47(p.229)
189 『자유의지론』3권, 1. 1(p.236)

> 만일 몸에 있는 선한 것들 중에서 사람이 잘못 사용할 수 있는 어떤 것을 발견하지만, 그렇더라도 이것들이 선하다는 것을 우리가 인정하기 때문에 주어지지 않았어야 한다고는 말할 수 없을 것이다.……몸에 손이 없다면, 그 몸이 얼마나 많은 좋은 것을 빼앗기는지 알 것이다. 하지만 잔인하거나 천한 행위를 하려고 손을 사용하는 사람이 자기 손을 나쁘게 사용하는 것이다.[190]

몸은 원래 선한 것이지만, 사람들에 의해서 잘못 사용될 수도 있다. 그렇지만 몸이 사람들에 의해 잘못 사용된다고 해서 몸이 없어야 한다, 즉 "주어지지 않았어야 한다"라고 말할 수는 없다. 왜냐하면 몸이 없으면 살아갈 수도 없기 때문이다. 그러므로 "몸이 선하다는 것을 우리는 인정해야 한다." 손도 몸에 있어서 없어서 안 되는 좋은 것이지만, 잔인하거나 천한 행위를 하는데 사용될 수도 있다. 그렇다고 손이 없어야 한다고 말할 수는 없다.

이러한 사실은 발과 눈의 경우도 마찬가지다. 발은 사람에게 아주 중요한 것이지만, 그것이 다른 사람을 해하거나 자신을 부끄럽게 하는데도 사용된다. 그렇다고 발이 없어야 한다고 말할 수는 없다. 눈 역시 우리 몸이 가진 최상의 재산이지만, 나쁜 목적이나 쾌락을 위해서도 사용된다. 그렇다고 눈이 없어야 한다고 말할 수는 없다. 몸(손·발·눈)은 본래 선한 것이지만 나쁘게 사용될 수도 있는데, 그렇다고 해서 몸(손·발·눈)이 '없어야 한다'고 말할 수 없는 것처럼, 자유의지 역시 본래 선한 것이지만 나쁘게 사용될 수도 있는데, 그렇다고 해서 자유의지가 없어져야 한다고 말할 수는 없다. 왜냐하면 몸이 없으면 우리의 삶도 없는

---

190 『자유의지론』2권, 18. 48(pp. 230-231)

것처럼, 자유의지가 없으면 선하거나 바르게(또는 의롭게) 살 수도 없기 때문이다. 그러므로 비록 자유의지가 잘못 사용될지라도 하나님이 자유의지를 주셔야만 했다는 것이다.

이러한 의미에서 아우구스티누스는 자유의지를 나쁘게 사용한 자들의 잘못이지 자유의지를 주신 하나님의 잘못이 아니라고 강조한다. "어떤 사람이 어떤 것을 나쁘게 사용할 때 비난받아야만 하는 것은, 그 일이 아니라 그것을 나쁘게 사용한 사람인 것이다."[191] 몸(손·발·눈)이 주어진 것이 잘못이 아니라 그것을 나쁘게 사용한 자들이 잘못인 것처럼, 하나님이 자유의지를 부여한 것을 비난할 것이 아니라 그것을 나쁘게 사용한 자들을 비난해야 한다. 그러므로 죄의 책임은 자유의지를 주신 하나님에게 있는 것이 아니라, 그것을 잘못 사용한 인간에게 있다. 이로써 아우구스티누스는 하나님이 부여한 자유의지가 선한 것임을 논증한다.

이처럼 자유의지가 나쁘게 사용되는 것이 하나님의 본래 취지가 아닐지라도, 결국 인간이 악을 행하는 것이 자유의지에 따른 것이라면, 자유의지를 주신 하나님의 책임 또한 전적으로 자유로울 수 없다. 이것은 하나님이 악을 행할 수 있는 자유의지를 주지 않았다면 악을 행하지도 않았을 것이라는 말이다.

이러한 문제에 직면하여 아우구스티누스는 '부패(결여)'의 개념을 제시한다. 악은 실재하는 것이 아니라, 선의 부패일 뿐이므로 하나님의 책임이 아니라는 것이다.

> 어디에서 악이 오는지를 우리가 묻는다면, 먼저 무엇이 악인가를 물어

---

191 「자유의지론」1권, 17. 34(p.190)

야 한다. 〈악은〉 다른 것이 아니라 본성의 규격 · 형태 · 질서의 부패일 뿐이다. 악한 본성이라고 부르는 것은 부패한 본성이다. 부패하지 않았다면 선할 것이다. 그런데 부패한 때라도 본성적인 것으로 있는 한에는 선하다. 부패한 만큼만 악하다.[192]

악은 본성이 부패한 것이다. 그렇다면 본성이란 무엇인가. 아우구스티누스에 따르면, 하나님이 만물을 만들 때에 규격 · 형태 · 질서에 부합하게 만드는데, 그 규격 · 형태 · 질서에 부합된 것이 바로 본성이다. 예컨대 인간의 규격 · 형태 · 질서에 가장 부합하는 것이 인간의 본성이다. 따라서 본성이란 하나님의 창조 의도에 가장 부합한 것이므로 선한 것이 된다. 본성이 선한 것이니, 본성의 부패는 결국 선의 부패를 의미한다. "부패하지 않았다면 선할 것이다." 이것은 시각작용이 결여되었을 때에 눈이 나쁘다고 하는 것과 같다. 실재하는 것은 나쁘지 않는 눈이지 나쁜 눈이 아니듯이, 실재하는 것은 본성(선)이지 악이 아니다. 이것은 성리학에서 본성을 인 · 의 · 예 · 지라는 형이상학적 도덕본체로 해석하는 것과 구분된다.

악이란 결국 본성의 부패를 의미한다. "악한 본성이라고 부르는 것은 부패한 본성이다." 그러므로 본성이 부패한 만큼 악한 것이지만 "부패한 때라도 본성적인 것으로 있는 한에서는 선하다." 즉 본성이 비록 부패할지라도 본성 그 자체는 선하다는 말이다. 이것은 성리학의 기질지성처럼, 비록 기질에 의해 본성이 가려질지라도 본성 그 자체가 훼손되지 않는 것과 같은 의미이다.

또한 아우구스티누스는 이러한 본성(선)의 부패를 몸에 난 상처가 곪

---

[192] 「선의 본성」, 4(p.443)

는 것에 비유하기도 한다.

> 부패는 선이 감소되는 만큼 커진다. 그렇지만 소모될 것이 아무 것도 남아있지 않다면, 아무런 선이 없기 때문에 곪음(악)도 없을 것이다. 부패가 썩게 만들 것이 아무것도 남아있지 않으므로 곪음도 없을 것인데, 이는 곪게 할 것이 없게 될 것이기 때문이다.[193]

몸의 부패, 즉 몸이 썩어가는 것은 상처가 곪는 것과 같다. 상처가 곪아서 몸이 썩어가지만, 다 썩어서 더 이상 썩을 것이 없으면 결국 곪음도 없어진다. 왜냐하면 곪게 하는 것, 즉 곪을 대상이 존재하지 않기 때문이다. 더 이상 썩을 것이 아무 것도 남아있지 않으면 곪음도 없게 되는 것처럼, 본성 역시 더 이상 부패할 것이 아무 것도 남아있지 않으면 악 자체도 없게 된다. 존재 자체가 없는데 무슨 악을 말하겠는가. 이것은 아우구스티누스의 "악은 선의 감소 말고는 아무 것도 아니다. 선이 완전히 닳아 없어질 정도로 감소되고, 아무런 선이 남아 있지 않는 것과 같이 되었다면, 아무런 실존이 남지 않는다"[194]라는 말에 다름 아니다. 악이란 선의 감소 또는 본성의 부패일 뿐이지, 그 자체로 실재하는 것이 아니다. 그러므로 악은 하나님의 책임이 아니다.

이것은 성리학에서 악을 비존재로 해석하는 것과 다르지 않다. 존재(실재)하는 것은 선(리)뿐이고, 악은 다만 선의 실현과정에서 발생하는 일종의 왜곡이다. 물론 퇴계가 악의 원인으로 기를 지목하지만, 그렇다고 기 자체가 악인 것은 아니다. 다만 기가 선의 실현을 방해하기 때문

---

193 「선의 본성」, 19(p.449)
194 「선의 본성」, 17(p.447)

에 악이 되는 것이다.

그럼에도 아우구스티누스는 본성과 악을 대립적 관계로 이해한다. "내가 말한 대로 악이 악한 것은 다른 이유가 아니라, 악이 죄로써 존재하는 사물의 본성에 적대적이라는 것 때문이다."[195] 악이 악일 수 있는 것은 본성과 적대적이기 때문이다. "악은 본성의 적이다."[196] 악이란 어디까지나 본성에 대적할 때 불러지는 이름이다. 따라서 비록 악이 본성과 마찬가지로 하나의 실체로 존재하는 것은 아니지만, 악과 본성은 대립적 개념이 된다.

(3) 은총: 구원론

아우구스티누스에 따르면, 악이란 인간의 자유의지에 따른 선택이다. 그렇지만 인간은 결코 이러한 악에서 자발적으로 벗어날 힘이 없기 때문에 반드시 하나님의 도움이 필요하다. 먼저 아우구스티누스는 인간이 악으로부터 결코 벗어날 수 없는 상황을 다음과 같이 설명한다.

> 어떠한 사람이 우리의 후각에는 아무런 손상을 입히지 않은 채, 우리의 두 손을 단단하게 묶고서 아주 나쁘고 고약한 냄새가 나는 곳에 우리를 처박아 버렸다고 가정한다면, 우리는 그와 같은 경우에 냄새를 맡지 않으려는 우리의 의지가 아무리 강하다고 하더라도, 우리가 숨을 들이마실 때마다 원하지 않는 냄새를 흡입할 수밖에 없는 상황이므로, 우리는 냄새를 맡지 않을 수 있는 능력을 전적으로 상실하였다고 말할 수 있다.[197]

---

[195] 「자유의지론」 3권, 14. 41(p.270)
[196] 「자유의지론」 3권, 14. 41(p.270)
[197] 「본성과 은총에 관하여」, 47. 55.(김은총, 「기독교의 사랑의 윤리와 유교의 仁의 윤

이것은 인간이 죄를 지을 수밖에 없는 상황을 비유한 것이다. 예컨대 어떤 사람이 우리의 두 손을 묶은 채 강제로 나쁜 냄새가 나는 곳에 우리를 처박으면, 우리는 우리의 의지와는 상관없이 그 나쁜 냄새를 맡지 않을 수 없다. 하나님이 악을 행하도록 자유의지를 주셨기 때문에 비록 "냄새를 맡지 않으려는 인간의 의지가 아무리 강하다고 하더라도" 즉 악을 행하지 않으려는 인간의 의지가 아무리 강하다고 하더라도, "우리는 숨을 들이마실 때마다 원하지 않는 냄새를 흡입할 수밖에 없다" 즉 우리는 악을 행하지 않을 수 없다. 이로써 "우리는 냄새를 맡지 않을 수 있는 능력을 전적으로 상실하게 된다" 즉 선을 행하려는 의지를 완전히 상실하게 된다.

이러한 사실에 직면하여 아우구스티누스는 하나님의 은총을 제시한다. 오직 하나님의 은총을 통해서만이 인간은 악에서 벗어나서 선을 지향할 수 있다.

> 사람이 자기 의지를 가지고 순간적으로 넘어지면 자기 자신의 의지로 일어설 수 없다. 그러니 진실한 믿음으로 우리 주 예수 그리스도를 붙잡아야 한다. 확실한 소망으로 그를 기다리고, 불타는 사랑으로 열망해야 한다.[198]

비록 악이 인간의 자유의지에 의한 것이라고 하더라도, 인간의 자율적 의지만으로는 결코 죄에서 벗어날 수 없고 반드시 하나님의 도움에 의지해야 한다. 이것은 인간이 구원받을 수 있는 길은 오직 하나님의

리 비교 연구」, 이화여자대학교 석사학위논문, 2018, p.30 재인용.)
198 「자유의지론」2권, 19. 54(p.235)

은총 속에서만이 가능하다는 말이다. 여기에서 아우구스티누스는 악은 인간의 자유의지의 산물이고 선은 하나님의 은총이라는 도식을 취한다. 하나님의 은총 속에서만이 선의 실현도 가능하니, 결국 선행이란 하나님의 은총에 따른 결과이다. 이러한 의미에서 아우구스티누스는 그의 「고백론」에서 "예수 안에서 살아가는 것이 인간생명의 최고의 체험이다"라고 강조한다.

이처럼 아우구스티누스는 인간 스스로의 힘으로는 죄의 속박에서 벗어날 수 없다고 인식하고 하나님의 은총을 요청한 것이다. 이것은 퇴계가 '경'과 같은 수양공부를 통해 인간 스스로의 노력으로 악을 극복하고 선을 실현해나갈 것을 강조하는 것과 분명히 구분된다.

퇴계와 아우구스티누스는 모두 인간의 본래모습을 선한 존재로 규정한다. 퇴계에 따르면, 인간은 태어나면서 천지의 리를 부여받아 성을 가지므로 순수하고 지선(至善)한 존재이다. 아우구스티누스 역시 인간은 선하신 하나님이 만든 피조물이기 때문에 선한 존재이다. 이렇게 볼 때, 퇴계나 아우구스티누스는 모두 악의 실체(실재성)를 인정하지 않는다는 것을 알 수 있다. 악이 어떠한 존재론적 위치를 갖고 있는 것이 아니라, 퇴계의 말처럼 '선의 부재 또는 왜곡'이나 아우구스티누스의 말처럼 '본성의 부패 또는 결여' 정도이다. 이것은 이들이 궁극적으로 인간을 신뢰하고 선을 지향하고 있다는 방증이기도 하다.

그렇지만 세상에는 악이 만연하다. 이러한 현실에 직면하여 퇴계는 악의 원인으로 기(또는 기질)를 지목하고, 아우구스티누스는 악의 원인으로 자유의지를 지복한다. 퇴계에 의하면, 심의 작용에 의해 성이 정으로 드러나는 과정에서 선과 악이 발생한다. 이때 악의 원인은 심을 이루고 있는 기의 성질 때문이다. 심은 리와 기로 이루어져 있으므로, 심이 사물에 감응하여 작용할 때 리의 영향을 받으면 선이 되고 기의 영향을 받으면 악이 된다. 이것은 심의 내용인 성과 정의 경우도 마찬가지다(心統性情). 특히 퇴계는 성을 본연지성과 기질지성으로 또는 정을 사단과 칠정으로 구분하고, 이들 가운데 '기질지성'과 '칠정'을 중심으로 악의 문제를 해석한다. 칠정은 리와 기를 겸하는데, 이때 리가 주가 되는 사단과 달리 칠정은 기가 주가 되므로 악으로 흐르기 쉽다. 기질지성 역시 리(성)와 기(기질)를 겸하는데, 이때 리에 근원하는 본연지성과 달리 기질지성은 기에 근원하므로 악으로 흐르기 쉽다. 이것이 바로 퇴계의 심·성·정에 대한 이기론적 해석이다.

물론 이 과정에서 퇴계는 아우구스티누스처럼 의(意)의 개념을 제시하여 선악의 결정에 따른 인간의 자율적 의지를 강조하기도 한다. 즉 '의'가 정을 좌우지하여 천리(리)를 따르기도 하고 인욕(기)을 따르기도 하여 선과 악이 결정된다는 것이다. 그렇지만 퇴계는 '의'를 심이 발한 것으로 보아 정(情)에 종속시키고 그다지 문제삼지 않는다. 이것은 아우구스티누스가 인간의 자유의지에 근거하여 악을 해석하는 것과 구분된다. 이처럼 퇴계는 인간의 자율적 의지인 '의'보다는 인간의 일반적 감정인 '칠정'과 인간의 현실적 모습인 '기질지성'을 중심으로 악을 해석한다. 이것은 현실의 인간을 악의 성향을 지닌 심각한 상태로 인식한다는 의미이기도 하다.

또한 아우구스티누스에 따르면, 인간의 악은 하나님이 부여한 자유의지에서 발생한다. 하나님은 인간에게 선을 행할 수도 있고 악을 행할 수도 있는 자유의지를 동시에 부여한다. 물론 하나님이 자유의지를 부여한 이유는 선을 행하도록 하기 위한 것이다. 그러므로 자유의지가 없으면, 인간은 선하게도 살 수 없다. 결국 인간이 악을 행하는 것은 전적으로 인간의 자유의지에 따른 선택의 결과이지 하나님의 잘못이 아니다. 이 과정에서 아우구스티누스는 하나님이 부여한 자유의지가 선한 것임을 논증하고, 악의 책임을 전적으로 인간의 몫으로 돌린다.

이렇게 볼 때, 퇴계와 아우구스티누스는 모두 현실의 인간을 악의 성향을 지닌 심각한 수준으로 규정하고 있음을 알 수 있다. 그럼에도 이들이 인간의 악한 성향을 극복하는 방법에는 차이를 보인다. 퇴계가 경(敬)과 같은 수양공부를 제시하여 인간 스스로의 노력에 의해 악을 극복할 수 있다는 자율성을 강조한다면, 아우구스티누스는 인간 스스로의 노력으로는 결코 악에서 벗어날 수 없고 반드시 하나님의 은총에 의해서만 구원될 수 있다는 타율성을 강조한다. 전자가 인간의 자발적 노력과 주체적 책임을 강조하는 인문주의적 정신에 기초하고 있는 것이라면, 후자는 인간의 노력을 능가하는 전능하신 하나님을 요청하는 신학적 구도에 기초하고 있는 것이다. 결국 퇴계와 아우구스티누스 모두 악의 실재성은 인정하지 않지만, 동시에 악을 극복하는 방법상에서는 인문주의적 정신과 신학적 구도라는 이론적 차이를 보이고 있음을 알 수 있다.

제4장

퇴계와 칸트의 도덕성 해석

　도덕은 인간의 삶에서 중요한 부분을 차지한다. 왜냐하면 인간이 인간다울 수 있는 것은 인간의 도덕성에 기초한다고 할 수 있기 때문이다. 인간의 도덕성을 말할 때면 무엇보다도 인간은 왜 도덕적인 행위를 하는지, 어떤 행위의 옳고 그름을 판단하는 근거와 기준은 무엇인지, 인간의 도덕성은 타고나는 것인지 아니면 후천적으로 만들어지는 것인지, 이러한 도덕성은 어떻게 증명할 수 있는지 등의 질문에 직면한다. 이러한 질문은 인간의 본질을 다루는 인문학, 특히 철학이나 윤리학이 반드시 대답해야 하는 근본 문제들이다.

　퇴계와 칸트는 모두 대표적인 도덕철학자로 평가된다. 퇴계는 실제적으로 리와 기가 분리될 수 없음에도 도덕(리)의 실천을 위해서 리와 기를 분리시켜 순선한 리의 절대성을 강조하고, 동시에 도덕실천의 방법으로 경(敬)의 수양공부를 강조한다.[199] 칸트(Kant, 1724~1804) 역시 서구

---

[199] 퇴계철학의 특징이 리와 기의 不相雜을 강조하는데 있다고 할 때, 그 이유로는 리와 기를 분리시킬 때만이 리의 순수성(선)과 절대성이 확보되기 때문이다. 퇴계의 理尊氣賤・理尊無對 및 理發・理動 등은 모두 이러한 사고에 기초한다. 이러한 이유에서 채무송은 "퇴계사상은 이러한 理尊觀을 통하여 윤리적이며 도덕적이며 종교적인 것으로 바뀌어져 갔다"라고 설명한다.(채무송, 『퇴계율곡철학의 비교연

의 전통적 지식중심의 도덕관을 선의지의 실현이라는 실천중심의 도덕관으로 변화시킴으로써 이후의 철학은 대부분 칸트의 도덕철학을 정설로 수용한다.[200]

따라서 이 글에서는 동양과 서양의 대표적 도덕철학자인 퇴계와 칸트를 중심으로 이들의 도덕성을 고찰한다. 이를 통해 첫째, 퇴계와 칸트의 도덕성에 대한 객관적인 이해가 가능하며 둘째, 현대와 같은 가치 혼란의 시대에 새로운 도덕적 가치관 정립의 방향을 모색하는데 이론적 지혜를 얻을 수 있으며, 셋째 전통의 유학적 도덕관과 서구적 도덕관이 대립 갈등하고 있는 한국사회의 도덕적 상황을 이해하는데 도움이 될 것이다.

1. 퇴계의 도덕성

퇴계는 리(理)·기(氣)·심(心)·성(性)·정(情)·의(意) 등의 상호 관계 속에서 인간의 도덕성을 설명한다. 먼저 리와 기로써 인간이 선험적인 도덕존재임을 설명하고, 이어서 심·성·정·의의 개념으로 이러한 도덕성이 어떻게 실현되는지를 설명한다. 이 과정에서 퇴계는 인간의 도덕성을 이기론적 체계와 연결시켜 선의 근거를 리로써, 악의 근거를 기로써 설명한다. 물론 기 그 자체가 악은 아니지만, 악의 원인은 전적으로 기의 몫이 된다. 그리고 이때의 악은 실체로서의 의미가 아니라 선한 성을 가리고 있는 장애물에 불과하니, 여기에서 이러한 장애물(기)을

구」, 성균관대학교출판부, 1995, p.175)
200 목영해, 「퇴계와 칸트 도덕관의 교육론적 탐색」, 『퇴계학보』66, 퇴계학연구원, 1990, p.8 참조.

제거하고 성을 회복하는 수양론이 제기된다.

(1) 리(理)와 기(氣)

먼저 퇴계는 사람마다 누구나 천지의 리를 부여받은 도덕적 존재임을 설명한다.

> 대개 사람이 태어날 때에 천지의 기를 함께 얻어서 형체가 되고 천리의 리를 함께 얻어서 성이 되며, 리와 기가 합하여 마음이 된다. 그러므로 한 사람의 마음이 곧 천지의 마음이고, 한 몸의 마음이 바로 천만인의 마음인 것이니, 애당초 내외 피차의 차이가 없다.[201]

사람은 천지의 리를 얻어서 성을 이루고, 천지의 기를 얻어서 형체를 이룬다. 성리학에 따르면, 리는 우주의 질서·법칙이며, 동시에 가치의 근원이므로 절대선을 가리킨다. 사람은 태어나면서 절대선인 리를 성으로 부여받기 때문에 누구나 선한 존재이다. 『중용장구』의 '천명지위성(天命之謂性)'에 대한 주자의 해석에 따르면, 이때의 성은 하늘의 명령에 의해 부여된 것이므로 절대성과 필연성을 갖는다. 이로써 사람은 누구나 태어날 때부터 절대선인 성(리)을 가지게 되는데, 이것은 인간에게 도덕성이 선천적으로 확정되어 있다는 말에 다름 아니다.

이렇게 볼 때, 사람의 성은 천지의 리에 근원하므로 "사람의 마음이 곧 천지의 마음이 되며", 또한 사람은 누구나 성을 가지고 있다는 점에서는 "내외와 피차의 차이가 없다." 사람은 하늘로부터 누구나 동일한

---

201 『退溪集』卷18, 「答奇明彦論改心統性情圖」, "夫人之生也, 同得天地之氣以爲體, 同得天地之理以爲性, 理氣之合則爲心. 故一人之心, 卽天地之心, 一己之心, 卽千萬人之心, 初無內外彼此之有異."

성을 부여받으니, 이로써 성은 보편성과 절대성을 갖게 된다. 여기에서 절대선인 리(성)는 칸트의 '선의지' 개념에 해당한다. 칸트의 선의지 역시 어떤 의도나 목적과 상관없이 그 자체로 선한 최고의 선으로써 후천적 학습이 필요 없는 선천성과 절대성을 가진다.

그러나 사람은 동시에 천지의 기를 얻어서 형체를 이룬다. 물론 천지의 리가 형체(기) 속에 내재되면 곧 성이 된다. 이때의 형체(기)는 성을 담는 그릇의 역할을 하면서, 동시에 성을 가리는 장애물의 역할을 한다. 이로써 사람이면 누구나 성을 가지고 태어나지만, 성을 담고 있는 기의 영향에 의해 성이 가려짐으로써 불선(악)이 생겨난다. 즉 현실 속에 불선의 원인은 전적으로 기의 몫이 된다는 것이다. 이때의 기는 심(心)과 정(情)에서도 그대로 악의 원인으로 지목된다.[202]

여기에서 또 하나 중요한 것은 인간이 마땅히 해야 하는 당위규범을 우주자연의 질서와 연결시켜 해석한다는 것이다. 우주자연의 구조와 인간심성의 구조가 동일하다고 생각하니, 이로써 우주자연의 질서가 곧 인간사회의 당위가 된다. 따라서 리는 존재와 당위라는 이중적 구조를 갖는다. '존재의 리'는 모든 존재가 그렇게 되게 하는 존재근거에 해당하며, '당위의 리'는 마땅히 그렇게 해야 하는 인간의 당위규범에 해당한다. 때문에 리는 우주의 자연법칙인 동시에 인간의 도덕법칙이 된다. 이것을 성리학에서는 소이연(所以然)과 소당연(所當然)이라 부른다.[203]

---

[202] 결국 인간을 리와 기의 구조로 설명하는 것은, 인간의 선한 모습을 리에 근거지어 설명하고, 인간의 악한 모습을 기에 근거지어 설명하기 위한 것이다. 물론 리와 기로써 인간의 존재문제를 설명하기도 하지만, 궁극적으로는 인간의 도덕문제를 설명하기 위한 것이라고 할 수 있다.

[203] 주자는 "천하의 사물에 이르면 반드시 각각 '소이연의 이유'와 '소당연의 법칙'이 있으니, 이것이 바로 리이다"(『大學或問』, "至於天下之物, 則必各有所以然之故, 與其所當然之則, 所謂理也.")라고 하여, 소이연(또는 所以然之故)과 소당연(또는 所當然之則)을 모두 리로써 해석한다.

소이연은 주로 하늘은 높고 땅은 두터우며, 솔개는 하늘에서 날고 물고기는 연못에서 헤엄치는지 등 그렇게 되는 이유(까닭)를 말하므로 소이연지고(所以然之故)라고 부르며, 소당연은 주로 부모는 자식을 사랑해야 하고 자식은 부모에게 효도해야 하는지 등 마땅히 그렇게 해야 하는 당연한 법칙을 말하므로 소당연지칙(所當然之則)이라고 부른다. 퇴계 역시 소이연과 소당연을 모두 리로써 규정한다.

> 소당연(所當然)이라는 것도 역시 리이다.……대개 임금에 있어서의 어짊(仁)과 신하에 있어서의 공경(敬)과 같은 부류는 모두 하늘이 명한 소당연의 리로서 실제로 정미함의 극치이니, 이 일을 벗어나서 따로 소당연이 있는 것이 아니다.[204]

이 글은 기대승의 "소당연은 일이고, 소이연은 리이다"라는 말에 대한 퇴계의 해석이다. 기대승과 달리, 퇴계는 소이연과 소당연을 모두 리로써 해석할 것을 주장한다. 예를 들어 임금이 어질고 신하가 공경하는 것은 어쩔 수 없어서가 아니라, '소당연의 법칙'에 근거하는데, 이때 '소당연의 법칙'은 하늘이 부여한 필연적 리가 되며, 이러한 리에 근거하여 임금은 마땅히 어질게 되고 신하는 마땅히 공경하게 된다.

이처럼 퇴계는 우주의 자연법칙과 인간의 도덕법칙을 '리'라는 한 글자에 집약하는데, 이로써 당위규범인 도덕법칙이 자연법칙과 같은 리로 간주됨으로써 절대성과 필연성을 확보하게 된다. 여기서의 '소당연의 리'는 칸트의 도덕법칙에 해당한다. 칸트에 따르면, 인간에게는 누구나 지켜야 할 행위의 법칙이 있는데, 이것은 인간이 자의적으로 정할

---

[204] 『退溪集』卷25, 「鄭子中與奇明彦論學(庚申)」, "當然者, 亦固是理也.……蓋君仁臣敬之類, 皆天命所當然之理, 實精微之極致也, 非外此而事別有所當然也."

수 있는 것이 아니라 절대적 권위를 갖고서 인간행위의 시비(是非)·선악(善惡)을 판별하는 궁극적 기준이 되는 것이므로 바로 도덕법칙이 된다. 이로써 도덕법칙은 절대성과 필연성을 가지는데, 이것은 퇴계의 마땅히 그렇게 해야 하는 '소당연의 법칙'과 다르지 않다.

(2) 성(性)과 심(心)과 정(情)

이어서 퇴계는 사람의 도덕성을 성과 심과 정의 관계 속에서 설명한다.

주자가 말하기를 "사람은 천지의 중(中)을 받아서 태어나서 아직 감응하지 않을 때는 순수하고 지선(至善)하여 모든 이치를 갖추고 있으니, 이른바 성(性)이다. 그러나 사람에게 이 성이 있으면 곧 형체가 있고, 이 형체가 있으면 곧 마음이 있어서 사물에 감응이 없을 수 없다. 사물에 감응하여 움직이면 성의 욕(欲)이라는 것이 나오고 선과 악이 여기에서 나누어지니, '성의 욕'이 바로 이른바 정(情)이다.[205]

이 글은 『예기』「악기」의 내용[206]에 대한 주자의 해석이다. 퇴계는 주자의 글에 근거하여 성과 심과 정의 상호관계를 설명한다. 먼저 퇴계는 사람이 본래 선한 존재임을 설명한다. "사람은 천지의 중정한 기운을 받아서 태어나므로 순수하고 지선(至善)하니, 이른바 성(性)이다." 퇴계는 사람의 순수하고 지극히 선한 본질을 성으로 규정한다. 물론 이때의 성은 천지의 리가 성으로 부여된 것이다. 사람은 누구나 태어날 때부터

---

[205] 『退溪集』卷17, 「重答奇明彦(附奇明彦四端七情總論)」, "朱子曰, 人受天地之中以生, 其未感也, 純粹至善, 萬理具焉, 所謂性也. 然人有是性則卽有是形, 有是形則卽有是心, 而不能無感於物, 感於物而動, 則性之欲者出焉, 而善惡於是乎分矣, 性之欲, 卽所謂情也."

[206] 『禮記』, 「樂記」, "人生而靜, 天之性也, 感於物而動, 性之欲也."

순수하고 지극히 선한 성을 부여받으니, 이로써 사람은 선천적으로 선한 존재이다.

그러나 사람은 이 성을 부여받음과 동시에 형체를 가지니 "사람에게 이 성이 있으면 곧 형체가 있다." 이때의 형체는 곧 기를 의미하니, 이것이 바로 『중용장구』의 '천명지위성(天命之謂性)'에 대한 주자의 해석인 "하늘이 음양·오행으로 만물을 생성하는데, 기로써 형체를 이루고 리 또한 부여한다"[207]라는 뜻이다. 기로써 형체를 이루게 되면 리가 또한 성으로 부여된다. 이것은 성이란 홀로 존재할 수 없고, 반드시 형체(기)와 결합해야 성의 구체화·현실화가 가능하다는 말이다. 왜냐하면 성은 형이하의 어떤 사물로 존재하는 것이 아니라, 형이상의 이치이므로 실제로 발용하거나 작용하지 못한다. 다만 실제적인 작용은 성을 담고 있는 심에 의해 가능하다.[208] 그렇지만 심의 작용 역시 그 올바름을 얻을 수 있기 위해서는 반드시 리에 근거해야 한다.

또한 사람에 있어서 형체 속에 성이 부여되면 바로 심의 작용이 시작된다. "이 형체가 있으면 심이 있어서 사물에 감응이 없을 수 없다." 이러한 심의 작용은 사물(대상)에 대한 감응으로 일어난다. 그렇다고 심이 반드시 사물에 감응해야만 작용하는 것은 아니다. 사물에 감응하기 전에도 심은 작용하는데, 이때 심의 작용을 미발(未發)이라고 부른다. 특히 퇴계는 미발 때의 사람의 모습을 '참되고 고요하다'는 말로써 설명한다. 여기서의 '참되고 고요하다'는 말은 성의 선한 본질을 표현한 것으로써, 사람의 본래모습은 성 그 자체처럼 선한 존재임을 강조한 말에 다름 아니다. 그렇지만 일반적으로 사람의 심은 미발의 상태를 유지하지 못하

---

[207] 『中庸章句』, 第1章, "天以陰陽五行, 化生萬物, 氣以成形, 而理亦賦焉."
[208] 『退溪集』卷29, 「答金而精」, "蓋性非有物, 只是心中所具之理. 性具於心, 而不能自發而自做, 其主宰運用, 實在於心, 以其待心而發故."

고 사물에 감응하는데, 이때를 미발과 상대하여 이발(已發)이라 부른다. 그러므로 사람에 있어서 심의 작용은 주로 이발을 가리킨다.

또한 퇴계는 이러한 심의 작용을 정(情)의 개념과 연결시켜 설명한다. "심이 사물에 감응하여 움직이면 성의 욕(欲)이 나오는데, '성의 욕'이 바로 정이다." 심이 사물에 감응하여 작용하게 되면 '성의 욕', 즉 희·로·애·구·애·오·욕의 정이 드러나는데, 이것이 바로 성발위정(性發爲情)의 의미이다. 여기에서 정을 '성의 욕'이라고 한 것은 순수하고 지극히 선한 성과 달리, 정은 악으로 흐를 수 있는 가능성을 내포한다는 의미이다. 이로써 "선과 악이 여기에서 나누어지니", 정에는 선한 정도 있고 악한 정도 있다.

그렇다면 어째서 정이 선한 정이 되기고 하고 악한 정이 되기도 하는가. 정이 선한 정과 악한 정으로 갈라지는 이유는 무엇인가. 그 이유를 퇴계는 또한 주자의 말에 근거하여 설명한다.

> 주희가 이르기를, 사물에 감응하는 것은 심(心)이고, 그것이 움직이는 것은 정(情)인데, 정은 성에 근본하지만 심에게 주재되니, 심이 주재하면 그 움직임이 절도에 맞지 않음이 없다. 어찌 인욕이 있을 수 있겠는가. 오직 심이 주재하지 못하고 정이 스스로 움직이기 때문에 인욕으로 흘러서 매양 그 올바름을 얻지 못하는 것이다.[209]

'성발위정'에 따르면, 정은 성에 근원하므로 그 본래모습은 선하다.

---

[209] 『退溪集』卷36, 「答李宏仲問目」, "熹謂感於物者心也, 其動者情也, 情根乎性而宰乎心, 心爲之宰, 則其動也無不中節矣. 何人欲之有. 惟心不宰而情自動, 是以流於人欲而每不得其正也."(이 글은 주자가 45세(1174) 때 張敬夫에게 보낸 편지의 내용으로서 『朱熹集』卷32, 「問張敬夫」에 나온다.)

그런데도 퇴계는 정을 '성의 욕(欲)'이라고 하여 악으로 흐를 수 있는 가능성을 제시하니, 이로써 정에는 선한 정도 있고 악한 정도 있다.

그렇다면 선한 정과 악한 정은 어떻게 갈라지는가. 이것은 심의 작용에 의해서 성이 정으로 드러나는 과정에서, 심이 주재하면 "그 움직임이 절도에 맞지 않음이 없으니" 선한 정으로 드러나고, 반대로 심이 주재하지 못하면 "인욕으로 흘러서 그 올바름을 얻지 못하니" 악한 정으로 드러난다. 때문에 퇴계는 정이 비록 성에 근본할지라도 반드시 심에 의해 주재된다고 강조한다. 결국 성이 발하여 정으로 드러나는 과정에서 심이 주재하느냐 주재하지 못하느냐에 따라 선한 정으로 드러날 수도 있고 악한 정으로 드러날 수도 있다. 물론 이때의 선한 정은 사단이 되고 악한 정은 칠정이 된다.[210]

그렇다면 심은 어째서 정을 주재하기도 하고 주재하지 못하기도 하는가. 심의 주재 여부는 어떻게 이루어지는가. 이것은 리와 기로 이루어져 있는 심의 성질과 관련된다. 심은 리와 기로 이루어져 있는데, 이 때문에 심이 사물에 감응하여 작용이 일어날 때에 리의 영향을 받기도 하고 기의 영향을 받기도 한다. 이때 심이 리의 영향을 받으면(리를 따르면) '심이 주재하는 것'이 되고, 반대로 심이 기의 영향을 받으면(기를 따르면) '심이 주재하지 못하는 것'이 된다.

이러한 사실은 퇴계의 "대개 리와 기를 합하고 성과 정을 총괄하는 것이 심이다. 그러므로 감응하여 움직이는 것이 비록 오성(五性)이지만, 그것이 발할 때에 리가 나타나서 기가 따르면 선이 되고, 기가 가려서

---

210 퇴계에 의하면, 칠정이 그대로 악은 아니지만 악으로 흐르기 쉬운 정이다. 그러므로 사단을 인·의·예·지에 근원하는 理發로 해석하는 것과 달리, 칠정을 형기에 근원하는 氣發로 해석한 것이다. 氣發이란 악으로 흐르기 쉬운 정이라는 말에 다름 아니다.

리가 숨으면 악이 될 뿐이다"²¹¹라는 말에서도 확인할 수 있다. 결국 '심이 주재한다'는 것은 심의 작용이 리를 따른다는 것을 의미하며, '심이 주재하지 못한다'는 것은 심의 작용이 기를 따른다는 것을 의미한다. 다시 말하면, 심의 주재가 가능한 것은 리에 근거하기 때문이고, 심의 주재가 가능하지 못한 것은 기에 근거하기 때문이라는 것이다. 이것이 바로 심을 리와 기의 구조로 설명하는 이유이며, 또한 이것이 바로 심의 이기론적 해석이다.

따라서 정에 선과 악이 있는 것은 전적으로 심의 주재여부에 근거하니 "천리와 인욕의 판가름과 중절(中節)과 부중절(不中節)의 구분은 오직 심이 주재하느냐 주재하지 못하느냐에 달려있을 뿐이지, 정이 그것을 잘못되게 할 수 있는 것이 아님이 또한 이미 분명하다."²¹² 즉 정에 선한 정과 악한 정이 있는 것은 전적으로 심의 주재 여부에 따른 것이지, 정의 잘못이 아니라는 말이다.

(3) 심(心)과 의(意)

선한 정과 악한 정, 즉 선과 악의 원인을 모두 리와 기의 탓으로만 설명하면, 자칫 악 자체가 외재적인 조건 탓으로 돌려져서 인간의 책임성이 약화되어 운명으로 해석될 수도 있다. 왜냐하면 성리학에서는 리와 마찬가지로 기 역시 태어나면서 품수되는 것이기 때문이다. 이러한 문제에 직면하여, 퇴계는 의(意)의 개념을 끌어들여 인간의 주체적·자율적 의지를 강조한다.

---

211 『退溪集』卷25,「答鄭子中講目」, "蓋合理氣, 統性情者, 心也. 故感動者, 雖是五性, 而其發也, 理顯而氣順則善, 氣揜而理隱則惡耳."
212 『退溪集』卷36,「答李宏仲問目」, "然則天理人欲之判, 中節不中節之分, 特在乎心之宰與不宰, 而非情能病之, 亦已明矣."

대개 심은 리와 기를 합하고 성과 정을 총괄하는 물건이다. 그러므로 의(意)만이 심이 발한 것일 뿐만 아니라, 정이 발하는 것도 심이 하는 것이다. 리는 형체나 그림자가 없으므로 심에 담겨있고 실려있는 것은 성이고, 성은 형체나 그림자가 없으므로 심에 인하여 펼쳐지고 발용하는 것은 정이다. 정이 발함에 따라 경영하고 계탁하여 이와 같이 주장하기도 하고 저와 같이 주장하기도 하는 것은 '의'이다.[213]

성은 심속에 갖추어진 리이니, 리와 마찬가지로 형체나 그림자가 없는 무형(無形)・무위(無爲)한 개념이다. 성은 형체나 그림자가 없으므로 반드시 심속에 담겨있거나 실려있어야 한다. 이러한 성의 무형・무위한 성격 때문에 자체로 발할 수 없고 반드시 심의 작용에 근거해야 하는데, 이렇게 해서 성이 드러난 것이 바로 정(情)이다. 이때의 정은 성이 발한 것으로서 성에 귀속되므로 성과 마찬가지로 작용성을 갖지 못한다.

이와 달리 '의'는 심이 발한 것으로서 심에 귀속되므로 작용성을 갖는다. 이러한 작용성이 바로 경영계탁(經營計度)하는 역할로 주어진다. 심의 작용에 의해 정으로 드러날 때, '의'가 경영하고 계탁하여 "이와 같이 주장하기도 하고 저와 같이 주장하기도 한다." 이때 작용하는 주체는 어디까지나 심이지만, 심의 작용을 가능하게 하는 것은 결국 '의'가 심에 내포되어 있기 때문이다. 다시 말하면, 심의 작용에 의해 성이 정으로 드러날 때, 심이 주재하기도 하고 주재하지 못하기도 하는 것은 전적으로 '의'에 의해 결정된다는 것이다. 이러한 이유에서 퇴계는 '의'로부터 선과 악이 결정된다고 설명한다.

---

213 같은 곳, "蓋心是合理氣統性情底物事. 故非但意爲心之發, 情之發亦心所爲也. 理無形影, 而盛貯該載於心者, 性也; 性無形影, 而因心以敷施發用者, 情也. 因情之發, 而經營計度, 主張要如此, 主張要如彼者, 意也."

> 의(意)라는 것은 심이 발한 것이고, 심은 성과 정의 주체이다. 그러므로 이 심이 발하기 전에는 태극이 동정의 이치는 갖추고 있으나 아직 음양으로 갈라지지 않는 것과 같아서 하나의 심 안에는 혼연한 하나의 성으로서 순수한 선이고 악이 없다. 이 심이 이미 발할 때가 되면, 마치 태극이 이미 갈라져서 동(動)은 양이 되고 정(靜)은 음이 되는 것과 같다. 이때에는 기가 처음으로 작용하기 때문에 그 정의 발함이 선과 악의 구분이 없을 수 없으나, 그 단서는 매우 미약하다. 여기서 '의'는 심이 발한 것으로써 또 그 정을 끼고 좌지우지하여 천리의 공정함을 따르기도 하고, 인욕의 사사로움을 따르기도 하여 선과 악의 구분이 이로부터 결정된다.[214]

"의(意)는 심이 발한 것이고, 심은 성과 정의 주체이다." 여기에서 '심이 성과 정의 주체이다'는 것은 성·정과 달리 심은 주체적 작용성을 갖는다는 말이다. '의' 역시 심이 발한 것이므로 심과 마찬가지로 주체적 작용성을 갖는다. 이에 정은 성에 귀속되므로 성발위정(性發爲情)이 되고, '의'는 심에 귀속되므로 심발위의(心發爲意)가 된다.

심이 아직 사물에 감응하지 않았을 때에는 태극이 음양으로 갈라지기 이전과 같아서 혼연한 성의 상태로 순선무악(純善無惡)하다. 그러나 심이 사물에 감응하게 되면 태극이 음양(기)으로 갈라져서 기가 작용하게 되고, 이로써 선악의 구분이 있지만 이때는 아직 그 단서가 미약하다. 즉 심의 작용만으로는 선악의 구분이 미약하다는 것이다. 그렇지만 심의 작용에 '의'가 개입하면, 이때는 심이 천리를 따르기도 하고 인

---

214 『退溪續集』卷8, 「天命圖說」, "意者, 心之所發, 而心者, 性情之主也. 故當此心未發之前, 如太極具動靜之理而未判爲陰陽者也, 一心之內, 渾然一性, 純善而無惡矣. 及此心已發之時, 如太極已判而動爲陽靜爲陰者也. 於斯時也, 氣始用事, 故其情之發, 不能無善惡之殊, 而其端甚微. 於是意爲心發, 而又挾其情而左右之, 或循天理之公, 或循人欲之私, 善惡之分, 由茲而決焉."

욕을 따르기도 하여 선과 악이 이로부터 결정된다. 결국 '의'의 개입에 따라 심이 천리(리)를 따르기도 하고 인욕(기)을 따르기도 하는 실재적 주재가 가능하며, 이로써 선한 정으로 드러나기도 하고 악한 정으로 드러나기도 한다.

이렇게 볼 때, 심의 작용이 주재하거나 주재하지 못하거나 또는 리를 따르거나 기를 따르는 것은 전적으로 '의'의 결정에 근거함을 알 수 있다. 이것은 심의 주재여부를 리와 기의 영향으로만 설명하는 것에서 인간의 주체적·자율적 의지를 보다 강조한 표현이라고 할 수 있다. 그럼에도 퇴계는 '의'보다는 심을 말하고, 심의 주재성을 강조한다.[215] 주재하는 것은 심의 몫이니 '의'는 다만 심에 포괄되는 개념일 뿐이다.

따라서 이때의 '의'는 칸트의 의지 개념과 유사하다. 칸트에 따르면, 인간의 의지는 이성에 근거한 의지의 자율성으로 말미암아 필연적으로 선을 지향한다. 그럼에도 인간은 '경향성에 이끌리는 의지(감성계)'와 '이성을 지향하는 의지(예지계)'에 동시에 속하는 불완전한 존재이다. 때문에 의지가 이성의 지배를 받아 도덕법칙을 따르면 선이 되고 의지가 경향성의 지배를 받아 도덕법칙을 따르지 않으면 악이 되는데, 이것은 퇴계가 말하는 '의'의 결정에 따라 리를 따르면 선한 정이 되고 기를 따르면 악한 정이 되는 것과 다르지 않다. 그렇지만 '의'는 결국 심이 발한 것이므로 심의 범주에 내포되니, 심 역시 칸트가 말하는 의지의 범주에 해당한다고도 할 수 있다. 물론 이때의 심은 리와 기가 함께 작용하는 심을 의미한다.

---

215 퇴계가 중요하게 보는 용어는 心이지 意가 아니다. "심은 天君이고, 意는 심이 발한 것이다."(『退溪集』卷6,「戊辰六條疏」, "心爲天君, 而意其發也.") 왜냐하면 심은 몸을 주재하는 天君으로 도덕적 주재자가 되지만, 意는 다만 심이 움직여서 밖으로 나타난 것이기 때문이다.

2. 칸트의 도덕성[216]

칸트는 이전의 철학자들처럼 도덕의 본질을 자연·관습·쾌락·행복과 같은 경험적인 것에서 찾는 것에 반대한다. 왜냐하면 도덕의 본질을 경험적·외부적인 것에서 찾을 경우, 각 개인의 경험만큼 판단 기준 역시 다양하여 객관성과 보편성을 가지지 못하기 때문이다. 예를 들어 행복은 좋은 것이고 누구나 행복해지기를 바라지만, 행복의 내용에 대해서는 저마다 다른 관점을 갖는다. 그러므로 행복은 개인의 경향성에 따른 경험적인 것이 되므로 도덕적 가치를 가지지 못한다.

때문에 칸트는 모든 인간에게 보편타당한 도덕법칙을 정립함으로써 도덕적 행위의 객관적 근거를 제시하고자 한다. 이 과정에서 경험적 요소를 완전히 배제하고 선험적(a priori)인 요소만을 취하는데, 왜냐하면 경험과 연관된 도덕성은 상황에 따라 선할 수도 있고 악할 수도 있기 때문에 보편성과 필연성을 가지지 못한다는 것이다.

물론 도덕법칙은 인간의 행위와 연관되어 있기 때문에 경험적 요소를 모두 제외하고 설명하기는 쉽지 않다. 그럼에도 칸트는 모든 경험적 요소들을 제거하여 경험으로부터 완전히 독립된 보편적이고 필연적인 도덕법칙을 세우고자 하였는데, 이것이 바로 칸트 도덕성의 본질에 해당한다. 이것은 퇴계가 도덕의 실천을 위해서 리와 기를 분리시켜 리의 순수성을 확보하려는 것과 다르지 않다. 이 과정에서 칸트는 먼저 도덕성의 근거로서 '선의지'를 제시한다.

---

216 본 내용은 칸트의 『윤리형이상학 정초』(백종현 옮김, 아카넷, 2020)라는 번역서에 근거하며, 다만 번역서의 해석이 분명하지 않은 부분은 여러 논문에 근거하여 일부 수정하였음을 밝혀둔다.

(1) 선의지

칸트에 의하면, 인간의 도덕적 행위는 이성 안에 내재하는 선의지에 근거한다. 만약 선의지가 없다면, 인간은 결코 도덕적 존재가 될 수 없으며, 도덕적 능력의 소유자도 아니다. 인간이 여타 동물들과 달리 도덕적 존재로 불리는 이유는 전적으로 선의지가 있기 때문이다.

그렇다면 선의지란 무엇인가. 칸트는 『윤리형이상학 정초』의 제1장 첫머리에서 선의지에 대해 다음과 같이 정의한다.

> 이 세계 안에서나 이 세계 밖에서나 아무런 제한 없이 선하다고 생각될 수 있는 것은 오로지 선의지뿐이다.[217]

이것은 인간이 감각적으로 인식할 수 있는 세계와 감각적 인식을 넘어서는 세계를 모두 포함하여 가장 선한 것이 무엇인가에 대한 물음이다. 그 대답으로 인간의 경험적 감성계와 이성적 예지계[218]를 모두 통틀어 가장 선한 것이 선의지라는 것이다.

일반적으로 선이란 사람들에게 이롭고 좋은 것을 말한다. 칸트에 따르면, 좋은 것에는 유머·권력·부·명예·건강 등이 있으며, 이들은 모두 좋은 것임에 틀림없다. 그러나 이러한 좋은 것은 항상 그 자체로 좋은 것(선한 것)이 아니다. 왜냐하면 이것들은 사용하는 사람들의 의지에 따라서, 즉 그것을 사용하는 사람의 의지가 선한지 선하지 않은지의 여부에 따라서 나쁜 것(악)이 될 수도 있기 때문이다. 예를 들어 유머는 분명 사교 생활에 도움을 줄 수 있으나, 그것들이 나쁜 의도와 결합되면

---

217 『윤리형이상학 정초』, p.123
218 칸트는 감각이나 경험에 의해 인식할 수 있는 세계를 '감성계'라 하고, 감각이나 경험이 아닌 이성의 법칙이 지배하는 세계를 '예지계'라고 부른다.

다른 사람을 웃음거리로 만들 수도 있다. 권력·부·명예 역시 그 자체로 선한 것이 아니며, 건강조차도 무조건적으로 선한 것은 아니다. 가령 '건강을 잃으면 모든 것을 잃는다'는 말처럼 건강이 삶에서 매우 중요한 가치를 가지지만, 건강한 체력으로 다른 사람을 겁박하는데 사용될 수도 있기 때문이다.

이처럼 우리가 좋은 것이라고 여기는 유머·권력·부·명예·건강 등이 아무리 좋은 것이라 할지라도, 그것을 사용하는 사람들의 '의지가 선하지 않으면' 좋은 것이 될 수 없다. 다시 말하면, 이러한 좋은 것들이 선한 가치를 가질 수 있기 위해서는 사용하는 사람들의 선한 의지가 전제되어야 가능하다. 만약 선한 의지가 전제되지 않으면, 이러한 좋은 것들도 결국 나쁘게 될 수 있다. 따라서 유머·권력·부·명예·건강 등은 무조건적이 아닌 '조건적 선'에 불과하다.[219] 즉 선한 목적에 사용된다는 조건에서만 도덕적 가치를 가진다는 말이다.

이들과 대비하여 칸트는 선의지의 개념을 "아무런 제한 없이 선하다"고 규정한다. 여기에서 '아무런 제한이 없다'는 것은 무제한적, 즉 무조건적인 것을 의미한다. 이렇게 볼 때, 선의지는 다른 어떤 조건, 즉 의도나 목적과 상관없이 그 자체로 선한 것이다. 유머·권력·부귀·명예·건강 등과 같이 사용하는 사람들의 의지가 선한지 선하지 않은지의 여부에 따라 달라지는 것이 아니라, 그 자체로 절대적인 선한 가치를 가진다. 이로써 도덕적 행위를 판단하는 도덕성의 절대적 기준이 된다.

우리가 일반적으로 선하다고 하는 행위는 그것들이 선의지를 동반하지 않는 조건적인 선에 불과하며, 오직 선의지만이 무조건적인 선이

---

[219] 『윤리형이상학 정초』, p.123 참조.

된다. 그러므로 칸트는 모든 세계를 통틀어 선의지만이 조건 없이 그리고 아무런 제한 없이 선하다는 결론을 내린다. 선의지는 그것으로 인해 좋은 결과를 낳거나 다른 목적을 달성하는데 도움이 되기 때문에 선한 것이 아니라, 그 자체로 선한 것이다. 그러므로 선의지는 다른 모든 선보다 우위성을 지니는, 즉 모든 선의 근거가 되는 최고의 선이 된다.

> 선의지는 그것이 작용하고 성취하는 것에 의해서나, 또 어떤 설정된 목적의 달성에 쓸모 있기 때문에 선한 것이 아니라 오로지 의욕함에 의해서만, 즉 그 자체로 선한 것이다.[220]

그렇다면 그 자체로 선한 의지란 무엇을 말하는가. 그것은 어떤 행위가 그것이 옳다는 이유만으로 선택하는 의지를 말한다. 예를 들어 가난한 노동자가 그날 일한 품삯으로 자식들을 위해 쌀을 사오는 길에 불쌍한 거지를 만나서 그 쌀을 내주었다면, 그 행위는 그 자체로 옳은 일이기 때문에 선의지에 근거한 것이다. 그러나 국회의원 선거에 출마하여 표를 얻기 위해 자선을 베풀었다면, 그 행위는 다른 의도나 목적에 의한 것이기 때문에 선의지에 근거한 것이 아니다.[221] 결국 선의지는 어떤 필요나 목적 때문이 아니라, 그 자체로 옳기 때문에 선택하는 의지이다. 이것은 도덕 판단의 기준이 그 행위를 하게 된 동기에 있으며, 행위의 결과와는 상관이 없다는 말에 다름 아니다.

이러한 이유에서 칸트는 선의지의 절대성과 선험성을 강조한다.

---

220 『윤리형이상학 정초』, p.124
221 이종훈·한명희 공저『현대사회와 윤리 - 윤리학의 역사와 쟁점 -』, 철학과 현실사, 1999, p.232 참조.

그 자체로 높이 평가되어야 할, 더 이상의 의도가 없는, 선의지라는 개념은 이미 자연적인 건전한 지성에 내재해 있고, 가르칠 필요가 없으며, 오히려 단지 계발될 필요만 있는 것이다.[222]

선의지는 개인의 주관적·경험적 요소를 배제하고 도덕적 행위의 결과나 유용성에 따라 달라지지 않는, 즉 "더 이상의 의도가 없이 그 자체로 높이 평가되어야 할" 절대적 가치를 지닌다. 그러므로 선의지는 "가르칠 필요가 없는" 후천적 노력이나 학습에 의해 얻어지는 것이 아니라, 이미 모든 인간의 내면(이성)에 선험적으로 갖추어져 있다. 따라서 인간은 누구나 태어나면서부터 선의지를 가지게 되니, 인간은 누구나 선의지를 지닌 도덕적 존재가 된다. 이러한 해석은 퇴계가 인간을 누구나 선한 본성을 가지고 태어나는 도덕적 존재로 보는 것과 다르지 않다.

이처럼 선의지는 칸트 도덕철학의 출발점으로서, 인간의 행위는 바로 이러한 선의지에 근거할 때 비로소 도덕적 가치를 가진다. 인간의 도덕적 행위를 가능하게 하는 근거가 바로 선의지이며, 이를 통해 인간은 도덕적 존재자로서 자질을 갖추게 된다. 이렇게 볼 때, 선의지는 퇴계의 성의 개념에 해당한다고 볼 수 있다.

(2) 이성과 의지

또한 칸트는 선의지를 가능하게 하는 것으로서 '이성'의 개념을 제시한다. 그렇다면 이성과 선의지는 어떤 관계에 있는가.

먼저 이성에 대한 칸트의 해석을 살펴보자. 칸트는 자연법칙의 관점

---

222 『윤리형이상학 정초』, p.128

을 통해서 이성을 설명한다. 예를 들어 어떤 사람이 배가 고파서 음식을 훔치려고 한다고 가정해보자. 이때 음식을 훔쳐서라도 당장 굶주린 배를 채우도록 명령하는 것은 이 사람의 본능일 것이다. 그러나 이성은 이와 반대되는 명령을 할 것이다. 이성은 아무리 배가 고파도 음식을 훔치는 것은 옳지 못하다는 것을 알려주고, 이와 같은 행위를 하지 못하도록 방해할 것이다. 이것은 본능적 행복을 얻기 위해 이성의 능력이 인간에게 부여된 것이 아니라는 말이다.

그렇다면 인간에게 부여된 이성의 본래 목적은 무엇인가. 칸트는 이성의 작용(능력)을 다음과 같이 설명한다.

> 무릇 이성은 의지의 대상들과 우리의 모든 필요들의 충족과 관련해 의지를 안전하게 이끌기에는 충분히 유능하지 못하다. 이런 목적에는 생래적인 자연본능이 훨씬 더 확실하게 이를 터이다. 그럼에도 우리에게는 이성이 실천 능력으로서, 다시 말해 의지에게 영향을 미쳐야 할 그런 것으로 품수되어 있으므로, 이성의 참다운 사명은 가령 다른 의도에서 수단으로서가 아니라, 그 자체로서 선한 의지를 낳는 것이어야만 한다. 바로 이를 위해 단적으로 이성이 필요했던 것이다.[223]

이성은 자연법칙이 명령하는 행복 추구, 즉 음식을 훔쳐서라도 당장 굶주린 배를 채우는 행복 추구와 같은 목적을 따르지 않는다. "이러한 목적에는 생래적인 자연본능이 훨씬 더 확실하게 이를 터이다." 행복 추구와 같은 것은 이성이 아닌 자연본능에 더 부합하다는 말이다.

여기에서 칸트는 이성의 목적이 행복과 같은 수단적 가치를 위해서

---

[223] 『윤리형이상학 정초』, p.127

가 아니라, 그 자체로 선한 의지를 추구하는데 있다고 설명한다. "이성의 참다운 사명은 가령 다른 의도에서 수단으로서가 아니라, 그 자체로 선한 의지를 낳는 것이어야 한다." 이성의 사명은 선의지를 추구하는데 있다. 또한 "이성은 의지에게 영향을 미쳐야 할 그런 것으로 품수되어 있다." 즉 이성이 선의지를 추구하는 것은 절대성과 필연성에 따른 것임을 강조한다. 이렇게 볼 때, 선의지는 이성 안에 내재하며, 선의지의 실현을 가능하게 하는 것이 바로 이성이라고 할 수 있다.

여기에서 이성과 선의지의 관계는 퇴계에 있어서 심(심의 리)과 성(性)의 관계와 유사하다고 할 수 있다. 선의지가 이성 안에 내재하듯이 성도 심 안에 내재하며, 또한 심의 작용에 의해 성이 드러나듯이 이성의 작용에 의해 선의지가 실현되기 때문이다.[224] 물론 이때의 심은 리와 기가 합쳐진 의미가 아니라, 주자가 말한 '기의 정상(精爽)'에 해당한다.[225]

칸트는 도덕성의 또 하나의 근거로서 의지의 자율성을 강조한다. 칸트에 따르면, 인간은 맹목적으로나 무의식적으로 행동하는 존재가 아니라, 원리에 따라서 행동하는 존재이다. 이때 작용하는 것이 바로 의지이다. 이 의지는 이성의 지시를 받아 행위하는 능력이다. 인간에게

---

[224] 목영해는 이성을 리와 동일한 개념으로 해석한다.(목영해, 「퇴계와 kant 도덕관의 교육론적 탐색」, 『퇴계학보』66, 퇴계학연구원, 1990, p.30) 그러나 칸트의 『윤리형이상학 정초』의 내용에 근거하면, 이성은 '기의 精爽'으로서의 심에 해당한다고 할 수 있다.

[225] 칸트의 이성은 주자의 "심은 성과 비교하면 자취가 있고, 기와 비교하면 저절로 신령스럽다"(『朱子語類』卷5, "心比性則微有迹, 比氣則自然又靈.")라는 심의 개념에 해당한다고 할 수 있다. 왜냐하면 이성은 선의지에 비하면 자취(작용성)가 있으나, 감성계와는 구분되는 예지계에 속하기 때문이다. 이것은 심이 성에 비하며 자취가 있으나, 그 안에는 모든 이치가 내포되어 있기 때문에 단순히 기라고 말할 수 없다는 것이다. 주자는 이러한 심을 '기의 精爽'이라고 표현한다. 또한 심이 리와 기로 이루어졌다고 할 때, '기의 精爽'은 심의 리적인 부분에 해당하므로 '심의 리'라고도 할 수 있다.

는 자율적으로 자기의 의지를 결정하는 이성적 능력이 있으며, 그것에 의하여 도덕적 행위가 가능하다. 예를 들어 배가 고파서 남의 음식을 훔치려고 할 경우, '남의 음식을 훔쳐서는 안 된다'는 이성의 지시에 따라 '남의 음식을 훔치지 않으려는' 의지가 자율적으로 발동한다.

인간이 이성적 존재라고 하는 것은 인간이 자유의지의 소유자라는 것을 의미한다. 자유의지는 의지의 자유, 즉 인간 의지의 자율성을 뜻한다. 이러한 의지의 자율성에 근거하여, 인간은 자신이 따를 도덕법칙(남의 음식을 훔치는 것은 옳지 않다)을 스스로 세운다. 칸트는 이것을 의지의 '자기입법'이라고 부른다. 여기에서 '스스로 법칙을 세운다'는 것은 결국 스스로 세운 법칙에 따르는 것(복종함)을 의미한다. 즉 '남의 음식을 훔치는 것은 옳지 않다'는 법칙에 따라서 실제로 배가 고파도 남의 음식을 훔치지 않는 것을 말한다.

이것이 바로 의지가 왜 법칙을 따라야만 하는지, 즉 의지가 왜 선을 지향해야 하는지에 대한 칸트의 대답이다. 칸트에 따르면, 의지가 법칙을 따르는 것은 전적으로 의지의 자율성에 근거한다. 물론 이때의 법칙은 도덕법칙을 의미한다. 이로써 인간은 누구나 자율적 의지에 따라 도덕법칙을 세우는데, 이때 경험적 요소(경향성)를 모두 배제하고 오직 그 도덕법칙을 따르려는 의지가 바로 '선의지'이다. 그러므로 인간은 누구나 도덕법칙을 따르지 않을 수 없는데, 여기에서 도덕법칙의 필연성이 확보된다. 이렇게 볼 때, 인간은 이성에 근거한 의지의 자율성에 의해 필연적으로 도덕법칙을 따른다.

그럼에도 불구하고 칸트에 따르면, 인간은 경향성이 지배하는 감성계와 이성이 지배하는 예지계에 동시에 속한 불완전한 존재이다. 그러므로 인간의 의지 역시 '경향성에 이끌리는 의지(욕구능력)'와 '이성을 지향하는 의지(실천이성)'로 구분된다. 이때 '경향성에 이끌리는 의지'의 영향을 받으면 악이 되고 '이성을 지향하는 의지'의 영향을 받으면 선이 된다. 이것은 인간의 의지가 완전하지 못하다는 말이다. 그러므로 인간의 의지는 감성적 욕구나 경향성의 영향을 받는데, 이로써 선의지의 실현은 인간에게 있어서 의무의 형태로 나타난다.

여기에서 칸트의 '경향에 이끌리는 의지'를 따르면 악이 되고 '이성을 지향하는 의지'를 따르면 선이 된다는 것은, 퇴계의 심의 작용(주재)에서 리를 따르면 선이 되고 기를 따르면 악이 되는 것과 다르지 않다. 이렇게 볼 때, 칸트의 이성은 퇴계에 있어서 리와 기(기의 精爽)로 이루어진 심의 의미와 유사하다고 할 수 있다. 물론 이때의 심속에는 의(意)의 의미가 내포된다.

(3) 의무

칸트는 선의지의 개념을 보다 명확하게 설명하기 위해 '의무'라는 개념을 끌어들인다. 칸트 스스로도 "선의지 개념을 분명히 하기 위해 의무개념을 다룬다"[226]라고 말하고 있다. 이것은 이성 안에 선의지가 선험적으로 주어졌다는 사실이 그대로 도덕적 행위로 연결되는 것은 아니라는 말이다. 왜냐하면 인간은 경향성이 지배하는 감성계와 이성이 지배하는 예지계에 동시에 속한 불완전한 존재이기 때문이다. 인간은 감성적 욕구와 경향성의 영향에 쉽게 유혹을 받기 때문에 선의지를 의무의 형태로 제시하여 이 의무가 모든 경향성을 이겨내고 선을 행하도록 하려는 것이다.

물론 선의지와 의무 두 개념은 그 범위가 동일한 것은 아니다. 왜냐하면 전적으로 선한 의지는 결코 의무에 근거해서 행위하지 않기 때문

---

226 『윤리형이상학 정초』, p.128

이다. 가령 신과 같은 완전한 존재자의 경우는 그 행위 자체가 선이므로 굳이 감성적 욕구나 경향성을 배제하지 않아도 된다. 즉 완전한 존재자의 행위는 그 자체가 선하므로 의무의 형태에서 나온 것이 아니다(의무의 형태를 띨 필요가 없다)는 말이다. 그러나 불완전한 존재자인 인간의 의지는 감성적 욕구나 경향성의 영향을 받아 주관적 동기의 제약 속에 있다. 때문에 인간에게 있어서의 의지는 선의지가 의무의 형태로 나타난다. 이것은 반드시 의무를 매개로 해야 선의지가 드러날 수 있다는 말이다. 또한 이것은 선의지가 왜 의무의 형태로 나타나는지에 대한 대답이기도 하다. 이로써 칸트는 선의지를 의무와의 관계 속에서 설명한다.

여기에서 칸트는 의무개념을 '의무에 맞는 행위(pflichtmassing)'와 '의무로부터 나온 행위(auspflicht)'로 구분한다.[227] 어떤 행위가 비록 겉으로 보기에는 '의무에 맞는 행위'이지만, 이기적인 의도에서 한 경우가 있다. 행위가 의무에 맞는 경우는 '그것이 의무로부터 나온 것인지, 아니면 자기의 이익을 위한 의도에서 나온 것인지' 구별이 쉽지 않다. 때문에 칸트는 다양한 사례를 제시하여 '의무에 맞는 행위'와 '의무로부터 나온 행위'를 정확히 구분한다.

예를 들어 물건을 파는 상인이 모든 손님에게 정직한 거래를 했다면, 이로써 어린아이도 제값에 물건을 살 수 있다면, 이때 상인의 행위는 '의무에 맞는 행위'이다. 그러나 정직한 거래가 결국 장기적인 안목에

---

[227] 칸트는 의무와 관련하여 그 유형을 세 가지로 구분한다. 첫째 유형은 의무에 어긋나는 행위인데, 이것은 의무와 상충하는 행위이므로 논의의 대상에서 제외한다. 둘째 유형은 '의무에 맞는 행위'인데, 이것은 의무에는 적합하지만 자신을 기쁘게 하는 등 경향성에 의한 행위이다. 셋째 유형은 '의무로부터 나온 행위'인데, 이것은 오로지 옳기 때문에 하는 행위이다. 칸트는 이들 중에서도 '의무로부터 나온 행위'만이 도덕적 가치를 가진다고 강조하는데, 이것이 바로 선의지의 존재를 알리는 징표가 된다.

서 이익이 되기 때문이라면, 이것은 다만 사익을 위한 목적으로 행위한 것이 된다. 따라서 상인의 행위가 비록 겉으로 보기에는 의무에 맞더라도, 결국 자신의 이익을 추구하는 의도에서 나온 것이므로 도덕적 가치를 가지지 못한다. 반면에 상인이 어떤 이익 추구 때문이 아니라, 다만 정직하게 장사하는 것이 옳기 때문에 하는 행위는 '의무로부터 나온 행위'이므로 도덕적 가치를 가진다.[228]

칸트가 말하는 도덕적 가치는 '의무로부터 나온 행위'를 가리킨다. '의무로부터 나온 행위'는 "우리가 그렇게 행위하는 것이 우리의 의무라는 사실을 인식하고 하는 행위이다."[229] 설령 행위의 결과가 의무에 합치한다고 하더라도, 그 동기가 오로지 의무이기 때문에 한 행위가 아니라면, 그것은 도덕적 가치를 가지지 못한다. 물론 이때 행위의 동기는 '선행을 해야 한다'는 의무감이 될 뿐이다. 그래서 칸트는 "아무런 경향성 없이 오로지 의무로부터 그 행위를 할 때, 그때 그 행위가 비로소 진정한 도덕적 가치를 갖는다"[230]라고 말한다.

이렇게 볼 때, '의무로부터 나온 행위'만이 진정한 의무에 해당하며, '의무에 맞는 행위'는 우연히 의무에 부합한 것일 뿐이다. 왜냐하면 '의무에 맞는 행위'의 경우, 자기의 이익이 의무와 반대되면 언제든지 의무와 어긋나는 행위를 할 가능성이 있기 때문이다. 예컨대 상인의 정직한 거래가 자신에게 손해를 미친다면, 상인은 정직한 거래를 언제든지 그만 둘 것이라는 말이다.

그렇다면 칸트는 왜 '의무에 맞는 행위'와 '의무로부터 나온 행위'를 구분하고, '의무로부터 나온 행위'만이 도덕적 가치를 가진다고 설명

---

228 『윤리형이상학 정초』, p.129
229 로버트 L. 애링턴 지음, 김성호 옮김, 『서양 윤리학사』, 서광사, 2003, p.414
230 『윤리형이상학 정초』, p.130

하는가. 왜냐하면 '의무로부터 나온 행위'만이 보편성과 필연성을 갖는 진정한 의무이기 때문이다. 여기에서 칸트가 개념의 사용이나 규정에서 매우 엄밀한 객관적이고 분석적인 방법을 전개하고 있음을 알 수 있다. 이것은 퇴계가 마땅히 그러하다는 당위성을 전제하는 것과 구분된다.

물론 이때의 의무는 도덕법칙에 대한 존경에서 나온 행위이다. 따라서 이 도덕법칙에 대한 존경이 곧 의무가 되며, 이러한 의무에서 행하는 의지가 곧 선의지가 된다. 결국 도덕법칙에 대한 존경, 즉 도덕법칙을 따르려는 의지가 의무의 형태로 나타나며, 이때의 의무는 보편성과 필연성을 갖는 '의무로부터 나온 행위'가 된다. 다시 말하면, 인간은 감각적 욕구나 경향성의 영향을 받기 때문에 선의지의 실현을 방해하는데, 이러한 방해에도 불구하고 행해야만 하는 행위가 바로 의무이며, 이러한 의무에 의해 선의지가 실현된다.

여기에서 칸트의 의무는 퇴계의 마땅히 해야 하는 소당연(所當然)의 당위법칙과 유사하다. 그러나 칸트가 도덕법칙을 따르는 것을 의무로 규정하는 것과 달리, 퇴계는 별도의 의무 규정을 두지 않지만 그의 당위법칙 속에는 이미 의무의 내용이 내포되어 있다.

(4) 도덕법칙

그렇다면 법칙(도덕법칙)이란 무엇인가. 먼저 칸트는 준칙의 개념을 끌어들여 법칙에 대한 이해를 명확히 한다.

> 준칙은 행위하는 주관적 원리로서 객관적 원리 곧 실천 법칙과는 구별되어야 한다. 전자는 이성이 주관의 조건들에 알맞게 규정하는 실천 규칙을 포함하니, 그에 따라 주관이 행위하는 원칙이다. 법칙은 객관적 원리

로서 모든 이성적 존재자에게 타당하며, 그에 따라 모든 이성적 존재자가 행위해야만 하는 원칙, 즉 명령이다.[231]

우리의 행위에는 실제로 작용하는 원리, 즉 행위의 근거가 되는 원리가 있다. 칸트는 이 원리를 '주관적 원리'와 '객관적 원리'로 구분한다. '주관적 원리'는 그 행위자에게만 적용되는 원리인데, 이를 준칙이라 부른다. 또한 '객관적 원리'는 모든 사람에게 보편적으로 적용되는 원리인데, 이를 법칙이라 부른다. 준칙이 개인적 차원에 적용되는 원리라면, 법칙은 보편적 차원에 적용되는 원리이다. 어떤 행위가 나에게만 적용된다면 그것은 준칙이지만, 모든 사람에게 보편타당하게 적용된다면 그것은 법칙이 된다.

칸트에 의하면, 개인의 주관적 행동이 아무리 도덕적이라고 하더라도, 모든 사람들에게 보편타당하지 않으면 그것은 도덕적인 행위가 될 수 없다. 왜냐하면 나 자신에게 타당한 것이 다른 사람에게는 부당한 것이 될 수도 있기 때문이다. 이것은 주관적 원리인 준칙은 어디까지나 객관성과 보편성을 갖지 못한다는 말에 다름 아니다. 법칙은 개인의 경향성에 의해 결정될 수 있는 것이 아니며, 이로써 칸트는 법칙을 경향성을 배제한 선험적인 성격으로 규정한다. 따라서 법칙은 모든 사람에게 적용되어야 한다는 점에서 보편성을 가지며, 모든 경향성과 관련되지 않는다는 점에서 필연성을 가진다. 이로써 칸트는 인간 행위의 도덕성을 보편성과 필연성을 가진 법칙에 의거해서 판단한다.

그러나 인간은 '경향성이 지배하는 감성계'와 '이성이 지배하는 예지계'에 동시에 속하는 불완전한 존재이므로 인간의 의지는 여러 가지 유

---

[231] 최윤희, 「칸트 윤리학의 정언명법에 대한 고찰-『윤리형이상학 정초』를 중심으로-」, 고려대학교 석사학위논문, 2007, p.15 재인용.

혹에 노출된다. 그러므로 경향성의 제약을 받는 인간에게 있어서의 법칙은 강제나 의무의 형태로 나타나게 된다. 인간은 법칙을 따르는 행위가 의무임을 자각하고, 그 의무로써 우리의 의지를 강제하고 명령한다. 이로써 의무는 의지에 대해서 강제성을 지닌 모습을 띠게 되고, 그것은 일종의 명령의 형식으로 나타나는데, 이것이 바로 '정언명령'이다. 이렇게 볼 때, 의무와 함께 행위가 도덕적 가치를 갖기 위한 또 하나의 조건이 바로 정언명령이다.

칸트는 정언명령을 가언명령과 대비시키고, 도덕법칙은 반드시 정언명령의 형태로 표현된다고 설명한다. 가언명령은 명령 그 자체가 목적이 되는 것이 아니라, 어떤 목표에 도달하기 위한 수단으로 제시되는 반면, 정언명령은 어떤 목적과 관련되지 않고 행위 그 자체가 보편적·필연적임을 드러내는 명령이니, 곧 도덕법칙이 된다.[232] 이것은 도덕법칙으로서의 정언명령이 반드시 보편성과 필연성에 기초한다, 즉 보편성과 필연성에 기초하지 않으면 도덕법칙이 될 수 없다는 말에 다름 아니다.

이 과정에서 칸트는 법칙을 따르지 않을 수 없는 필연성을 '법칙에 대한 존경'이라고 설명한다. 어떤 행위를 할 수밖에 없는 것은 법칙에 대한 존경에 근거하며, 이러한 도덕법칙에 대한 존경이 곧 의무가 된다. 이에 칸트는 "의무는 법칙에 대한 존경심에서 나오는 행위의 필연성이다"[233]라고 말한다. 의무는 법칙에 대한 존경에서 나온 필연적 행위이

---

[232] "가언적 명법은 하나의 가능한 행위의 실천적 필연성을 우리가 원하는 다른 어떤 것에 도달하기 위한 수단으로서 제시한다. 정언적 명법은 하나의 행위를 다른 어떤 목적과 관련시키는 일 없이 그 자체가 객관적·필연적인 행위로 제시한다."(『윤리형이상학 정초』, p.154) 칸트는 정언명령의 세 가지 정식을 통해 어떻게 보편적이 필연적인 법칙이 가능한가를 보여준다. 첫째, 나의 준칙이 모든 사람들에게도 보편타당한 법칙이 될 수 있도록 행위하라. 둘째, 나의 준칙이 목적론적인 자연법칙에 따라 행위하라. 셋째, 인간을 수단이 아닌 목적 자체로 대우하라는 등이다.

므로 의무와 법칙은 함께 작용한다.

이처럼 칸트가 법칙에 대한 존경과 의무를 강조하는 것은 전적으로 주관적 요소(경향성)를 배제한 보편성과 필연성을 갖기 때문이다. 이것은 어떤 행위가 보편성과 필연성을 가질 때라야 진정한 도덕적 가치를 가진다는 말에 다름 아니다. 이때 어떤 행위가 의무라는 것을 자각하고 실천하려는 의지가 바로 선의지이니, 이것은 또한 도덕법칙에 대한 존경심에서 표출된다. 이렇게 볼 때, 선의지가 의무나 도덕법칙과의 상호관계 속에서 설명되고 있음을 알 수 있다. 이때의 도덕법칙은 퇴계의 '소당연의 법칙'에 해당한다고 할 수 있다.

퇴계의 도덕성을 구성하는 내용으로는 리·기·성·심·정·의 등이 있으며, 칸트의 도덕성을 구성하는 내용으로는 선의지·이성·의지·의무·도덕법칙 등이 있다.

이들의 공통적 특징으로는 인간이 도덕적 존재임을 전제한다는 것이다. 퇴계는 리(성)에 근거하여, 칸트는 선의지에 근거하여 인간은 누구나 선천적으로 도덕적 존재임을 인정함으로써 인간에 대한 무한한 신뢰를 보여준다. 인간은 성인과 같은 도덕적 경지에 이를 수 있으며, 더 나아가 타인에게도 선한 영향력을 미쳐 결국『대학』에서 말하는 지선(至善)의 경지에 이를 수 있다. 이것은 퇴계에 의하면 유학이 추구하는 도덕적 이상국가의 구현이 가능하다는 의미이며, 또한 칸트에 의하면 선의 원리가 지배하는 윤리적 공동체의 실현이 가능하다는 의미이

---

233 『윤리형이상학 정초』, p. 133

다. 이로써 도덕성은 주관성을 뛰어넘어 보편성을 확립하게 된다.

이때의 성이 심 안에 내재하듯이 선의지 역시 이성 안에 내재하며, 심의 작용에 의해 성이 드러나듯이 이성의 작용에 의해 선의지가 실현된다. 이로써 퇴계에 있어서 심(심의 리)과 성의 관계는 칸트에 있어서 이성과 선의지의 관계와 유사하다. 이에 이성은 리와 기가 합쳐진 심의 의미가 아니라 '기의 정상(精爽)'에 해당하고, 다만 의지는 리와 기가 합쳐진 심의 의미에 해당한다.

그럼에도 선한 도덕성이 인간의 도덕적 행위까지 온전히 담보하는 것은 아니다. 퇴계는 그 원인을 기에 근거지어 설명하고, 칸트는 그 원인을 '감성계(또는 경향성에 이끌리는 의지)'에 근거지어 설명한다. 이로써 인간은 절대선인 성(리)과 최고선인 선의지를 부여받음에도 불완전하거나 악한 존재로 살아간다. 퇴계에 의하면, 성(리)이 형체(기)에 내재하는 순간 심의 작용이 시작되는데, 이때 심의 작용에서 리를 따르면 선이 되고(사단과 도심) 기를 따르면 악이 된다(칠정과 인심). 이때 심이 리를 따르기도 하고 기를 따르기도 하는 것은 전적으로 의(意)의 결정에 근거하는데, 이것은 칸트의 의지 개념과 유사하다.

칸트 역시 인간은 '경향성에 이끌리는 의지(감성계)'와 '이성을 지향하는 의지(예지계)'에 동시에 속하는 불완전한 존재이다. 이때 '이성을 지향하는 의지'를 따르면(도덕법칙을 따르면) 선이 되고, '경향성에 이끌리는 의지'를 따르면(도덕법칙을 따르지 않으면) 악이 된다. 이 과정에서 칸트는 '의무'의 개념을 제시하여 모든 경향성을 이겨내고 선을 행하도록 하는데, 이것은 퇴계의 마땅히 해야 하는 '소당연의 법칙'에 해당한다. 그러나 칸트가 도덕법칙을 따르는 것을 의무로 규정하는 것과 달리, 퇴계는 별도의 의무규정을 두지 않지만 다만 당위법칙 속에는 이미 의무의 내용이 내포되어 있다.

한편 칸트의 도덕성 탐구는 도덕적 행위의 보편타당한 근거를 정립하는데 있다. 이를 위해 개념의 사용과 원칙에서 객관적이고 분석적인 방법을 전개한다. 예를 들어 선의지의 정확한 개념 규정을 위해 다양한 비유와 구체적인 사례를 제시한다. '의무에 맞는 행위'와 '의무로부터 나온 행위', 준칙과 법칙, 가언명령과 정언명령 등에 대한 엄격한 구분과 규정도 같은 맥락에서 이루어진다. 이것은 서구의 전형적인 학문적 사고방식과 부합한다. 이와 달리, 퇴계의 도덕성 탐구는 도덕적 인격의 완성에 있다. 그래서 도덕적 행위과정의 객관적이고 분석적인 설명보다는 주관적(당위적)이고 수양적인 도덕관을 정립한다. 물론 이것은 동양의 전형적인 학문적 사고방식과 부합한다.

이렇게 볼 때, 퇴계와 칸트가 도덕성을 설명하는 학문적 방식에서는 분명한 차이를 보인다. 그렇지만 퇴계와 칸트의 도덕성을 구성하는 사유구조는 누구나 선한 도덕성을 가지고 있음을 성(리) 또는 선의지로 설명하면서, 동시에 기 또는 '경향성이 지배하는 감성계'로써 현실 속에 만연한 인간의 부조리한 상황을 반영하고 있음을 알 수 있다. 결국 이들이 도덕성을 설명하는 과정에서 개념과 방법상에 다소 차이가 있을지라도 그 본질을 관통하는 사유구조는 다르지 않으며, 그 목적 역시 인간의 선한 도덕성을 이끌어내는데 있다는 것이다. 여기에서 퇴계와 칸트의 도덕성에 대한 사유구조와 그 목적의 유사성을 확인할 수 있다.

제5장
퇴계의 심성론과 융의 분석심리학

마음(또는 정신)이란 무엇인가. 인간의 마음을 이해하는 것은 쉬운 일이 아니다. 지금까지 동서양을 막론하고 마음의 구조와 기능을 파악하기 위해 많은 철학자·심리학자뿐만 아니라, 여러 분야의 종교학자들의 다양한 탐구가 이루어져 왔다. 특히 서양은 프로이트(Freud) 이후 수많은 정신과의사나 심리학자들이 마음의 문제를 해결하기 위해 집중적인 노력을 기울여왔다. 그 이유로는 무엇보다 인간이 느끼는 행복과 불행이 모두 마음에서 비롯되니, 즉 마음이야말로 인간의 모든 행복과 불행의 근원인 동시에 인간 존재의 가장 중요한 요소이기 때문이다.

퇴계(退溪 李滉, 1501~1570)는 잘 알려져 있듯이, 오늘날 한국인의 교육·철학 등에 지대한 영향을 미친 16세기 조선의 대표적인 유학자이다. 융(Carl Gustav Jung, 1875~1961)은 스위스 출신의 정신과의사이자 분석심리학의 창시자로 불린다. 특히 융은 콤플렉스와 같은 일상적인 용어는 물론이고, '집단무의식'이나 '원형'과 같은 개념을 수립함으로써 정신의학 및 분석심리학의 영역을 초월하여 종교·예술·문학·교육 등의 분야에까지 심대한 영향을 미친 20세기 최대의 심리학자이다.[234] 표면적으로 볼 때, 이들은 동양과 서양이라는 문화적·지리적 차이뿐만 아니라,

이들의 생몰연대만 보더라도 400여년의 차이를 보인다. 그럼에도 이들은 이발(已發)과 미발(未發) 또는 의식과 무의식 등 마음구조에 대한 상통하는 이론체계를 갖고 있으며, 동시에 본성실현 또는 자기실현을 통한 인격완성이라는 공통의 목표를 지향한다. 물론 본성실현과 자기실현의 구체적인 방법과 내용 등에서는 많은 차이를 보인다.

융에 의하면, 정신에는 우리가 지각할 수 있는 의식적인 사고·감정뿐만 아니라, 우리가 지각하지 못하는 무의식적인 부분도 있다. 무의식의 부분은 우리의 의식으로 알지 못하지만 정신의 상당부분을 차지하며, 우리의 행동을 결정하는 중요한 요인이 된다. 퇴계 역시 직접 무의식이라는 표현은 쓰지 않지만, 그의 심성론에도 현상(의식) 너머의 무의식에 해당하는 내용이 있으니 마음의 미발상태에 해당하는 성(性, 본성)이 그것이다. 융의 표현대로면 현상세계(의식적 행동)는 무의식 속에 저장되어 있는 '원형'에 의해서 결정되며, 퇴계의 표현대로면 현상세계는 '성'에 갖추어져 있는 온갖 이치에 의해서 실현된다.

또한 퇴계의 궁극적 목표는 '본성의 실현'에 있고, 융의 궁극적 목표는 '자기의 실현'에 있다. 다만 퇴계가 본성실현을 이루는 과정에서 개인의 욕망·감정(특히 칠정)을 절제할 것을 강조한다면, 융은 개인의 욕망을 인정할 뿐만 아니라 자기발전의 원동력으로 이해한다. 즉 개인의 욕망은 제거되어야 할 대상이 아니라, 이러한 욕망을 직시하고 받아들이는 삶 속에서 진정한 '자기'와의 합일을 이룰 수 있다는 것이다. 이처럼 이들은 모두 마음(또는 정신)의 내면세계에 깊이 천착하지만 이론의 전개과정에서 유사점과 차이점을 보이는데, 그 내용을 시론적(試論的)이나마 확인해보려는 것이 이 글의 취지이다. 이를 통해 서로 간의 공

---

234 권오석 옮김, 『무의식의 분석』, 홍신문화사, 2007, p.294 참조.

통점을 찾아 인간의 마음구조에 대한 이해와 융합을 촉진하고, 서로 간의 차이점을 찾아 상호 보완과 발전의 계기로 삼고자 한다.

  결국 퇴계의 심성론은 융의 분석심리학을 통해서 현대 심리학 이론으로 재해석할 수 있는 계기를 마련할 것이며, 반대로 융의 분석심리학은 퇴계의 심성론을 통해서 자기실현의 과정에서 경(敬)과 같은 새로운 수양방법을 모색할 수 있을 것이다. 특히 융은 자기실현을 이루기 위한 일환으로, 무의식과 대화하는 등 동양의 수양·명상과 같은 실천방법을 높이 평가하고 이러한 동양사상에 많은 관심을 가진 것으로 잘 알려져 있다.

  퇴계와 융은 모두 '본성실현' 또는 '자기실현'을 이루기 위해 마음(또는 정신)이라는 내면의 세계에 주목하는데, 이 과정에서 마음은 무엇이며, 나의 본질은 무엇이며, 나는 누구인지 등과 같은 근원적 질문에 대한 대답을 확인한다. 오늘날과 같은 바쁜 세상에 자신의 내면을 들여다보는 것은 쉬운 일이 아니다. 그럼에도 인간의 궁극적 관심이 진정한 자신을 찾는데 있다고 할 때, 자기 내면의 마음에 대한 보다 많은 이해와 관심을 기울이는 것은 자기를 이해하는 계기가 될 뿐만 아니라 타인을 이해하는데도 중요한 의미를 갖는다고 하겠다.

1. 퇴계의 심성론

(1) 마음의 구조: 성과 정

  퇴계의 심성론에서는 마음을 어떻게 이해하는가. 먼저 퇴계는 마음을 성(性)과 정(情)의 관계 속에서 이해한다.

리와 기가 합하여 심이 되니 자연히 허령(虛靈)·지각(知覺)의 신묘함이 있다. 고요하여 모든 이치를 갖추고 있는 것은 성이지만 이 성을 담아서 싣고 있는 것은 심이며, 움직여서 만사에 응하는 것은 정이지만 이 정을 베풀어 쓰는 것은 역시 심이다. 그러므로 '심이 성과 정을 통섭한다'고 말한다.[235]

먼저 퇴계는 마음을 리와 기의 결합으로 이해한다. "리는 바로 사덕(四德)의 리이므로 오상(五常)이 되고, 기는 바로 음양·오행의 기이므로 기질이 되니, 이것이 사람의 마음에 갖추어져 있는 것으로써 모두 하늘에 근본하는 것이다."[236] 사람의 마음은 리로써의 오상과 기로써의 기질로 구성된다. 이때 오상은 천명에 의해 부여된 성을 말하고, 기질은 성을 담고 있는 그릇의 의미이다. 물론 이때의 리와 기는 모두 태어나면서 부여받는 것이니, 이 때문에 '모두 하늘에 근본하는 것'이라고 말한다. 사람이 리(성)와 기(형체)로 구성되는 것처럼, 사람의 마음 역시 리와 기로 구성되니, 이것이 바로 마음에 대한 기본 인식이며 이기론적 해석이다.

이러한 리와 기가 결합되면 마음이 작용을 시작한다. 퇴계는 마음의 작용을 다시 허령(虛靈, 지각능력)과 지각(知覺, 지각작용)의 양면으로 파악한다. 이것은 마음의 작용을 체용의 구조로 인식한 것으로써, 이때 '허령'이 마음의 본체(體)로서 텅 비어있으면서 신령한 지각능력을 갖추고 있는 것을 말한다면, '지각'은 마음의 작용(用)으로서 허령한 지각능력

---

[235] 『退溪集』卷18, 「答奇明彦(別紙)」, "理氣合而爲心, 自然有虛靈知覺之妙. 靜而具衆理, 性也, 而盛貯該載此性者, 心也; 動而應萬事, 情也, 而敷施發用此情者, 亦心也. 故曰心統性情."
[236] 『退溪續集』卷8, 「天命圖說」, "其理卽四德之理而爲五常, 其氣卽二五之氣而爲氣質, 此人心所具, 皆本乎天者也."

에 근거하여 실제로 사물을 인식하는 지각작용을 말한다.

허령한 마음의 본체에는 온갖 이치가 갖추어져 있으며, 이것이 마음의 작용을 통해 실제로 사물에 감응하여 온갖 일에 대응할 수 있다. 이때 온갖 이치를 갖추고 있는 것이 성(性)이라면, 사물에 감응하여 온갖 일에 대응하는 것이 정(情)이다. 그러나 "고요하여 온갖 이치를 갖추고 있는 것은 성이지만 이 성을 담거나 싣고 있는 것은 마음이며, 움직여서 온갖 일에 대응하는 것은 정이지만 이 정을 베풀어 쓰는 것은 역시 마음이다." 즉 고요한 본체로서의 성과 움직이는 작용으로서의 정이 모두 마음속에 간직되어 있고 마음에 의해 실현되니, 결국 마음이 성과 정을 총괄하는 통합적 주체이다. 이것이 바로 장재가 말한 '심통성정(心統性情)'의 의미이다.

또한 퇴계는 이러한 마음을 발하기 이전과 발한 이후로 구분하는데, 마음이 아직 발하여 움직이지 않는 고요한 상태가 미발(未發)이라면, 마음이 이미 발하여 움직인 상태가 이발(已發)이다. '발한다'는 것은 마음이 움직이거나 작용한다는 말이다.

> 사람의 마음은 체용(體用)을 갖추고, 적감(寂感)을 겸하며, 동정(動靜)을 관통하기 때문에 사물에 감응하기 이전에는 '매우 고요하여 움직이지 않으나(寂然不動) 온갖 이치가 모두 갖추어져 있어 마음의 모든 본체가 보존되지 않음이 없다. 그러다가 사물이 와서 '감응하여 마침내 통하게 되면(感而遂通)' 품절이 어긋나지 않아 마음의 커다란 작용이 행해지지 않음이 없다. 고요하여 적연한 것을 미발(未發)이라 하고, 움직여서 감응하는 것을 이발(已發)이라 한다.[237]

---

237 『退溪集』卷19, 「答黃仲擧」, "人心備體用, 該寂感, 貫動靜, 故其未感於物也, 寂然不動, 萬理咸具, 而心之全體無不存. 事物之來, 感而遂通, 品節不差, 而心之大用

마음은 체와 용, 미발(적연부동 또는 정)과 이발(감이수통 또는 동)을 포괄하는 개념이다. 무엇보다 마음을 체용으로 말하면, 마음의 본체는 성이고 마음의 작용은 정이다. 또한 마음은 미발(未發)과 이발(已發)로도 구분되니, 마음이 고요하여 아직 움직이지 않은 때를 '미발(寂然不動 또는 靜)'이라 하고, 마음이 움직여서 사물에 감응하는 때를 '이발(感而遂通 또는 動)'이라 한다.

　　미발은 마음이 고요하여 움직이지 않으므로 생각이나 감정이 아직 일어나지 않은 때이니, 융의 무의식처럼 경험 이전의 상태이다. 이때는 성의 의미로써 온갖 이치가 갖추어져 있으니, 마음의 본체가 보존되지 않음이 없다. 이발은 마음이 움직여서 사물에 감응하므로 생각이나 감정이 이미 일어난 때이니, 융의 의식처럼 경험 이후의 상태이다. 이때는 정(情)의 상태로서 온갖 품절이 어긋나지 않아 마음의 작용이 행해지지 않음이 없다. 물론 이러한 해석은 마음의 주재가 이루어져 기의 영향을 받지 않는 상태이니, 선한 정으로 드러난다.

　　'미발'을 생각이나 감정이 아직 일어나지 않은 때라는 측면에서 보면, 의식보다 무의식의 세계로 이해될 수 있다. 그러나 생각이나 감정이 아직 일어나지 않은 미발의 때에도 마음의 작용은 한순간도 정지된 적이 없다. 이것이 바로 주자의 '사려미맹 지각불매(思慮未萌 知覺不昧)', 즉 생각이나 감정은 아직 싹트지 않았지만 지각은 어둡지 않다(작용한다)는 뜻이다. 물론 미발 때의 '지각'은 현상세계의 의식에 해당하는 지각작용이 아니라, 의식의 지각작용이 일어나지 않아도 선험적으로 사물에 대한 본질과 그 의미를 파악할 수 있는 보다 깊은 차원에서의 지각작용을 의미한다.[238] 융의 표현에 따르면, 의식적 자아의 분별성을 지양하여

　　無不行. 靜則寂而未發之謂也, 動則感而已發之謂也."

정신의 전체에 해당하는 '자기'를 체험하게 되는 상태이다. 퇴계는 이러한 마음의 상태를 고요하여 움직이지 않는 미발(未發)·정(靜)·적연부동(寂然不動) 등으로 규정한다.

또한 생각이나 감정이 일어난 후에는 마음의 작용이 분명히 활동하니, 이때의 마음을 '감응하여 마침내 통하는(感而遂通)' 이발로 규정한다. 따라서 미발이란 마음의 작용은 계속되지만, 생각이나 감정이 아직 일어나지 않는 고요한 상태를 말한다. 이것은 미발이 곧장 성 자체를 가리키는 것이 아니라, 마음의 미발상태라는 의미이다. 결국 추상적·초월적인 성의 개념을 마음의 미발상태에 귀속시킴으로써 구체적·현실적 영역으로 끌어내린 것이니, 이것이 바로 주자의 중화구설(中和舊說)과 구분되는 중화신설(中和新說)의 내용이다. 미발의 때에는 마음의 본체인 성(性)이 보존되고 이발의 때에는 마음의 작용인 정(情)이 행해지니, 결국 마음은 본체인 '성'과 작용인 '정'을 총괄한다. 이것은 융의 의식과 무의식을 합한 '전체정신'의 의미에 해당한다.

그렇다면 마음의 본체요 미발에 해당하는 성(性, 본성)이란 무엇인가. 성은 마음속에 갖추어져 있는 리(理)로써 천지의 원리요 이치인 리가 사람(또는 사물)에 내재된 상태를 말한다. 엄밀히 말하면, 천지의 리가 사람에 내재되기 이전을 '리'라 하고, 사람에게 내재된 이후를 '성'이라 한다. "마치 태극(리)이 동정의 이치를 갖추고 있지만 아직 음양으로 갈라지지 않은 것과 같으니, 이때는 혼연한 하나의 성으로서 순선하고 악이 없다."[239] 성은 곧 리이니(性卽理), 선악으로 말하면 순선무악(純善無惡)하며,

---

[238] 고희선,「주자 심성론과 융 분석심리학의 학제 간 접목을 통한 개인과 사회의 조화로운 공존에 대한 모색」,『동서철학연구』88, 한국동서철학회, 2018, p.194 참조.
[239] 『退溪續集』卷8,「天命圖說」, "故當此心未發之前, 如太極具動靜之理, 而未判爲陰陽者也, 一心之內, 渾然一性, 純善而無惡矣."

그 내용에는 인·의·예·지의 사덕(四德)이 있다.

그러나 리가 사람에 내재되어 성이 되면, 성을 담고 있는 기질(형체)의 영향을 받지 않을 수 없다. 왜냐하면 리는 원리·이치이지만 기는 실제로 작용하기 때문이니, 이것을 이약기강(理弱氣强)이라 말한다. 기질 역시 하늘로부터 품부받은 것이지만, 청탁(淸濁)·수박(粹駁)한 성질 때문에 순선한 성과 달리 언제든지 악으로 흐를 가능성이 있다. 이때 기질을 포함하지 않고 오로지 리만을 말한 것이 본연지성이라면, 기질을 포함하여 말한 것이 기질지성이다. 따라서 기질지성은 반드시 기질의 영향을 받기 때문에 일정한 자기조절, 즉 자기수양의 과정을 통해야 비로소 선한 본연지성을 회복할 수 있다.

무엇보다 성은 마음속에 갖추어져 있는 이치이니 스스로 발하거나 작용하지 못한다. 실제로 주재·운용하는 것은 마음이니, 성은 반드시 마음의 작용을 기다려야 비로소 현실적 실현이 가능하다. 그렇지만 마음 역시 성에 근거하여 작용하니, 성은 마음의 주재·운용을 가능하게 하는 근거가 된다. "심은 성이 아니면 근거하여 움직일 수 없기 때문에 '심이 먼저 움직인다'고 말할 수 없고, 성은 심이 아니면 스스로 움직일 수 없기 때문에 '성이 먼저 움직인다'고 말할 수 없다."[240] 성은 마음이 아니면 스스로 발할 수 없고, 마음 역시 성이 아니면 근거할 바가 없다. 결국 마음과 성은 상대되는 두 물건(二物)이 아니라, 다만 '하나이면서 둘이고 둘이면서 하나'라는 상호 보완적·의존적 관계에 있으니 선후를 말할 수 없다.

이어서 퇴계는 마음의 작용근거가 되는 성의 특징을 '지극히 고요하여 아무런 조짐이 없으나, 삼라만상이 이미 빽빽이 갖추어져 있다(沖漠

---

240 『退溪集』卷29,「答金而精(別紙)」, "心非性, 無因而爲動, 故不可謂心先動也; 性非心, 不能以自動, 故不可謂性先動也."

無朕, 萬象森然已具)'라고 설명한다.[241] 삼라만상이 이미 빽빽이 갖추어져 있다는 것은 무슨 말인가. "이것은 사물이 있기 이전에 먼저 그 이치가 있음을 말한 것이다. 예컨대 임금과 신하가 있기 이전에 이미 먼저 임금과 신하의 이치가 있고, 아버지와 아들이 있기 이전에 이미 먼저 아버지와 아들의 이치가 있는 것과 같다."[242] 사람들은 성에 형체나 조짐이 없는 것만 보고서 마음속이 텅 비어 아무 것도 없다고 생각함으로써 실제로 '삼라만상이 이미 빽빽이 갖추어져 있다'는 것을 알지 못한다.

마치 임금과 신하의 이치에 따라 실제로 임금과 신하가 있는 것처럼, 마음이 발하기 이전에는 성의 상태로서 온갖 이치가 갖추어져 있다가, 마음이 발하면 성에 갖추어져 있는 온갖 이치가 실제로 드러난다는 것이다. 이것은 융의 무의식 속에 저장되어 있는 '원형'의 개념에 해당한다. 우리가 일상에서 느끼고 사유하며 행동하는 것은 모두 원형에 근거하여 일어나듯이, 성 속에 갖추어져 있는 온갖 이치에 근거하여 실제로 삼라만상의 수많은 현상이 전개된다. 이것은 우리에게 모든 현상이 일어날 잠재적인 요소가 '성'이나 '원형'에 이미 갖추어져 있다는 말에 다름 아니다. 다만 퇴계의 성이 주로 선한 도덕적 의미로 사용된다면, 융의 원형은 도덕적 의미보다는 그림자에서처럼 증오·혐오·공포 등 현실 속에 일어나는 사실 그대로의 의미로 사용된다.

'온갖 이치가 갖추어져 있다'는 것은 현실에 드러나는 다양한 일들이 가능태로 이미 갖추어져 있으니, 이것은 현실태가 아닌 가능태이므로 우리의 의식이나 지각으로는 인식할 수 없다. 그러므로 성은 자체로 발

---

241 『退溪集』卷25, 「答鄭子中(庚申)」, "將謂是空蕩蕩, 卻不知道沖漠無朕, 萬象森然已具." 참조.
242 『退溪集』卷25, 「鄭子中與奇明彦論學」, "此言未有這事, 先有這理, 如未有君臣, 已先有君臣之理; 未有父子, 已先有父子之理."

할 수 없고, 반드시 마음의 작용을 기다려서 발할 수 있으며, 또한 마음의 작용을 통해 드러난 정의 현상을 통해서만 그 존재가 추론될 뿐이다. 이 때문에 융 역시 무의식 속에 저장된 수많은 원형은 우리의 의식으로 인식할 수 없고, 다만 꿈과 상징을 통해 재현될 뿐이라고 설명한다.

그렇다면 마음의 작용이요 이발에 해당하는 정(情, 감정)이란 무엇인가. 퇴계는 주자의 말에 근거하여 '정'의 의미를 다음과 같이 설명한다.

> 주자가 말하였다. "사람은 천지의 중(中)을 받아서 태어나므로 〈사물에〉 감응하지 않을 때에는 순수하고 지선(至善)하며 온갖 이치를 갖추고 있으니, 이른바 성(性)이다. 그러나 사람에게 성이 있으면 곧 형체가 있고, 형체가 있으면 곧 심이 있어 사물에 감응이 없을 수 없다. 사물에 감응하여 움직이면 성의 욕구(欲)가 나와서 선과 악이 여기에서 갈라지는데, '성의 욕구'가 바로 정(情)이다."[243]

천지의 리는 치우치거나 모자람이 없기 때문에 중(中 또는 中正)이라고 말한다. 천지의 중정(中正)한 리가 사람의 형체에 내재된 것이 '성'이다. 이러한 성은 순수하고 지선(至善)하며 온갖 이치를 갖추고 있다. 이 성이 형체에 내재하면 바로 마음이 작용을 시작하여 사물에 감응하고, 사물에 감응하여 마음이 움직이면 정으로 드러난다. "측은은 정이고 그것이 아직 발하지 않은 것이 성이다. 이른바 성의 유행이 곧 정이라는 것

---

[243] 『退溪集』卷17, 「附奇明彦四端七情總論」, "朱子曰, 人受天地之中以生, 其未感也, 純粹至善, 萬理具焉, 所謂性也. 然人有是性, 則卽有是形; 有是形, 則卽有是心, 而不能無感於物. 感於物而動, 則性之欲者出焉, 而善惡於是乎分矣, 性之欲, 卽所謂情也."

이 이것이니, 어찌 정 밖에 따로 성의 유행이 있겠는가."[244] 정이란 성이 발하거나 유행하여 드러난 것이니, 이것이 바로 '성발위정(性發爲情)'의 뜻이다.

정은 마음이 아직 움직이지 않은 미발 때의 성과 달리, 마음이 이미 움직이기 시작한 이발 때를 말하니 "마치 태극이 이미 갈라져서 동하여 양이 되고 정하여 음이 되는 것과 같다. 이때는 기가 비로소 용사(用事, 작용)하므로 그 정이 발함에 선과 악의 구분이 없을 수 없다."[245] 정은 마음이 이미 움직인 이후에 드러난 현상이므로 이때는 기가 용사하며(이때는 이기를 겸하며), 기가 용사하므로 이로부터 선과 악이 갈라진다. '선과 악이 갈라진다'는 것은 순선한 성과 달리, 정에는 선과 악이 함께 있다, 즉 선한 정도 있고 불선한 정도 있다는 말이다.

여기에서 퇴계는 정을 선한 정(사단)과 불선한 정(칠정)으로 구분하는데, 이것이 바로 사단은 '리가 발한 것(理發 또는 理發而氣隨之)'이고 칠정은 '기가 발한 것(氣發 또는 氣發而理乘之)'이라는 이기호발설의 내용이다. "오상(五常)이란 것은 순선하고 악이 없기 때문에 거기에서 발한 사단도 선하지 않음이 없고, 기질이란 것은 본연지성이 아니기 때문에 거기에서 발하는 칠정은 사악한데로 흐르기 쉽다."[246] 사단은 오상(본연지성)에서 발한 것이므로 순선한 정이며, 칠정은 기질(기질지성)에서 발한 것이므로 악으로 흐르기 쉬운 불선한 정이니, 사단과 칠정은 선과 불선으로 구분되는 서로 다른 정이다. 퇴계는 불선한 칠정을 '성의 욕구(欲)'로 표현

---

244 『退溪集』卷24, 「答鄭子中」, "惻隱, 情也, 其未發則性也, 若所謂性之流行卽情, 是耳, 豈情外別有性之流行耶."
245 『退溪續集』卷8, 「天命圖說」, "如太極已判而動爲陽靜爲陰者也. 於斯時也, 氣始用事, 故其情之發, 不能無善惡之殊."
246 같은 곳, "然而所謂五常者, 純善而無惡, 故其所發之四端, 亦無有不善; 所謂氣質者, 非本然之性, 故其所發之七情, 易流於邪惡."

하니, 이때의 '욕'은 희·로·애·구·애·오·욕의 하나로써 칠정을 말한다. 결국 "성의 욕구가 바로 정(情)이다"라고 할 때의 '정'은 사단이 아니라 칠정임을 알 수 있다.

무엇보다 퇴계가 사단과 칠정을 선과 불선으로 분명히 구분하는 이유는 그것이 그대로 공부 방법으로 이어지기 때문이다.

> 사단은 리가 발한 것일 뿐이다. 맹자의 뜻은 바로 사람들로 하여금 그것을 확충하도록 함이니 배우는 자들이 체인하여 확충하지 않을 수 있겠는가. 칠정은 리와 기의 발함을 겸하고 있지만 리의 발함이 혹 기를 주재하지 못하여 기의 유행이 도리어 리를 가리게 되니, 배우는 자들은 칠정이 발할 때에 성찰하여 다스리지 않을 수 있겠는가. 이것이 사단과 칠정의 명칭이 각각 있게 되는 까닭이다.[247]

사단은 리가 발한 것이므로 선하지 않음이 없다. 칠정도 리가 없는 것은 아니지만(이기를 겸하지만) "리가 발할 때에 기를 주재하지 못하여 기의 유행이 도리어 리를 가리게 되니" 리가 기에 가려져 있으므로 기가 발한 것이니 악으로 흐르기 쉽다.

결국 사단은 선한 정이고 칠정은 불선한 정이니, 여기에서 사단과 칠정에 대한 공부방법이 달라진다. 사단은 선한 정이므로 널리 확충해나가는 공부가 필요하고, 칠정은 불선한 정이므로 다스리거나 단속해나가는 공부가 필요하다. 이것이 바로 퇴계가 사단과 칠정을 이발(理發, 선

---

247 『退溪集』卷17,「附奇明彦四端七情總論」, "但四端只是理之發. 孟子之意, 正欲使人擴而充之, 則學者可不體認而擴充之乎. 七情兼有理氣之發, 而理之所發, 或不能以宰乎氣, 氣之所流, 亦反有以蔽乎理, 則學者於七情之發, 可不省察以克治之乎. 此又四端七情之名義, 各有所以然者."

한 정)과 기발(氣發, 불선한 정)로 구분하는 이유이다. 이때의 '이발'은 사단이 리(사덕 또는 오상)와 조화를 이루는 심적 상태를 의미한다. 이러한 이유에서 퇴계는 정의 문제를 그의 심성론에서 매우 중요하게 다룬다.

또한 심의 작용에는 정(情)뿐만 아니라 염(念)·려(慮)·사(思)·지(志)·의(意) 등의 내용도 포함된다. "잠깐이라도 이 마음에 있는 것을 염(念)이라 하고……생각에 도모하는 바가 있는 것을 려(慮)라 한다.……'사'는 '염'의 뜻이나 '염'이 '사'의 뜻을 다하기에는 부족하니, '염'은 얕고 '사'는 깊다."[248] "사려(思慮)와 염려(念慮) 따위는 모두 의(意)에 속한다."[249] 또한 "지(志)는 마음이 지향하는 바가 한결같이 곧게 가는 것이며, 의(意)는 '지'가 경영·왕래하는 것으로써 이렇게〈또는 저렇게〉할 것을 주장하는 것이다."[250] 결국 사(思)·염(念)·려(慮)는 모두 의(意)에 속하고, 의(意)·지(志)는 모두 정(情)에 속하니[251], 결국 염·려·사·지·의는 모두 정에 포괄된다. 우리가 말하는 이성적 사유 역시 정의 개념이며, 이것은 융의 의식개념에 해당한다. 이때의 정은 심의 작용으로써 기가 용사(작용)하므로 선과 악이 함께 있다.

이처럼 퇴계는 마음을 체·용과 미발·이발의 구조로 해석한다. 마음의 본체요 미발은 성이고 마음의 작용이요 이발은 정이며, 이때 정은 염(念)·려(慮)·사(思)·지(志)·의(意) 등의 내용을 포함한다. 성이 융의 무의식개념에 해당한다면, 정은 융의 의식개념에 해당한다. 결국 마음은 성과 정을 포괄하므로 무의식의 내용과 의식의 내용이 함께 있으니, 융의 의식과 무의식을 포괄하는 정신의 전체에 해당한다고 볼 수 있다.

248 『退溪集』卷29, 「答金而精」, "蓋逐頃逐刻, 此心所在, 謂之念……思有所圖曰慮……思念也, 然念不足以盡思義, 念淺而思深."
249 같은 곳, "思慮念慮之類, 皆意之屬, 此說通矣."
250 같은 곳, "志是心之所之, 一直去底; 意又是志之經營往來底, 亦主張要恁地."
251 『朱子語類』卷5, "志與意都屬情, 情字較大."

특히 퇴계가 마음의 구조를 이기론과 연결시켜 본래의 선한 모습을 리에 근거지우고 동시에 현실세계에 만연한 악의 원인을 기에 근거지어 선악의 구도를 반영한 것이라면, 융은 마음의 구조를 선악의 구도보다는 현실의 사실적인 상황을 반영하는 특징을 보인다.

(2) 본성의 실현: 경을 통한 수양공부

융이 '자기의 실현'을 통한 인격의 완성을 최종 목적으로 삼는 것과 마찬가지로, 퇴계 역시 '본성의 실현'을 통한 인격의 완성(성인)을 최종 목적으로 삼는다. 퇴계는 자기의 본성을 실현하여 인격을 완성해나가는 방법으로써 경(敬)과 같은 수양공부를 강조한다. 심의 작용을 통해 성이 발하여 정으로 드러나니(性發爲情), 성과 정은 모두 심의 내용에 포함된다(心統性情). 때문에 성이 정으로 바르게 구현되기 위해서는 무엇보다 미발 때의 존양(存養)공부와 이발 때의 성찰(省察)공부가 필요하다.

> 사람이 하늘에서 명을 받아 사덕(四德)의 리를 갖추고서 한 몸의 주재가 되는 것은 마음이고, 사물이 〈마음〉속에서 감응하여 선과 악의 기미를 따라서 한 마음의 작용이 되는 것은 정(情)과 의(意)이다. 그러므로 군자는 이 마음이 고요할 때에 반드시 존양함으로써 그 본체를 보존하고, 정(情)과 의(意)가 발할 때에 반드시 성찰함으로써 그 작용을 바르게 해야 한다.[252]

사람이 자신의 한 몸을 주재·운용할 수 있는 것은 마음이 있기 때문이며, 이때 마음이 한 몸을 주재·운용할 수 있는 것은 성(인·의·예·지

---

[252] 『退溪續集』卷8,「天命圖說」, "人之受命于天也, 其四德之理, 以爲一身之主宰者, 心也; 事物之感於中也, 隨善惡之幾, 以爲一心之用者, 情意也. 故君子於此心之靜也, 必存養以保其體; 於情意之發也, 必省察以正其用."

사덕)이 갖추어져 있기 때문이다. 마음의 주재·운용을 가능하게 하는 근거가 성이며, 실제로 주재·운용하는 주체는 마음이다. 마음의 작용을 통하여 성이 정으로 실현되니, 비록 우리의 마음이 정의 상태에 있을지라도 그것의 바탕은 성이 된다. 따라서 마음의 작용이 성에 근거할 때라야 비로소 발하여 정으로 드러날 때에 절도에 맞아 도덕적 실천이 가능하다.

마음이 성과 정을 통솔·주재하니(心統性情), 이때 마음이 성과 정을 통솔·주재하려면 수양공부가 필요하다. 예컨대 마음이 움직이지 않는 고요한 미발의 때에는 천명에 의해 부여받은 리가 성으로 갖추어져 있으니 이때는 마음의 본체인 성을 자각·보존하는 존양(存養)공부가 필요하며, 마음이 움직이기 시작하는 이발의 때에는 기가 용사(用事)하여 선과 악이 나누어지니 이때는 선악의 기미를 자세히 살펴서 잘못되지 않도록 하는 성찰(省察)공부가 필요하다. 그렇지 않고 "마음이 성을 통솔하지 못하면 미발의 중(中)을 이룰 수 없어서 성이 훼손되기 쉽고, 마음이 정을 통솔하지 못하면 절도에 맞는 화(和)를 이룰 수 없어서 정이 방탕해지기 쉽다."[253] 이것은 마음이 성과 정을 통솔·주재하기 위해서는 '경'으로써 미발 때의 존양공부와 이발 때의 성찰공부가 동시에 필요하다는 말이다.

> 이 때문에 군자의 학문은 마땅히 이 마음이 미발의 때에는 반드시 경을 주로 하여 존양공부를 더해야 하고, 이 마음이 이발의 때에도 반드시 경을 주로 하여 성찰공부를 더해야 하니, 이것이 경 공부가 처음이 되고 끝이 되어 체(體)와 용(用)을 관통하는 까닭인 것이다.[254]

---

253 『退溪集』卷7,「進聖學十圖箚」,〈第六心統性情圖〉,"心不統性, 則無以致其未發之中, 而性易鑿; 心不統情, 則無以致其中節之和, 而情易蕩."

퇴계는 미발 때의 마음공부와 이발 때의 마음공부를 포괄하는 공부 방법으로써 '경'을 제시한다. 마음공부는 이발의 때에만 필요한 것이 아니라, 미발의 때에도 필요하다. 왜냐하면 미발이란 어디까지나 마음의 미발상태를 말하는 것이지, 곧장 성 자체를 말하는 것이 아니기 때문이다. 그러므로 미발의 때에도 '경'을 중심으로 하는 존양공부가 필요하다.

또한 "성이 발하여 정이 되는 즈음(경계)이 바로 한 마음의 기미(幾微)이고 온갖 변화의 지도리이니, 선과 악이 이로부터 갈라진다."[255] 선과 악이 갈라지는 기미의 순간을 잘 살펴야 정이 바르게 드러날 수 있으므로 성이 발하여 정으로 드러나는 그 경계의 지점, 즉 이발의 때에도 '경'을 중심으로 하는 성찰공부가 필요하다. 이처럼 미발 때의 존양공부와 이발 때의 성찰공부를 동시에 해나갈 수 있으면, 어떤 상황에서도 잘못되는 일이 없게 된다.

경으로써 미발 때의 마음을 보존하고 이발 때의 마음을 성찰할 수 있으면 "생각이 아직 싹트기 전에는 마음의 본체(心體)가 허령하고 밝으며 본령이 깊고 순수하며, 생각이 이미 발한 때에는 의리가 환히 드러나서 물욕이 물러나고 분요함이 점차 소멸된다."[256] 생각이나 감정이 아직 일어나지 않은 미발의 때에는 마음의 대본(大本)이 확립되어 중(中)의 상태가 되고, 생각이나 감정이 이미 일어난 이발의 때에도 마음의 달도(達

---

254 『退溪續集』卷8,「天命圖說」, "是以君子之學, 當此心未發之時, 必主於敬而加存養工夫; 當此心已發之際, 亦必主於敬而加省察工夫, 此敬學之所以成始成終而通貫體用者也."
255 『退溪集』卷7,「進聖學十圖箚」,〈第六心統性情圖〉, "性發爲情之際, 乃一心之幾微, 萬化之樞要, 善惡之所由分也."
256 『退溪集』卷28,「答金惇敍(丁巳)」, "當其思慮未萌也, 心體虛明, 本領深純, 及其思慮已發也, 義理昭著, 物欲退聽, 紛擾之患漸減."

道)가 이루어져 화(和)의 상태가 된다. 이것이 바로 『중용』에서 말하는 중화(中和)의 의미이다.

따라서 마음의 미발 때에도 경으로써 존양해야 하고 마음의 이발 때에도 경으로써 성찰해야 하니, 이것이 바로 경이 마음의 체와 용, 미발과 이발, 정(고요함)과 동(움직임)을 관통하여 처음이 되고 끝이 되는 까닭이다. 마음이 미발의 때든 이발의 때든, 마음이 고요할 때든 움직일 때든, 늘 '경'에 따른 수양적 삶을 살아야한다. 이러한 이유에서 퇴계는 '경'이 성학의 처음과 끝이 되는 요체라고 강조한다. "경이란 한 마음을 주재하는 것이고 온갖 일의 근본이다.……이 모두는 하루도 경을 떠나지 않으니, '경'이라는 한 글자가 어찌 성학의 처음과 끝의 요체가 아니겠는가."[257] 즉 하루도 쉬지 않고 경을 실천해나가야 한다는 말이다.

이어서 퇴계는 '경'을 어떻게 실천해야 하는지 그 구체적인 실천방법을 제시한다.

> 요컨대 공부하는 요령은 모두 하나의 경에서 떠나지 않는다. 대개 마음은 한 몸을 주재하고, 경은 또한 한 마음을 주재한다. 배우는 자들이 주일무적(主一無適)의 설, 정제엄숙(整齊嚴肅)의 설, 기심수렴불용일물(其心收斂不容一物)과 상성성(常惺惺)의 설을 익숙히 궁구하면, 그 공부가 지극하여 넉넉히 성인의 경지에 들어가는 것도 어렵지 않을 것이다.[258]

퇴계는 경을 실천하는 구체적인 방법으로 정자(정이)의 주일무적(主

---

257 『退溪集』卷7, 「進聖學十圖箚」, 〈第四大學圖〉, "敬者, 一心之主宰, 而萬事之本根也.……是皆未始一日而離乎敬也, 然則敬之一字, 豈非聖學始終之要也哉."
258 『退溪集』卷7, 「進聖學十圖箚」, 〈第八心學圖〉, "要之, 用工之要, 俱不離乎一敬. 蓋心者, 一身之主宰, 而敬又一心之主宰也. 學者熟究於主一無適之說, 整齊嚴肅之說, 與夫其心收斂常惺惺之說, 則其爲工大也盡, 而優入於聖域, 亦不難矣."

一無適)과 정제엄숙(整齊嚴肅), 상채(사량좌)의 상성성(常惺惺)과 화정(윤돈)의 기심수렴불용일물(其心收斂不容一物)을 제시한다. '주일무적'은 마음을 하나에 집중하고 다른 데로 분산되지 않는 것을 말한다. 예컨대 "하나의 그림을 생각할 때는 이 그림에 전념하여 다른 그림이 있는 줄을 모르는 것처럼 하고, 하나의 일을 익힐 때는 이 일에 전념하여 다른 일이 있는 줄을 모르는 것처럼 한다."[259] 그림을 생각할 때는 마음이 오롯이 그림에 있어야 하고, 일을 할 때는 마음이 오롯이 일에 있어야 한다. 그림을 생각하면서 마음이 일에 있거나 일을 하면서 마음이 그림에 있는 것은 '주일무적'이 아니다. '상성성'은 마음(의식)이 항상 깨어있는 것을 말하며, '기심수렴불용일물'은 마음을 수렴하여 하나의 잡념도 용납하지 않는 것을 말하는데, 이들은 모두 안으로 마음가짐을 바르게 하는 것에 해당한다. 이렇게 하면, 마음이 하나에 집중하고 산만하지 않아 어떠한 경우에도 잘못되는 일이 없다.

또한 '정제엄숙'은 외모를 바르게 하는 것을 말한다. 『성학십도』「경재잠도」에서 말한 것처럼 "의관을 바르게 하고, 시선을 높게 하라.……발걸음은 무겁게 하고, 손가짐은 공손하게 하라"[260]는 뜻이다. 즉 밖으로 몸가짐을 바르게 하면 안으로 마음가짐도 저절로 바르게 된다는 의미이다. 이 때문에 퇴계는 경의 실천방법 중에서도 무엇보다 몸가짐·행동·언행 등을 바르게 하는 정제엄숙을 중시한다.

이처럼 경으로써 몸가짐과 마음가짐을 바르게 하면, 한 생각이 싹틀 때에 인욕(욕망)에 빠지지 않고 천리(본성)를 보존할 수 있다. 물론 퇴계

---

259 『退溪集』卷7,「進聖學十圖箚」, "就一圖而思, 則當專一於此圖, 而如不知有他圖; 就一事而習, 則當專一於此事, 而如不知有他事."
260 『退溪集』卷7,「進聖學十圖箚」,〈第九敬齋箴圖〉, "正其衣冠, 尊其瞻視.……足容必重, 手容必恭."

가 경으로써 몸가짐과 마음가짐을 엄격히 조절·관리하는 것은 페르소나로 규정하여 사회적 인격을 거부하는 융의 이론과는 분명히 구분된다.

그러나 퇴계는 이러한 수양과정이 "처음에는 혹 불편하고 모순되는 근심이 있고, 또한 매우 괴롭고 즐겁지 못한 병통이 있을 때도 있지만……절대로 이 때문에 그만두어서는 안 된다. 자신을 가지고 더욱 힘써야 하며, 진실을 많이 쌓고 힘쓰기를 오래하면, 자연히 마음과 이치가 서로 함양되어 자기도 모르는 사이에 모든 것을 훤히 꿰뚫어 알게 된다."[261] 비록 경의 수양과정이 힘들더라도 중도에 그만두지 않고 오래도록 지속해나가면, 그 효과가 점점 커져서 저절로 마음이 밝아져서 천리와 하나 되는 경지에 이르며, 이로써 본성의 실현이라는 인격의 완성이 이루어진다.

이렇게 볼 때, 경의 실천으로 형성된 마음상태는 성이 실현될 수 있는 좋은 조건을 만들어준다고 할 수 있다. 경으로써의 존양공부와 성찰공부는 성이 정으로 드러날 때에 마음에서 성이 우세하게 작용하도록 하는데, 이를 통해 미약한 성이 강한 표출력을 얻게 되며, 그 결과 인·의·예·지 사덕(四德)의 실현으로 나타난다.

이처럼 퇴계는 자신의 인격을 성숙 또는 완성시켜 나가는 수양방법으로 경을 강조한다. "몸을 주재하는 것은 마음이고, 마음을 주재하는 것은 경이다"[262]라는 말처럼, 경은 우리의 몸과 마음을 주재하여 미발 때는 성이 훼손되지 않도록 잘 보존하고 이발 때는 정이 어긋나지 않도

---

261 『退溪集』卷7, 「進聖學十圖箚」, "其初猶未免或有掣肘矛盾之患, 亦時有極辛苦不快活之病……切毋因此而自沮. 尤當自信而益勵, 至於積眞之多, 用力之久, 自然心與理相涵, 而不覺其融會貫通."
262 『退溪集』卷7, 「進聖學十圖箚」, 〈第八心學圖〉, "蓋心者, 一身之主宰, 而敬又一心之主宰也."

록 자세히 살펴야 하니 "오직 경을 주로 하는 공부가 동(動 또는 이발)과 정(靜 또는 미발)을 관통해야 공부에 거의 어긋남이 없을 것이다."[263] 이것은 융의 페르소나·그림자·아니마와 아니무스·자기의 단계를 거치면서 '자기의 실현'을 이루는 방법이나 내용과는 구분되지만, 이러한 수양과정을 통해 성숙한 인격 또는 인격완성을 지향하는 최종의 목적은 다르지 않다.

2. 융의 분석심리학

(1) 정신의 구조: 의식과 무의식

융의 분석심리학에서는 정신(마음)을 어떻게 이해하는가. 먼저 융은 정신의 구조를 의식과 무의식으로 구분한다. 의식에는 자아가 있고, 무의식에는 그림자·아니마 또는 아니무스·자기가 있다. 융에 따르면, 사람의 의식은 생후 3~4세 전후에 자기 존재에 대한 인식과 일련의 기억에 의해 후천적으로 형성된다. 의식이란 것은 일상생활에서 우리가 알거나 느낄 수 있는 모든 경험을 포함한 감각·사고·감정·직관 등을 그 내용으로 한다.

첫째, 감각을 통해서 사람은 바깥 대상들의 세계로부터 정보를 받아들인다. 둘째, 사고에서 사람은 자신의 감각들이 들려주는 것을 얻고 그것들에 이름을 붙인다. 셋째, 사람들은 그것들에 대해 어떤 감정을 가지며, 그의 관찰에 어떤 감정 톤(tone)이 수반된다. 그리고 최종적으로, 어떤 사

---

[263] 『退溪集』卷14, 「答李叔獻(戊午)·別紙」, "惟主敬之功, 通貫動靜, 庶幾不差於用工爾."

물이 어디서 오고 어디로 가는지 그것이 무슨 일을 하는지에 대해 어느 정도 알게 되는데, 그것이 직관이다.……이 네 가지 기능들은 정신외부의 체계를 형성한다.[264]

융은 의식을 다시 외부정신과 내부정신으로 구분하는데, 외부정신에는 감각·사고·감정·직관의 내용이 있으며 주로 감각을 통해 감지한 사실을 처리한다. 또한 내부정신에는 기억·주관적 요소·정서·침입의 내용이 있으며, 무의식과 연결되는 통로에 해당한다.[265] 내부정신에서 기억은 무의식의 내용을 재생시키며, 정서를 거쳐 침입에 이르면 무의식의 힘이 지배적이 되어 의식의 통제가 부분적으로 불가능하게 된다.

의식에 있어서 가장 중요한 것은 의식의 중심에 있는 자아(ego), 즉 나이다. 우리의 마음에는 '나'라는 것이 있으며, 그와 동시에 나의 둘레에는 의식이 있다. 내가 의식하고 있는 모든 것, 즉 나의 생각, 나의 느낌, 나의 기억 등은 모두 자아가 작용한 것이다. 자아가 외부세계의 사물과 연결되면서 생각·느낌·기억과 같은 모든 의식을 형성한다.

자아는 의식의 중심에서 외부세계와 관계를 가질 뿐만 아니라, 또한 무의식의 내부세계와도 관계를 갖는다. 자아가 없으면 외부세계의 어떤 것도 의식하지 못하며, 더구나 무의식의 내부를 알아가는 의식화 과정도 불가능하다. 융이 말하는 자기실현 또는 개성화도 불가능하다. 비록 무의식이 의식에게 그의 존재를 끊임없이 암시해주더라도, 자아가 이를 수용하지 않으면 의식화할 수가 없다.

---

264 정명진 옮김, 『분석심리학강의』, 부글, 2019, pp.73-74
265 같은 곳, p.73 참조.

의식되는 것은 모두 자아가 의식한 것이기 때문에 자아와 의식은 결코 분리될 수 없다. 때문에 융은 이것을 '의식적 자아' 또는 '자아의식'이라 부른다. 비록 자아의식이 전체정신의 일부분이고 후천적으로 형성된 것일지라도 우리는 의식을 전부라고 생각하며 살아가니, 우리의 삶은 자아의식에 의하여 실현된다. 우리는 자아의식을 통해서 세상과 소통하고 교감한다. 이렇게 볼 때, 자아는 외부세계를 의식하는데 중요한 역할을 하는 동시에, 무의식의 내용을 표출시킬 수 있는 주체이다.

또한 우리가 아는 세계가 의식이라면, 우리가 가지고 있으면서 아직 모르는 정신세계가 있다. 융은 우리가 알고 있는 것 너머의 미지의 정신세계, 그것을 '무의식'이라 부른다. 무의식은 자아가 아직 의식하지 못하는, 또는 의식에 의해 지각될 수 없는 미지의 정신세계를 말한다. 프로이트(Freud, 1856~1939)는 의식 외에 무의식이라는 것이 존재하고, 그것이 의식에 영향을 줄 뿐만 아니라 신체적·정신적 안정을 해칠 수 있는 힘을 가진다는 사실을 발견한다.[266] 인간의 행동은 의식뿐만 아니라 무의식의 영향을 받으며, 이때 무의식은 주로 억압된 성적 충동과 같은 내용으로 이루어진다.

그러나 융은 프로이트의 무의식 내용을 보다 확대·심화시키는데, 억압된 성적인 내용뿐만 아니라 좋지 않거나 열등한 내용 등 이유야 어떻든 의식으로부터 밀려난 모든 내용을 포함한다. 여기에서 융은 무의식을 '개인무의식'과 '집단무의식'으로 구분한다. 사람이 태어난 이후의 개인적 삶을 통해서 한때 의식이었던 것이 억압되거나 잊혀진 내용

---

[266] 무의식이란 오래 전부터 알려져 있는 사실로서, 철학적으로는 라이프니츠(Leibniz)에 의해 그 개념이 도입되고, 쉘링(Schelling) 등이 그의 철학적 주제와 관련하여 언급하고 있으나, 그것을 과학의 대상으로 삼고 연구를 할 사람은 프로이트이다.(이죽내,『융심리학과 동양사상』, 하나의학사, 2005 p.28)

인데, 이것은 개인의 경험과 관련된 것이므로 '개인무의식'이라 부른다. 프로이트의 무의식은 융의 개인무의식 내용에 해당된다. 개인무의식은 외부환경에 적응하느라 자아의식이 받아들이지 못한 상처받거나 억압된 욕망 등 자아의식의 어두운 측면의 내용이므로, 융은 그것을 '그림자'라 부르기도 한다. 개인무의식의 내용은 의식하지는 못하지만, 의식 가까이에 위치하므로 계속해서 우리의 행동을 지배한다.

또한 융은 개인적 경험에 바탕을 두는 개인무의식과 달리, 사람은 누구나 보편적인 내용(관념)을 가지고 있다는 사실을 발견한다. 이러한 내용은 태어난 이후에 삶의 경험에서 나온 것이 아니라 사람이 태어날 때부터 누구에게나 발견되는, 즉 태초부터 전승해온 집단적 관념이 무의식에 내재해있는 것이므로 '집단무의식'이라고 부른다.

> 이 무의식적 정신에서는 우리 모두가 똑같아진다. 육체가 두 개의 눈과 두 개의 귀, 한 개의 심장 등에서 개인적 편차만 약간 보일뿐 해부학적으로 일치를 보이듯이, 정신도 근본적으로 일치를 보인다. 이 집단적 차원에 이르면 우리는 더 이상 분리된 개인이 아니다. 우리 모두가 하나가 되는 것이다.[267]

집단무의식은 개인무의식보다 훨씬 더 깊은 심층에 존재하는 것으로써 누구나 가지고 있는 보편적 내용을 그 특징으로 한다. 사람이 누구나 두 개의 눈과 두 개의 귀와 한 개의 심장을 가지고 있듯이, 집단무의식은 너와 나를 구분짓는 개인적 관념을 넘어 모두가 하나 되는 보편적 관념을 형성한다. 예컨대 어머니는 이러해야 한다는 어머니에 대한

---

267 정명진, 『분석심리학 상의』, 부글, 2019, pp.71-72

선천적 이미지를 가지는 것과 같은 경우이다. 이러한 집단무의식에는 우리의 행동유형을 결정하는 많은 원형들이 저장되어 있다.

융은 집단무의식을 구성하는 내용을 원형(archetypus)이라 부른다. "원형이란 지리적·문화적·인종적 차이와 관계없이 존재하는 인간의 가장 원초적인 행동유형을 말한다."[268] '지리적·문화적·인종적 차이와 관계없다'는 것은 누구나 보편적으로 가지는 내용이라는 의미이다. 우리가 일상에서 느끼고 사유하며 행동하는 것은 모두 태초로부터 행동해왔던 근원적 행동유형 또는 잠재적 가능성인 원형의 표출이다. 집단무의식 속에 내재하는 수많은 형태의 원형에 근거하여 우리의 일상적 삶이 전개된다는 의미이다. 융은 이러한 원형을 '근원적이면서 보이지 않는 의식의 뿌리'라고 말한다.[269] 이것은 퇴계가 말하는 미발의 때에 온갖 이치가 갖추어져 있다가 이발의 때에 현상세계에 드러난다는 말에 다름 아니다.

원형 역시 그 자체는 형상으로 드러나지 않으므로 우리의 의식으로는 알 수 없다. 다만 원형의 내용은 여러 가지 상(image), 즉 꿈·환상·신화·종교적 표상 등을 통해 나타날 뿐이다. 퇴계가 미발 때의 성을 순선한 것으로 규정하는 것과 달리, 융의 원형은 현실에 드러나는 사실 그대로의 내용을 가지니, 즉 원형에는 선한 내용도 있고 악한 내용도 있다는 말이다. 실제로 융이 말하는 무의식은 집단무의식을 가리키며, 이것은 프로이트의 무의식에 대한 대안으로 제시된 것이다.

융에 따르면, 우리는 의식의 세계를 전부라고 생각하며 살아가지만 의식의 배후에는 무의식의 세계가 있다. 실제로 의식은 지극히 일부분

---

268 이부영, 『분석심리학』, 일조각, 2000, p.69
269 이부영, 『분석심리학』, 일조각, 2000, p.104

이고 무의식이 우리 정신의 대부분을 차지한다. 때문에 의식과 무의식의 관계를 바다에 떠있는 빙산에 비유하기도 한다. 예컨대 의식이 빙산 가운데 바다 위에 떠오른 작은 부분이라면, 무의식은 바다 속에 잠긴 엄청난 큰 부분에 해당한다. 무의식은 말 그대로 의식 너머의 세계, 즉 의식이 닿을 수 있는 것이 아니기 때문에 우리가 무의식을 직접 다루는 것은 불가능하다. 때문에 우리는 자아를 통해 의식을 확대하여 무의식의 세계를 점차 의식화하는 작업이 필요하다. '의식화'란 무의식의 내용을 인식하거나 알아가는 과정이다.

내(자아)가 의식에만 매달리면, 내가 가지고 있는 또 다른 정신세계인 무의식을 보지 못한다. 죽을 때까지 그것을 보지 못하는 사람도 많다. 그러나 무의식의 심층에는 의식과 무의식을 포괄하는 정신의 전체가 있는데, 이것을 자기(self)라 부른다.

> 의식과 무의식은 상호 대립해 있는 것이 아니라 서로 전체, 즉 자기가 되기 위해 보완하기 때문이다. 이 정의에 따라 자기란 의식된 자아에 대해서 상위(上位)의 크기를 갖고 있는 셈이다. 자기란 의식의 정신뿐만 아니라 무의식의 정신을 포괄하고 있다.[270]

자기는 의식과 무의식을 포괄하는 정신의 전체를 가리키니, 의식적 자아보다 상위의 개념에 해당한다. 자아가 외부세계에 적응하느라 정신의 의식적 요소만 발달시켜 균형이 깨어질 때에 정신의 무의식적 요소를 작용시켜 정신의 전체성을 이루게 하는데, 이것이 '자기원형'의 작용이다. 예컨대 의식이 너무 지적(知的)이면 무의식은 정적(情的)인 특징

---

270 한국융연구원, 『인격과 전이』, 솔, 2004, p.80

을 띠며, 의식이 지나치게 외향적이면 무의식은 내향적 경향을 띠어서 조화를 이루게 하는 자율적 메시지를 보낸다. 다만 그 메시지가 무의식에서 발생하는 것이므로 의식적 사고를 하는 우리는 모르고 지나쳐버릴 수 있는데, 왜냐하면 무의식은 의식 너머의 세계로서 의식의 통제 밖에 있기 때문이다.

이러한 자기를 실현시키는 근원적 능력은 무의식(집단무의식)에 있다. 무의식은 항상 전체를 지향하기 때문에 자아의식으로 하여금 무의식의 내용을 의식하도록 촉구하는 작용을 하는데, 이것을 무의식의 '보상작용'이라 부른다. 결국 무의식은 보상작용과 같은 의식에 결여된 것을 보충하는 작용을 함으로써 정신의 통합을 꾀한다. 무의식이 의식에 대해 전체가 되도록 자극함으로써, 즉 의식과 조화·균형을 이루도록 작용함으로써 의식이 무의식에 관심을 가지고 그것과 더불어 살 때에 비로소 전체정신의 실현이 가능해진다. 무의식의 심층에는 언제나 전체가 되게 하는 원동력이 스스로 작용하고 있으니, 결국 우리의 정신은 의식이 아닌 무의식에 의해 통합된다. 이렇게 볼 때, 의식과 무의식은 상호 대립적 관계가 아니라, 전체가 되게 하는 상호 보완적 관계에 있다고 할 수 있다.

그럼에도 무의식 역시 인간의 의식적 자아를 통해 드러날 수밖에 없다. 이것은 퇴계에 있어서 무의식에 해당하는 성(性)이 의식에 해당하는 정(情)을 통해 드러나는 것과 다르지 않다. 이에 자아는 무의식을 의식화하여 그 사람의 전체정신인 자기를 찾아가는데, 이것을 '자기실현'이라 부른다.

〈의식의〉단계를 넘어서 도달하게 될 가능성과 목적지가 있다. 그것이 바로 개성화의 길이다. 개성화(individuation)란……본래의 자기가 되는 것

이다. 그러므로 우리는 개성화를 '자기화'나 '자기실현'이라고 번역할 수 있다.[271]

자기실현을 위해서는 나의 심층인 무의식의 세계를 알아가고 넓혀 가야 한다. 자기실현을 다른 말로 '개성화'라고 부른다. 이것은 주로 꿈과 상징으로 제시된 무의식의 내용을 의식으로 동화시킴으로써 의식의 확대를 시도한다. 이렇게 의식의 시야를 넓혀 가면, 좁은 의식이 점차 전체정신으로 다가가게 된다. 개성화된 사람은 이제 더 이상 내면세계와 충돌하지 않고, 즉 의식과 무의식의 갈등에서 벗어나 온전한 인격을 이루면서 살아간다.

이처럼 융은 정신의 구조를 의식과 무의식(개인무의식과 집단무의식), 그리고 의식과 무의식을 포괄하는 전체정신으로서의 '자기'를 중심으로 해석한다. 특히 융의 무의식은 프로이트가 말하는 주로 성적으로 억압된 내용뿐만 아니라 모든 의식으로부터 억압된 내용을 포괄하는 개인무의식으로 확대되고, 더 나아가 이보다 더 심층의 것으로 누구에게나 존재하는 보편적 내용의 집단무의식으로 심화된다. 특히 집단무의식 속에 내재하는 자기원형의 작용에 따라 전체로서 살 것을 스스로 요구하는 자기원형이 작용함으로써 우리의 행동유형을 결정한다. 이것은 퇴계의 말처럼, 성에 근거하여 정이 실현되는 것과 유사하다.

(2) 자기의 실현: 의식화 과정

융은 자아가 무의식을 의식화하여 그 사람의 전체정신으로서의 자기를 실현하는 '자기실현'을 궁극의 목표로 삼는다. 이것은 퇴계가 경

---

271 한국융연구원, 『인격과 전이』, 솔, 2004, p. 75

(敬)이라는 수양공부를 통해 '본성실현'을 궁극의 목표로 삼는 것과 다르지 않다. 이러한 자기실현의 과정에는 몇 가지 단계가 있다. 융의 의식화, 즉 자기실현의 과정은 이러한 단계를 거쳐서 이루어진다. 의식이 무의식 속에 위치한 여러 가지 원형들을 차례로 거치면서 무의식의 핵심인 '자기'에로 접근하게 된다. 그것이 페르소나, 그림자, 아니마와 아니무스, 그리고 원형 가운데 중심이 되는 자기(또는 자기원형)와의 만남이다. 모든 원형은 자기원형과 관계하고 그것에로 귀일하기 때문에 '자기원형'으로 대표된다. 이때 자기원형은 보상작용에 의해 사람들에게 스스로 정신의 전체로 살 것을 요구하는데, 이로써 의식적 자아를 지양하여 전체정신으로서의 '자기'를 실현하게 한다.

첫 번째는 '페르소나'와의 만남이다. 사람이 사회 속에서 살아가려면 그 사회에서 요구하는 역할·본분·도리 등 다양한 행동규범이 있는데, 융은 이것을 페르소나(persona)라고 부른다. 페르소나는 내가 나로서 있는 것이 아니라, 다른 사람에게 보이는 나를 더 크게 생각하는 특징을 가진다. 페르소나와의 만남은 다른 사람에 의해서 규정되어진 삶에서의 탈피를 의미한다. 페르소나 자체가 나쁜 것이 아니라, 자신을 페르소나와 동일시하는 것이 문제가 된다. 때문에 페르소나로서의 삶과 자신의 삶을 구별하고, 페르소나에 가려서 보이지 않던 자신의 본모습을 찾는 것이 필요하다. 무의식의 의식화 과정에서 제일 먼저 만나는 과제가 바로 페르소나를 의식화하는 것이다.

두 번째는 '그림자'와의 만남이다. 무의식에는 나의 어두운 면, 즉 좋지 않거나 열등한 내용이 있는데, 융은 이것을 그림자라 부른다. 그림자는 의식의 가장 가까이 있는 무의식(개인무의식)의 내용이다. 예컨대 자아의식이 지나치게 높은 인격을 지향하게 되면, 자아의식의 좋지 않거나 열등한 내용이 마치 창고에 버려진 연장처럼 무의식 속으로 억압되어 또 하나의 나를 형성한다. 때문에 그림자가 좋지 않거나 열등한 것이라고 해서 배척해야 할 것이 아니라, 그림자를 의식하여 자아의 일부로 받아들이면, 그림자의 부정적인 작용은 더 이상 부정적인 것이 아니라 긍정적인 역할을 하게 된다.

세 번째는 '아니마'와 '아니무스'와의 만남이다. 남성의 무의식 속에 있는 여성적 특성을 아니마(anima)라고 부르고, 여성의 무의식 속에 있는 남성적 특성을 아니무스(animus)라고 부른다. 인간은 누구나 전체적 요소, 즉 남성에게는 여성적인 모습을 가지고 있고, 여성에게는 남성적인 모습을 가지고 있다. 남성이 남성적인 요소가 강하면 여성적인 요소가 상처를 받고, 여성이 여성적인 요소가 강하면 남성적인 요소가 상처를 받는다. 자아가 아니마와 아니무스를 의식하지 못하면, 열등한 남성 또는 열등한 여성으로 나타난다. 때문에 자신의 아니마와 아니무스를 의식하고 이해해가는 것이 개성화 작업의 중요한 부분이다. 우리가 자신 속의 아니마와 아니무스를 찾아서 그들과 균형을 이룰 때에 더욱 성숙한 인격을 갖추게 된다.

개성화 과정의 마지막 단계가 '자기'와의 만남이다. 자기는 의식과 무의식을 포괄하는 정신의 전체를 말한다. 자아가 의식의 중심이라면, 자기는 의식과 무의식을 포괄한 전체정신의 중심이다. 여기에서 융은 정신의 전체성을 대극의 합일로써 설명한다. "전체성이란 대극(對極)의 합일을 가리킨다. 대극이란 예컨대 유와 무, 선과 악, 빛과 어둠, 추함과 아름다움 등이다."[272] 만물의 실상이 모두 대극으로 이루어져 있듯이, 인간의 정신 역시 의식과 무의식이라는 상반되는 두 대극의 요소로 존재한다. 이러한 대극의 요소가 서로 통합할 때에 정신의 조화·균형을

---

272 이죽내, 『융심리학과 동양사상』, 하나의학사, 2005, p.7 참조.

이루지만, 대극의 요소가 어떤 한 부분에 치우칠 때에 정신의 조화·균형이 깨진다.

또한 우리의 내면에는 전체를 지향하는 요소가 원초적으로 내재되어 있다. 예컨대 자아가 의식에만 집착할 경우, 무의식이 보상작용을 발휘하여 정신의 전체로서 살 것을 요구한다. 의식적 자아로만 살 것이 아니라 의식과 무의식을 통합한 정신의 전체, 즉 자기로 살 것을 요구한다. 이것이 바로 융이 말하는 '자기원형의 작용'이다.

때문에 자기는 상대적인 대극을 지양하여 정신의 전체성을 이루려고 하는데, 이 과정이 바로 '개성화 과정'이고 그것의 실현이 개성화 또는 자기실현이다. 다시 말하면, 자기실현이란 우리의 삶에서 억압되거나 소외된 개인무의식의 내용을 의식하고, 나아가 집단무의식의 내용인 원형의 작용을 체험함으로써 자아가 정신의 전체인 자기에로 변환하는 과정이라고 할 수 있다. 이를 통해 자기는 자아의 좁은 울타리를 넘어 무의식의 넓고 깊은 세계를 의식화함으로써, 즉 편협한 자아의 세계에 갇혀있지 않고 더 넓은 세계를 의식함으로써 진정한 자기를 실현한다. 이러한 정신의 전체인 '자기'가 바로 인간의 본질이며 본모습이다. 결국 인간의 본질은 의식과 무의식을 포괄하는 정신의 전체에 있고, 융은 그것을 자기의 개념으로 파악한다.

이처럼 의식화 과정을 통한 자기실현은 자아의식에서 출발하여 무의식의 심층을 의식화하여 자기로 나아가니, 자아가 페르소나를 구분하고, 그림자 및 아니마와 아니무스를 의식하여 정신의 전체인 자기로 나아간다. 이렇게 볼 때, 전체정신으로서의 자기가 되는, 즉 자기실현 여부는 전적으로 자아가 얼마나 무의식을 의식화할 수 있느냐 여부에 달려있다고 하겠다.[273] 결국 무의식을 의식화할 수 있는 것은 자아이니, 이로써 자아의 태도가 무엇보다 중요하다.

융에 따르면, 대개 40세를 기준으로 그 이전인 인생의 전반기에는 외부세계의 적응을 통해 자아를 강화하는 시기라면, 그 이후인 인생의 후반기에는 내면세계로 시선을 돌려 개인무의식의 내용을 의식화하고 집단무의식의 내용을 체험함으로써 자기를 실현하는 시기이다. 자기실현은 주로 인생의 후반기를 가리킨다. 그러나 전반기의 자아강화 없이는 후반기의 과제인 무의식을 의식화할 능력도 없다. 결국 자아가 없으면 무의식을 의식화할 수도 없으니, 전반기의 자아강화는 후반기의 자기실현의 전제조건이 된다.[274] 이것이 바로 자아의 강화가 필요한 이유이다. 이 때문에 융은 자아가 부정되어야 할 개념이 아니라, 오히려 정신적 성숙이나 무의식의 의식화 과정에 중요한 역할을 하는 것으로 이해한다.

그러나 자아가 일방적으로 의식만을 고집하면, 즉 의식과 무의식이 단절되면, 우리가 병이라고 하는 장애가 발생할 수 있다. 그렇지만 병이 꼭 나쁜 것만이 아니니, 왜냐하면 병을 치료하거나 극복하는 소중한 기회가 되기 때문이다. 우리는 병의 고통 속에서 자기를 찾으려고 노력하며, 이를 통해 정신의 전체인 자기와의 일치가 이루어진다. 자기의 실현은 결코 편안한 상태에서 저절로 이루어지는 것이 아니라 병과 같은 고통의 과정을 통해 이루어지며, 이러한 고통 속에서 의식화의 기회를 갖게 된다.

이렇게 볼 때, 자아는 아직 실현되지 못한 '자기'라고 할 수 있다. 자기가 실현되면 자아는 사라져 없어지니 무아(無我), 즉 자아가 없음이 곧 자기이다. 그러므로 자아와 자기는 개념적으로 구별되지만, 실제로는

---

273 이정환, 「깨달음과 자기실현의 비교 – 유식사상과 융의 분석심리학을 중심으로 –」, 대구교육대학교 석사학위논문, 2005, pp.45-46 참조.
274 이죽내, 『융심리학과 동양사상』, 하나의학사, 2005, p.265

구별될 수 없다. 결국 융의 분석심리학은 의식과 무의식이 합일된 정신의 전체로서의 자기를 인식하고, 그것에 따라 조화·균형을 이루며 살아가는 것이라고 할 수 있다.

───────

이상의 내용을 요약·정리하면 다음과 같다.

첫째, 퇴계 심성론의 마음구조와 융 분석심리학의 정신구조는 어떻게 다른가.

먼저 퇴계는 마음을 체와 용, 미발(靜 또는 寂然不動)과 이발(動 또는 感而遂通) 등으로 구분하여 설명한다. 마음을 체용으로 말하면, 마음의 본체는 성이고, 마음의 작용은 정이다. 또한 마음을 미발과 이발로 말하면, 마음이 아직 움직이지 않은 미발의 때는 성이고, 마음이 이미 움직이기 시작한 이발의 때는 정이다. 이때 '미발'은 마음이 움직이지 않은 고요한 상태이므로 정(靜 또는 寂然不動)이라 하고, '이발'은 마음이 이미 움직인 상태이므로 동(動 또는 感而遂通)이라고 한다. 결국 마음은 본체(또는 미발)의 성과 작용(또는 이발)의 정을 총괄하니, 이것이 바로 심통성정(心統性情)의 뜻이다.

이때 성은 이치이니(性卽理), 스스로 발하거나 작용할 수 없고 반드시 마음의 작용을 통하여 실현되거나 현상(情)으로 드러난다. 그럼에도 성에는 이미 현상으로 드러날 수 있는 온갖 이치가 갖추어져 있으니(성 속에 갖추어진 온갖 이치에 근거하여 실제로 현상으로 드러나니), 결국 성은 모든 이치가 갖추어져 있는 근원적·잠재적인 요소이다. 이러한 성이 마음의 작용을 통해서 드러난 것이 정(情)이며, 이때 정은 사단과 칠정뿐만 아니라 염(念)·려(慮)·사(思)·지(志)·의(意) 등을 포함하는 모든 경험적 내용을 가리킨다. 이렇게 볼 때, 성은 의식되지 않으므로 융의 무의식 개념에, 정은 염(念)·려(慮)·사(思)·지(志)·의(意)를 포함하므로 융의 의식개념에 해당한다고 할 수 있다.

또한 퇴계는 마음을 이기론의 구조로 설명하니, 마음은 리와 기가 결합한 것이다(心合理氣). 이때 리(성)와 달리, 기에는 두 가지 의미가 있으니, 하나는 무위한 리와 구분되는 작용적 의미이고 다른 하나는 순선한 리와 구분되는 악의 원인이라는 가치적 의미이다. 기의 작용적 의미에 근거하여 실제로 마음이 작용하여 성을 실현시키지만, 그럼에도 또한 성을 실현하는 과정에서 청탁(淸濁)·수박(粹駁)한, 즉 선도 있고 악도 있는 기(기질)의 영향을 받아 악으로 흐를 수도 있다. 이때 기의 영향을 받지 않기 위해서는(악으로 흐르지 않기 위해서는) 무엇보다 '경'과 같은 수양공부가 필요하다. 미발 때의 존양(存養)공부와 이발 때의 성찰(省察)공부를 동시에 해나가야 비로소 본성이 온전히 실현되어 인격의 완성이 이루어지니, 이것이 바로 퇴계가 추구하는 궁극의 목표이다.

한편 융은 정신을 의식과 무의식으로 나누고, 다시 무의식을 개인무의식과 집단무의식으로 구분한다. 개인무의식에는 그림자가 있고, 집단무의식에는 아니마와 아니무스 및 자기가 있다. 개인무의식이 개인의 경험에서 좋지 않거나 열등한 내용 등이 무의식으로 밀려난 것이라면, 집단무의식은 개인적 경험 이전에 형성된 조상 대대로 내려오는 유전적인 생활의 잔재로서 태어날 때부터 가지는 보편적 내용이다. 집단무의식 속에는 인류의 수많은 경험적 내용이 '원형'의 형태로 저장되어 있는데, 이것은 퇴계가 말한 성 속에 온갖 이치가 갖추어져 있다는 것과 유사하다. 성 속에 갖추어진 온갖 이치가 마음의 작용으로 사물과 감응하여 현상(정)으로 드러나듯이, 집단무의식 속에 저장된 수많은 원형이 적당한 조건을 만나면 현상으로 드러난다. 이렇게 볼 때, 퇴계와 융은 모두 현실세계에서 일어나는 수많은 현상을 성 속에 갖추어진 이치나 무의식 속에 갖추어진 원형에 근거지어 설명하고 있음을 알 수 있다.

또한 무의식의 가장 깊은 심층에는 의식과 무의식을 통합한 정신의 전체로서의 '자기'가 있다. 우리의 자아가 무의식의 세계를 의식화하여 자기를 찾아가거나 알아가는 것이 융의 궁극적 목표인 '자기실현'이다. 우리의 무의식 속에는 자기를 실현하는 자기원형이 이미 존재하며, 이러한 자기원형의 작용에 근거하여 실제로 자기실현이 이루어진다. 예컨대 상처가 나면 몸이 스스로 치료하는 것처럼, 우리 정신에 분열이 생기면 자기원형이 스스로 의식과 무의식을 통합하여 정신의 전체인 자기를 실현하라는 에너지를 보낸다. 즉 우리의 내부에는 자기실현의 가능성이 이미 자기원형으로 저장되어 있어 스스로 작용하고 있다는 말이다. 정신장애의 치유도 이러한 내적인 치유기능이 있으므로 가능하다.

이것은 퇴계가 '본성실현'을 전적으로 자기수양의 결과로써 해석하는 것과는 구분된다. 융처럼 자기실현을 가능하게 하는 내부의 어떤 잠재된 작용(자기원형의 작용)에 의한 것이 아니라, 실제로 자기수양이라는 외부의 어떤 노력을 통해서 본성이 실현된다. 이렇게 볼 때, 퇴계가 자신의 후천적인 노력을 본성실현의 원동력으로 삼는다면, 융은 무의식 속에 내재하는 자기원형의 무한한 가능성을 자기실현의 원동력으로 삼는다는 것을 알 수 있다.

둘째, 퇴계 심성론의 최종 목적인 '본성실현'과 융 분석심리학의 최종 목적인 '자기실현'의 내용은 어떻게 다른가.

퇴계 심성론의 궁극적 목표는 '본성의 실현'에 있다. 퇴계는 본성실현을 위한 구체적인 방법으로써 '경' 공부를 제시하며, 이때의 '경' 공부는 미발 때의 존양공부와 이발 때의 성찰공부로 구분된다. 마음이 아직 움직이지 않는 미발의 때는 경으로써 성이 훼손되지 않도록 잘 보존하고, 마음이 이미 움직인 이발의 때는 경으로써 선악이 갈라지는 그 지점을 잘 살펴서 정이 잘못되지 않도록 한다. 특히 퇴계는 이때의 정을 순선한 사단(理發)과 악으로 흐르기 쉬운 칠정(氣發)으로 구분하고, 선한 사단은 널리 확충해나가고 악으로 흐르기 쉬운 칠정은 다스리거나 단속해나갈 것을 강조한다. 이처럼 사단/확충과 칠정/단속의 공부를 오래도록 해나가면 저절로 성숙한 인격이 이루어진다.

융 분석심리학의 궁극적 목표는 '자기의 실현'에 있다. 자기실현을 이루려면 몇 가지 단계를 거치는데, 먼저 사회적 가면인 페르소나를 극복하고, 다음 단계인 그림자를 의식화하여 자신의 억압된 문제를 해결하며, 남성에게는 아니마와 여성에게는 아니무스를 찾아서 정신의 균형을 이루고, 마지막에는 의식과 무의식이 통합된 정신의 전체로서의 자기에 도달하는데, 이러한 과정을 통해 자기가 실현되어 나가면 비로소 성숙한 인격이 이루어진다.

이처럼 퇴계가 인격완성(또는 본성실현)을 위해 미발 때의 존양공부와 이발 때의 성찰공부를 동시에 강조한다면, 융은 인격완성(또는 자기실현)을 위해 의식과 무의식을 통합한 전체정신을 지향한다. 이들은 모두 본성실현 또는 자기실현을 통한 인격완성을 지향하지만, 그 구체적인 실천방법은 다르다.

무엇보다 중요한 것은 이들이 추구하는 성숙한 인격이나 인격완성에 대한 이해를 서로 다르게 한다는 점이다. 퇴계에 있어서 성숙한 인격은 성인·군자와 같은 도덕적·모범적인 인간상을 의미한다면, 융은 성숙한 인격이 어떤 모습인지 정해진 것이 없다. 분명한 것은 융에 있어서 성인·군자와 같은 도덕적·모범적인 인격은 사회의 요구에 의해 만들어진 페르소나에 불과하다. 엄밀히 말하면, 융이 자기실현을 통해 이루려는 성숙한 인격은 사회가 요구하는 그러한 도덕적·모범적인 인간이 되지 않기 위한 작업이라 할 수 있다.

또한 퇴계가 인격완성을 이루기 위한 방법으로써 자신의 감정·욕망을 철저히 절제해나갈 것을 강조한다면, 융은 퇴계처럼 감정·욕망을 절제하거나 억압하기보다는 이들을 있는 그대로 받아들이고 인정하자는 입장이다. 융에 있어서는 감정·욕망을 절제하거나 억압하는 것이 오히려 정신을 병들게 하거나 정신분열을 일으키는 주된 원인이 되니, 인간의 감정·욕망을 있는 그대로 수용하여 자기발전의 원동력으로 이해한다.

결국 퇴계의 심성론이 도덕성을 구현하는 학문적 목적에서 출발한 것이라면, 융의 분석심리학은 정신과의사라는 직업이 말해주듯이 신경증과 같은 정신분열 환자를 치료하는 목적에서 출발한다. 융에 따르면, 의식과 무의식을 통합한 정신의 전체에 대한 이해를 통해 자기실현이 이루어지면, 정신이 보다 건실해져서 결국 신경증도 해결된다. 이상의 내용이 바로 퇴계의 심성론과 융의 분석심리학이 갖는 이론적 차이라 하겠다.

이처럼 퇴계와 융은 인간의 마음 또는 정신을 이해하는 과정에서 이론적 차이를 보이는데, 융이 그림자·아니마·아니무스 등 단계별 의식화 과정을 통한 마음의 객관적 이해에 기초한다면, 퇴계는 경(敬)과 같은 수양공부를 통한 체험적 실천에 기초한다고 할 수 있다. 따라서 퇴계의 체험적 성격에 융의 객관적 사고를 수용하거나 또는 융의 객관적 성격에 퇴계의 수양적 방법을 수용하여 이들의 이론을 상호 보완해 가면, 오늘날 우리 시대에도 개인의 인격성숙과 변화를 가져오는 매우 유용한 자기실현의 장을 마련하는데 도움을 줄 수 있지 않을까.

제6장

퇴계와 북친의
인간 해석

    오늘날 대부분의 환경론자들은 인구증가 · 자원고갈 · 환경오염 등이 돌이킬 수 없을 정도로 급격히 확산되리라는 예측에 근거하여 생태계 전반의 위기를 진단한다. 온갖 현란한 생태학적 상상력을 동원하여 지구 생태계는 필연적으로 파멸할 것이라고 위협한다.[275] 선진국, 특히 미국을 중심으로 이런 비관적인 목소리가 커지면서 식량생산 방식의 혁신, 낭비없는 자원이용 등 인간의 자연에 대한 합리적인 활동을 통해 환경오염을 극복할 수 있으리라는 낙관적인 전망은 감히 목소리를 내기도 어렵게 되어 버렸다.

    인간의 예측기술이 아무리 발전하더라도, 어떤 환경적 재앙이 언제 어느 정도의 위험으로 우리에게 주어질지를 정확히 예측하는 일은 사실 불가능하다. 현재의 경제적 · 기술적 어려움으로 인해 겪는 환경의 재앙이라도 한 순간에 해결될 수가 있으며, 또한 지금은 안전하다고 생

---

[275] 특히 30개 언어로 수백만부씩 발행하는 브라운(L. Brown)의 『월드 워치 보고서(World Watch Report)』에서는 온갖 통계 자료로 지구 생태계는 필연적으로 파멸할 것이라고 위협한다. 예컨대 곡물생산이 지난 30년간 줄어들었으며, 곡물생산은 제3세계 인구증가를 결코 따라가지 못할 것이라는 등이다.(머레이 북친, 구승회 옮김, 『휴머니즘의 옹호』, 민음사, 2002, p.425)

각하는 요인들이 갑자기 심각한 재앙으로 닥쳐올 수도 있기 때문이다. 그렇다고 대부분의 환경론자들의 미래에 대한 예측이 정당하지 않다거나 과학적 근거가 부족하므로 걱정할 필요가 없다는 말은 아니다. 다만 퇴계와 북친처럼 인간에 대한 신뢰에 근거한 낙관적인 목소리에 주목함으로써 위기의 본질을 보다 정확히 이해하고, 오늘날의 환경위기가 불가피한 것인지 돌이킬 수 있는 것인지를 진단하고자 할 따름이다.

따라서 우리에게 무엇보다 중요한 것은 어떤 경우에도, 즉 내일 당장 환경적 재앙으로 인하여 지구 생태계의 종말이 온다고 하더라도, 인간이 도덕적 주체임을 포기해서는 안 된다는 사실이다. 이것은 생태환경 문제가 자연과 인간 상호간의 의무 및 책임관계를 다루는 윤리적 토대 내에서 논의되어야 한다는 말이다. 그렇지 않으면 생태환경 문제를 다루는 과정에서 책임감을 수반한 윤리적 방향성을 상실할 수 있다. 특히 북친의 사회생태론은 오늘날의 다양한 생태 담론들 중에서도 사회 윤리적 성격이 강하다.

이 글은 오늘날 생태환경 문제에 대한 실천적 대안의 일환으로서, 생태환경 문제를 일으키는 주범이 인간이지만 이를 해결할 수 있는 능력 역시 인간에게 있다는 시각에서, 인문주의를 지향한 조선의 유학자인 퇴계와 윤리적 사회생태주의를 지향한 머레이 북친(Murray Bookchin, 1921~2006)의 인간에 대한 해석과 그 역할을 고찰한 것이다. 퇴계는 16세기를 살았고 북친은 20세기를 살았으니, 동양과 서양이라는 지리적·문화적 차이를 배제하고 생몰 시기만 하더라도 400여년의 차이를 보인다. 그럼에도 이들을 비교 대상으로 삼으려는 것은 생태환경 문제의 해결 주체인 인간에 대한 해석과 그 역할이 유사하기 때문이다. 이들은 모두 다른 생명체와 구분되는 인간의 우수성을 인정한다. 그렇다고 그것이 그대로 인간의 자연지배에 대한 정당성을 주장하는 '인간 중심주의'로 이어지는 것은 아니다. 그것은 인간의 본성에 대한 신뢰와 계몽된 휴머니즘에 대한 신뢰로 나타난다.

이 과정에서 퇴계는 인(仁)의 실현을 통한 인간의 책임과 역할을 강조하고, 북친은 합리적 이성의 실현을 통한 인간의 책임과 역할을 강조한다. 결국 이들은 모두 인간이 윤리적·이성적 존재임을 긍정하며, 그렇다고 사욕에 지배된 인간의 변질된 모습까지 모두 인정하는 것은 아니다. 이러한 인간의 윤리적 특징은 자연계에 대한 윤리적·도덕적 책임과 의무와 같은 인간의 역할로 드러난다. 이것은 레오폴드(A. Leopold, 1887~1948)가 주장하는 대지의 윤리와는 구분된다. 대지로 표상되는 자연, 즉 그 속에 있는 모든 존재들을 살아있는 생명으로 보고 그것에 도덕적 지위를 부여하고 내재적 가치를 인정하는 동시에 그것들에 대한 인간의 도덕적 의무와 책임을 강조한다. 그러나 퇴계와 북친은 인간과 다른 생명체를 분명히 구분하고, 인간만의 독특한 이성적 능력을 강조한다.

1. 퇴계의 인간 해석과 역할

(1) 인간과 만물의 관계

퇴계가 살았던 16세기는 북친이 살았던 20세기와는 시대적 상황이 크게 다르다. 때문에 북친이 말하는 생태환경 문제보다는 가뭄·폭설·홍수·한파·서리와 같은 자연재해를 더 걱정하고 두려워하였을 것이다. 자연재해로 농업의 생산량이 감소하고, 이로써 수많은 사람들의 생존이 위협받기 때문이다. 그럼에도 퇴계의 자연관에는 우주 속에서 인간의 위치에 대한 자각이 전제되어 있다. '생명 중심주의'나 '심층 생태주의'처럼 인간이 자연 속에서 일반화되지 않고, 인간의 주체성에 기초한 도덕적 자연관이라는 기본적 시각이 내재해있다. 이러한 자연관을 '인간 우위의 자연 중심주의'라고 부르기도 한다.[276]

먼저 퇴계는 인간과 자연, 즉 사람과 사물의 생성과 존재를 다음과 같이 설명한다. 이러한 해석은 유학의 일반적인 내용이기도 하다.

> 천지간에는 리가 있고 기가 있다. 리라는 것은 형이상의 도(道, 원리)이며 만물을 낳는 근본이다. 기라는 것은 형이하의 기(器, 재료)이며 만물을 낳는 도구이다. 이 때문에 사람과 사물이 생겨날 때는 반드시 이 리를 부여받은 뒤에 본성(性)이 있고, 이 기를 부여받은 뒤에 형체(形)가 있다.[277]

이 세상에 존재하는 모든 자연만물, 즉 사람·동물·식물·광석 등은 리와 기로 구성된다. 리는 만물을 이루는 원리에 해당하고, 기는 만물을 이루는 재료에 해당한다. 원리에 해당하는 리는 형상으로 말할 수 없기 때문에 '형이상'이라 부르고, 재료에 해당하는 기는 형상으로 말할 수 있기 때문에 '형이하'라고 부른다. 이러한 해석은 『주역』「계사전」의 "형이상의 것을 도(道)라 하고 형이하의 것을 기(器)라 한다"[278]라는 말에 근거한다.

이것은 바로 주자가 『중용장구』의 '천명지위성(天命之謂性)'을 해석한 뜻이기도 하다. "성은 곧 리이다. 하늘이 음양오행으로 만물을 화생함에 기로써 형체를 이루고 리 또한 부여하니, 명령하는 것과 같다. 이에

---

276 이동희,「한국 성리학의 자연철학적 시사」,『동양철학』13, 한국동양철학회, 2000, pp.34-35 참조.
277 『朱熹集』卷58,「答黃道夫」, "天地之間, 有理有氣. 理也者, 形而上之道也, 生物之本也. 氣也者, 形而下之器也, 生物之具也. 是以人物之生, 必禀此理然後有性, 必禀此氣然後有形."
278 『周易』,「繫辭傳(上)」, "形而上者, 謂之道; 形而下者, 謂之器."

사람과 사물이 생겨날 때에 각각 그 부여받은 리를 얻음에 따라 건순(健順)·오상(五常)의 덕을 삼으니, 이른바 성이라는 것이다."[279] 이 세상의 모든 존재는 리와 기로 구성되는데, 이때 기가 형체를 이루면 리가 또한 부여되어 성이 갖추어진다. 리가 형체에 부여되는 순간 성(性, 본성)이 되는데, 이로써 형체가 있는 만물은 모두 성을 가지게 된다. 성은 인·의·예·지와 같은 건순·오상의 덕을 말하며, 또한 만물의 가장 완전한 형식(~다움)이며 최고 표준에 해당한다.

이때 천지가 부여한 리와 사람과 사물에게 부여된 성은 그 성질이 같으니, 여기에서 성즉리(性卽理)의 명제가 성립된다. '성즉리'에 근거할 때, 사람과 사물은 모두 동일하게 리를 부여받으니 사람의 성이든 사물의 성이든 성에는 차이가 없다. 이것은 사람과 사물의 내재적 가치가 동일하다는 의미이다. 이로써 사람은 자연을 함부로 파괴하거나 지배할 어떠한 권리도 없으며, 동시에 사람이 자연을 수단이 아닌 목적으로 대우해야 하는 이유이다. 이러한 관점에서 보면, 퇴계의 자연관은 '모든 생명체가 동등한 내재적 가치를 갖는다'고 주장하는 '생명 중심주의' 또는 '심층 생태주의자'라고 말할 수 있을 것이다.

그렇지만 퇴계는 현실적인 관점에서 사람과 사물, 즉 동물·식물·기타의 사물을 분명히 구분한다. 여기에서 퇴계는 사람과 사물의 차이를 기(또는 기질)에 근거하여 설명한다.

> 무릇 사물이 이러한 리와 기를 받은 것은 그 성에는 차이가 없으나, 그 기에는 치우치거나 바른 차이가 없을 수 없다. 이 때문에 사람과 사물이 생겨남에 음양의 바른 기를 얻은 것은 사람이 되고, 음양의 치우친 기를

---

[279] 『中庸章句』, 제1章, "性卽理也. 天以陰陽五行化生萬物, 氣以成形, 而理亦賦焉, 猶命令也. 於是人物之生, 因各得其所賦之理, 以爲健順五常之德, 所謂性也."

얻은 것은 사물이 된다. 사람은 이미 음양의 바른 기를 얻었으니 그 기질이 통하고 밝다는 것을 알 수 있고, 사물은 이미 음양의 치우친 기를 얻었으니 그 기질이 막히고 어둡다는 것을 알 수 있다.[280]

사람과 사물은 모두 기로써 형체를 이루면 리가 부여되어 성으로 갖추어지는데, 이때 성은 누구에게나 동일하게 부여되니 성에는 차이가 없다. 그러나 기로써 형체를 이루는 과정에서 기의 바르고 치우침(正偏), 통하고 막힘(通塞), 맑고 탁함(淸濁), 순수하고 잡박함(粹駁) 등의 차이에 따라 그 형체가 천차만별로 달라지니 기에는 차이가 없을 수 없다. 이때 기로 이루어진 형체는 천지만물의 다양한 모습을 반영하니, 말 그대로 천차만별하다. 결국 기의 차이가 사람과 사물로 구분되니, 음양의 바른 기를 얻은 것은 사람이 되고 음양의 치우친 기를 얻은 것은 사물이 된다.

나아가 퇴계는 이러한 기의 차이는 사람과 사물 간에만 존재하는 것이 아니라, 사물과 사물 간에도 존재한다고 설명한다.

> 사람과 사물에서 보면 사람은 바르고 사물은 치우치지만, 금수와 초목에서 보면 금수는 치우친 것 중에서 바른 것이고, 초목은 치우친 것 중에서 치우친 것이다. 그러므로 금수는 그 기질 가운데 간혹 한 길이 통하고, 초목은 단지 그 리를 가지고 있을 뿐이지 전체가 막혀서 통하지 않는다. 그렇다면 그 성이 혹 통하기도 하고 혹 막히기도 하는 것은 바로 기에 바

---

280 『退溪續集』卷8,「天命圖說」, "凡物之受此理氣者, 其性則無間, 而其氣則不能無偏正之殊矣. 是故人物之生也, 其得陰陽之正氣者爲人, 得陰陽之偏氣者爲物. 人旣得陰陽之正氣, 則其氣質之通且明, 可知也; 物旣得陰陽之偏氣, 則其氣質之塞且暗, 可知也."

르고 치우침의 다름이 있기 때문이다.[281]

사람과 사물 또는 사물과 사물, 즉 초목과 금수의 구분은 전적으로 기질의 바르고 치우침 때문이다. 사람과 사물을 비교하면, 기질이 바른 것은 사람이 되고 기질이 치우친 것은 사물이 된다. 또한 사물 가운데 금수와 초목을 비교하면, 기질이 치우친 것 중에서 바른 것은 금수가 되고, 기질이 치우친 것 중에서 치우친 것은 초목이 된다.

이에 퇴계는 「천명도(天命圖)」에서 사람의 모습은 '두원족방 평정직립(頭圓足方 平正直立)'으로, 금수의 모습은 '횡생미상(橫生尾上)'으로, 초목의 모습은 '역생하향(逆生下向)'으로 구분하여 표시한다. 사람은 천지의 빼어난 기를 얻었기 때문에 머리는 하늘을 닮아 둥글고 발은 땅을 닮아 네모지며 평평하고 발라서 곧게 선다(頭圓足方 平正直立). 반면 사물은 치우친 기를 얻어서 어떤 것은 옆으로 누워있고 어떤 것은 거꾸로 서있으니, 금수는 치우친 것 중에서 바른 것을 얻었으므로 완전히 거꾸로 뒤집어지지 않고 옆으로 누워있고(橫生尾上), 초목은 치우친 것 중에서 치우친 것을 얻었으므로 완전히 거꾸로 서있다(逆生下向).

또한 퇴계는 「천명도」에서 사람은 오성을 모두 갖추고 있으므로 오성방통(五性旁通)으로, 금수는 혹 하나의 길에만 통하므로 혹통일로(或通一路)로, 초목은 완전히 막혀서 통하지 않으므로 전색불통(全塞不通)으로 표시한다. 이것은 성(리)은 누구에게나 동일하게 부여되지만, 그와 함께 타고난 기질적 차이에 따라 부여받은 성이 달라진다는 의미이다. 예컨대 기질이 맑으면 성이 맑은 기질 속에 내재하여 온전히 드러날 수 있

---

281 같은 곳, "然就人物而觀之, 則人爲正物爲偏; 就禽獸草木而觀之, 則禽獸爲偏中之正, 草木爲偏中之偏. 故禽獸則其氣質之中, 或有一路之通, 草木則只具其理, 而全塞不通焉. 然則其性之所以或通或塞者, 乃因氣有正偏之殊也."

으나, 기질이 탁하면 성이 탁한 기질 속에 내재하여 온전히 드러날 수 없다. 이러한 의미에서 퇴계는 "죽고, 마르고, 흙이 되고, 먼지가 되는 것에도 기가 있지 않음이 없으니, 기가 있으면 바로 리가 있다. 오직 기에는 각각 치우침이 있으니, 리가 이 사물에 있을 때에도 따라서 치우치지 않을 수 없다."[282] 리는 항상 기속에 내재하니 기가 치우치면 리 역시 치우친다. 그러므로 사람과 사물이 모두 동일한 리를 부여받음에도 사람과 사물 또는 사물과 사물의 성이 달라지지 않을 수 없다.

나아가 이러한 기질의 차이는 금수와 초목뿐만 아니라, 사람과 사람 간에도 그대로 적용된다. 이 때문에 사람이 모두 바른 기를 얻으나 상지·중인·하우의 세 등급의 다름이 있다.

> 사람의 기가 바르기는 바르지만 그 기에도 음이 있고 양이 있으니, 기질을 품수받음에도 어찌 맑고 탁함(淸濁), 순수하고 잡박함(粹駁)이 없다고 말할 수 있겠는가. 이 때문에 사람이 태어날 때에도 하늘에서 기를 품수받으나 하늘의 기에는 맑은 것도 있고 탁한 것도 있으며, 땅에서 질(質)을 품수받으나 땅의 질에는 순수한 것도 있고 잡박한 것도 있다.[283]

기에는 음과 양의 서로 대립하는 형상이 있어 서로 그 뿌리가 되기 때문에 음 속에 양이 없을 수 없고 양 속에 음이 없을 수 없다. 그러므로 사람의 기가 비록 바르지만, 이때의 기에는 음도 있고 양도 있으니 기질을 품수받을 때에도 맑고 탁함, 순수하고 잡박함의 차이가 없을 수 없다.

---

282 『退溪書』卷35, 「答李宏仲」, "大要死槁土塵, 亦莫不有其氣, 有其氣, 便有其理. 惟其氣各有偏, 理之在是物者, 亦不能不隨而偏."
283 『退溪續集』卷8, 「天命圖說」, "人之氣正則正矣, 而其氣也有陰有陽, 則其氣質之稟, 亦豈無淸濁粹駁之可言乎. 是以人之生也, 稟氣於天, 而天之氣有淸有濁, 稟質於地, 而地之質有粹有駁."

양의 성질이 맑고 순수하다면, 음의 성질은 탁하고 잡박하다.

사람이 태어날 때는 하늘의 기(氣)와 땅의 질(質)을 부여받는데, 이때 하늘의 기에는 맑은 것도 있고 탁한 것도 있으며, 땅의 질에는 순수한 것도 있고 잡박한 것도 있다. 이때 맑고 순수한 것을 타고난 자는 상지(上智)가 되고, 맑으면서 잡박하거나 탁하면서 순수한 것을 타고난 자는 중인(中人)이 되며, 탁하고 잡박한 것을 타고난 자는 하우(下愚)가 된다. 이로써 '상지'는 아는 것이 밝고 행하는 것이 극진하여 저절로 하늘에 합치되며, '중인'은 알기는 하나 행하는 것이 부족하기도 하고 행하기는 하나 아는 것이 부족하기도 하여 하늘에 합치되는 것도 있고 어긋나는 것도 있으며, '하우'는 아는 것이 어둡고 행하는 것이 사악하니 하늘에 어긋난다.

그렇지만 사람에 있어서는 리와 기가 항상 함께 있으므로 비록 '상지'라도 형체(기)가 없을 수 없으니, '상지'에는 리가 더 많다거나 '하우'에는 리가 더 적다고 말할 수 없다. 그러므로 "'상지'라도 기질의 아름다움을 믿고 감히 자만해서는 안 되며, '하우'라도 미리 포기해서는 안 되고 마땅히 스스로 힘을 다해야 한다."[284] 이것은 천지만물 속에서 영장으로서의 사람의 지위를 설명한 것으로써, 사람의 경우는 비록 '하지'라도 자신의 기질적 한계를 극복할 수 있다는 의미이다. 이 때문에 다른 사물과 달리, 사람은 천지로부터 부여받은 성을 온전히 실현해낼 수 있는데, 이것은 자연만물에 대한 사람의 책임과 의무로 나타난다.

이처럼 퇴계는 천지만물 속에서 사람을 동물이나 식물과 분명히 구분하는데, 이것은 북친이 인간을 다른 생명체와 질적으로 구분하는 것과 다르지 않다.

---

[284] 같은 곳, "故氣質之美, 上智之所不敢自恃者也, 天理之本, 下愚之所當自盡者也."

(2) 인간의 역할: 인(仁)의 실현

퇴계는 인간의 역할로써 인(仁)에 주목한다.

> 사람이 생겨남에 천지의 기를 함께 얻어서 형체가 되고 천지의 리를 함께 얻어서 본성이 되니, 리와 기가 합하면 마음이 된다. 그러므로 한 사람의 마음이 곧 천지의 마음이고 한 몸의 마음이 곧 천만 사람의 마음이니 애당초 내외(內外)와 피차(彼此)의 다름이 없다.[285]

천지의 리와 천지의 기가 합하여 마음이 되니, 이때 리는 마음속에 내재한 성이 되고 기는 마음을 이루는 형체(심장)가 된다. 천지로부터 사람의 마음을 부여받으니 사람의 마음이 곧 천지의 마음이다. '천지의 마음'은 천지가 만물을 낳는 것이니 "천지는 만물을 낳는 것으로 마음을 삼는다."[286] 이로써 사람(또는 사물)은 모두 천지의 마음을 얻어서 생겨난 것이니 "한 몸의 마음이 곧 천만 사람의 마음이다." 즉 사람이면 누구나 천지의 마음에서 생겨난 동일한 피조물이라는 말이다.

이때 천지가 만물을 낳을 수 있는 것은 '인'에 근거한다. "인(仁)이란 천지가 만물을 낳는 마음이고, 사람이 그것을 얻어서 마음으로 삼는다."[287] 이로써 "'인'은 천지에 있어서는 만물을 낳는 마음이며, 사람에 있어서는 남을 사랑하고 만물을 이롭게 하는 마음이니 사덕(四德)을 포괄하고 사단(四端)을 관통하는 것이다."[288] 결국 남을 사랑하고 만물을 이롭게

---

285 『退溪集』卷18, 「答奇明彦論改心統性情圖」, "夫人之生也, 同得天地之氣以爲體, 同得天地之理以爲性, 理氣之合則爲心. 故一人之心, 卽天地之心; 一己之心, 卽千萬人之心, 初無內外彼此之有異."
286 『朱熹集』卷67, 「仁說」, "天地以生物爲心者也."
287 『退溪集』卷7, 「進聖學十圖箚」, 〈第七仁說圖〉, "仁者, 天地生物之心, 而人之所得以爲心."

하는 사람의 마음은 '인'의 실현에 다름 아니다. '인'이 실현될 때에 남을 사랑하고 배려하며 또한 만물을 보살피고 양육할 수 있다. 이 때문에 '인'은 복숭아 씨앗인 도인(桃仁)과 살구 씨앗인 행인(杏仁)처럼 씨앗에 비유되기도 한다. 씨앗에서 식물의 싹이 트는 것처럼, '인'에서 사랑이 피어난다. 이로써 사람은 '인간 중심주의'에서처럼 자연 정복과 지배가 아니라, 자연을 보살피고 돌봐야 하는 책임과 사명을 가지게 된다.

비록 천지가 '인'에 근거하여 만물을 낳지만, 만물이 생겨난 이후에는 더 이상 관여하지 않으니, 그것을 책임지고 관리하는 것은 오직 사람의 몫이다. 왜냐하면 오직 사람만이 빼어난 기질을 부여받아 자기의 사욕을 극복하고 천리를 회복함으로써 '인'의 실현이 가능하기 때문이다. "자기의 사욕을 극복하여 천리를 회복하면, 이 마음의 본체가 있지 않은 곳이 없고 이 마음의 작용이 행해지지 않은 곳이 없다."[289] 이 때 마음의 본체는 '인'이고, 그 작용은 남을 사랑하는 측은지심으로 드러난다.

누구나 '인'을 가지고 있으므로 "진실로 '인'을 체득하여 보존할 수 있으면, 온갖 선의 원천과 백 가지 행위의 근본이 여기에 있지 않음이 없다. 이 때문에 공자 문하의 가르침은 반드시 학자들로 하여금 '인'을 구하는데 급급하게 한 까닭이다."[290] 사람의 온갖 선한 행실이 모두 '인'에 근본하니, 이 때문에 공자의 학문은 '인'을 구하는 것을 급선무로 삼았던 것이다. 이러한 '인'의 실현은 결국 인간의 책임감으로 드러난다.

---

288 같은 곳, "在天地則块然生物之心, 在人則溫然愛人利物之心, 包四德而貫四端者也."
289 같은 곳, "言能克去己私, 復乎天理, 則此心之體無不在, 而此心之用, 無不行也."
290 같은 곳, "誠能體而存之, 則衆善之源, 百行之本, 莫不在是. 此孔門之敎, 所以必使學者汲汲於求仁也."

천지의 대덕(大德)을 생(生)이라고 한다. 무릇 천지간에는 생명을 가진 종류가 빽빽하니, 동물과 식물, 큰 것과 작은 것이 모두 하늘이 덮어주고 사랑해주는 것이다. 하물며 하늘의 형상을 닮아서 가장 영특하여 천지의 마음이 되는 우리 사람에게 있어서이겠는가.[291]

천지의 가장 큰 공능은 만물을 낳는데 있으니, 『주역』에서는 이것을 "천지의 큰 덕을 생(生)이라 한다"[292]라는 말로 표현한다. 천지 속의 만물, 즉 동물이든 식물이든, 큰 것이든 작은 것이든 모두 하늘이 덮어주고 사랑해주는 천지의 마음에서 생겨난 것이다. 천지 속의 만물도 그러하거늘, 하물며 천지의 형상을 닮아서 가장 영특한 사람에게 있어서는 더 말할 것도 없다. 천지의 사람에 대한 사랑은 각별한 것이므로, 사람도 이에 보답하여 더 많이 남을 사랑하고 만물을 이롭게 해야 한다.

무엇보다 사람은 천지의 형상을 닮은 가장 영특한 존재이다. 이것은 만물 가운데 사람이 가장 뛰어난 존재임을 의미하며, 동시에 만물을 사랑하고 보살펴야 하는 책임과 의무를 가진 존재임을 의미한다. 이 때문에 퇴계는 "하늘이 이미 인애(仁愛)의 책임을 사람에게 맡겼으니, 사람은 반드시 인애의 보답에 성실히 해야 한다"[293]라고 강조한다. 하늘이 가장 영특한 존재인 사람을 선택하여 사랑을 베풀었으니, 사람도 그에 대한 보답으로 하늘을 대신하여 모든 만물을 덮어주고 사랑해주는데 힘써야 한다. 이것은 인간의 역할로서 그 책임과 의무를 강조한 표현이

---

291 『退溪集』卷6, 「戊辰六條疏」, "天地之大德曰生. 凡天地之間, 含生之類, 總總林林, 若動若植, 若洪若纖, 皆天所閱覆而仁愛. 而況於吾民之肖象而最靈, 爲天地之心者乎."
292 『周易』, 「繫辭傳(下)」, "天地之大德曰生."
293 『退溪集』卷6, 「戊辰六條疏」, "旣以仁愛之責, 委重於此, 自當有仁愛之報惓惓於此也."

다. 북친의 말로 표현하면, 인간이 특권을 지녔다기보다는 다른 존재에 비해 도덕적 책임성을 가진다는 뜻이다.

이러한 인간의 책임과 의무는 남의 아픔을 나의 아픔처럼 느끼는 '인'의 실천을 통해 확보된다.

> 인(仁)의 실체를 드러내어 유아(有我)의 사심을 깨뜨리고 무아(無我)의 공심을 확장하여, 완고하기가 돌과 같은 마음으로 하여금 녹이고서 환히 통하게 하고, 남과 나 사이에 간극이 없게 하며, 털끝만큼의 사사로운 생각도 그 사이에 끼어들지 못하게 하여, 천지가 한 집안처럼 되고 온 나라가 한 사람처럼 되어 남의 가려움과 아픔이 〈나의 아픔처럼〉 내 몸에 절실하여야 '인'의 도를 얻을 수 있다.[294]

이 글은 퇴계가 경연에서 장재의 「서명(西銘)」을 강의한 내용의 일부이다. 퇴계는 「서명」의 내용에 근거하여, 천지만물이 한 몸(一體)임을 체득하는 것이 '인'의 상태라고 강조한다. 리의 차원에서 보면, 나와 천지만물의 이치는 하나이다. 그러나 리의 차원에서 하나라는 것만으로 현실 속에서 나와 천지만물이 한 몸이라는 것을 담보하지 못한다. 왜냐하면 천지만물에는 저마다 기질적 차이가 존재하기 때문이다. 이 때문에 이러한 기질적 차이로 인한 '유아(有我)의 사심'을 극복하고 '무아(無我)의 공심'을 회복하는 후천적인 노력(수양)이 수반되어야 한다.

사람이 노력을 통해 '유아의 사심'을 극복하고 '무아의 공심'을 회복할 때에 비로소 물아(物我)가 하나될 수 있다. 남과 내가 한 몸이 되어야

---

294 『退溪集』卷7,「西銘考證講義」, "狀出仁體, 因以破有我之私, 廓無我之公, 使其頑然如石之心, 融化洞徹, 物我無間, 一毫私意無所容於其間, 可以見天地爲一家, 中國爲一人, 痒痾疾痛, 眞切吾身, 而仁道得矣."

만, 남의 아픔이 나와 무관한 남의 아픔이 아닌 내 몸의 절실한 아픔으로 느껴질 수 있다. '유아의 사심'이 오직 나뿐이라는 이기적인 소아(小我)의 마음이라면, '무아의 공심'은 천지만물과 한 몸이 되는 대아(大我)의 마음이라 할 수 있다.[295] 북친의 말로 표현하면, '유아의 사심'은 '도구·관습의 이성'에 해당되고, '무아의 공심'은 '변증법적 이성'에 해당된다고 하겠다. 물론 이때의 대아(大我)는 그냥 주어지는 것이 아니라, 학문(공부)과 같은 후천적인 노력을 통해 가능하다. 북친은 이것을 인간성의 재구성, 즉 '재마법화'라고 말한다.

이때 천지만물과 한 몸임을 체득할 수 있는 것이 바로 '인'의 상태이다. '인'의 상태에서는 남을 사랑하는 측은한 마음이 천지만물로 확장해 가니 "인(仁)하지 않은 사람은 사욕이 가리고 막아서 남과 나를 통하여 측은한 마음을 확장시킬 줄 모르니, 마음이 완고하기가 돌과 같다."[296] 사람이 남을 사랑하지 못하고 나아가 천지만물과 한 몸이 되지 못하는 것은 사욕에 사로잡힌 완고한 마음 때문이다. 사욕에 사로잡히면, 그 마음이 돌처럼 굳어져서 남과 제대로 소통하지 못한다. 이 때문에 퇴계는 사욕을 "마음을 해치는 좀도둑이고, 모든 악의 근본이다"[297]라고 강조한다. 사욕을 극복하고 천리를 회복할 때에 물아(物我)가 서로 감응하여 천지만물과 한 몸이 되니, 이로써 천지가 한 집안처럼 되고 온 나라가 한 사람처럼 된다.

더 나아가 퇴계는 비록 천지만물과 한 몸이 되더라도 그 주체는 반드시 '자신'이 되어야 한다고 강조한다.

---

295 이것은 또한 공적인 마음을 따르는 군자와 사적인 마음을 따르는 소인으로도 나눌 수 있다.
296 『退溪集』卷7,「西銘考證講義」, "不仁之人, 私欲蔽錮, 不知通物我推惻隱, 心頑如石."
297 『退溪集』卷7,「戊辰經筵啓箚(2)」, "私者, 一心之蠹賊, 而萬惡之根本也."

인(仁)이 비록 천지만물과 일체(一體)가 되는 것이지만, 반드시 먼저 자기를 본원으로 삼거나 주재로 삼아야 이에 모름지기 남과 내가 한 이치로 연관되는 절실한 의미이니, 가슴에 가득한 측은한 마음과 함께 〈만물에〉 관철되고 유행하여 막힘이 없고, 두루 미치지 않은 곳이 없음을 알 수 있어야 비로소 '인'의 실체이다. 만약 이 이치를 알지 못하고 범범하게 '천지만물이 일체인 것'을 '인'이라 한다면, 이른바 '인'의 실체는 한없이 넓고 멀어서 나의 심신(心身)과 무슨 상관이 있겠는가.[298]

천지만물과 일체를 이룰 수 있는 근거가 '인'에 있지만, 반드시 자기를 주체로 삼아야 비로소 물아일체(物我一體)의 절실한 의미가 실현될 수 있다. 이것은 '인'을 실현하는 주체가 천지만물이 아닌 자신에게 있다는 말이다. 자기를 주체로 나의 마음에 충만한 측은한 마음을 천지만물에게로 관철시켜 막힘이 없고 두루 미치지 않음이 없어야 비로소 진정한 '인'의 실현이다. 만약 이러한 이치를 알지 못하고 범범하게 '천지만물이 일체인 것'을 인(仁)이라 하면, 결국 만물일체가 나와 무관한 일이 된다.

따라서 만물일체를 이루는 '인'의 실현은 바로 나로부터 시작된다. 나로부터 시작되기 때문에 가까운 것과 먼 것, 친한 것과 소원한 것의 차등이 없을 수 없다. 이것이 맹자의 "어버이를 사랑한 다음에 백성을 사랑하고, 백성을 사랑한 다음에 만물을 사랑한다"[299]라는 의미이다. 이로써 '인'의 실천방법은 내 부모와 내 자식과 같은 친한 가족에 대한 사랑에서

---

[298] 『退溪集』卷7,「西銘考證講義」, "仁者, 雖與天地萬物爲一體, 然必先要從自己爲原本, 爲主宰, 仍須見得物我一理, 相關親切意味, 與夫滿腔子惻隱之心, 貫徹流行, 無有壅閼, 無不周徧處, 方是仁之實體. 若不知此理, 而泛以天地萬物一體爲仁, 則所謂仁體者, 莽莽蕩蕩, 與吾身心, 有何干預哉."
[299] 『孟子』,「盡心(上)」, "親親而仁民, 仁民而愛物."

출발하여 이웃에 대한 사랑으로, 인류에 대한 사랑으로, 그리고 만물에 대한 사랑으로 점차 확장되어나간다. 이것은 모두를 차별 없이 동등하게 사랑하자는 묵자의 겸애(兼愛)나 가까운 가족관계를 끊고 만물에게 자비를 베푸는 불교 및 사람과 다른 생명체를 동일시하는 생명 중심주의의 이론과 구분되는 자연스럽고 현실적인 방법이라 하겠다.

그렇다고 가족 이기주의나 인간 중심주의처럼 차등과 차별로 고착화되는 것이 아니라, 오히려 차등과 차별을 넘어 진정한 의미의 '인'을 실현해나갈 수 있으니, 이를 통해 비로소 진정한 물아일체(物我一體)가 실현된다. 결국 사람에게 갖추어진 '인'한 덕성을 확장시켜 남을 사랑하고 만물을 이롭게 함으로써 함께 조화로운 삶을 사는 것이 바로 퇴계가 인간에게 요구하는 역할이자 의무인 것이다. 이것은 인간성을 재구성하여 합리적 이성이 실현될 때에 자비 넘치는 세계를 창조할 수 있다는 북친의 주장과 다르지 않다.

2. 머레이 북친의 인간 해석과 역할

(1) 인간과 자연의 관계

생태환경 문제를 언급하기 위해서는 자연이란 무엇인지, 자연 속에서 인간의 위치는 무엇인지, 그리고 자연과 인간은 어떠한 관계에 있는지에 대한 질문이 선행되어야 할 것이다. 그렇지만 이들 질문의 궁극적 목적이 '자연과 인간이 조화를 이루는데 있다'고 할 때, 자연과 인간의 관계성이 무엇보다도 중요하다.

자연은 말 그대로 우리를 둘러싸고 있는 것들, 즉 나무·동물·바다와 같은 것이다. 이것은 인간들이 석유로 덧칠해서 죽어가고 있는 현실이기도 하다. 물론 이 과정에서 반인간주의자들은 '야생 자연 그대로', '원시적인' 또는 '인간(문명)의 손길이 미치지 않는' 자연만이 확실한 자연이라고 주장하기도 한다. 반인간주의자들은 인간종과 여타의 동물 종은 본질적으로 다르지 않다고 주장한다. 우리 인류란 종도 자연의 한 부분임을 고려한다면, 자연에 대한 정의는 보다 복잡하게 전개될 것이다. 자연이 무엇을 의미하든 간에 '인간이 어떻게 자연과 조화를 이루어야 하는지'를 결정하는 것이 중요하다. 왜냐하면 자연세계에서 개체와 개체는 단독자가 아닌, 상호관계라는 존재론적 바탕 위에서 실존하기 때문이다. 인간의 존재 역시 이러한 관계성 속에서 정의된다.

북친에 따르면, 인간이 자연의 한 부분이라면 인간은 많은 생명체들 중 한 종에 불과한 것이지만, 그럼에도 나머지 생명체와 비교해 보았을 때에 다른 종들에게 결여되어 있는 책임성을 가지고 있는 유일한 종이다.[300] 여기에서 북친은 인간이 단순히 하나의 동물에 불과하다고 보는 반인간주의자들의 자연관과 차별화하기 위하여 자연을 '일차 자연(first nature, 생물학적 자연)'과 '이차 자연(second nature, 사회적 자연)', 그리고 '자유 자연(free nature, 변증법적 자연)'으로 구분한다. 세 개의 자연은 별개로 구분되고 단절된 것이 아니라, 과정적인 연속체로 개별화되어 있는 동시에 공존한다. 물론 북친이 궁극적으로 지향하는 자연은 아직 실현되지 않은, 또는 이차 자연의 모순을 극복한 '자유 자연'이다.

'일차 자연'은 앞에서 말한 자연의 정의에서처럼 광대하게 펼쳐진 들판·계곡·삼림 등 존재하는 모든 것이니, 퇴계가 말하는 천지만물에 해당한다.

---

300 머레이 북친, 문순홍 옮김, 『사회 생태론의 철학』, 솔, 1997, p.30

자연(일차 자연)은 존재하는 모든 것이며, 특히 생물적 자연은 요동치고 상호 작용하는 비유기체적 세계와 더불어 끊임없이 분화하고 복잡해지는 생명체들의 진화의 누적물이다.[301]

'일차 자연' 속의 생명체는 끊임없는 진화의 결과물로서, 이러한 생명체에는 인간도 포함된다. 이들의 생명은 단순히 그림엽서 속의 풍경처럼 고정되어 있는 것이 아니라 "매순간 동태적이며, 무엇보다도 발전적이다. 식물과 동물은 자기 보존을 위해 능동적으로 작용하고, 새로운 생태 공동체(eco-community)를 창조하기 위해 상호 작용한다. 생명양식은 끊임없이 태어나고 성숙하고 죽으며, 우리가 찬양해 마지않는 파노라마를 유지하기 위한 정교한 먹이 사슬에 참여한다."[302] 이것은 자연이라 부르는 것이 끊임없이 진화하고 있으며, 새로운 생명양식으로 변화하고 있다는 증거이다.

이러한 진화는 자신의 내적인 동력에 의해 이루어지는데, 이 과정을 통해 '이차 자연'이 등장한다. 북친이 말하는 '이차 자연'이란 인류가 자연 진화 과정에서 얻은 특수성을 바탕으로 독특하게 발달된 인간 문화 전반을 이르는 개념이다. '이차 자연'은 일차 자연에 의도적으로 영향력을 행사하는 인간의 능력, 즉 문화·사회·과학기술·언어 등을 가리키며, 이러한 '이차 자연'에 의해 계층·계급·국가·위계질서·시장경제 등의 문화적·사회적·정치적 자연이 생성되고 존속된다. 즉 일차 자연의 생물적인 모습에서 이차 자연의 사회적인 모습으로 재구성된다는 의미이다.

---

[301] 같은 책, p.62
[302] 머레이 북친, 구승회 옮김, 『휴머니즘의 옹호』, 민음사, 2002, p.34

이를 통해 "이차 자연은 일차 자연의 부족화된 사람들을 도시화된 시민들로 변모시키고, 이성의 빛으로 자연숭배와 같은 미신을 타파하며, 무엇보다도 과학의 힘으로 인간의 몸과 마음을 경제적 불안과 고통스러운 노역에서 벗어나게 해주고, 자연재해와 같은 일차 자연의 압도적인 힘에서 해방되어 물질적 안정을 이룬다."[303] 일차 자연에서 이차 자연으로의 진화를 통해, 인간은 일차 자연의 물질적 고통과 원시적 한계에서 해방될 수 있다.

이때 이차 자연을 생성하고 존속시킨 인간의 능력은 신적인 어떤 대단한 것이 아니라, 그 자체가 자연 진화의 한 과정이며 결과이다. "인간은 자연계의 기나긴 진화론적 역사의 산물이다."[304] 이렇게 볼 때, 인간이 일차 자연으로부터 진화하고 이 과정을 통해 이차 자연을 창조하는 것은 매우 자연스러운 일이다. 결국 이차 자연은 일차 자연이 진화한 결과이다.

이러한 의미에서 북친은 자연에 대한 인간의 개입은 내재적이고 불가피한 것이라고 주장한다. 북친은 이차 자연이 등장할 수 있는 원인, 즉 인간이 이차 자연으로 진화할 수 있는 원인의 하나로서 인간이 진화 과정을 통해 습득한 의식과 특수한 능력을 거론한다. 인간은 다양한 해부학적 특성, 즉 입체적 시각, 자유로운 팔, 정교한 손가락, 발성기관 등을 비롯하여, 무엇보다도 생존에 유리한 방향으로 자연을 변형시키는 두뇌의 능력이 이차 자연의 탄생을 불러왔다고 지적한다.[305] 그렇지만 이차 자연으로의 진화 과정에서 인간의 오만함이나 인간성의 변질 등으로 자연과 인간관계가 왜곡됨으로써 현 시대에 닥친 중대한 생태 위

---

303 같은 책, p.368 참조.
304 같은 책, pp.34-35
305 같은 책, p.367

기와 같은 결정적인 원인으로 작용하기도 한다. 퇴계의 말로 표현하면, 사욕에 가려져서 인(仁)의 실현이 이루어지지 못한 상태이다. 여기에서 '왜 인간은 다른 종들과 달리, 자연을 착취·파괴·남용하여 다른 생명체들을 희생시키는가'와 같은 반인간주의자들의 비판에 직면하게 된다.

생태 친화적 미래사회의 도래를 위해서는 일차 자연과 이차 자연이 통합하는, 즉 이차 자연이 갖는 모순을 극복하고 보다 발전적인 진화의 상황으로 나아가야 하는데, 이것이 바로 '자유 자연'이다. 물론 '자유 자연'으로 이어지는 진화 과정 역시 인간의 고유한 의식과 능력을 통해 가능하다.

> 생물권의 미래는 전적으로 이차 자연이 새로운 사회 또는 새로운 유기적인 협력체계로 이행해갈 수 있는가의 여부에 달려있다. 이 새로운 체계를 '자유 자연'이라 부른다. 이 자연은 일차 자연과 이차 자연에서 존재하는 고통과 아픔을 최소화하려는 자연이다. 결국 '자유 자연'은 의식적이고, 윤리적인 자연이며, 생태적 사회이다.[306]

생태 위기로부터 인류를 구원할 수 있는 것은 이차 자연이 보편적 합리성에 기반한 새로운 사회, 즉 상보적·생태적 협력체계로 나아갈 수 있는지의 여부에 달려있다. 이차 자연이 아직 완성되지 않은, 그래서 부적절하게 진화된 과정에 놓여있기 때문에, 이를 깨닫고 일차 자연과 이차 자연의 조화로운 공존을 추구해야 하는데[307], 이러한 사고 수준에 도

---

306 머레이 북친, 문순홍 옮김, 『사회 생태론의 철학』, 솔, 1997, p.67
307 일차 자연과 이차 자연의 조화로운 공존을 위해, 인간 사회의 진화와 자연의 진화 사이의 관계를 설명할 수 있는 보다 깊은 철학적 사고를 요구하기 때문에 북친은

달한 자연이 바로 '자유 자연'이다. 자유 자연은 일차 자연과 이차 자연의 산물로써, 이 양자를 융합시켜 갈등·훼손·경쟁에 깊이 대처하는 자연이다. "일차 자연과 이차 자연이 자유롭고 합리적이며 윤리적인 자연으로 응용되면서도, 일차 자연과 이차 자연 그 어느 것도 자신의 특수성과 통합성을 잃어버리지 않는다."[308] 이로써 '자유 자연'은 자연계와 대립하는 것이 아니라, 자연계와 조화를 이룸으로써 "개개인이 서로 조화를 이루고, 나아가 인류가 자연계와 조화를 이룰 수 있게 한다."[309]

이때 일차 자연과 이차 자연을 통합함으로써 새로운 생태 공동체로 진화·발전하는 것을 '생태적 변증법'이라고 부른다. 북친의 이러한 생태적 변증법은 인간 중심주의, 생명 중심주의, 더 나아가 생태 중심주의 등 '중심주의'에 대한 비판으로 전개된다. 이 과정에서 북친은 생태 위기가 사회 위기로부터 등장한다는 '사회생태론'을 주장한다. 일차 자연과 이차 자연의 중간 지대에서 생물적인 진화는 점차적으로 사회적인 진화로 진행되고, 이때 사회적인 진화는 위계조직의 형태를 띤다. 이러한 사회 진화는 위계적·계급적·국가적 제도의 방향으로 전개되고, 결국 국가와 자본주의(시장주의) 경제를 등장시킨다. 이 경제 유형이 사회 전체로 침투해 들어가면서 이차 자연의 심각한 왜곡을 야기하고, 이로써 시장 경제는 시장 사회가 되고, 이 사회는 협력보다는 경쟁을, 인간관계보다는 소유를, 균형과 억제에 근거하기보다는 성장에 기반하는 비도덕적·반문화적 사회를 창조한다.[310]

그 결과 사회에 존재하는 계층화·계급화·위계구조 사이의 지배—

헤겔(Hegel)의 변증법적 철학을 새롭게 생태주의에 차용하기도 한다.
308 머레이 북친, 문순홍 옮김, 『사회 생태론의 철학』, 솔, 1997, p.186
309 머레이 북친, 구승회 옮김, 『휴머니즘의 옹호』, 민음사, 2002, p.57
310 머레이 북친, 문순홍 옮김, 『사회 생태론의 철학』, 솔, 1997, p.182

피지배라는 사회적 환경위기를 초래한다. 이에 자연과 인간을 지배·억압·착취하는 사회제도를 변혁함으로써 환경위기를 극복할 수 있는데, 이것이 바로 북친이 말하는 "인간의 자연지배는 인간의 인간지배라는 위계구조로부터 파생된다"[311]라는 의미이다. 즉 인간에 의한 인간지배의 제거를 통해 인간의 자연에 대한 지배를 종식시키고자 한 것이다. 무엇보다 인간의 인간에 대한 갈등이 해소될 때에 진정한 의미의 인간과 자연이 하나될 수 있다. 북친의 이러한 사회생태론은 경제뿐만 아니라 정치·의식·생활양식 등 사회의 모든 영역으로 확장된다.

결국 '자유 자연'은 일차 자연과 이차 자연을 종합하고, 이때 인간의 이성에 의해 인류와 자연계가 조화를 이루는 상태를 말한다. 이것은 아직 도래하지 않는 것으로서, 앞으로 미래에 도달할 인간의 지향점이다. 이처럼 북친은 일차 자연에서 이차 자연으로 진화 과정에서 다른 자연물과 구분되는 인간의 특징을 강조하는데, 이것은 퇴계가 만물과 구분되는 인간의 특징을 강조하는 것과 다르지 않다.

(2) 인간의 역할: 이성의 실현

북친에 의하면, 인간은 수억 년에 걸친 강력하고 총체적인 생물학적 진화 과정에서 출현하였다. 이 과정은 일차 자연의 단순한 동물성을 초월하여 사회적 특성을 지닌 이차 자연을 탄생시켰다. 그리고 일차 자연 내에서 그 동물적 진화의 일부로서 발달한 인간은 계속 진화하여 이차 자연, 즉 사회적 자연을 산출해냈다.[312] 퇴계는 이러한 인간의 특징을 가장 영특한 존재로 표현한다.

---

[311] 머레이 북친, 구승회 옮김, 『휴머니즘의 옹호』, 민음사, 2002, p.415
[312] 같은 책, p.42

인간의 손은 사자의 발톱에 비하면 보잘 것 없고, 인간의 팔은 곰의 앞발에 비하면 가냘프기 짝이 없다. 상대적으로 털이 적은 인간의 피부는 포유동물의 가죽보다 기후 변화나 벌레·가시·찰과상 등에 훨씬 약하다. 이러한 해부학적 결함에도 불구하고, 양족보행, 입체적 시각, 정교한 손가락 등과 더불어 진화한 인간의 두뇌는 단지 살아남기 위한 것이 아니라, 자연환경을 그들의 필요에 맞게 근본적으로 개조할 수 있는 엄청난 능력을 가진다.

　특히 이러한 인간의 능력 중의 중요한 하나가 바로 자기반성과 의사소통을 가능하게 하는 사고와 언어이다. 이것은 다른 생명체에서는 찾아볼 수 없고 오직 인간만이 이 능력을 가지고 있다. 자기 자신에 대한 반성과 환경에 대한 체계적인 이해, 즉 철학·과학·윤리학·미학 등으로 일반화할 수 있는 능력, 자신과 환경을 지식과 기술로서 체계적으로 변경시킬 수 있는 능력은 일차 자연에서 보여주는 제한된 영역을 넘어서도록 한다.[313] 이것은 인간만이 일차 자연의 모든 영역을 의식적으로 변화시킬 수 있는 유일한 생명체라는 의미이다.

　더욱이 "오직 인간만이 단순히 생존하는 것이 아니라 희망을 품을 수 있으며, 단순히 과거를 기억하기보다는 앞날을 예측할 수 있으며, 세상을 그저 받아들이는 것이 아니라 더 나은 쪽으로 변화시키고, 단순히 적응하는 것이 아니라 자기 개선적인 존재이다."[314] 이러한 인간의 능력은 신이나 우주적 영성이 구현된 것이 아니라, 그 자체가 자연 진화의 결과에서 나온 것이다. "진화론적 관점에서, 인간은 적극적이고 의도적으로 일차 자연에 개입해서 전지구적 규모로 이를 변형시키도록 구

313　머레이 북친, 문순홍 옮김, 『사회 생태론의 철학』, 솔, 1997, p.63 참조.
314　머레이 북친, 구승회 옮김, 『휴머니즘의 옹호』, 민음사, 2002, p.58

성되었다. 때문에 이러한 인간의 능력을 비난하는 것은 자연 진화 자체를 부정하는 것이다."[315] 인간의 능력은 자연 진화에 따른 자연스러운 결과물이다.

따라서 오늘날 인간의 활동에 영향을 받지 않는 세계는 거의 존재하지 않는다. 극점이나 대양의 깊은 심연도 예외는 아니다. 야생지역 조차도 인간의 개입으로부터 보호되길 요구하고 있다. 오늘날 존재하는 인간이 아닌 생명체들은 대부분 좋든 싫든 어느 정도 인간의 보호와 관리를 받고 있고, 그래서 야생보호 지역이 '자연적이고 야생적인 방식으로 보존되느냐'의 여부도 결국 인간의 태도와 행동에 달려있다고 하겠다.

이러한 의미에서 북친은 인간의 존재를 다른 동물들과 본질적인 차이가 없다고 주장하는 반인간주의자들을 비판한다.

> 인간이 침팬지와 차이가 없다 하더라도, 오직 인간종만이 총체적인 실재를 이해하고 스스로의 정체성을 파악할 능력을 가지고 있다.……원시세계에서 가장 발달한 원숭이보다 인간을 더 우위에 놓을 객관적 근거가 없다고 고집하는 것이 반인간주의자(antihumanism)들의 본령인 것 같다.[316]
> 반인간주의, 반모더니즘 저널리스트들이 찬양하는 책들을 보면, 인간은 지구상에서 더부살이를 하는 것으로 규정되고……원초적 본래성을 회복해야 할 존재가 되어버린다.[317]

반인간주의자들은 인간의 내재적 가치가 다른 종들의 내재적 가치

---

315 머레이 북친, 문순홍 옮김, 『사회 생태론의 철학』, 솔, 1997, p.64
316 머레이 북친, 구승회 옮김, 『휴머니즘의 옹호』, 민음사, 2002, p.73
317 같은 책, p.365

와 동일하다고 주장한다. 우주적 자연에 비추어 볼 때, 인간의 삶이란 대지의 신인 가이아(gaia)의 몸에 기생하는 '지적 벼룩' 정도이다.[318] 게다가 반인간주의자들은 현대성의 병폐를 초래한 주범으로 과학과 기술을 지목한다. 하나의 기술혁신은 또 다른 혁신을 촉발하고, 마침내 산업혁명이 일어나고 이로 인해 강·바다·공기가 더럽혀지고, 살림이 황폐화되고, 토양이 메마르고, 지구가 온난화된다는 등이다.[319] 결국 이들은 과학과 기술의 혁신 이전의 원초적 본래성을 강조한다. '원초적 본래성'은 순결하고 때 묻지 않는 원시사회로의 회귀를 의미한다. 원시사회로의 회귀, 과학기술에 대한 공포, 이성의 거부 등 이 모든 주장의 기반은 원초성(primality)에 대한 희구이다. 이렇게 볼 때, 원초적인 감수성을 벗어던진 오늘날 인간은 한때 순결했던 자연을 더럽히는 타락한 존재가 된다.

물론 반인간주의자들이 오늘의 인간 조건에 대해 좌절하고 분노하는 데에는 그럴 만한 이유가 있다. 그렇다고 인간성을 격하하거나 심지어 인간의 고유한 이성 능력을 악마적인 것으로 치부하는 것은 용납할 수 없는 일이다. 왜냐하면 인류가 엄청난 역경을 딛고 이룩한 위대한 업적을 생각할 때, 그리고 세계 속에서 특히 사회적·생태적 문제를 다룸에 있어서 인간의 이성이 최대한 발휘될 경우 거두게 될 성과를 생각할 때, 인간을 소중히 여길만한 이유는 얼마든지 있기 때문이다. 예컨

---

318 제임스 러브록(James Lovelock)의 가이아 이론. 가이아(Gaia)란 고대 그리스인들이 대지의 여신을 부르던 이름으로써, 지구를 은유적으로 나타낸 말이다. 이것에 착안해서 러브록은 지구와 지구에 살고 있는 생물·대기권·대양·토양 등이 모두 서로에게 영향을 미치는 살아있는 존재라는 것이다. 가이아 이론은 지구를 단순히 기체에 둘러싸인 암석덩이로 생명체를 지탱해주기만 하는 것이 아니라, 생물과 무생물이 상호작용하면서 스스로 진화하고 변화해나가는 하나의 생명체이자 유기체임을 강조한다.
319 머레이 북친, 구승회 옮김, 『휴머니즘의 옹호』, 민음사, 2002, p.361

대 손상된 오존층을 복구하고, 숨쉴 수 있는 대지를 복원하며, 심각하게 오염된 물을 깨끗하게 정화해서 공급하는 등 오늘날 생태환경 문제 역시 인간의 이성에 의해 그 해결이 가능하다. 이것은 기본적으로 인간에 대한 신뢰, 즉 "도덕적·사회적 인간성 회복이 가능하리라는 믿음"[320]이 전제된 표현이다.

이러한 맥락에서 북친은 인간의 이성을 끝까지 포기하지 않는데, 북친은 이것을 '계몽된 휴머니즘'이라고 부른다. 계몽된 휴머니즘은 합리적 이성에 기초한 인간상을 말한다. 여기에서 "이성이란 세련되고 추상화된 철학적 의미가 아니라, 협동과 감정 이입, 생명권에 대한 책임감, 그리고 공동체와 연대라는 새로운 개념을 포괄하는 살아있는 합리성을 뜻한다."[321] 이성이란 형이상적·추상적인 의미가 아닌, 협동과 책임감을 가진 인간의 합리성을 의미한다.

이러한 이유로 인간과 인간 이외의 생명체의 생존을 위협하는 오늘날의 약탈적인 사회는 반드시 합리적 이성이 인도하는 사회로 대체되어야 한다. 따라서 우리가 윤리라고 불릴 만한 가치를 지닌 규범을 따르는 진정한 인간이 될 수 있는 것 역시 이러한 합리적인 사회에서 가능하다. 이렇게 볼 때 "계몽된 휴머니즘은 사회를 이성적일 뿐만 아니라 지혜롭게 만들어주고, 윤리적이면서 열정적으로 미래를 조망하게 해준다는 희망찬 메시지인 것이다."[322]

이것은 결국 다른 생명체들과 달리, 인간이 도덕적인 책임감의 담지자임을 간접적으로 인정하는 것이다. 물론 이 도덕적 책임감은 일차 자연에는 존재하지 않는다. 만일 모든 생명체들이 존중되어야만 하는 내

---

320 같은 책, p.12
321 같은 책, p.18
322 같은 책, p.57

재적 가치를 가지고 있다면, 이 가치는 오직 인간의 의지적·도덕적·미적인 능력을 통해서만 인정되는 것이다. 이러한 능력은 어떤 다른 생명체도 가지고 있지 않다. 오직 인간만이 내재적 가치란 개념을 구성할 수 있고, 오직 인간만이 이에 대한 윤리적 책임성을 부여받고 있다.[323] 그것은 가장 의식 있는 생명체, 즉 인간이 가지고 있는 책임성으로, 유기적인 진화에 지적으로 대응하라는 요구이기도 하다. 이러한 책임성이 이차 자연을 생성하는 원인이 된다. 바로 이점이 반인간주의자들과 구분되는 북친의 사회생태주의의 특징이기도 하다.

비록 북친은 인간이 지닌 이성을 끝까지 포기하지 않지만, 그렇다고 근대 탄생 이후 각종 해악을 저지른 또는 변질된 이성과는 분명히 선을 긋는다. 북친은 해악을 저지른 이성을 '도구·관습의 이성'이라 하고, 자신이 인간에게서 보는 대안으로서 이성을 '변증법적 이성'이라 하여 둘을 구분한다.[324] 설령 생태문제가 바로 '도구·관습의 이성'에 의해 야기된 것이라 할지라도, 역사를 통해 이성이 행한 긍정적인 역할까지 모두 부인할 수 없다. 왜냐하면 인간의 이성은 여전히 홍수와 가뭄에 대비하여 다리를 놓거나 댐을 만드는 일을 통해 자신의 자리를 주장할 수 있기 때문이다.

이러한 의미에서 북친은 "인간이 거대한 사회적·생태적 위기에 직면해있는 것은 지나친 문명화 때문이 아니라, 우리가 충분히 문명화되지 않았기 때문이다"[325]라고 지적한다. 즉 오늘날 생태 위기의 원인은 어디까지나 이성의 부재와 같은 계몽되지 못한 인간의 문제라는 것이다. 이렇게 볼 때, 실제적 의미에서 인류는 아직도 인간으로서 완성되

---

323 머레이 북친, 문순홍 옮김, 『사회 생태론의 철학』, 솔, 1997, p.66
324 같은 책, p.260
325 머레이 북친, 구승회 옮김, 『휴머니즘의 옹호』, 민음사, 2002, p.369

지 못하였다고 할 수 있다. 왜냐하면 인간은 아직 서로 협력하고, 이해하고, 합리적으로 행동할 있는 잠재력을 충분히 실현시키지 못하기 때문이다.[326] 새로운 생태사회의 건설은 무엇보다도 '휴머니즘의 정상화'가 이루어져야 가능하다는 말이다.

여기에서 북친은 이성에 기초한 인간성을 재구성해나갈 것을 주장한다.

> 내가 인간성을 재마법화(re-enchanting)하여야 한다고 주장하는 본뜻은 상호 존중의 윤리와 함께 나누는 사회에 바탕을 둔 합리적이고, 생태 지향적이며, 미학적으로 고양되고, 자비 넘치는 세계를 창조할 수 있는 인간의 잠재력을 깨닫는 것이 중요함을 지적하려는데 있다.[327]

새로운 세계를 창조하기 위해서는 무엇보다도 인간이 지닌 잠재력을 깨닫는 것이 중요하다. '잠재력'이란 인간의 합리적 사유를 가능하게 하는 이성의 능력을 의미한다. 이에 북친은 인간의 능력과 잠재성을 떠받치는 이성을 '살아있는 합리성'이라 부르기도 한다. 인간의 합리성이 평가절하되는 현 상황에서 인간의 의미를 재발견하는 것이 무엇보다 긴요하기 때문에 인간성을 '재마법화'하여야 한다고 주장한다. 인간성을 재마법화하여 합리적 이성이 구현될 때라야 상호 존중의 윤리와 함께 생태 지향적이며, 미학적이며, 자비 넘치는 세계를 창조할 수 있다.

결국 새로운 생태사회의 건설은 무엇보다도 휴머니즘(인간성)의 정상

---

326 같은 책, p.369
327 같은 책, p.365

화가 이루어져야 가능하다. 때문에 북친이 말하는 계몽된 휴머니즘은 과학·기술의 혁신을 통해 완성되는 것이 아니라, 오히려 그러한 과학·기술의 윤리적 사용을 통해 완성된다. 이것은 현대사회에 만연하는 여러 생태 위기의 상황들이 이성의 합리성과 휴머니즘에 근거해야 한다는 의미이다. 이때 인간 잠재력에 대한 현실화와 막중한 윤리적 역할을 떠맡을 주체는 바로 인간의 이성이다. 이로써 이성은 생태사회에서 윤리적 토대를 마련하며, 마침내 그 공동체 내에 통용되는 보편적 윤리를 구축한다. 이 때문에 북친은 인간이 윤리적 책임감을 지닌 존재임을 거듭 강조한다.

> 인간이 자연과의 관계에서 윤리적 명령을 따를 수 있는 오직 유일한 존재이다.[328]
>
> 인간이 이성적 능력을 가지고 있다는 점에서 다른 생명체와 근본적으로 다르지만, 인간은 바로 이 비범한 능력 때문에 인간 이외의 존재와 지구 전체에 대해 책임감을 지녀야 한다.[329]

인간이 다른 생명체와 다른 근본적인 이유는 이성이라는 비범한 능력에 있으며, 이러한 이성의 능력은 지구 전체에 대한 책임감으로 드러난다. 지구 전체에 대한 책임감이 곧 이성의 실현이라는 의미이다. 결국 이성의 능력에 기초한 인간의 책임감이 발휘될 때, 지구 전체가 조화를 이루고 나아가 합리적 사회를 창조해나갈 수 있다.

만약 인간의 가치가 모기와 동등하다면, 어떻게 생명세계에 대한 도

---

328 같은 책, p.171
329 같은 책, p.19

덕적 책임성을 담지할 수 있겠는가. 인간을 다른 종들처럼 자연의 일부로 받아들인다면, 인간의 행동에 대한 도덕적 책임감을 부여할 수 없다. 그렇다면 인간이 다른 생명체를 내쫓고 죽이는 일도 도덕적으로 그릇된 것이라고 비난해서는 안 될 것이다. 이처럼 북친은 자연 진화의 경이로운 소산이며, 다른 생명체와 구분되는 인간의 독특한 이성의 능력을 인정한다. 이때의 이성은 '있는 그대로의 능력'이라기보다는 당위적 요청으로서의 '있어야 할 바의 능력'이라고 볼 수 있다.[330]

이러한 의미에서 북친은 오늘 우리가 당면하고 있는 위기가 도덕적인 위기이고, 그 원인은 윤리의 부재에 있다고 강조한다.[331] 부재된 윤리를 미래사회에 있게 하는 것, 즉 새로운 윤리를 재건하는 것이야말로 오늘날 생태적 위기상황을 극복하는 중요한 사회적 동력이라는 것이다. 물론 반인간주의자들이 볼 때, 이런 계몽된 휴머니즘은 개조되지 않은 휴머니스트의 과격한 인간 중심주의처럼 생각될지도 모른다. 결국 북친이 이러한 합리적 이성을 전제로 인간의 역할을 강조하는 것은, 퇴계가 인(仁)의 실현을 전제로 인간의 역할을 강조한 것과 다르지 않다.

퇴계와 북친의 인간에 대한 해석은 크게 두 가지 특징으로 드러난다. 첫째, 퇴계와 북친은 모두 인간과 다른 생명체를 분명히 구분한다. 퇴계는 인간과 만물이 모두 동일하게 리를 부여받으니, 리의 관점에서는

---

330 이 글에서는 언급하지 않았지만, 퇴계의 所當然之理에 해당한다.
331 머레이 북친, 문순홍 옮김, 『사회 생태론의 철학』, 솔, 1997, p.257

사람과 사물의 내재적 가치가 동일하다. 그렇지만 현실적인 관점에서 보면, 사람과 사물, 동물과 식물, 사람 중에서도 상지·중인·하우는 분명히 구분되는데, 퇴계는 이들의 구분을 기질의 차이로 설명한다. 오직 인간만이 빼어난 기질을 부여받은 가장 영특한 존재이다. 북친 역시 다른 자연물과 구분되는 인간의 특징을 강조한다. 오직 인간만이 다양한 해부학적 특징, 즉 입체적인 시각, 자유로운 팔, 정교한 손가락 등을 가질 뿐만 아니라, 무엇보다도 생존에 유리한 방향으로 자연을 변형시키거나 개조할 수 있는 엄청난 두뇌의 능력을 가진 존재이다.

둘째, 이러한 인간의 우수성은 자연만물을 사랑하고 보호하는 인간의 책임감으로 드러난다. 이러한 책임감은 인간에 대한 기본적인 신뢰를 전제로 한다. 퇴계는 인(仁)의 실현을 통한 인간의 책임과 역할을 강조하면서 "천지가 만물을 낳을 때에 사람에게 특별히 사랑을 베풀었으니, 사람 역시 그에 대한 보답으로 하늘을 대신하여 모든 만물을 덮어주고 사랑해주는데 힘써야 한다." 북친 역시 합리적 이성의 실현을 통한 인간의 책임과 역할을 강조하니 "오직 인간만이 내재적 가치란 개념을 구성할 수 있고, 오직 인간만이 이에 대한 윤리적 책임성을 부여받고 있다." 그렇지만 이러한 인간은 각종 해악을 저지른 변질된 인간과는 분명히 구분된다. 퇴계는 '인'의 실현을 위해 자기의 사욕을 극복하고 천리를 회복할 것을 강조하고, 북친은 이성의 실현을 위해 인간성을 재구성할 것을 강조한다. 이것은 그대로 퇴계의 '유아(有我)의 사심'과 '무아(無我)의 공심'의 관계를 의미할 뿐만 아니라, 북친의 '도구·관습의 이성'과 '변증법적 이성'의 관계에 대응된다.

따라서 인(仁)의 실현 또는 이성의 실현을 통해 인간의 책임감이 발휘될 때에 비로소 남을 사랑하고 만물을 이롭게 하여 지구 전체가 조화를 이루며 나아가 합리적 사회를 창조해나갈 수 있는데, 이것이 바로 퇴계와 북친이 인간에게 요구하는 역할이요 책임감이다. 결국 퇴계와 북친은 모두 인간과 여타 자연물을 구분함으로써 인간의 우수성을 인정하고, 이러한 인간에 대한 신뢰를 전제로 올바른 인간상을 회복할 때에 자연만물과 조화를 이룰 수 있다는 것이다.

오늘날 우리의 일상에는 이미 생태학적 패러다임이 일반화되고 있다. 친환경적인 기술과 생산이 사회적 호응을 유발하고, 1997년 ≪교토 의정서≫의 체결 이후 환경오염과 생태계 파괴는 국가적 차원에서도 상당한 불이익으로 작용한다. 이러한 생태학적 패러다임이 일상화된 이유는 생명에 대한 존중, 생태계의 위기의식과 같은 인간의 양심에 근거한 것이라기보다는, 생태적 위기상황에 직면한 사회의 구조적·합리적인 대응이 낳은 결과라고 하겠다. 이러한 패러다임이 전환되는 상황에서 퇴계와 북친의 인간에 대한 해석과 그 역할에 대한 고찰이 오늘날 생태환경 문제 등에 적절한 실천적 대안으로 제시될 수 있을 것이다.

제2부

퇴계와 동양철학

제7장

퇴계와 조선유학자의 천관(天觀)

이 글은 퇴계(이황)의 리(理), 다산(정약용)의 상제(上帝), 수운(최제우)의 천주(天主), 증산(강일순)의 상제(上帝) 내용을 중심으로 이들 속을 관통하여 흐르는 초월적이고 절대적이며 인격적 주재자의 성격을 고찰한 것이다.

먼저 고대로부터 초월적이고 절대적이며 인격적 주재자의 성격을 대표하는 천(天)개념을 살펴보자.[332] '천'은 『설문』에서 "정수리이다. 지극히 높아 위가 없으며, 일(一)과 대(大)로 구성된다."[333] 천은 사람에 비유하면 머리 꼭대기인 정수리에 해당한다. 지극히 높아 위(그 이상)가 없는 최고의 존재로써 결코 둘이 될 수 없는 가장 큰 일자(一者)라는 말이다. 이러한 천에는 황천(皇天)·민천(旻天)·상천(上天)·호천(昊天)·창

---

[332] "물론 역사적으로는 天에 앞서 上帝개념이 일컬어졌던 것으로 보인다. 상제는 갑골문이나 경전 등에서 주재자를 일컫는 가장 오래된 명칭이다."(금장태, 『유학사상과 유교문화』, 전통문화연구원, 1995, p.99) 그럼에도 "天은 유교경전이나 유교전통에서 가장 일반적으로 일컬어지던 명칭이므로"(금장태, 『유학사상의 이해』, 집문당, 1996, p.66) 天의 내용을 중심으로 초월적이고 절대적이며 인격적 주재자의 성격을 설명한다.

[333] 許愼, 『說文解字』, "天顚也. 至高無上, 從一大."

천(蒼天) 등의 여러 호칭이 있으며, 이들은 또한 크게 주재적 의미의 천(皇天·旻天·上天)과 자연적 의미의 천(昊天·蒼天)으로 구분된다.[334]

이처럼 천에는 '주재적 의미'와 '자연적 의미'가 혼재하지만, 고대에는 주로 주재적 의미로 사용된다. 예컨대 "천이 죄 있는 자를 벌한다."[335] "높은 천이 노했으니 감히 놀 수 없다."[336] "천이 여러 백성을 낳으신다."[337]는 것처럼, 천은 만물의 생성뿐만 아니라, 상벌을 주관하며, 감정과 의지를 드러내는 초월적·절대적이며 인격적 주재자로 인식된다.

특히 '주재적 의미'의 천은 '상제가 이 세상을 주재한다'는 말처럼, 상제와 동일한 의미로 이해된다. 『서경』·『시경』에는 상제에 대한 다양한 모습을 기술하고 있다. "나는 상제를 두려워하니 감히 바르게 하지 않을 수 없다."[338] "위대하신 상제께서 아래(세상)를 굽어보심이 밝으시니, 사방을 살피시어 백성들의 어려움을 구하신다."[339] "상제는 늘 일정하지 않아서 선을 행하면 온갖 복을 내리고 악을 행하면 온갖 재앙을 내린다."[340] "상제에게 유(類)제사를 지낸다."[341] 등등. 즉 상제는 세상 사람

---

334 이 天에 대해 고대인들은 여러 가지 명칭으로 불렀다. 하늘 높이 있는 주재자라는 의미의 皇天, 만물의 生長에 관심을 가진 인자한 존재라는 의미의 旻天, 위에서 사람을 내려다보며 감시하는 신령스러운 존재라는 上天, 끝이 없는 元氣라는 의미의 昊天, 푸른색을 띠고 있으므로 蒼天이라고 한다. 이러한 개념은 대체로 두 가지로 요약될 수 있으니, 하나는 인간계와 자연계를 포함한 전체 우주를 주재하고 지배하는 주재적·절대적 천이 있으니 皇天·旻天·上天이 이에 속하며, 다른 하나는 의식이 없는 자연적인 천이 있으니 昊天·蒼天이 이에 속한다.(유학과 교재편찬위, 『유학사상』, 성균관대학교 출판부, 2003, p.82)

335 『書經』, 「皐陶謨」, "天討有罪."
336 『詩經』, 「板」, "敬天之怒, 無敢戲豫."
337 『詩經』, 「大雅」, "天生烝民, 有物有則."
338 『書經』, 「湯誓」, "予畏上帝, 不敢不正."
339 『詩經』, 「大雅」, "皇矣上帝, 臨下有赫, 監觀四方, 求民之莫."
340 『書經』, 「伊訓」, "惟上帝不常, 作善, 降之百祥, 作不善, 降之百殃."
341 『書經』, 「堯典」, "肆類于上帝."

들이 두려워하는 존재로서 숭배(제사)의 대상이며, 세상 사람들의 어려움을 구제하거나 화복(禍福)을 내리는 초월적·절대적이며 인격적 주재자라는 것이다.

이렇게 볼 때, 천과 상제는 서로 다른 별개의 존재가 아니라, 실제로 초월적·절대적이며 인격적 주재자로서 동등한 지위를 가지고 있음을 알 수 있다. 이러한 의미에서 『시경』·『서경』에는 천과 상제를 나란히 기술하기도 한다. "호천상제께서 나를 남겨두지 않으셨다."[342] "황천상제께서 그의 원자를 바꾸셨다."[343] 게다가 후대의 주석에서는 상제를 '천'의 다른 이름으로 해석하기도 한다.[344] 결국 천이란 상제라는 개념과 동일하게 이해되는 초월적·절대적이며 인격적 주재자로서 궁극적 실재였음을 알 수 있다.

한편 이러한 천(=상제)에 대한 해석은 시대가 발달하고 인간의 사유수준이 향상되면서 초월적·절대적이며 인격적 주재자의 의미가 약화된다.[345] 이러한 천의 초월적·절대적이며 인격적 주재자의 의미는 후대(특히 송대 이후)로 내려오면서 천의 이법적 의미(원리·법칙)로 내재화된다. 이 과정에서 천은 리(理)로 대체되며[346], 이러한 리(=천)는 결국 천명(天命)을 통해 인간에게 성(性)으로 내재화된다. 여기에서 바로 송대 성리학의 핵심 명제인 성즉리(性卽理)이론이 성립된다. 다시 말하면, 리란

---

342 『詩經』,「大雅·雲漢」, "昊天上帝, 則不我遺."
343 『書經』,「召誥」, "皇天上帝, 改厥元子."
344 『史記』,「封禪書」,〈裴松之注〉, "鄭玄曰, 上帝者, 天之別名也."
345 이러한 사실은 『논어』·『맹자』에서 인격적 주재자인 '상제'라는 단어가 나오지 않는 데서도 알 수 있다. 물론 공자는 상제를 대신하여 天을 여전히 최고의 인격적 주재자로 이해하기도 한다. "하늘에 죄를 지으면 빌 곳이 없다."(『論語』,「八佾」, "獲罪於天, 無所禱也."), "하늘이 미워할 것이다"(「雍也」, "天厭之, 天厭之."), "하늘이 나를 버리시구나."(天喪予, 天喪予.)
346 『論語集註』,「八佾」, "天, 卽理也, 其尊無對……逆理則獲罪於天矣."

인간 밖에 있는 초월적 존재라기보다는, 인간 속에 있는 내재적 존재(존재근거 또는 도덕근거)로 파악된다. 여기에서 인간이 리를 가짐에 따라 누구나 성인이 될 수 있는 가능성이 확보된다.[347] 이것은 천 중심의 세계관에서 인간 중심의 세계관으로의 변화를 의미한다고 할 수 있다.

그렇다고 리에는 천의 초월적·절대적이며 인격적 주재자의 성격이 완전히 없어진 것이 아니다. 리는 우주만물의 근원적 존재로써 우주만물의 생성과 운행질서를 총괄함으로써 우주만물을 생성하고 조화하는 주체가 된다. 이에 주자는 "천지가 있기 전에는 다만 리일 뿐이었다. 리가 있으므로 곧 천지가 있다. 만약 리가 없다면, 천지도 없고, 사람도 없고, 사물도 없었을 것이다"[348]라고 단언한다. 그럼에도 주자는 리가 상제처럼 직접 상벌을 내리는 인격적 주재자라는 데는 회의를 보인다. "지금 하늘에 한 사람이 그 안에서 죄악을 판단한다고 말하는 것은 참으로 옳지 않다. 그렇다고 전혀 주재하는 것이 없다고 말하는 것도 또한 옳지 않다."[349] 즉 상제처럼 이 세상에 상벌을 내리는 인격적 주재자가 존재하는 것은 아닐지라도, 만물의 생성과 운행이 그렇게 되도록 하는 이법적 주재자는 존재한다는 말이다.[350] 이렇게 볼 때, 주자는 리의

---

347 여기에서 조심스럽게 주자의 性卽理와 수운의 侍天主의 연관성을 제시해본다. 性卽理에 따르면, 사람은 누구나 天命에 의해 리(성)를 부여받았으므로 유학에서 말하는 최고의 이상적 인간인 성인이 될 수 있다. 이것은 수운의 '내(상제) 마음이 곧 네(수운) 마음이다(吾心則汝心)', 즉 상제가 사람 안에 모셔져 있으므로(侍天主) 누구나 존귀한 존재가 될 수 있다는 것과 유사한 사유구조라는 것이다. 물론 성인(이성적)과 상제(종교적)가 갖는 인식상의 차이가 없는 것은 아니다.

348 『朱子語類』卷1, "問, 昨謂未有天地之先, 畢竟是先有理, 如何? 曰, 未有天地之先, 畢竟也只是理. 有此理, 便有此天地, 若無此理, 便亦無天地, 無人無物, 都無該載了."

349 『朱子語類』卷1, "今說天有箇人在那裏批判罪惡, 固不可. 說道全無主之者, 又不可."

350 일반적으로 학계에서는 천을 크게 신앙대상으로서의 主宰天과 우주원리로서의 理法天으로 구분한다. 그러나 엄밀하게 말하면, '인격적 주재천'과 '이법적 주재천'

초월적 · 절대적이며 이법적 주재자는 인정하면서도, 상제와 같은 인격적 주재자에 대해서는 회의적임을 알 수 있다. 그러나 퇴계는 주자와 달리, 초월적 · 절대적이며 인격적 주재자로서의 리를 강조한다. 이렇게 볼 때, 다산(정약용)뿐만 아니라 퇴계의 리에도 고대의 천(=상제)의 성격이 그대로 녹아져 있음을 알 수 있다.

상고시대 '천'의 초월적 · 절대적이며 인격적 주재자의 성격은 퇴계의 리, 다산의 상제, 수운(최제우)의 천주로 이어지고 있다. 비록 다산이 리를 비판하고 인격적 주재자인 상제를 상정하지만, 이것은 퇴계의 리가 가지는 성격과 그 역할이 다르지 않으며, 또한 수운의 천주가 가지는 성격과도 그 역할이 다르지 않다. 이를 통해 퇴계의 리, 다산의 상제, 수운의 천주, 증산(강일순)의 상제 내용이 모두 고대의 초월적 · 절대적이며 인격적 주재자인 천에 대한 해석과 긴밀히 맞물려져 있음을 확인한다.

1. 퇴계 이황의 리(理)

먼저 퇴계(退溪) 이황(李滉, 1501~1570)의 리에 대한 해석을 살펴보자.

> 대저 일찍이 깊이 생각해보니, 옛날과 지금 사람의 학문도술(學問道術)이 다른 까닭은 단지 '리'자가 알기 어렵기 때문이다. 이른바 '리자가 알기 어렵다'는 것은 대략 알기가 어렵다는 것이 아니라 '참으로 알고 완전히 이해하여(眞知妙解)' 아주 지극한 곳에 이르기가 어렵다는 것이다. 만약 중리(衆理)를 궁구하여 아주 확실한데 이르러서야 이러한 사물(리)을 간

으로 불려야 할듯하다. 왜냐하면 理法天을 주장하는 학자들 역시 우주원리로서의 리(=천)를 '리의 주재'로 해석하기 때문이다.

파할 수 있다. 〈이것은〉 지극히 허(虛)하면서도 지극히 실(實)하며, 지극히 없으면서도(無) 지극히 있으며(有), 움직이면서도 움직임이 없고, 고요하면서도 고요함이 없으며, 지극히 깨끗하여 털끝만큼도 더할 수 없고 털끝만큼도 뺄 수 없는 것으로서, 음양·오행과 만사·만물의 근본이 되지만 음양·오행과 만사·만물 속에 구애되지 않으니, 어찌 기와 뒤섞어 하나로 인식하거나 하나의 사물로 볼 수 있겠는가.[351]

옛날과 지금 사람의 학문상의 차이는 '리'자를 제대로 아는지의 여부에 있다. 지금 사람은 '리'자를 제대로 알지 못하는데, 그 이유는 '리'자가 알기 어렵기 때문이다. 알기 어려운 것 역시 대충 알기가 어려운 것이 아니라 참으로 알기가 어려운 것이다. 그러므로 리는 대충 알아서는 안 되고 참으로 알고 완전히 이해하여 아주 지극한 곳에 이르러야 한다. 이것은 옛날부터 지금까지 많은 사람들이 '리'를 말하지만 그 의미를 철저히 간파하지 못하고 있음에 대한 비판이다. 다시 말하면, 그동안 학자들이 '리는 정의(情意)도 없고 조작(造作)도 없다'는 무위성(無爲性)에 근거하여 리를 지나치게 기의 소이연의 원리·법칙으로 제한시켜 해석하는 것에 대한 비판이라는 것이다.[352]

이어서 퇴계는 참으로 알기 어려운 리의 모습을 다음과 같이 묘사한다. "리는 지극히 허하면서도 지극히 실하며, 지극히 없으면서도 지극

---

351 『退溪集』卷16,「答奇明彦(論四端七情 第2書)·別紙」, "蓋嘗深思, 古今人學問道術之所以差者, 以爲理字難知故耳. 所謂理字難知者, 非略知之爲難, 眞知妙解, 到十分處爲難耳. 若能窮究衆理, 到得十分透徹, 洞見得此箇物事. 至虛而至實, 至無而至有, 動而無動, 靜而無靜, 潔潔淨淨地, 一毫添不得, 一毫減不得, 能爲陰陽五行萬物萬事之本, 而不囿於陰陽五行萬物萬事之中, 安有雜氣而認爲一體, 看作一物耶."
352 율곡(또는 율곡학파)의 퇴계 비판은 대부분 리의 無爲性에 근거하고 있음은 주지의 사실이다.

히 있으며, 움직이면서도 움직임이 없고, 고요하면서도 고요함이 없다." 즉 신(神)의 의미라는 것이다. 주돈이는 『통서』에서 "움직이면서도 움직임이 없고 고요하면서도 고요함이 없는 것은 신이다"라고 하여 "움직이는 것은 고요하지 않고, 고요한 것은 움직이지 않는 것은 사물이다"는 것과 구분한다.[353] 주자 역시 『주자어류』에서 "움직이면서도 움직임이 없고 고요하면서도 고요함이 없는 것은 신이다. 움직이면서도 움직임이 없고 고요하면서도 고요함이 없는 것은 움직이지 않는 것도 아니고 고요하지 않은 것도 아니다"[354]라고 해석한다. 퇴계는 주돈이와 주자가 말한 '움직이면서도 움직임이 없고 고요하면서도 고요함이 없는', 즉 움직이지 않는 것도 아니고 고요하지 않는 것도 아닌(또는 '허'하지 않는 것도 아니고 '실'하지 않는 것도 아니며, 없는 것도 아니고 있는 것도 아닌) 신의 의미로써 리를 해석한다.

또한 "음양·오행과 만사·만물의 근본이 되지만, 음양·오행과 만사·만물 속에 구애되지 않는다"는 것은 기와 섞일 수도 없고 기에 의해 구속되지도 않는, 즉 기 없이도 존재하는 리의 실재성을 명명한 표현이다. 이것은 율곡(율곡학파)이 리를 기와의 관계 속에서 기의 존재근거(소이연의 원리)로 해석하는 것과 구분된다. 게다가 "털끝만큼도 더할 수 없고 털끝만큼도 뺄 수 없다"는 말은 더 이상 아무 것도 더할 필요가 없는 그 자체로 완전한 존재라는 의미이며, "지극히 깨끗하다"는 말은 완전 무결한 선한 존재요 최상의 진리라는 의미이다. 이처럼 리란 더 이상 신을 필요로 하지 않을 만큼 그 자체로 완전한 존재(一者)이다.

더 나아가 퇴계는 이러한 리를 그대로 고대의 인격적 주재자인 상제

---

353 『通書』,「動靜 第16章」, "動而無靜, 靜而無動, 物也. 動而無動, 靜而無靜, 神也."
354 『朱子語類』卷5, "動而無動, 靜而無靜, 神也. 動而無動, 靜而無靜, 非不動不靜也."

의 개념과 연결시킨다.

> 다만 무극과 음양오행(二五)이 묘합(妙合)하여 엉기고 만물을 화생하는 곳에서 보면, 마치 주재하고 운용하여 이와 같이 하게 하는 것이 있는 것 같다. 즉 『서경』에서 말한 "오직 위대한 상제께서 백성에게 속마음을 내리시다"라고 한 것이나, 정자가 말한 "주재하는 것을 상제라고 한다"는 것이 이것이다.……이 리는 지극히 높아서 상대가 없으니 사물에게 명령하고 사물로부터 명령을 받지 않기 때문이다.[355]

위대한 상제께서 백성을 내시는 것처럼, 리의 주재와 운용에 의해 만물이 생성·존재한다. 즉 리에서 만물이 생겨나는 것이 마치 상제께서 백성을 내시는 것과 같다는 것이다. 퇴계는 오늘날 기독교에서 말하는 우주창조설(우주발생론)과 마찬가지로, 우주만물이 모두 리에서 생겨난다고 설명한다. 이렇게 볼 때, 리는 한갓 원리와 법칙의 의미에 제한되는 것이 아니라, 우주만물의 시원으로서 모든 존재를 생성하는 근원적 실재자의 의미를 갖는다. 퇴계는 이것을 "리는 지극히 높아 상대가 없으니 사물에게 명령하고 사물로부터 명령을 받지 않는다"라는 말로 대신한다.

여기에서 "사물(기)에게 명령하고 사물로부터 명령을 받지 않는다"는 것은 기에게 명령하고 기로부터 명령을 받지 않는다는 말의 다른 표현이다. 리가 기에게 명령하므로 기는 절대로 리를 이길 수 없다. "리는 본래 존귀하여 상대가 없으므로 사물에게 명령하고 사물에게서 명령

---

[355] 『退溪集』卷13, 「答李達·李天機」, "但就無極二五妙合而凝, 化生萬物處看, 若有主宰運用而使其如此者, 即書所謂惟皇上帝, 降衷于下民. 程子所謂以主宰謂之帝, 是也.……此理極尊無對, 命物而不命於物故也."

을 받지 않으니, 기가 이길 수 있는 것이 아니다."³⁵⁶ 기는 절대로 리의 상대가 될 수 없으므로 리가 기에 대해 주재·명령의 위치에 있음을 분명히 드러낸다.

또한 퇴계는 이러한 리와 기(만물)의 관계를 장수와 병졸에 비유하여 설명하기도 한다.

> 천지간에는 리가 있고 기가 있다. 리가 있으면 바로 기의 조짐이 있고, 기가 있으면 바로 리의 따름이 있다. 리는 기의 장수가 되고 기는 리의 병졸이 되어 천지의 공능을 수행하는 것이다.³⁵⁷

물론 퇴계도 리와 기의 떨어질 수 없는 관계(不相離)를 인정한다. "천지간에는 리가 있고 기가 있다. 리가 있으면 바로 기의 조짐이 있고, 기가 있으면 바로 리의 따름이 있다." 그럼에도 리는 기를 통솔·주재하는 장수이고, 기는 리에 의해 통솔·주재되는 병졸이다. 장수가 병졸을 통솔·주재하듯이, 리는 기를 통솔·주재한다. 따라서 리는 주재하는 자가 되고, 기는 주재되는 대상이 된다. 이로써 리는 우주만물에게 명령할 뿐이고 명령을 받지 않으며, 우주만물의 생성·변화·운동을 주관·주재하는 절대적 지위를 갖는 최상의 존재이다. 이러한 의미에서 퇴계는 "기가 있기 전에 먼저 리가 있으며, 기가 존재하지 않을 때도 리는 항상 존재한다는 것을 알아야 한다"³⁵⁸라고 강조한다. '기가 있기 전에 이미 리가 있다'는 것은 리가 기 속에 내재하는 '소이연의 원리'의 의

---

356 같은 곳, "理本其會無對, 命物而不命於物, 非氣所當勝也."
357 『退溪續集』卷8, 「天命圖說」, "天地之間, 有理有氣. 纔有理, 便有氣朕焉; 纔有氣, 便有理從焉. 理爲氣之帥, 氣爲理之卒, 以遂天地之功."
358 『退溪集』卷41, 「非理氣爲一物辯證」, "須知未有此氣, 先有此性, 氣有不存, 性卻常在."

미가 아니라, 만물을 생성·조화하고 주재하는 절대적 실재임을 강조한 표현이다. 다시 말하면, 기와 무관하게 존재하는 초월적·절대적 실재로서의 리를 긍정한다는 말이다. 여기에서 퇴계는 기가 있기 이전에 리의 실재를 인정하기 위해서 불상리(혼륜)보다 불상잡(분개)의 인식방법을 강조한 것이다.

이러한 관점에서 퇴계는 당시 공론화되던 리의 동정(動靜)문제에 대해서도 주자의 말에 근거하여 리가 실제로 동정하는 주체임을 강조한다. "주자가 일찍이 말하기를, '리에 동정이 있기 때문에 기에 동정이 있는 것이다. 만약 리에 동정이 없다면, 기가 어떻게 동정할 수 있겠는가'라고 하였는데, 이것을 알면 이러한 의심은 없어질 것이다."[359] 이 과정에서 퇴계는 무위(無爲)한 리가 동정이란 작용성을 갖는데서 생겨나는 논리적인 오류를 그의 체용이론으로 설명한다. 즉 주자의 '리는 정의(情意)가 없고 조작(造作)이 없다'는 말은 리의 본연의 본체에 해당하고, 주돈이의 '리가 동정하여 음양을 낳는다'는 말은 리의 지극히 신묘한 작용에 해당한다는 것이다.[360]

> 정의가 없고 조작이 없는 것은 이 리의 본연의 본체이고, 곳에 따라 발현하여 이르지 않음이 없는 것은 이 리의 지극히 신묘한 작용임을 알 수 있다. 전에는 단지 본체의 무위(無爲)함만을 보고 신묘한 작용이 능히 현행(顯行)함을 알지 못하고 리를 거의 사물(死物)로 알았으니, 도와의 거리

---

359 『退溪集』卷39, 「答李公浩養中(問目)」, "朱子嘗曰理有動靜, 故氣有動靜. 若理無動靜, 氣何自而有動靜乎? 知此則無此疑矣."
360 주돈이의 '태극(리)이 동정하여 음양(기)을 낳는다'는 구절과 주자의 '리는 정의가 없고 조작이 없다'는 구절은 서로 모순되는 주장임이 분명하다. 왜냐하면 리가 '정의도 없고 조작도 없이' 無爲하다면 동정과 같은 작위적 개념을 쓸 수 없기 때문이다.

가 또한 멀고 심하지 않겠는가.[361]

이전에는 '리가 정의가 없고 조작이 없다'는 리의 무위성에 근거하여 리가 실제로 행해지는 신묘한 작용을 알지 못하였다. 다시 말하면, 리는 아무런 작용이 없는 죽은 물건이 아니라 능히 이르고(理到), 발하고(理發), 동하는(理動) 활물(活物)이라는 것이다. 여기에서 퇴계는 리의 실제적 작용을 '신묘한 작용(妙用)'이라 하여 일반적인 기의 '작용(用)'과 구분한다. "묘(妙)란 지극히 깊고 지극히 신묘하여 형용하기도 어렵고 이름 붙이기도 어렵다."[362] 즉 리는 현상계의 작용과 구분되는 형이상의 본체계의 작용이므로 언어로 표현하기가 어렵다는 말이다. 퇴계는 리의 '묘용'이라는 개념으로 리의 실제적 작용성을 보다 적극적으로 해석한다.

이처럼 퇴계는 리를 한갓 원리 · 법칙 · 표준 등의 의미로 내재화시켜 보는 것에 동의하지 않는다. 장군이 병졸에게 명령하듯이, 리는 기(우주만물)에게 명령하는 존재이며, 우주만물의 생성 · 변화 · 운동을 주관 · 주재하는 초월적 · 절대적 지위를 갖는다. 이러한 리의 초월적 · 절대적 의미가 강조될수록 존경과 두려움의 대상이요 인격적 주재자인 천(=상제)을 대신하게 된다. 이러한 의미에서 퇴계는 리를 '천'과 연결시켜 인격적 주재자의 대상으로 설명하기도 한다.

정자가 말하기를 "쇄소응대(灑掃應對)는 바로 형이상의 것이니, 왜냐하면 리에 크고 작음이 없기 때문이다. 그러므로 군자는 다만 홀로 있을 때

---

361 『退溪集』卷18,「答奇明彦(別紙)」, "是知無情意造作者, 此理本然之體也, 其隨寓發見而無不到者, 此理至神之用也. 向也但有見於本體之無爲, 而不知妙用之能顯行, 殆若認理爲死物, 其去道不亦遠甚矣乎?"
362 『退溪集(外篇)』,「金道盛 太極圖說講錄」, "妙是至深至妙難形難名底意."

에도 삼갈 뿐이다"라고 하였으니, 여기에서 땅위는 모두 천이니 비록 어두운 방에 있더라도 삼가지 않을 수 없는 가르침을 볼 수 있다.……대개 천은 리(理)이다.……이 리의 유행은 있지 않는 물건이 없고, 그렇지 않은 때가 없으니, 정자와 선생님의 말씀을 믿지 않겠는가.363

땅위는 모두 천이다. "그대와 함께 노닌다"라고 한 것처럼, 어디에 간들 '천'이 아니겠는가. 무릇 천은 리이다. 진실로 리가 있지 않는 물건이 없고 그렇지 않는 때가 없음을 안다면, 상제가 잠시도 떠날 수 없음을 알 것이다.364

"천은 리이니" 리는 '천'의 다른 이름이다. "지상의 모든 것이 바로 천이다. 즉 지상의 모든 것이 바로 리이니, 비록 어두운 방에 있더라도 삼가지 않을 수 없다." 이것은 상제가 내 앞에 있는 것처럼(對越上帝), 늘 두려워하고 삼가는 마음으로 살아가야 한다는 말이다. 그 이유로는 "리의 유행은 있지 않는 물건이 없고, 그렇지 않은 때가 없기 때문이다." 어느 때든 어느 곳이든 리가 있지 있음이 없기 때문에, 더 정확하게 말하면 리가 항상 우리를 지켜보고 있기 때문에 어두운 방에 홀로 있을 때라도 삼가지 않을 수 없다는 것이다.

이렇게 볼 때, 퇴계는 리에게 두려움의 대상으로서 인격적 존재인 상제와 같은 지위를 부여하고 있음을 알 수 있다. 즉 활물(活物)로서의 리와 경외(敬畏)의 대상으로서의 천(=상제)이 퇴계의 리 속에 병존하니, 결국 리=천=상제의 관계가 성립한다는 것이다. 이 과정에서

---

363 『退溪續集』卷6,「答李宏仲」, "程子曰, 灑掃應對, 便是形而上者, 理無大小故也. 故君子只在謹獨, 於此可見地上皆天, 雖在暗室不可不慎之誨也.……蓋天卽理也.……此理流行, 無物不有, 無時不然, 則程子及先生之說, 不其信乎."
364 『李子粹語』,「窮格」, "地上皆天. 及爾游衍, 安往而非天乎. 蓋天卽理也. 苟知理之無物不有, 無時不然, 則知上帝之不可須臾離也."

"마음을 잡고 몸을 삼가여 공경하고 정성을 다하는"[365] 수양논리를 이끌어낸다.

그렇다면 퇴계는 왜 초월적·절대적이며 인격적 주재자로서의 리를 강조하는가.

이것은 결국 리가 실재하느냐의 문제이다. 예컨대 율곡(이이)처럼 불상리(不相離)의 관점에서 '리는 기의 소이(所以)이고 실질적인 작용을 모두 기의 몫으로 돌린다면'[366] 리는 있어도 그만 없어도 그만인 쓸모없는 물건이 된다. 리가 있어도 그만 없어도 그만이라면, 인간의 이기적 욕망(기)은 무엇으로 억제할 것이며, 사회의 혼란(기)은 무엇으로 수습할 것인가. 이것은 리에 이 세상을 제어하는 유위(有爲)의 실질적 주재를 인정해야 한다는 말의 다른 표현이다. 리의 주재가 이 세상을 적극적으로 역사(役事)하지 않는다면, 그 주재는 있으나마나한 것이 아니겠는가. 때문에 퇴계는 "리를 거의 사물(死物)로 알았다", 즉 리는 결코 죽은 물건이 아니라 이 세상을 지배하고 제어하는 진정한 주재자로 확신한다. "높디높게 위에 계실지라도 날마다 여기를 살피시니, 감히 털끝만큼이라도 속이는 것이 용납되지 않음을 반드시 알 수 있을 것이다."[367] 물론 이것은 다산(정약용)이 리의 지위를 낮추고 인격적 존재인 상제를 상정한 것과 구분된다.

---

365 『退溪集』卷6,「戊辰六條疏」, "必有以秉心飭躬, 克敬克誠."
366 율곡에 따르면, 善惡 역시 기의 작위에 맡겨지니 淸氣를 타면 선이 되고 濁氣를 타면 악이 된다.(『栗谷集』卷14,「人心道心圖說」, "善者, 淸氣之發也, 惡者, 濁氣之發也.")
367 『退溪集』卷6,「戊辰六條疏」, "其必能知高高在上, 而日監于玆, 不容有毫髮之可欺矣."

2. 다산 정약용의 상제(上帝)[368]

먼저 다산(茶山) 정약용(丁若鏞, 1762~1836)의 리에 대한 해석을 살펴보자.

> 무릇 천하에 무형(無形)한 것은 주재가 될 수 없다. 그러므로 한 집안의 어른이 우매하고 지혜롭지 않으면 집안의 만사가 다스려지지 않고, 한 고을의 어른이 우매하고 지혜롭지 않으면 고을의 만사가 다스려지지 않거늘, 하물며 태허처럼 텅 비어 있는 하나의 리(理)를 가지고 천하의 만물을 주재하는 근본으로 삼는다면, 천지간의 일이 이루어질 수 있겠는가.[369]

리는 만물의 주재가 될 수 없다. 이것은 기존 성리학의 '리가 기(만물)를 주재한다'는 것에 대한 전면적 비판이다. 그 이유로써 리는 무형(無形)하기 때문이라고 설명한다. 이것은 무형한 것이 주재가 될 수 없고, 어떤 유형의 인격자라야 주재가 가능하다는 말의 다른 표현이다. 마치 한 집안의 어른이 집안을 다스리고, 한 고을의 어른이 고을을 다스리는 것처럼, 어떤 유형의 인격자라야 천하의 만물을 주재하고, 이로써 천지간의 조화를 이룰 수 있다는 것이다.

이어서 다산은 실제로 천하의 만물을 주재해나갈 유형의 인격자로 상제를 상정한다.

---

368 갑골문에서 상제는 ▽로 쓰고 있으며, 오늘날의 꽃받침이나 과일의 꼭지를 의미하는 蒂(또는 蔕)자와 통하는 글자로 생명의 근원으로 의미하고 있다. 또한 상제는 상벌을 주관하며 감정과 의지를 드러내는 인격적 주재자의 모습도 내포하고 있다. (금장태,『유학사상의 이해』, 집문당, 1996, p.65)

369 『與猶堂全書』2,「孟子要義」, "凡天下無形之物, 不能爲主宰. 故一家之長, 昏愚不慧, 則家中萬事不理; 一縣之長, 昏愚不慧, 則縣中萬事不理, 況以空蕩蕩之太虛一理, 爲天下萬物主宰根本, 天地間事, 其有濟乎."

밤에 산 속을 가는 사람이 두려워하지 않으려 해도 저절로 두려운 것은 호랑이와 표범이 있다는 것을 알기 때문이다. 군자가 어두운 방 속에 있을 때에도 두려움에 떨면서 감히 나쁜 짓을 하지 않는 것은 상제가 그를 내려다보고 있음을 알기 때문이다. 이제 명(命)·성(性)·도(道)·교(敎)를 모두 하나의 '리'로 돌려버린다면, '리'는 본래 지각(의지)이 없고 위엄과 권능도 없거늘, 어찌 경계하고 삼가할 것이겠으며 어찌 무서워하고 두려워할 것이겠는가.[370]

다산은 무형의 리 대신에 인격적 주재자인 상제에 주목한다. 사람들이 밤중에 산길을 가는 것을 무서워하는 것은 산속에 호랑이와 표범이 있다는 것을 알기 때문이듯이, 사람들이 감히 나쁜 짓을 하지 못하는 것은 상제가 내려다보고 있음을 알기 때문이다. 즉 사람들이 나쁜 짓을 하지 못하는 것은 전적으로 상제의 감시·감독이 있기 때문이라는 것이다.

이어서 다산은 상제와 구분되는 리의 성질을 "리는 본래 지각이 없고 위엄과 권능도 없다"라고 규정한다. 이것은 지각이 없고 위엄과 권능도 없는 비인격적 존재인 리와 달리, 상제는 지각이 있고 위엄과 권능도 있는 인격적 존재라는 말의 다른 표현이다. 이러한 비인격적 존재인 리는 결코 사람들로 하여금 나쁜 짓을 하지 못하도록 그들의 행동을 감시·감독하지 못한다. 이러한 리의 비인격적 특징을 "리는 사랑도 미움도 없고, 리는 기쁨도 성냄도 없으며, 텅 비어있고 아득하여 이름도 없고 형체도 없다"[371]라고 말하기도 한다. 이것은 반대로 상제

---

370 『與猶堂全書』2, 「中庸自箴」, "夜行山林者, 不期懼而自懼, 知其有虎豹也. 君子處暗室之中, 戰戰栗栗, 不敢爲惡, 知其有上帝臨女也. 今以命性道敎, 悉歸之於一理, 則埋本無知, 亦無威能, 何所戒而愼之, 何所恐而懼之乎."

는 사랑과 미움, 기쁨과 성냄이 있는 감정과 의지를 가진 인격적 존재라는 말이다.

다산이 보기에는, 비인격적 존재인 리로서는 사람들의 행동(도덕적 실천)에 아무런 영향력을 끼칠 수 없고, 다만 실질적인 강제력을 행사할 수 있는 위엄과 권능을 가진 인격적 존재인 상제만이 사람들로 하여금 경계하고, 조심하고, 무서워하고, 두려워하게 만듦으로써 결국 도덕적 실천을 이끌어낼 수 있다. 이러한 의미에서 다산은 "〈무형한〉리는 천하의 만물을 주재하는 근본이 될 수 없다"라고 단언한 것이다.

따라서 다산은 위엄과 권능을 가진 상제를 다음과 같이 정의한다.

> 상제란 무엇인가. 이것은 하늘·땅·귀신·사람의 바깥에서 하늘·땅·귀신·사람·만물의 부류를 조화하여 제재하고 안양(安養)하는 자이다.[372]

여기에서 다산은 상제에게 초월적·절대적이며 인격적 존재의 지위를 부여한다. "하늘·땅·귀신·사람의 바깥에서", 즉 하늘·땅·귀신·사람을 벗어나 있는 초월적 존재요, "하늘·땅·귀신·사람·만물의 부류를 조화하여 제재하고 안양(安養)하는 자", 즉 우주만물을 생성(조화)하고, 그들을 주재(제재)하며, 그들이 편안하게 살도록 보살피는 인격적 존재이다. 이러한 상제는 귀신을 포함한 이 세상의 무엇보다도 지극히 존귀하고 지극히 위대한 최상의 존재인 것이다. "천지귀신들이 분명하게 늘어서 있고 빽빽하게 나열해 있지만, 그 가운데 지극히 존귀

---

371 『與猶堂全書』2,「孟子要義」, "理無愛憎, 理無喜怒, 空空漠漠, 無名無體."
372 『與猶堂全書』2,「春秋考徵」卷4, 〈凶禮〉, "上帝者何. 是於天地神人之外, 造化天地神人萬物之類, 而宰制安養之者也."

하고 지극히 위대한 자는 상제일 뿐이다."[373]

이렇게 볼 때, 상제는 초월적 존재로서 시공간에 제한되지 않으므로 언제 어디든 이르지 않는 데가 없다. 비록 아무도 보지 않는 어두운 방에 있더라도 이르러 보살피고 감시하니, 사람들이 두려워서 감히 나쁜 짓을 하지 못한다. 게다가 무형한 리와 달리, 실제로 위엄과 권능 또는 감정과 의지를 가진 인격적 존재이므로 경계하고, 삼가고, 두려워하지 않을 수 없다. 이것은 '태허처럼 텅 비어있는' 무형의 리와는 사람들이 느끼는 차원이 다른 것이다.

이 때문에 다산은 언제 어디든 늘 지켜보고 있는 상제의 필요성을 역설한다.

> 〈아무도 보지 않는〉어두운 방에서 마음을 속여서 삿된 생각과 망령된 생각을 하고, 간음을 하고 도둑질을 하고도, 그 다음날 의관을 바르게 하고 단정히 앉아 용모를 꾸미고 있으니, 수연히 흠이 없는 군자이다. 수령도 알지 못하고 군왕도 살피지 못해서 종신토록 거짓을 행하고도 당대의 명성을 잃지 않고, 거리낌 없이 악을 저지르고도 능히 후세의 존경을 받는 자들이 천하에 널려있다.[374]

사람들은 남이 보는 곳에서 대놓고 간음하거나 도둑질할 수 있을까. 그렇지 않을 것이다. 왜냐하면 나쁜 짓을 하면 나라의 국왕이나 고을의 수령이 그들을 잡아다가 처벌하기 때문이다. 그렇다면 남이 보지 않는

---

[373] 『與猶堂全書』2,「中庸講義」, "天地鬼神昭布森列, 而其至尊至大者, 上帝是已."
[374] 『與猶堂全書』2,「中庸自箴」, "夫暗室欺心, 爲邪思妄念, 爲奸淫, 爲竊盜, 厥明日, 正其衣冠, 端坐修容, 粹然無瑕君子也. 官長莫之知, 君王莫之察, 終身行詐, 而不失當世之美名, 素性造惡, 而能受後世之宗仰者, 天下蓋比比矣."

곳에서 간음하거나 도둑질하면 어떻게 될까. 이때도 국왕과 수령이 처벌을 할 수 있을까. 그렇지 않을 것이다. 왜냐하면 그러한 일을 "수령도 알지 못하고 군왕도 살피지 못하기 때문이다." 그렇다면 남에게 피해를 주는 간음이나 도둑질이 아닌, 즉 자신을 속이는 삿되고 망령된 생각과 같은 것은 더 말할 필요가 있겠는가. 이들은 더더욱 처벌할 수 없을 것이다.

이에 다산은 남이 보지 않거나 알지 못하는 상황에서 일어나는 무수한 폐단에 대해 구체적으로 기술한다. 비록 간음하고 도둑질하더라도 남들이 알지 못하므로 의관을 바르게 하고 몸가짐을 단정히 하여 그럴듯하게 꾸미고 있으면, 조금의 흠이 없는 군자가 된다. 남들이 알지 못하기 때문에 이러한 거짓된 행동은 종신토록 계속되니 "거짓을 행하고도 당대의 명성을 잃지 않으며, 거리낌 없이 악을 저지르고도 후세까지 존경을 받는다." 이러한 일들은 한둘이 아니라 천하에 널려있다. 이러한 사회현실에 직면하여, 다산은 "〈남이 보지 않는〉어두운 방에서 마음을 속이고 제멋대로 하여 아무 거리낌이 없으면, 종신토록 도를 배워도 요순의 경지에 들어가지 못한다"[375]라고 비판한다.

그렇다면 어떻게 해야 하는가. 다산이 보기에, 이러한 타락(특히 지배층의 타락)한 사회현실 속에서는 위엄과 권능을 가진 상제만이 감시·감독할 수 있다. 즉 외적으로 사람들에게 나쁜 짓을 하지 못하게 감시·감독할 수 있어야 할뿐만 아니라, 내적으로 자신에게 삿되고 망령된 생각조차 할 수 없도록 감시·감독할 수 있어야 한다는 것이다.

따라서 상제가 언제 어디서든 감시·감독한다는 것을 알면, 아무리 담력이 큰 사람이라도 두려워하지 않을 수 없다고 강조한다.

---

375 『與猶堂全書』2,「中庸講義」, "暗室欺心, 肆無忌憚, 終身學道, 而不可與入堯舜之域."

하늘의 영명(靈明)은 곧바로 사람의 마음과 통하여 은밀한 곳도 살피지 않음이 없고 미세한 곳도 비추지 않음이 없으니, 이 방을 지켜보고 날마다 살핌이 여기에 계신다. 사람이 진실로 이것을 알면, 비록 큰 담력을 가진 자라도 삼가고 두려워하지 않을 수 없다.[376]

'하늘의 영명'은 상제를 말한다. 상제는 언제 어디서든 사람들을 굽어보고 계시니 "은밀한 곳도 살피지 않음이 없고, 미세한 곳도 비추지 않음이 없다." 그래서 "이 방을 지켜보고 날마다 살피며 여기에 계신다."[377] 상제께서 항상 살피고 계시니 감히 삼가고 두려워하지 않을 수 없다. 이러한 인격적 존재로서의 상제에 대한 인식 하에서만이 삼가고 두려워하는 마음이 가능하며, 더구나 삼가고 두려워하는 경외심 속에서 실제로 상제의 존재를 느낄 수 있다. 여기에서 다산은 상제의 실재성을 확신하며, 만약 상제의 실재성을 의심하고 믿지 않는다면 결국 삼가고 두려워하는 마음 역시 가질 수 없다고 강조한다.[378]

이렇게 볼 때, 다산은 상제가 내려다보는 세상에서 사람들이 삼가고 두려워하는 마음을 가지고 살아감으로써 국가사회의 윤리규범적 기강을 유지할 수 있는 대안을 찾고자 하였음을 알 수 있다. 이 과정에서 성

---

376 『與猶堂全書』2,「中庸自箴」, "天之靈明, 直通人心, 無隱不察, 無微不燭, 照臨此室, 日監在玆. 人苟知此, 雖有大膽者, 不能不戒愼恐懼矣."
377 '日監在玆(날마다 여기에서 살피고 계신다)'는 『詩經』「閔予小子之什」에 나오는 말로, 상제께서 내려다보고 계시니 경외심을 잊지 말라는 뜻이다.
378 『與猶堂全書』2,「中庸自箴」, "不信降監者, 必無以愼其獨灸." 여기에서 하나 중요한 것은, 다산이 아무리 상제의 감시·감독을 설파한다고 하더라도, 실제로 상제가 우리를 감시·감독하고 있는지를 확인할 수 없다. 이것은 결국 퇴계의 無形한 리와 다르지 않다는 것이다. 그렇다면 상제의 감시·감독을 전제로 하는 다산의 이론체계 역시 아무런 보장을 받을 수 없게 된다. 이러한 문제는 결국 믿음을 통해서만 해결될 것이다. 이러한 이유에서 다산은 상제의 존재를 믿지 않는 자는 삼가고 두려워하는 경외심 역시 가질 수 없다고 강조한 것이다.

리학의 최고 위치에 있던 '리'를 끌어내리고, 그 자리에 일종의 위엄과 권능을 가진 인격적 주재자인 상제를 위치시킴으로써 도덕실천의 추동력으로 활용한 것이다.

다산이 보기에는, 비록 성리학이 말한 것처럼 리가 아무리 극존무대(極尊無對)한 존재로 명명될지라도, 이러한 리가 직접 나서서 실제로 사람들에게 어떤 역할(작용)을 행사할 수 없다. 즉 상제처럼 사람들의 행위를 직접 감시·감독하는 어떤 강제력을 지니지 못한다는 것이다. 왜냐하면 "리는 무형하므로 지각이 없고 위엄과 권능도 없는 존재이기 때문이다." 물론 이러한 해석은 어디까지나 다산의 생각일 뿐이며, 적어도 퇴계는 그렇게 생각하지 않는다. 앞에서 언급한 것처럼, 퇴계는 리를 천=상제와 거의 동일한 지위에서 해석하기 때문이다. 그렇다면 다산의 리에 대한 해석은 퇴계와 달리 지나치게 무위(無爲)·무형(無形)한 의미로 제한·축소시켰다고도 할 수 있을 것이다. 그렇지만 다산은 성리학이 '천'을 '리'로 해석함으로써 기존에 천이 가지고 있던 인격적 주재자(종교성)의 역할을 약화시켰다고 비판한다. 결국 다산의 상제는 천과 동등한 지위를 가지므로 상제=천의 등식이 성립하지만, 리에 대해서는 결코 주재성을 인정하지 않으므로 상제≠리의 등식이 성립하게 된다.

3. 수운 최제우의 천주(天主) [379]

먼저 수운(水雲) 최제우(崔濟愚, 1824~1864)가 37세 때에 이루어진 신비체

---

[379] 수운이 쓰는 신에 대한 호칭으로 上帝·天主·ᄒᆞᄂᆞᆯ님 등이 있는데, 주로 한문 문헌인 『東經大全』에서는 상제·천주를, 한글 가사인 『용담유사』에서는 'ᄒᆞᄂᆞᆯ님'(또는 ᄒᆞᆫ날님, 하늘님)이라는 호칭을 쓴다. ᄒᆞᄂᆞᆯ님은 ᄒᆞᄂᆞᆯ(天)에 존칭어 '님'을 붙

험을 소개한다.

> 뜻밖에도 4월에 마음이 선뜩해지고 몸이 떨리는데, 〈무슨 병인지〉 병의 증세를 알 수도 없고, 말로 형용할 수도 없을 즈음에, 어떤 신선의 말씀이 문득 귀에 들리므로 깜짝 놀라 일어나 캐물었다. 대답하기를 "두려워하지 말고 무서워하지 말라. 세상 사람들이 나를 상제라 이르거늘, 너는 상제를 알지 못하느냐." 그 까닭을 물으니 대답하기를 "내 또한 공(功)이 없으므로 너를 세상에 내어 사람들에게 이 법을 가르치려는 것이니, 의심하지 말고 의심하지 말라." 묻기를 "그러면 서도(西道)로써 사람을 가르칩니까." 대답하기를 "그렇지 않다. 나에게 신령한 부적(靈符)이 있으니, 그 이름은 선약(仙藥)이요, 그 모양은 태극(太極)이며, 또 모양은 궁궁(弓弓)이니, 나의 이 부적을 받아 사람들의 질병을 구제하고, 나의 주문을 받아 사람들에게 나를 대신하여 가르치면, 너 또한 장생하여 덕을 천하에 펼 것이다."[380]

1860년(37세) 4월 5일에 수운은 마침내 상제를 만나 직접 문답하는 종교적 체험을 하게 된다. 이 과정에서 상제는 수운에게 자신을 상제라고

인 것으로, 현대어로 바꾸면 하늘님(또는 하느님)이 된다. 天主 역시 主는 존칭 '님'에 해당하니, 천주는 ㅎᄂᆞᆯ님의 한자식 표현일 따름이다.(박정호, 「수운 최제우의 신관－서학의 영향을 중심으로－」, 『통일인문학』74, 건국대학교 인문학연구원, 2018, pp.126-128 참조.) 이렇게 볼 때, 천주·상제·하느님 등은 실제로 같은 의미로 볼 수 있다. 다만 마테오 리치는 당시 가톨릭의 하느님(Deus, 신)을 '하늘의 주인'이라는 뜻의 한자어 天主로 번역하고, 또한 이 천주를 중국말인 上帝로 해석함으로써, 가톨릭의 천주·상제와 수운의 천주·상제가 실제로 함께 쓰였음을 알 수 있다. 이 글에서는 일단 『동경대전』의 한문 표기인 天主라는 명칭을 소제목으로 쓴다.

380 『東經大全』, 「布德文」, "不意四月, 心寒身戰, 疾不得執症, 言不得難狀之際, 有何仙語, 忽入耳中, 驚起探問. 則曰勿懼勿恐. 世人謂我上帝, 汝不知上帝耶. 問其所然, 曰余亦無功, 故生汝間世, 教人此法, 勿疑勿疑. 曰然則西道以教人乎. 曰不然, 吾有靈符, 其名仙藥, 其形太極, 又形弓弓, 受我此符, 濟人疾病, 受我呪文, 教人爲我, 則汝亦長生, 布德天下矣."(이 글은 1861년 7월에 저술된 것이다.)

소개한다. "세상 사람들이 나를 상제라 이르거늘, 너는 상제를 알지 못하느냐." 이것은 상제가 확실히 인격적 존재라는 의미이다. 그렇지만 "어떤 신선의 말씀이 문득 귀에 들린다"라고 하여 상제의 음성만 기술될 뿐이고, 실제로 상제가 어떤 형상(모습)을 하고 있는지에 대한 구체적인 설명은 없다.

이어서 상제는 자신이 수운에게 나타난 목적을 설명한다. "내 또한 공이 없으므로 너를 세상에 내어 사람들에게 이 법을 가르치려는 것이다." 여기에서 공이란 상제의 가르침을 이 세상에 실현시키는 일일 것이다. 그러나 상제는 실제로 사람들이 살아가는 시공간(세상) 속에 직접 개입하여 어떤 일을 행사하거나 구제할 수 없다. 왜냐하면 상제는 세상 사람들과 존재론적으로 범주를 달리하는 초월적 존재이기 때문이다. 그러므로 '내 또한 공이 없다', 즉 상제 혼자서 어떤 일을 실현시킬 수 없다는 말이다. 상제가 직접 세상일에 참여할 수 없으므로, 수운을 세상에 보내어 상제를 대신하여 상제의 법을 사람들에게 가르치려는 것이다. 즉 수운이 상제의 대리인이 되어 사람들에게 상제의 법을 가르치고 그들을 구제하라는 일종의 계시인 것이다. 물론 여기에서 말한 법의 내용은 인용문에서 볼 때 '사람들의 질병을 구제하는 것'을 가리킨다.

나아가 수운은 이러한 가르침이 서도(西道), 즉 당시 서양 사람들의 종교인 천주(가톨릭)의 가르침과는 분명히 다르다고 강조한다.[381] "서도로써

---

[381] 이에 대한 구체적인 내용은 『동경대전』「논학문」에 보인다. "신유년(1861)에 전국의 많은 선비들이 '수운에게 하늘의 신령이 강림했다'는 소식을 듣고 찾아와서 그것이 무슨 도인지를 묻는다. 이에 수운은 '천도이다'라고 대답한다. 또 이 도가 서도와 무엇이 다른지를 묻는다. 이에 수운은 '양학은 우리 도와 같은 듯하나 다름이 있고, 비는 것 같으나 실지가 없다. 그러나 운은 하나이고 도는 같으나, 이치는 아니다'라고 대답한다.(『東經大全』「論學文」, "轉至辛酉, 四方賢士, 進我而問曰, 今天靈降臨先生, 何爲其然也. 曰受其無往不復之理. 曰然則何道以名之. 曰天道也. 曰與洋道無異者乎. 曰洋學如斯而有異, 如呪而無實, 然而運則一也, 道則同也, 理

사람을 가르칩니까. 그렇지 않다." 즉 비록 당시에 유행하던 서양의 종교인 천주와 명칭은 같지만[382], 그것과는 분명히 구분된다는 것이다.

더 나아가 상제는 가르침의 내용으로 부적과 주문을 제시하는데, 즉 부적으로 질병을 구제하고 주문으로 사람들을 가르쳐서 이 세상을 구원하라는 것이다. 또한 부적의 이름과 모양에 대해서도 구체적으로 언급한다. "나에게 신령한 부적이 있으니, 그 이름은 선약이요, 그 모양은 태극이며, 또 다른 모양은 궁궁이다." 부적은 어디까지나 사람들의 병을 고치기 위한 것이므로 약이라 하되, 보통의 약보다 신비하고 효험이 크다는 의미에서 선약이라 이름한 것이다. 그 부적의 모양은 태극(☯)이고 또 다른 모양은 궁궁(弓弓)이다. 여기에서 弓弓이 무엇인지 정확히 알 수 없으나, 아마도 궁(弓)자를 겹쳐 놓은 모양으로 ○, ✝, ✡ 등 여러 종교적 문양과 그 역할이 다르지 않을 것이다.[383]

이렇게 볼 때, 상제는 수운에게 강림하여 가르침을 전수하고, 수운은 그것을 포교하여 상제의 뜻을 실현시키고자 함을 알 수 있다. 이것은 또한 상제의 뜻, 즉 '사람들의 질병을 구제하는 것(세상의 구원)'과 같은 뜻을 실현하기 위해서는 반드시 인간의 도움을 빌려야 한다는 말의 다른

則非也.") 당시는 서양의 천주교가 성행하던 때이다. 그런데 수운이 자신의 도를 천도라 하니, 사람들이 천주교의 유파가 아닌가 생각했을 것이다. 수운이 보기에는, 서학도 천주께 기도하므로 같은 듯하나, 실제로 내 안에 계신 줄을 모르므로 다르다, 즉 '비는 것 같으나 실지가 없다'는 것이다. 따라서 비록 이러한 이치는 다르지만, 사람들을 바른 삶으로 이끌고자 하는 점에서는 같은 도요, 같은 운일 수밖에 없다고 설명한다.(라명재, 『천도교경전 공부하기』, 모시는 사람들, 2017, p 39 참조.)

382 "서양 사람들의 도를 서도라 하고, 학을 천주라 하고, 교를 성교라 한다."(『東經大全』, 「論學文」, "斯人, 道稱西道, 學稱天主, 敎則聖敎.")

383 여기에서 궁궁(弓弓)이 무엇인지 정확히 알 수 없다. 다만 태극 문양(☯)과 비슷한 종교적 부호로 ○, ✝, ✡ 등이 있는데, 궁궁의 정확한 형태는 알 수 없지만 그 역할은 같다고 이해할 수 있다.(전호근, 『한국철학사 – 원효부터 장일순까지 한국 지성사의 거장들을 만나다』, 메멘토, 2018 참조.)

표현이다. 즉 상제 혼자만으로는 상제의 뜻을 실현시킬 수 없고, 반드시 인간과의 공동의 노력을 통해야 가능하다. 이러한 사실은 『용담유사』속의 「용담가」에도 보인다. "ᄒᆞᄂᆞ님 하신 말씀, 개벽 후 5만 년에, 네가 또한 첨이로다. 나도 또한 개벽 이후, 노이무궁(勞而無功) 하다가서, 너를 만나 성공하니, 나도 성공 너도 득의(得意), 너희집안 운수로다." 즉 천주가 세상을 개벽한지 5만년 동안 세상을 구제하려고 애를 썼으나 이루지 못하다가, 수운을 만남으로써 비로소 천주의 뜻을 실현할 수 있게 되었다는 말이다.

여기에서 또 하나 추가할 것은 바로 주문의 내용이다. 주문은 모두 21자로서 "지기금지 원위대강 시천주 조화정 영세불망 만사지(至氣今至, 願爲大降. 侍天主, 造化定, 永世不忘, 萬事知.)"이다. 그 뜻은 "〈천주(=상제)의〉 지극한 기운이 오늘에 이르러 크게 내려주기를 바랍니다. 천주를 모시고 조화를 정하는 것을 영원토록 잊지 않으면 온갖 일을 알게 됩니다"라는 것이다. 여기에서 수운은 천주가 '지극한 기운을 크게 내려주시는' 초월적 존재이요, 동시에 부모처럼 '천주를 모실 수 있는' 인격적 존재임을 강조한다. 지극한 정성으로 자신의 몸과 마음에 천주를 모실 수 있는데, 이것이 바로 시천주(侍天主)이다. 이로써 천주는 신앙의 대상으로 하늘 위에 따로 존재하는 것이 아니라, 사람들의 몸과 마음 안에 모셔져있는(내재하는) 존재가 된다. 천주가 사람들의 마음 안에 모셔짐에 따라, 신분상의 빈부·적서·남녀 따위의 구분 없이 누구나 평등한 존재가 된다.[384] 왜냐하면 부귀한 사람이든 빈천한 사람이든 그 안에는 모두 동일한 천주가 모셔져 있기 때문이다. 이 때문에 '시천주'사상에는

---

[384] 이것은 2대 교주인 최시형에 이르러서는 '사람이 하늘이니(人是天), 사람 섬기기를 하늘과 같이 하라(事人如天)'라는 가르침으로 발전하고, 3대 교주인 손병희에 이르러서는 '사람이 곧 하늘이다(人乃天)'는 사상으로 체계화된다.

신분차별이 없는 평등하고 자유로운 세상을 갈망하는 근대적 정신이 투영되어 있다고 해석하기도 한다.[385] 이러한 내재성의 강조는 특히 다음의 글에서 분명히 드러난다.

> 몸이 몹시 떨리고 추운데, 밖으로는 신령과 접하는 기운이 있고, 안으로는 말씀을 내려주는 가르침이 있으되, 보려 해도 보이지 않고 들으려 해도 들리지 않으므로 마음으로 오히려 이상하게 여기고서 마음을 닦고 기운을 바르게 하고 묻기를 "어째서 이렇습니까." 대답하기를 "내 마음이 곧 네 마음이니, 사람들이 어찌 알겠는가. 천지는 알아도 귀신은 알지 못하니, 귀신이란 것이 나이다.[386] 지금 너는 무궁 무궁한 도에 이르렀으니, 닦고 단련하여 그 글(주문)을 지어 사람들을 가르치고, 그 법을 바르게 하여 덕을 펴면, 너를 장생케 하여 천하에 빛나게 할 것이다."[387]

이 글은 앞의 「포덕문」보다 5개월 뒤에 저술된 것이다. 이 글 역시 「포덕문」에서처럼, 수운이 상제를 만나는 강렬한 체험을 소개한다. 「포덕문」의 '어떤 신선의 말씀이 귀에 들리는 것'처럼, "밖으로는 신령

---

[385] 김용휘, 「최제우의 시천주에 나타난 천관」, 『한국사상사학』 20, 한국사상사학회, 2003, p.218

[386] 여기에서 상제는 자신이 바로 귀신이라고 언명한다. 이때의 귀신은 성리학에서 말하는 굴신왕래(屈伸往來)와 같은 '음양의 조화'를 말하기보다는(자연철학적 의미), 고대의 천신(天神)·지기(地祇)와 같은 제사의 대상(종교적 의미)으로서 말한 것이다. 이로써 귀신은 초월적 존재로서 실재하게 되니, 결국 귀신과 상제는 숭배의 대상으로서 그 의미가 다르지 않다. 이러한 의미에서 상제는 자신을 귀신에 비유하여 말한 것이 아닐까.

[387] 『東經大全』, 「論學文」, "身多戰寒, 外有接靈之氣, 內有降話之敎. 視之不見, 聽之不聞. 心尙怪訝, 修心正氣. 而問曰, 何爲若然也. 曰吾心則汝心也. 人何知之, 知天地, 而無知鬼神. 鬼神者吾也. 及汝無窮無窮之道, 修而煉之. 制其文敎人, 正其法布德, 則令汝長生, 昭然于天下矣."(이 글은 1862년 1월에 저술된 것이다.)

과 접하는 기운이 있고, 안으로는 말씀을 내리는 가르침이 있다." 즉 어떤 신령한 존재로부터 가르침을 전수받게 된다는 것이다. 그러나 이러한 일들은 "보려고 해도 보이지 않고 들으려고 해도 들리지 않는다." 이것은 상제가 세상 사람들처럼 직접 보고 들을 수 있는 존재가 아니며, 세상 사람들과 범주를 달리하는 초월적 존재라는 말이다.

그럼에도 수운은 이러한 초월적 상제를 사람 안으로 끌어들인다. 이에 상제는 "내 마음이 곧 네 마음이다." 즉 상제의 마음이 바로 수운의 마음이라고 천명한다. 이것은 상제가 수운(사람) 안에 모셔져 있다는 말의 다른 표현으로써, 이것이 바로 '시천주'사상이다. 이로써 상제는 모든 사람 안에 존재할 뿐만 아니라 천지만물 안에 내재하게 된다. '상제가 내 안에 있다'는 것은 나의 몸이 상제를 모시는 거룩한 장소가 되니, 결국 모든 사람들이 상제를 모신 평등하고 존귀한 존재로 거듭나게 된다.[388]

이렇게 볼 때, 수운이 말하는 상제(=천주)는 초월적이면서 동시에 내재적임을 알 수 있다. 수운은 상제가 밖에서 가르침을 내리는 초월적 모습을 보여주면서, 또한 우리 마음에 모셔져 있는 내재성을 강조한다. 이러한 내재성의 강조는 『용담유사』에 나오는 다음의 말에서도 확인된다. "천상에 상제님이 옥경대(玉京臺) 계시다고 보는 듯이 말을 하니, 음양 이치 고사하고 허무지설 아닐런가."[389] 사람들은 상제가 하늘 위의 옥경대에 계신다고 마치 직접 본 것처럼 말을 하는데, 이것은 이치에 맞지 않는 허황된 말에 불과하다는 것이다. 더 나아가 수운은 "해음 없는 이것들아 날로 믿고 그러하냐, 나는 도시 믿지 말로 ᄒ ᄂ ᆞ 님을 믿어서

---

[388] 김용휘, 「최제우의 시천주에 나타난 천관」, 『한국사상사학』20, 한국사상사학회, 2003, p.225 참조.
[389] 『龍潭遺詞』, 「道德歌」

라, 네 몸에 모셨으니 사근취원(捨近取遠) 하단 말가."390 분별없는 사람들아. 나(수운)를 믿지 말고 ᄒᆞᄂᆞᆯ님(=상제=천주)을 믿어라. ᄒᆞᄂᆞᆯ님이 네 몸에 모셔져있는데 어찌하여 멀리서만 찾느냐는 것이다.

물론 이러한 내재성의 강조는 그대로 실천적 측면으로 연결된다. 상제가 내 안에만 계시는 것이 아니라 다른 사람, 더 나아가 다른 만물에도 계시지 않음이 없으므로 누구나 평등하고 존귀한 존재로 대우하게 된다.391 이처럼 수운의 상제(=천주=ᄒᆞᄂᆞᆯ님)는 퇴계의 리와 다산의 상제처럼 초월적·절대적이며 인격적 주재자의 성격을 가지면서도, 동시에 사람 안에 모셔져있는 내재성을 강조하는데 그 특징이 소재한다고 할 수 있다.392

여기에서 수운의 리의 해석을 추가한다. 그렇다면 수운에 있어서의 리의 역할은 어떠할까. 수운의 리에 대한 구체적 설명은 보이지 않는다. 다만 『동경대전』에 나오는 리의 용례를 살펴보면, '동정변역지리(動靜變易之理)'(「論學文」), '삼재지리(三才之理)'(「論學文」), '무왕불복지리(無往不復之理)'(「論學文」), '고락지리(苦樂之理)'(「論學文」), '기연지리(其然之理)'(「不然其然」) 등으로 쓰이고 있다. 이것은 리의 궁극적·근원적 의미보다는 대체로 '무엇의 리', 즉 기의 원리 정도로 이해되고 있다. 이렇게 볼 때, 다산이 '리는 무형·무위한 것이므로 실제로 사람들에게 어떠한 역

---

390 『龍潭遺詞』,「敎訓歌」
391 이 과정에서 수운은 수련의 방법으로 수심정기(修心正氣, 마음을 닦고 기운을 바르게 하는)'를 강조한다. '수심'은 본래 타고난 선한 마음을 잃지 않고 지키는 것이고, '정기'는 본래 타고난 기를 올바르게 기르는 것이다. 이러한 방법으로 상제의 가르침을 몸소 실천하면, 즉 "닦고 단련하여 그 글을 지어 사람들을 가르치면" 수운뿐만 아니라 모든 사람들이 누구나 장생하여 천하에 빛날 수 있다는 것이다.
392 차선근 역시 그의 「수운과 증산의 종교사상 비교 연구−하늘관과 수행관을 중심으로−」(『종교연구』69, 한국종교학회, 2012, p.207)에서 수운의 하늘관은 '초월성과 내재성이 혼재된 ᄒᆞᄂᆞᆯ님'으로 설명하고 있다.

할을 할 수 없다'고 판단한 것처럼, 수운 역시 리가 가지는 한계를 인식하고 그 자리에 상제(=천주=ᄒᆞᄂᆞᆯ님)로 대체한 것이 아닐까한다.

4. 증산 강일순의 상제(上帝)[393]

증산(甑山) 강일순(姜一淳, 1871~1909)은 최고의 주재자로 신격을 지니면서 구체적인 인간의 모습으로 이 세상에 내려오신 상제로 자임한다.

> 구천대원조화주신(九天大元造化主神)이신 상제께서는 신미년 1871년 11월 1일에 전라도 고부군 우덕면 객망리 강씨가(姜氏家)에서 인간의 모습을 빌어 강세(降世)하시니 존호는 증산이시다.[394]
> 내가 서양(西洋) 대법국(大法國) 천계탑(天啓塔)에 내려와 천하를 대순(大巡)하다가 이 동토에 그쳐 모악산 금산사 삼층전 미륵금불에 이르러 30년을 지내다가, 최제우에게 경세대도(濟世大道)를 계시하였으되 제우가 능히 유교의 전헌(典憲)을 넘어 대도(大道)의 참뜻을 밝히지 못하므로, 갑자년에 드디어 천명(天命)과 신교(神敎)를 거두고 신미년에 강세하였노라.[395]

이 글은 상제인 증산이 인간의 모습으로 강세하신 내용을 설명한

---

[393] 상제라는 호칭은 증산 자신뿐만 아니라 그의 후예들이 대체로 그를 상제라고 부르고 있는데 기인한다. 사실 증산의 종교사상은 증산이 상제라는 종교적 믿음을 전제하고 있다. 증산의 수행관 역시 개인적인 노력을 기본으로 하면서도 종국에는 증산(상제)에게 의탁하면서 상제로부터 덕을 입는 것, 즉 덕화(德化)를 추구하는 것으로 전개된다.(차선근, 「수운과 증산의 종교사상 비교 연구-하늘관과 수행관을 중심으로-」, 『종교연구』69, 한국종교학회, 2012, p.209)

[394] 『大巡眞理會要覽』, 「降世」.

[395] 『典經』, 교운1-9

것이다. '구천대원조화주신'은 이 우주를 총괄하시며 우주 삼라만상을 삼계대권으로 주재하시는 전지전능한 최고의 신이다. 증산은 '구천대원조화주신'이신 상제께서 인간의 모습을 빌어 세상에 오셨으니, 증산이 곧 전지전능한 최고의 인격신이며 상제이다. 이것은 예수가 인간으로 살다가 죽은 것, 즉 하느님의 아들이 인간을 구제하기 위하여 사람인 예수 그리스도로서 이 세상에 태어난 것과 유사하다고 할 수 있다.

상제께서 구천에 계시는데 천지신명인 신성・불・보살 등이 상제가 아니면 혼란에 빠진 천하를 구제할 수 없다고 호소하므로, 이에 구천에 계시던 상제께서 마음을 움직여 천하를 구제하기 위하여 서양 대법국 천계탑에 내려와서 삼계(三界)를 둘러보고 천하를 대순하다가, 전북 모악산 금산사 삼층전 미륵금불에 이르러 30년을 머물렀다. 상제가 1860년에 수운에게 세상을 구제하는 대도를 알려주었으나 수운이 그 뜻을 제대로 펼치지 못하자, 1864년에 수운에게 주었던 대도를 거두고, 그가 직접 1871년 9월 19일 전라도 고부군 우덕면 객망리 강씨 가문에 인간의 모습을 빌어 세상에 내려와서 천지공사를 결정하게 된다. 그리고 1901년에서 1909년까지 총 9년간에 걸쳐서 이루어진 천지공사는 이것이 다 마쳐진 해에 인간상제의 사명도 다하게 되니, 1909년 음력 6월 24일 39세로 화천(化天)한다.

이어서 증산은 상제가 인간세계에 강세한 구체적 이유를 설명한다.

> 나는 서양 대법국(大法國) 천계탑(天啓塔)에 내려와서 천하를 대순(大巡)하다가 삼계의 대권을 갖고 삼계를 개벽하여 선경을 열고 사멸에 빠진 세계 창생들을 건지려고 너희 동방에 순회하던 중 이 땅에 머문 것은 곧 참화 중에 묻힌 부녕의 약소민족을 먼저 놓아서 만고에 쌓인 원을 풀어주리

함이노라. 나를 좇는 자는 영원한 복록을 얻어 불노불사(不老不死)하며 영원한 선경(仙境)의 낙을 누릴 것이니 이것이 참 동학이니라.[396]

삼계의 대권은 우주를 구성하는 세 가지 근본 요소인 하늘·땅·인간세계를 통치하는 대권(大權), 즉 최상의 권능을 뜻한다. 증산은 삼계의 대권을 주재하여 선천(先天)의 막히고 단절되어 상극에 빠진 천하를 구제하기 위하여, 즉 "사멸에 빠진 세계 창생들을 건지려고" 이 땅에 오셨다. 다시 말하면, 현실에서 인류를 위한 종교적 대역사를 이룩하고자 강세하였다는 것이다.

증산은 인간의 몸으로 강세하여 그 절대적 권능으로써 인간을 위한 대역사(大役事)를 행사하니, 이를 증산은 천지공사(天地公事)라는 말로써 규정한다. '천지공사'란 글자 그대로 하늘과 땅을 뜯어 고쳐 새롭게 만드는 공사이다. 이를 통해 천지에 맺힌 모든 원한을 풀어내고, 천지의 운행법칙을 상극에서 상생으로 조정하며, 후천의 새로운 선경(仙境)이 펼쳐질 도수를 만들어 우주 전체인 삼계가 조화되는 지상선경을 건설하려는 것이다.

이것은 천지를 좌우할 수 있는 권능을 지닌 천지의 주인이 아니면 할 수 없는 일이니 상제의 권능으로서만이 가능하며[397], 특히 증산에 있어서는 인간의 몸으로 이를 행한다는 것이 특징이라 할 수 있다. 따라서 증산이 삼계의 대권을 가지고 천지공사를 하겠다고 선언하였다는 것은, 사실상 그 스스로가 최고의 신으로 인식하였음을 의미한다. 이것은

---

[396] 『典經』, 권지1-11
[397] "삼계공사는 곧 천·지·인의 삼계를 개벽함이요 이 개벽은 남이 만들어 놓은 것을 따라하는 일이 아니고 새로 만들어지는 것이니, 예전에도 없었고 이제도 없으며 남에게서 이어 받은 것도 아니요 운수에 있는 일도 아니요 다만 상제에 의해 지어져야 되는 일이로다."(『典經』, 예시5)

최고신의 강림이 아니면 안된다는 자각에 기인한 것으로써 이 세상을 최고신에 의해 다스려나간다. 그리하여 자신이 곧 인간으로 강세한 상제로 자임하고 그 권능에 의한 대역사를 단행함으로써 직접 이 세상을 구제하고 민중의 염원을 해소시키려 한 것이다.[398]

또한 증산은 이러한 천지공사로 이루어지는 후천선경의 모습을 종합적으로 제시한다.

> 후천에는 또 천하가 한 집안이 되어 위무와 형벌을 쓰지 않고도 조화로써 창생을 법리에 맞도록 다스리리라. 벼슬하는 자는 화권이 열려 분에 넘치는 법이 없고, 백성은 원울과 탐음의 모든 번뇌가 없을 것이며, 병들어 괴롭고 죽어 장사하는 것을 면하여 불노불사(不老不死)하며 빈부의 차별이 없고, 마음대로 왕래하고 하늘이 낮아서 오르고 내리는 것이 뜻대로 되며 지혜가 밝아져 과거와 현재와 미래와 시방 세계에 통달하고 세상에 수(水)·화(火)·풍(風)의 삼재가 없어져서 상서가 무르녹는 지상선경으로 화하리라.[399]

인류가 바라는 최고의 이상세계가 후천이며, 이 속에는 모든 종교의 궁극적 경지를 포함하여 지상선경이며 도화낙원이다. 이 세계를 이루

---

[398] "당시 민중들은 수운이 가르친 천주의 모심을 믿었고 그 신앙은 동학농민운동을 일으킨 동력원 가운데 하나였으나, 불과 1년 만에 그 운동은 많은 인명 피해와 재산 손실을 낸 채 실패로 끝나버렸다. 절망에 빠진 민중들에게는 이젠 관념을 뛰어넘어 실제적으로 느껴지는 보다 더 가까이에서 고통을 보살펴주고, 억눌린 한을 풀어주며, 희망찬 미래를 제시해주는 그런 상제가 필요했던 것이다."(차선근,「수운과 증산의 종교사상 비교 연구」,『종교연구』69, 한국종교학회, 2012, p.232 참조.) 또한 "증산은 당시 동학사상의 세속화된 상황을 비판하면서 수운의 종교체험을 보다 현실화시킨 인물로서 평가된다."(이경원,『한국의 종교사상』, 새문사, 2010, p.383 참조.)

[399]『典經』, 예시81

는 방법이 바로 천지공사이며, 이는 다름 아닌 권능자인 상제에 의해서만이 주도될 수 있다. 후천의 사회는 서로간의 원한이 없어지고, 상극이 자취를 감추고 상생이 득세하여 약하고 병들고 천한 자가 기세를 얻으니, 적서(嫡庶)·반상(班常)의 구별과 빈부의 차이가 사라지고 남존여비(男尊女卑)의 관습이 사라진다. 결국 살아서 불노불사하는 지상신선을 실현하게 되며, 살아서 지상천국을 건설하게 된다.

이로써 증산은 총 9년간에 걸쳐서 천지공사를 이루면서 신비한 이적을 행하는데, 이러한 행적은 보통 사람으로서는 이해할 수도 없고 상상할 수도 없는 불가사의한 일들로 연속된다. 그 중의 하나를 소개하면 다음과 같다.

> 상제께서 인사를 드리는 김갑칠(金甲七)에게 농사 형편을 물으시니 그는 "가뭄이 심하여 아직까지 모를 심지 못하여 민심이 매우 소란스럽나이다"고 아뢰었다. 상제께서 그 말을 들으시고 "네가 비를 빌려왔도다. 우사(雨師)를 너에게 붙여 보내리니 곧 돌아가되 도중에서 비가 내려도 몸을 피하지 말라"고 이르시니라. …… 행인들은 모두 단비라 일컬으면서 기뻐하는도다. 흡족한 비에 모두들 단숨에 모를 심었도다.[400]

이러한 내용에서 상제의 초월적인 성격을 확인할 수 있다. 여기서는 비를 담당하고 있는 우사(雨師)를 활용하여 필요한 비를 얻는 것을 보여준다. 이때 우사가 어떤 특정한 작용을 행하는 기능신에 해당한다면, 상제는 최고신의 권능으로 다양한 기능신을 통솔·주재하는 위격을 지니고 있음을 알 수 있다. 상제보다 하위의 신들은 이러한 최고신의

---

400 『典經』, 행록4-31

주재 하에서 각자의 영역에서 저마다의 역할을 담당하면서 우주의 질서를 유지해나간다.

　이렇게 볼 때, 증산 상제관의 핵심은 최고신인 상제의 인신화현(人身化現)에 있다. 인간의 몸을 지니고 인간의 생애를 통해서만이 진정으로 인간이 처한 당면문제를 해결해 나갈 수 있다는 시대적 요청에 따라 인간 상제의 권능이 필요하였던 것이다. 결국 신적 존재로만 인식되어 왔던 상제가 인간의 몸으로 이 세상에 내려오고, 그로 인해 행해지는 종교적 대역사, 즉 민중이 원하는 이상세계를 구체적 현실에서 이루어내려는 대역사는 기존의 관념(관념적 상제관)에서 탈피된 실재성을 지향하는 특성을 보임으로써 민중들에게 보다 다가갔던 것이라고 할 수 있다. 이곳에 바로 퇴계·다산·수운과 구분되는 증산의 상제가 가지는 종교적 특징이 소재한다.

　여기에서 증산의 리에 대한 해석을 추가한다. 그렇다면 증산에 있어서의 리의 역할은 어떠할까. 증산의 리에 대한 구체적 설명은 보이지 않는다. 다만 『전경』에 나오는 리의 용례를 살펴보면, "리가 비록 높다고 하나 태극무극의 겉에서 나오며 일용의 사물 간에서 떠나지 않는다(理雖高, 出於太極无極之表, 不離乎日用事物之間)"(제생43), "이미 알고 있는 이치에 인하여 더욱 궁구하면 자연히 마음이 저절로 열린다.(因其已知之理而益窮之自然心自開也)"(제생43)는 등이 있다. 이들 내용에 근거하면, 리는 만물 속에 내재하며 만물의 이치를 담지하고 있는 원리·법칙의 의미에 해당한다. 이러한 해석은 다산·수운의 해석과 다르지 않으며, 퇴계가 말하는 리의 초월적·절대적이며 인격적 주재자의 의미와는 분명히 구분된다.

퇴계의 리, 다산의 상제, 수운의 천주, 증산의 상제 등 이러한 내용상의 변화는 당시 시대적·역사적 상황과 맞물려 있음도 상기해야 할 것이다. 사회가 혼란할수록 이법천(理法天)과 같은 이성적 사고만으로는 도덕적 원리를 세우기가 어렵다고 판단하게 되고, 이로써 실제적 위엄과 권능을 행사할 수 있는 인격적 주재자가 요청된다. 특히 수운과 증산이 활동하던 시대에는 이러한 인격적 주재자가 천상에서 내려와서 사람들 안에 모셔짐에 따라 사회현실을 변화시키는 직접적 요인으로 작용하기도 하며, 직접 인간의 모습으로 강세함으로써 인격적 주재자에 대한 관념성에서 탈피된 실재성을 지향하는 특성을 보이기도 한다.

고대 유학에서의 천(=상제)은 주로 초월적·절대적이며 인격적 주재자의 의미로 쓰여왔다. 그러나 이러한 천은 시대가 발달하고 인간의 사유수준이 향상되면서 초월적인 의미가 약화되고 이법적(원리·법칙) 의미로 내재화된다. 이것이 바로 이법천이며, 이 과정에서 천은 리로 대체된다. 이러한 리(=천)는 초월적·인격적 존재로서 두려워하는 대상(상벌)이 아니라, 주로 우주만물의 작용원리나 인간의 도덕근거로 해석된다. 이것이 바로 송대 성리학의 특징이기도 하다.

그러나 퇴계는 이러한 리에 대한 해석을 달리한다. 그렇다고 퇴계의 리가 이러한 성리학의 이론체계를 벗어나는 것은 결코 아니다. 퇴계의 리는 어디까지나 성리학의 이론체계에 기반하고 있음은 주지의 사실이다. 그럼에도 퇴계의 리에는 단순히 원리·법칙(또는 이법적 주재자)의 성격만 있는 것이 아니라, 초월적·절대적이며 인격적 주재자에 해당하는 천(=상제)의 의미를 내포한다. 리는 우주만물(기)을 낳고, 우주만물을 주재하며, 더 나아가 리에 실질적인 상제의 지위를 부여한다. 따라서 퇴계의 리는 주자성리학의 이론을 계승하지만, 주자보다 초월적·

절대적이며 인격적 주재자의 성격을 더 강조하고 있음을 알 수 있다. 주자가 천을 리로 해석함으로써 천의 이법적 성격을 강조하였다면, 퇴계는 이러한 리를 다시 상제로 재해석함으로써 천의 인격적(종교적) 성격을 강조하였다고 볼 수 있다.[401]

다산에 이르면 리의 의미가 축소되고, 인격적 존재인 상제를 중심으로 이론체계가 구성된다. 리는 무형한 것으로써 "지각도 없고 위엄과 권위도 없으므로" 사람에게 어떠한 감시・감독의 역할을 행사할 수 없다. 무형・무위한 리로서는 사람들의 행동에 아무런 영향력을 끼칠 수 없고, 다만 유형의 위엄과 권능을 가진 인격적 존재만이 사람들로 하여금 경계하고, 조심하고, 무서워하고, 두려워하게 만듦으로써 결국 도덕적 실천을 이끌어낼 수 있다. 물론 이러한 리에 대한 해석은 적어도 퇴계와는 분명히 구분된다. 따라서 비록 다산이 무형의 리에 대한 비판 위에 인격적 존재로서의 상제를 제기하지만, 이때의 상제는 고대 천관의 전통에서 벗어나지 않는다.

수운 역시 다산과 마찬가지로 초월적이고 인격적 존재인 천주(=상제)를 상정한다. 물론 수운에 있어서 천주=상제=ᄒᆞ늘님은 모두 동일한 의미를 갖는다. 수운은 상제를 직접 체험하는 과정 속에서 초월적・절대적이며 인격적 존재인 상제를 확인한다. '지극한 기운을 내려주시는' 초월적 존재이며, 동시에 부모처럼 '천주를 모실 수 있는' 인격적 존재이다. 특히 수운은 이러한 천주가 천상에만 존재하는 것이 아니라, 내 마음속에 모셔져 있음(侍天主)을 강조한다. 천주가 사람들 안에 모셔짐

---

[401] 이러한 사실은 야규 마코토의 말에서 확인된다. 야규 마코토의 표현에 따르면 "주자가 天을 理쪽으로 끌어당겼다고 한다면, 퇴계는 오히려 주자의 리를 天쪽으로 끌어당겼다"는 것이다.(柳生眞, 「大山 李象靖의의 活物としての理―その起源と展開を中心に」, 『세계와 상통하는 경북정체성 국제포럼(1)』, 경상북도 교토포럼 주최, 2011년 6월 3일~6일, p.154)

에 따라 신분귀천의 구분없이 누구나 평등하고 존귀한 존재가 된다.

증산은 인간의 모습을 지니고 전지전능한 권능으로 천지공사를 행사한 절대적 존재이니 고대의 천관에 비해 초월적 성격이 더 강한 것으로 볼 수 있다. 증산처럼 상제가 인간의 모습으로 내려오는 것은 동아시아 전통에 없는 것이지만, 그럼에도 이러한 사상이 당시 민중들에게 있어 대대적인 호응을 얻을 수 있었던 것은, 무엇보다도 그 자신이 민중의 입장에서 민중의 처지를 이해하고 현실의 문제를 개벽할 수 있는 권능 때문이다.

퇴계·다산·수운의 상제가 아무리 인간에게 영향을 미친다고 하더라도 아직도 우리의 감각을 초월해 있는 관념적 존재의 상제라면, 증산의 상제는 인간의 모습으로 이 세상에 태어난 실재적 존재이다. 증산의 상제는 인간과의 관계에 있어서 인간 내면의 자각에 의존하는 것도 아니고, 그렇다고 단지 초월적인 권위로 인간의 경배대상으로만 남는 관념상의 신격(神格)도 아니다. 다시 말하면, 인간의 관념 속에 머무는 신이 아니라 인간으로 화신(化身)한 신으로써, 인간이 처한 당면문제를 인간의 입장에서 현실적으로 해결해나가기 위해서 요청된 인간 상제라는 것이다.

따라서 증산의 상제는 당시의 민중이 국내외의 불안으로 질곡된 현실에서 신음하고 있을 때, 그러한 현실의 주체가 되는 민중의 편에 서서 그의 초월적 권능으로 민중을 계도함으로써 단순히 정신적 위안과 피안처를 제시하기보다는 천지공사를 이루어내는 총체적인 여건의 변화와 함께 이상낙원을 현실화시키는데 그 목적이 있다. 천지공사 역시 이러한 현실세계를 구체적으로 변화시키기 위한 권능자의 작업이라는데 그 의미가 있다고 하겠다.

총괄하면 퇴계의 리, 다산의 상제, 수운의 천주, 증산의 상제 속에는 고대 종교적 천관인 초월적·절대적이며 인격적 주재자의 성격이 녹아있음을 알 수 있다. 퇴계는 리의 초월적·절대적이며 인격적 주재자의 성격을 강조하는데, 이러한 퇴계의 종교적 성격은 다산의 상제로 이어지며, 더 나아가 수운의 천주나 증산의 상제로 이어진다. 반대로 이것은 퇴계의 리에 대한 종교적 전통의 기반이 없었다면, 다산의 상제, 수운의 천주, 증산의 상제로 이어지는 이론체계를 세우는 작업 또한 어려웠을 것이라는 말이다. 물론 천지공사를 실제로 행사하는 증산의 상제는 퇴계·다산·수운의 상제와는 근본적으로 구분된다. 이러한 의미에서 퇴계의 리가 갖는 종교적 성격을 보다 분명히 제시할 필요가 있다고 하겠다.

제8장

주자와 아리스토텔레스의 인식론

　인식이란 '아는 것(앎)'이다. 인식론은 인간의 앎(지식)에 대한 개념과 과정을 체계적으로 정립시킨 학문으로써, 특히 서양철학에서는 고대로부터 현재에 이르기까지 중요한 학문적 위치를 차지한다. 인류가 문명을 형성한 이래, 줄곧 '앎'이라는 지적 호기심을 충족시키기 위해 노력해 왔다. 이러한 인식에 대한 노력은 대상세계(사물)에 한정될 뿐만 아니라, 그 근원적 원리까지 지향하게 된다. 이것은 인식의 범위가 사물에 대한 인식뿐만 아니라, 사물의 존재근거에 대한 인식까지를 포괄한다는 의미이다. 이것을 주자는 리(理)의 개념으로 설명하고, 아리스토텔레스는 형상(form, 가능태)의 개념으로 설명한다. 결국 주자 인식론의 최종목적은 '리'를 아는데 있으며, 아리스토텔레스 인식론의 최종목적은 '형상'을 아는데 있다고 할 것이다.

　주자(朱熹, 1130~1200)와 아리스토텔레스(Aristoteles, BC 384~322)는 동양과 서양이라는 지리적 거리만큼이나 역사적 문화적 차이를 가지고 있으며, 특히 주자와 아리스토텔레스는 생몰 시기도 대략 1500년 이상의 차이가 있다. 그럼에도 이들을 비교 대상으로 삼으려는 것은 아리스토텔레스와 주자가 인식론사에서 자지하는 위상 때문이다. 학계의 평가에 따르면, 서양의 인식론을 처음 학문적으로 정립시킨 것이 아리스토텔레스이며, 또한 동양의 인식론을 학문적으로 완성시킨 것이 주자에 이르러서이다.[402] 아리스토텔레스는 서양의 인식론을 최초로 정립시킨 자이고, 주자는 동양의 인식론을 완성시킨 자이니, 결국 이 둘은 동·서양 인식론사의 처음과 끝을 관통한다고 볼 수 있다.

또한 이 글을 통해 동양 인식론에 대한 기존의 선입견을 재조명하는 기회로 삼고자 한다. 지금까지 학계에서는 일반적으로 동양의 인식론은 직관적이며 서양의 인식론은 지성적이라고 평가한다.[403] 여기에서 '직관적'이란 대상세계에 대한 객관적 인식보다는 깨달음과 같은 주관적 인식을 중시한다는 것으로써, 이것은 경험·관찰·분석(논리적 추론)과 같은 객관적 인식에 근거하는 서양 인식론과 대조된다. 이러한 의미에서 일부 학자들은 "서양의 인식론이 논리(분석적 성향)를 기반으로 객관적 진리를 탐구하는 것이라면, 동양의 인식론은 진리의 탐구가 주관적 인식에 의한 개개인의 내재적 깨달음을 기반으로 한다"[404]라고 주장한다.

그러나 적어도 주자는 깨달음이나 자득(自得)과 같은 주관적인 인식체계를 비판하고, 격물치지(格物致知)와 같은 관찰과 분석에 기초한 객관적·경험적인 인식체계를 구축한다. 이렇게 볼 때, 동양 인식론을 바

---

402 배종철, 「아리스토텔레스와 유가의 인식론 비교 연구」, 동국대학교 박사학위논문, 2019, p.2 또는 p.15
403 미국의 법학자 노스롭(F.S.C. northrop)은 그의 저서 『동서양의 만남(The Meeting of East and West, 1946)』에서 인식론적으로 동양은 직관적이며 서양은 지성적이라고 지적하고, 인류의 미래는 그 직관과 지성을 어떻게 결합시키느냐에 달려있다고 주장한다.(P.T. 라쥬 지음, 최흥순 옮김, 『비교철학이란 무엇인가』, 서광사, 1989, p.22)
404 고영미·이상욱, 「동양 산학의 논리학: 순자의 인식론과 묵자의 논리학」, 『한국수학사학회지』23, 한국수학사학회, 2010, p.35)

라보는 학계의 평가와는 달리, 주자는 철저히 객관적인 인식체계를 지향하고 있음을 확인할 수 있으며, 아울러 주자의 인식론이 얼마나 체계적이고 포괄적이며 이론적 치밀성을 담보하고 있는지를 확인할 수 있을 것이다.

1. 주자의 인식론

일반적으로 인식이라 하면 무엇보다도 인식하는 주체와 인식되는 대상이 설정된다. 주자에게 있어서 인식하는 주체는 마음(心)이 되고, 인식하는 대상은 사물(物)이 된다. 그러나 사물은 대상세계의 사물만을 가리키는 것이 아니라, 인간사의 모든 일까지를 포괄한다. 따라서 사물은 크게 자연세계에서의 소이연(所以然)과 인간세계에서의 소당연(所當然)으로 구분되며, 그것이 '리'라는 하나의 단어에 함축된다.

(1) 인식주체: 마음

먼저 마음이란 무엇인가. 주자는 마음의 특징을 지각(知覺)으로 설명한다.

> 마음은 사람의 지각(知覺)으로써 몸을 주재하고 만물에 대응하는 것이다.[405]
> 지각은 마음의 덕(德)이다.[406]

---

405 『朱熹集』卷65,「大禹謨」, "心者, 人之知覺, 主於身而應萬物者也."
406 『朱子語類』卷20, "知覺, 便是心之德."

마음의 가장 큰 특징은 '지각'에 있다. 지각은 말 그대로 아는 것이다. 지각이 마음을 대표하기 때문에 '마음의 덕'이라 표현한다. 이것은 지각이 마음에서 중요한 지위를 차지한다는 의미이다. 마음은 "몸을 주재하고 온갖 사물에 대응하는" 작용을 하는데, 이러한 마음의 작용 역시 지각기능에 기초한다. 결국 마음의 지각기능에 기초해야 사람의 현실적 삶이 가능하다는 말이다.

그렇다면 마음에는 어떻게 지각작용이 일어날 수 있는가. 이에 주자는 마음이 허령(虛靈)하기 때문이라고 설명한다.

> 허령(虛靈)은 본래 마음의 본체이지 내가 허(虛)할 수 있는 것이 아니다. 귀와 눈이 보고 들을 때에 보고 듣게 하는 것은 바로 마음 때문이니, 어찌 형상이 있겠는가. 그러나 귀와 눈이 있어서 보고 듣는 것은 오히려 형상이 있다. 마음의 허령한 것과 같은 것이 어찌 일찍이 사물로 있겠는가.[407]

마음의 본체(본래모습)는 허령하다. '허령'이란 말 그대로 '텅 비어 있으면서 신령스럽다'는 뜻이다. 마음의 형체는 텅 비어 있지만, 그 속에는 사물에 대응하는 온갖 이치가 갖추어져 있기 때문에 신령스러운 것이다. 마음의 지각작용이 가능한 것은 마음이 허령하여 그 속에 온갖 리가 갖추어져 있기 때문이다. "이 마음은 본래 허령하여 온갖 이치가 갖추어져 있으므로 사사물물(事事物物)을 모두 알 수 있다."[408] 마음이 사물을 알(지각할) 수 있는 것은 마음의 허령함 속에 온갖 이치가 갖추어져 있기 때문이다.

---

407 『朱子語類』卷5, "虛靈自是心之本體, 非我所能虛也. 耳目之視聽, 所以視聽者卽其心也, 豈有形象. 然有耳目以視聽之, 則猶有形象也. 若心之虛靈, 何嘗有物."
408 『朱子語類』卷60, "此心本來虛靈, 萬理具備, 事事物物皆所當知."

예를 들면 눈이 볼 수 있고 귀가 들을 수 있는 것도 전적으로 마음 때문이니, 이때의 마음에는 눈이 볼 수 있고 귀가 들을 수 있는 이치가 이미 갖추어져 있으며, 그 이치에 근거하여 실제로 눈이 볼 수 있고 귀가 들을 수 있다. 결국 마음속에 온갖 리가 갖추어져 있기 때문에 지각이 가능하다는 말이다. 이것은 아리스토텔레스의 감각능력에 해당한다. 아리스토텔레스에 따르면, 감각기관의 감각적 지각이 가능한 것은 감각기관 속에 이미 감각능력이 갖추어져 있기 때문이라는 것이다.

여기에서 하나 중요한 것은 비록 마음속에 온갖 리가 갖추어져 있기 때문에 지각이 가능하더라도, 이때의 리는 자체로 작용하지 못하고 반드시 기(형기)와 결합해야 지각이 가능하다는 것이다. "리는 아직 지각하지 못하지만, 기가 모여서 형체를 이루고 리와 기가 합쳐지면 지각할 수 있다."[409] 이것이 바로 주자가 마음을 리와 기의 구조로 해석하는 이유이다.

마음의 이기론적 해석에 따르면, 마음은 리라고도 할 수 없고 기라고도 할 수 없다. 이러한 이유에서 주자는 "심은 성에 비하면 자취가 있고, 기에 비하면 자연히 또한 신령스럽다"라고 말한다. 마음은 형이상의 성에 비하면 지각작용이 있기 때문에(자취가 있기 때문에) 곧장 성(性)이라고 할 수도 없으며, 또한 형이하의 기에 비하면 구체적 사물과 구분되는 허령한 성질이 있기 때문에(온갖 리를 내포하고 있기 때문에) 곧장 기(氣)라고 할 수도 없다.[410] 이 때문에 주자는 "어찌 형상이 있겠는가", "어찌 일찍이 사물로 있겠는가"라고 하여, 마음의 허령함은 형상이 있는 구체적 사물과는 구분된다고 강조한다.

---

409 『朱子語類』卷5, "理未知覺, 氣聚成形, 理與氣合, 便能知覺."
410 『朱子語類』卷5, "心比性, 則微有迹, 比氣, 則自然又靈."

더 나아가 주자는 이러한 마음의 지각을 크게 감각기능과 사유기능으로 구분한다. 전자는 시각·청각·후각·미각·촉각 등 다섯 가지 감각기관을 통해 아는 것이고, 후자는 생각을 통해 아는 것이다. 이것은 아리스토텔레스가 감각적 지각과 사유적 지각으로 구분한 것과 다르지 않다. 먼저 주자는 지각의 감각기능에 대해 다음과 같이 설명한다.

> 지각은 곧 신령스러운 것이다. 손에 닿으면 손이 통증을 알고 발에 닿으면 발이 통증을 아는데, 이것이 바로 신령스러운 것이다.[411]

예를 들어 손에 아픔을 주면 손이 아픔을 알고 다리에 아픔을 주면 다리가 아픔을 아는 것과 같은 것도 모두 마음의 지각인데, 이것은 지각 중의 감각기능에 해당한다. 또한 지각에는 사유기능이 있는데, 주자는 특히 이것을 중시한다.

> 혹자가 "지(知)와 사(思)는 사람에게서 가장 긴요하다"는 것에 대해 묻자, 주자가 대답하였다. "그렇다. 두 가지는 단지 한 가지 일이다. '지'는 손과 같고, '사'는 이 손을 사용해서 일을 하는 것이니, '사'는 저 '지'를 쓰는 것이다."[412]

여기에서 지(知)는 아는 것(지각)을 말하고, 사(思)는 생각하는 것(사유)을 말한다. 주자에 따르면, 사람에게 있어서 가장 중요한 것은 바로 '지각'과 '사유'이다. 이러한 지각과 사유의 관계를 손에 비유하여 설명한

---

411 『朱子語類』卷94, "知覺便是神. 觸其手則手知痛, 觸其足則足知痛, 便是神."
412 『朱子語類』卷5, "問, 知與思, 於人身最緊要. 曰, 然. 二者也只是一事. 知與手相似, 思是交這手去做事也, 思所以用夫知也."

다. "지각은 손에 해당하고, 사유는 이 손을 사용해서 일을 하는 것이다." 이것은 마음이 사물에 감촉하여 지각이 생기더라도 사유를 통해야 비로소 그 지각이 완성된다는 말이다. 이 때문에 주자는 "〈지각과 사유〉두 가지는 단지 하나의 일이며" 결국 지각은 사유를 통해 완성되므로 "사유가 지각을 쓰는 것이다"라고 말한 것이다.

또 하나 중요한 것은 사유에는 주재기능이 있다. 사유에 의해 마음의 주재가 가능하다.[413] 주자는 항상 마음이 사람의 몸을 주재한다고 설명한다. "마음은 신명(神明)의 집으로써 한 몸의 주재가 된다."[414] '마음이 몸을 주재한다'는 것은 마음이 사람의 모든 신체적 또는 정신적 활동을 주재하고 통제하는 것을 말한다. 예컨대 사람이 옳은 일을 하고 옳지 않은 일을 하지 못하도록 마음이 주재하고 통제하는데, 이때 마음이 몸을 주재할 수 있는 것은 전적으로 마음의 사유기능에 근거한다.

그렇다면 마음의 사유기능이 어떻게 옳은 일과 옳지 않은 일을 판단할 수 있는가. 주자는 이러한 도덕적 사유가 가능한 것이 마음속에 리가 성으로써 갖추어져 있기 때문이라고 설명한다.

> 성은 바로 허다한 도리이니 하늘에서 얻어서 마음에 갖추어진 것이다.[415]
> 성은 마음의 리(理)이다.[416]

마음에는 애초에 하늘로부터 부여받은 도덕원리인 리가 성(性)으로

---

[413] 여기서는 조선유학자들이 19세기 심설논쟁에서 다루던 主宰문제, 즉 리가 기의 주재가 되듯이 '성이 심의 주재가 되어야 한다'거나 또는 心統性情에 근거하여 '심이 성정을 주재한다'는 세부적 내용은 잠시 보류한다.
[414] 『朱子語類』卷98, "心是神明之舍, 爲一身之主宰."
[415] 『朱子語類』卷98, "性便是許多道理, 得之於天而具於心者."
[416] 『朱子語類』卷5, "性者, 心之理."

갖추어져 있다. 리가 사람의 형체(기)에 부여되는 순간 '성'이라 부른다. 마음은 이 성(리)에 근거하여 옳은 일을 하고 옳지 않은 일을 하지 않는 것과 같은 도덕적 사유를 할 수 있다. 어떤 일에 있어서 올바른 사유가 가능한 것은, 즉 심의 주재가 가능한 것은 전적으로 리에 근거한다는 말이다.

이렇게 볼 때, 주자에게 있어서 인식은 마음으로부터 시작된다. 마음의 가장 큰 특징은 지각에 있으며, 이러한 지각은 다시 감각기능과 사유기능으로 구분된다. 그러나 지각은 결국 사유기능을 통해 완성되며, 이러한 사유에는 옳은 일과 옳지 않은 일을 결정할 수 있는 주재기능도 있다. 물론 이러한 주재기능은 전적으로 마음속에 갖추어진 성(리)에 근거한다. 이처럼 마음에는 지각기능·감각기능·사유기능·주재기능 등이 있으나, 주자는 이들을 '마음'이라는 하나의 단어에 포괄하여 사용한다. 즉 인식의 주체는 마음이라는 말이다.

(2) 인식대상과 인식내용: 격물치지(格物致知)

주자에 있어서 인식대상과 인식내용은 모두 '격물치지'로 설명된다. 인식대상이 주로 사물의 리를 궁구하는 격물(格物)에 해당한다면, 인식내용은 격물의 과정을 거쳐 얻어지는 지식인 치지(致知)에 해당한다. 물론 인식내용은 인식주체에 포괄된다. 왜냐하면 인식대상에서 얻어진 인식내용은 인식주체에 저장되기 때문이다.

그렇다면 격물(格物)이란 무엇인가. 주자는 『대학장구』에서 격물에 대해 다음과 같이 설명한다.

> 격(格)은 이른다는 것이고 물(物)은 사물과 같다. 사물의 리를 궁구하여 그 지극한 곳에까지 이르지 않음이 없고자하는 것이다.[417]

격물이란 사물에 이르러(나아가) 그 리를 궁구하는 것이다. 때문에 격물은 사물에 대한 관찰·분석·실험 등의 의미를 갖는다. 또한 사물의 리를 궁구하더라도 지극한 데까지 이르러야 한다. 만약 지극한 데까지 이르지 못하면 사물의 리를 궁구한다고 말할 수 없다. "반드시 사물의 리를 끝까지 궁구해야 한다. 만약 2-3분만 궁구한다면 격물이 아니다. 반드시 10분까지 다 궁구해야 비로소 격물이다."[418] 이렇게 볼 때, 격물이란 사물에 나아가 그 사물의 리를 궁구하는 것이며, 동시에 사물의 리를 끝까지 궁구하는 것이라 할 수 있다. 이것이 바로 "사물의 리를 궁구하여 그 지극한 곳에까지 이르지 않음이 없고자 한다"는 격물의 뜻이다.

여기에서 하나 중요한 것은 사물(物)에 대한 해석이다. 주자에 따르면, 사물은 천지만물을 포함하여 우리가 대면하는 모든 대상을 의미한다. "무릇 소리·색깔·모양·형상이 있으면서 천지 사이에 가득 차 있는 것은 모두 사물이다."[419] "눈앞에 응하고 접하는 모든 것은 사물이다."[420] 이렇게 보면, 이 세상에 존재하는 모든 것이 사물이며, 또한 인간사의 모든 일도 사물에 포함된다.

주자는 사물 속에서 사람을 따로 구분해내고, 그것을 소이연(所以然 또는 所以然之故)과 소당연(所當然 또는 所當然之則)으로 설명한다.

> 리를 궁구하는 것은 사물의 소이연(所以然)과 소당연(所當然)을 알고자 할 뿐이다. 소이연을 알기 때문에 뜻이 혼란스럽지 않고 소당연을 알기

---

417 『大學章句』, 第1章, "格至也, 物猶事也, 窮至事物之理, 欲其極處無不到也."
418 『朱子語類』卷15, "須是窮盡事物之理. 若是窮得三兩分, 便未是格物. 須是窮盡得到十分, 方是格物."
419 『大學或問』, 傳十章, "凡有聲色貌象而盈於天地之間者, 皆物也."
420 『朱子語類』卷15, "眼前凡所應接底都是物."

때문에 행동이 잘못되지 않는다.[421]

천하의 사물에 이르면 반드시 각각 '소이연의 이유'와 '소당연의 법칙'이 있으니, 이른바 리이다.[422]

격물(인식)의 목적은 결국 소이연과 소당연을 아는데 있다. '소이연'은 하늘이 높고 땅이 두터우며 물고기가 물에서 헤엄치고 솔개가 하늘에서 나는 것처럼 사물이 그렇게 되는 존재이유에 해당하고, '소당연'은 부모를 모시고 어른을 공경해야 하는 것처럼 인간이 마땅히 그렇게 해야 하는 당위법칙에 해당한다.

이렇게 볼 때, 주자 인식의 목적은 사물의 존재이유인 소이연과 인간의 당위법칙인 소당연의 두 영역을 모두 탐구해나가는 것이라 할 수 있다. 주자에 따르면, 물고기는 물에서 헤엄치고 솔개는 하늘에서 나는 이유(소이연)를 알기 때문에 "〈사물의〉뜻이 혼란스럽지 않고", 또한 부모를 섬기고 어른을 공경해야 하는 당위(소당연)를 알기 때문에 "〈인간의〉행동이 잘못되지 않는다." 이러한 이유에서 주자는 소이연과 소당연을 모두 하나의 '리'로써 해석한 것이다.[423]

---

421 『朱熹集』卷64, 「答或人」, "窮理者, 欲知事物之所以然與其所當然者而已. 知其所以然, 故志不惑, 知其所當然, 故行不謬."
422 『大學或問』, 經1章, "至於天下之物, 則必各有所以然之故, 與其所當然之則, 所謂理也."
423 그러나 주자는 '소당연지칙'의 근거를 '소이연지고'로 설명하기도 한다. "예컨대 부모를 모실 때는 마땅히 효도해야 하고, 형을 모실 때는 마땅히 공경해야 하는 부류는 당연의 법칙이다. 그러나 부모를 모시는데 왜 반드시 효도해야 하고, 형을 따르는데 왜 반드시 공경해야 하는지, 이것이 바로 所以然之故이다. 정자가 '하늘이 높은 이유와 땅이 두터운 이유'라고 말한 것과 같다."(『朱子語類』卷18, "如事親當孝, 事兄當弟之類, 便是當然之則. 然事親如何卻須要孝, 從兄如何卻須要弟, 此卽所以然之故. 如程子云, 天所以高, 地所以厚.") 이것은 '소당연지칙'의 근거를 '소이연지고'로 해석한 것이다. 또한 이러한 해석은 지금까지 학계의 일반적 정설이기도 하다. 그러나 '소당연지칙'의 근거가 '소이연지고'가 아니며, 이 둘은 양립하는

그렇다면 치지(致知)란 무엇인가? 격물이 사물의 리를 궁구하는 것이라면, 격물 다음에 나오는 치지는 격물의 과정을 거쳐 얻어지는 나의 지식(知)을 말한다. 이때 얻어진 지식이 바로 인식내용이며, 동시에 인식주체가 된다. 주자는 『대학장구』에서 '치지'를 다음과 같이 규정한다.

> 치(致)는 끝까지 미루어 나간다는 뜻이고, 지(知)는 아는 것과 같다. 나의 지식을 끝까지 미루어 나가서 그 아는 바를 다하지 않음이 없고자 하는 것이다.[424]

'치지'란 사물의 리를 궁구하여 나의 지식을 이루어가는 것을 말한다. 이것은 나의 지식을 이루려면 반드시 사물의 리를 궁구하는 격물의 과정을 거쳐야 하며, 또한 격물의 과정을 거치지 않으면 결국 나의 지식도 이룰 수 없다는 말의 다른 표현이다. 이렇게 보면, '치지'는 격물의 목적이자 결과이며, '격물'은 치지의 수단이자 방법이라고 할 수 있다.

'치지'에서는 특히 지(知)에 대한 해석이 중요하다. 격물의 대상인 사물에서 인간을 따로 구분하여 소이연과 소당연으로 설명한 것과 마찬가지로, 격물의 결과 이루어지는 '치지' 역시 사물에서 얻어지는 지식과 인간에게서 얻어지는 지식으로 구분된다. 전자를 '견문의 지(見聞之知)'라고 부르고, 후자를 '덕성의 지(德性之知)'라고 부른다.[425] '견문의 지'는 말 그대로 보고 들을 수 있는 외부사물을 궁구하여 얻어지는 지식이다.

별개로 보아야 한다. 자연세계에서 하늘이 높은 이유와 땅이 두터운 이유가 '소이연지고'인 것처럼, 인간세계에서 부모에게 효도해야 하는 이유와 어른을 공경해야 하는 이유가 '소당연지칙'이다. 그래야 주자의 말처럼, '소이연지고'와 '소당연지칙'이 모두 하나의 리로써 해석될 수 있기 때문이다.

424 『大學章句』, 第1章, "致, 推極也, 知, 猶識也, 推極吾之知識, 欲其所知無不盡也."
425 『朱子語類』卷64, "聞見之知與德性之知, 皆知也."

이때는 인식주체(마음)가 사물을 인식대상으로 삼는 것이니, 주객의 구분이 없을 수 없다. 그러나 '덕성의 지'는 인간의 마음속에 본래부터 갖추어져 있는 성(리)을 자각함으로써 얻어지는 지식이다. 주자는 이것을 "본래 견문(見聞)에 말미암지 않고 아는 것이 있다"[426]라고 말한다. 이때는 인식주체인 마음이 마음속의 리(성)를 인식대상으로 삼는 것이니, 주객의 구분이 있을 수 없다.

또한 주자는 '격물'과 '치지'를 물격(物格)과 지지(知至)의 관계로도 설명한다.

> 물격(物格)은 물리(物理, 사물의 리)의 지극한 곳에 이르지 않음이 없는 것이요, 지지(知至)는 내 마음의 아는 것(지식)이 다하지 않음이 없는 것이다.[427]
> 〈격물에〉 힘쓰기를 오래하여 하루아침에 활연관통(豁然貫通)함에 이르면, 모든 사물의 표리(表裏)와 정조(精粗)가 이르지 않음이 없고, 내 마음의 전체(全體)와 대용(大用)이 밝아지지 않음이 없는데, 이것을 물격(物格)이라 하고 지지(知至)라고 한다.[428]

'물격'은 격물의 최종 단계를 의미한다. 격물이 사물의 리를 궁구하는 것이라면, '물격'은 궁구한 결과 물리의 지극한 단계에 이르렀음을 의미한다. 사물의 리를 궁구한다고 해서 사물의 리를 다 아는 것이 아니다. 8·9푼까지 궁구하는 것은 물격이 아니며, 10푼까지 모두 궁구하는 것이 물격이다. 이것이 바로 "물리(物理)의 지극한 곳에 이르지 않음

---

426 『朱子語類』卷99, "自有不由聞見而知者."
427 『大學章句』, 第1章, "物格者, 物理之極處無不到也. 知至者, 吾心之所知無不盡也."
428 『大學章句』, 第5章, "至於用力之久而一旦豁然貫通焉, 則衆物之表裏精粗無不到, 而吾心之全體大用無不明矣, 此謂物格, 此謂知之至也."

이 없다", "사물의 표리(表裏)와 정조(精粗)에 이르지 않음이 없다"라는 뜻이다.

또한 '지지'도 치지의 최종단계를 의미한다. 사물의 리를 궁구하여 그 지식을 이루는 것이 '치지'인데, 이러한 치지가 누적되어 나의 지식이 완전해지는 단계가 바로 '지지'라고 할 수 있다. 이것이 바로 "내 마음의 지식이 다하지 않음이 없다", "내 마음의 전체(全體)와 대용(大用)이 밝아지지 않음이 없다"라는 뜻이다.

다시 말하면, '물격'은 인식대상인 사물의 측면에서 인식의 최종단계를 말한 것이고, '지지'는 인식주체인 마음의 측면에서 인식의 최종단계를 말한 것이다. 물론 이때는 인식대상인 사물과 인식주체인 마음이 하나로 합치된 상태라 할 수 있으니, 이것이 바로 물아일체(物我一體)의 경지이다. 이렇게 볼 때, '물격'은 사물의 리가 마음에 다 드러났음을 의미하고, '지지'는 마음이 사물의 리로 가득차서 인식의 완성을 이루었음을 의미한다고 할 수 있다.

(3) 인식방법: 누적과 관통

격물의 목적은 치지하는데 있지만, 치지의 완성은 또한 반드시 격물의 과정을 거쳐야 한다. 즉 격물의 과정 없이는 나의 지식도 완전해질 수 없다는 말이다. 주자는 이러한 격물과 치지의 관계를 다음과 같이 설명한다.

> 격물(格物)은 치지(致知)하는 것이니, 이 하나의 사물에서 한 푼의 리를 궁구하면 나의 지식도 한 푼을 알 수 있고, 사물의 리에서 두 푼을 궁구하면 나의 지식도 두 푼을 알 수 있다. 사물의 리에서 궁구한 것이 많을수록 나의 지식도 더욱 넓어진다.[429]

'격물'과 '치지'는 비례관계에 있다. 사물의 리를 궁구하는 격물의 과정이 많을수록 나의 지식도 그만큼 넓어지고 풍부해진다. 그러므로 격물하면 치지가 저절로 이르니 "한 푼의 리를 궁구하면 나의 지식도 한 푼을 알게 되고, 두 푼의 리를 궁구하면 나의 지식도 두 푼을 알게 된다." 그러나 격물과 치지는 서로 다른 별개의 일이 아니다. "격물과 치지는 다만 한 가지 일이니, 오늘 격물하고 내일 다시 치지하는 것이 아니다."[430] 격물과 치지는 두 가지 일이 아니라 한 가지 인식과정의 두 측면을 말한 것이니, 격물은 사물의 측면에서 말한 것이고 치지는 마음의 측면에서 말한 것이다.

여기에서 주목해야 할 것은 '격물이 사물의 리를 궁구하는 것이라면, 천하사물의 리를 모두 궁구해야 하는가'라는 것이다. 이러한 질문에 주자는 다음과 같이 설명한다.

> 격물은 천하의 만물을 다 궁구하려는 것이 아니라, 다만 한 가지 일에서 끝까지 궁구하면 다른 것을 유추할 수 있다. 비유하면 천 가지 만 가지 길이 모두 나라에 들어갈 수 있지만, 다만 하나의 길을 얻어서 들어서면 유추하여 그 나머지 길에 통할 수 있는 것과 같다. 대개 만물은 각각 하나의 리를 가지고 있고, 만 가지 리는 모두 하나의 근원에서 나오니, 이것이 미루어서 통하지 않을 수 없는 이유이다.[431]

---

429 『朱子語類』卷18, "格物所以致知, 於這一物上窮得一分之理, 卽我之知亦知得一分, 於物之理窮二分, 卽我之知亦知得二分. 於物之理窮得愈多, 則我之知愈廣."
430 『朱子語類』卷15, "致知格物, 只是一事, 非是今日格物, 明日又致知."
431 『大學或問』卷2, "格物, 非欲盡窮天下之物, 但於一事上窮盡, 其他可以類推. 譬如千蹊萬徑, 皆可以適國, 但得一道而入, 則可以推類而通其餘矣. 蓋萬物各具一理, 而萬理同出一原, 此所以可推而無不通也."

이것은 천하사물의 리를 모두 다 궁구할 필요가 없다는 말이다. 왜냐하면 천하사물의 리를 모두 궁구하는 것은 실제로 불가능하기 때문이다. 물론 처음에는 하나하나의 사물에 대하여 그 리를 정확히 궁구해야 한다. 그러다가 하나하나의 사물에 대한 지식이 쌓여 어느 정도 누적되면, 천하사물의 리를 모두 궁구하지 않더라도 그것(지식)에 미루어서 그 나머지를 유추할 수 있다. 이것이 바로 정이가 말한 "오늘 하나의 사물을 궁구하고 내일 또 하나의 사물을 궁구하여 쌓인 것이 많아지면, 저절로 활연히 관통하는 곳이 있다"[432]라는 의미이다. 개개 사물의 리를 궁구하여 누적된 지식이 많아지면, 어느 순간에 천하사물의 리를 모두 궁구하지 않아도 알게 되는 활연관통(豁然貫通)의 경지에 이른다. 그래서 주자는 "지금 열 가지 일로써 말할 경우, 그 중 일곱 여덟 가지를 이해하면, 〈그 나머지〉두세 가지는 유추하여 관통할 수 있다"[433]라고 말한다. 이것은 천하사물의 리를 모두 궁구하지 않더라도 이미 알고 있는 리에 근거하여 유추해가면 알지 못하던 사물의 리도 어느 순간 확연히 알게 된다는 것이다.

여기에서 바로 '개별'과 '보편'의 관계가 성립한다. 개별 사물의 리를 궁구하여 누적된 것이 많아지면(개별), 어느 순간에 천하사물의 리에 모두 관통하는 경지에 이르는데(보편), 이로써 개별적인 것에서 보편적인 것을 인식하게 된다. 아리스토텔레스 역시 개별 감각대상을 통해 보편원리를 인식할 것을 강조한다.

또한 주자는 이러한 개별과 보편을 이일(理一)과 분수(分殊)의 관계로

---

[432] 『朱子語類』卷18, "程子謂, 今日格一件, 明日又格一件, 積習旣多, 然後脫然有貫通處." 또는 『朱子語類』卷104, "此亦伊川所謂, 今日格一件, 明日又格一件, 格得多後, 自脫然有貫通處."
[433] 『朱子語類』卷18, "今以十事言之, 若理會得七八件, 則那兩三件觸類可通."

도 설명한다. '분수'는 개별 사물이 갖고 있는 리를 말하고, '이일'은 이러한 개별 사물의 리가 하나의 리에 근원한다는 말이다. '분수'라는 개별 사물을 궁구해가면 자연히 '이일'이라는 보편에 이르게 된다. '누적에서 관통에 이른다'는 말도 개별적인 것(분수)에서 보편적인 것(이일)에 이른다는 뜻이다. 이것은 또한 '관통'이 '누적'을 통해서만 가능하듯이, '이일'도 '분수'를 통해서만 인식이 가능하다는 말에 다름 아니다.

> 분수(分殊) 속의 사사물물에서 그 당연함을 이해한 이후에 비로소 리가 본래 하나로 관통됨을 알 수 있다. 만 가지의 분수에 각각 하나의 리가 있음을 알지 못하고 헛되이 이일(理一)만을 말한다면, '이일'이 어느 곳에 있는지 알지 못한다.[434]

'이일'이라는 보편원리는 '분수'라는 개별 사물로부터 파악해야 한다. 그렇지 않고 '분수'인 개별 사물(만 가지 리)을 알지 못하고 오직 '이일'인 보편 원리(하나의 근원)만을 구한다면, 결국 '이일'도 알 수 없다. 이러한 의미에서 주자는 "지금 하나의 근본이 되는 곳을 알기 어려운 것이 아니라, 만 가지로 다른 곳을 알기가 어렵다"[435]라고 말한다.

이렇게 볼 때, 개별과 보편에 관한 성리학의 이일분수적 사고가 격물치지(格物致知)를 형성하는 이론적 기초가 된다는 것을 확인할 수 있다. '누적'에서 '관통'에 이르는 격물치지의 사고와 '개별'에서 '보편'에 이르는 이일분수의 사고가 하나로 연결된다는 의미이다.

이처럼 주자는 '누적'과 '관통' 또는 '분수'와 '이일'을 동시에 말하지

---

[434] 『朱子語類』卷27, "蓋能於分殊中事事物物, 頭頭項項, 理會得其當然, 然後方知理本一貫. 不知萬殊各有一理, 而徒言理一, 不知理一在何處."
[435] 『朱子語類』卷27, "今不是一本處難認, 是萬殊處難認."

만, 그럼에도 '이일'이 '분수'에 기초하고 '관통'이 '누적'에 기초한다는 사실을 강조한다. 이러한 의미에서 '누적'과 '분수'에 기초하지 않고 '관통'과 '이일'만을 중시하는, 즉 자득(自得)과 깨달음만을 중시하는 육구연(陸九淵)의 학문과 불교의 선종을 비판한 것이다.

더 나아가 주자는 사물의 리에 대한 인식방법뿐만 아니라 내 마음속에 갖추어진 리에 대한 인식방법을 강조하는데, 전자가 격물궁리(格物窮理)라면 후자는 거경함양(居敬涵養)이다. '격물궁리'가 사물의 리를 궁구하여 지식을 넓혀나가는 것이라면, '거경함양'은 내 마음속에 갖추어진 덕성(리)을 자각하는 것이라고 할 수 있다. 앞에서 말한 인식내용과 연결시키면, 격물궁리는 '견문의 지'에 해당하고 거경함양은 '덕성의 지'에 해당한다.

그리고 이 둘의 관계를 수레의 두 바퀴와 새의 두 날개에 비유하여 설명한다. "함양(涵養)과 궁리(窮理) 두 가지 가운데 하나도 폐기할 수 없는 것이니, 이는 마치 수레의 두 바퀴나 새의 두 날개와 같다."[436] 격물궁리와 거경함양은 하나라도 없어서는 안 되는 두 가지 인식방법이다. 그럼에도 주자는 '거경함양'이 '격물궁리'에 기초한다고 설명한다.

> 배우는 사람이 궁리(窮理)하지 않으면 또한 도리를 알 수 없다. 그러나 궁리하면서 경을 지키지(居敬) 않으면 또한 안 된다.[437]
>
> 온갖 리가 비록 내 마음에 갖추어져 있지만, 도리어 그것을 가르쳐서 알게 해야 비로소 깨닫게 된다. 요즘 사람은 마음이 여기에 있으나, 다만 그것으로 많은 도리를 알아가게 하지 않는다.[438]

---

436 『朱子語類』卷9, "涵養窮索二字, 不可廢一, 如車兩輪, 如鳥兩翼."
437 『朱子語類』卷9, "學者若不窮理, 又見不得道理. 然去窮理, 不持敬, 又不得."
438 『朱子語類』卷60, "萬理雖具於吾心, 還使教他知, 始得. 今人有箇心在這裏, 只是个

'격물궁리'가 전제되지 않으면 내 마음속에 갖추어진 덕성(리)도 자각하지 못한다. 다시 말하면, 내 마음속에 갖추어진 리에 대한 자각도 '격물궁리'를 통해야 가능하다는 것이다. 왜냐하면 비록 내 마음속에 온갖 리가 갖추어져 있다고 하더라도, 내 마음속에 온갖 리가 갖추어져 있다는 사실을 알게 하는 것은 또한 '격물궁리'에 기초하기 때문이다.

결국 '격물궁리'가 전제되어야 사물의 리뿐만 아니라 내 마음속에 갖추어져 있는 수많은 도리를 깨닫게 된다. "온갖 리가 비록 내 마음에 갖추어져 있지만, 도리어 그것을 가르쳐서 알게 해야 비로소 깨닫게 된다." 즉 내 마음속에 갖추어져 있는 리도 격물궁리와 같은 학습을 통해야 자각할 수 있다는 말이다. 이러한 의미에서 주자는 "학문하는 방법은 궁리보다 앞서는 것이 없으며, 궁리의 요체는 반드시 독서에 있다"[439]라고 하여 독서를 통한 지식습득을 강조하고, 동시에 "육씨의 학문은 사람들로 하여금 책을 읽고 문자를 보게 하는 것이 깊지 않다"[440]라고 하여, 독서를 소홀히 하고 내심의 자득(自覺)만을 강조하는 육구연의 인식방법을 비판한다.

이렇게 볼 때, 주자의 격물치지는 단순한 대상세계에 대한 인식뿐만 아니라, 마음속에 갖추어진 리(덕성)에 대한 자각의 의미까지 포괄한다. 결국 주자의 인식론은 사물의 리를 궁구하는 동시에 내 마음속에 갖추어진 리를 자각하는 것이다. 특히 내 마음속에 갖추어진 리를 자각(인식)하는 것은 '경으로써 마음을 기르는' 거경함양(居敬涵養) 공부를 통해 가능하다. 이것이 바로 주자의 인식론이 수양론과 연결되는 지점이다.

曾使他去知許多道理."
[439] 『朱熹集』卷14,「行宮便殿奏箚」, "蓋爲學之道, 莫先於窮理, 窮理之要, 必在於讀書."
[440] 『朱子語類』卷52, "陸氏之學不甚敎人讀書看文字."

물론 이때의 리(마음속에 갖추어져 있는 리)는 인식의 대상이라기보다는 깨달음의 주체가 된다. 이러한 의미에서 주자는 "공부가 오래되면 심과 리가 하나가 되어 두루 널리 응함이 적당하지 않음이 없다."[441] "심이 곧 리이고 리가 곧 심이니, 모든 행동거지가 이치에 맞지 않음이 없다"[442]라고 말한다. 즉 인식대상인 사물의 리와 인식주체인 마음이 하나되는 경지라는 말이다. 여기에 바로 서양의 인식론과 구분되는 동양 인식론의 특징이 소재한다고 할 수 있다.

2. 아리스토텔레스의 인식론[443]

아리스토텔레스의 인식론은 크게 인식주체(감각주체)와 인식대상(감각대상)의 두 축으로 전개된다. 아리스토텔레스에 따르면, 인식이란 인식주체가 인식대상을 감각적 형상으로 받아들이는 것이다. 인식주체가 인식대상을 마주할 때에 처음 마주치는 관문이 오관(五官)에 해당하는 감각기관이 된다. 이것은 인식의 출발점이 감각에서 시작된다는 말에 다름 아니며[444], 또한 주자의 감각기능에 해당하다. 여기에서 '감각'은 바로 지각을 의미하며 '감각적 지각'으로도 표현한다.[445]

---

441 『朱子語類』卷20, "惟學之久, 則心與理一, 而周流泛應, 無不曲當矣."
442 『朱子語類』卷18, "心卽理, 理卽心, 動容周旋, 無不中理矣."
443 아리스토텔레스의 인식론은 그의 『영혼론(De Anima)』(오지은 옮김, 『영혼에 관하여』, 아카넷, 2018)을 참조한다.
444 아리스토텔레스는 인간의 인식작용이 철저하게 감각적 지각에 기초한다고 말한다.(배종철, 「아리스토텔레스와 유가의 인식론 비교 연구」, 동국대학교 박사학위논문, 2019, p.68)
445 오늘날의 기준으로 본다면, 감각대상에 의한 감각주체의 수동적 활동이 감각(sensation)이고, 감각자료를 식별하는 능동적 활동이 지각(perception)이라고 할

감각기관에는 시각·청각·후각·미각·촉각이 있으며, 이들 감각기관에 의해 시각은 색깔을, 청각은 소리를, 후각은 냄새를, 미각은 맛을, 촉각은 감촉을 지각한다. 그러나 지각은 감각만으로 충분하지 않고 반드시 사유가 추가된다. 예를 들어 눈이 보고 아는 것은 감각적 지각이지만, 본 것을 판단해야할 경우는 사유적 지각이 된다. '본다'는 단순한 시각에 판단하고 추론하는 사유까지의 상호 작용을 통해 인식이 완성된다. 물론 이것은 주자의 사유기능에 해당한다. 아리스토텔레스 역시 감각적 지각과 사유적 지각을 구분하지만, 이 글에서는 다만 아리스토텔레스의 감각적 지각만을 대상으로 논의를 전개하고자 한다.[446]

먼저 아리스토텔레스는 이들 감각기관 중 촉각기관을 가지고 인식과정을 설명한다.

> 이것들(뜨거움과 차가움, 건조함과 습함)을 감각하는 기관은 촉각기관이다. 촉각기관에는 촉각능력이 본래부터 내재해 있는 신체의 부분이요, 감촉할 수 있는 사물의 성질들이 이미 가능태로 존재하고 있는 부분이다. 왜냐하면 '감각한다'는 것은 외부로부터 영향을 받아들이는 것이기 때문이다. 따라서 '영향을 준다'는 것은 이미 가능태로 존재하고 있는 것을 현실태로 존재하게 하는 것이다.[447]

수 있다. 그러나 아리스토텔레스는 감각과 지각의 구분을 결코 허용하지 않는다. (편상범, 「아리스토텔레스의 감각이론」, 『철학』51, 한국철학회, 1997, p.86)

446 아리스토텔레스는 사유적 지각을 판타시아(phantasia)라는 개념으로 설명한다. 이러한 판타시아에 의해 떠오른 표상이 판타스마(phantasma)이다. "사유작용이 일어날 때는 필연적으로 판타스마와 함께 사유해야 한다. 왜냐하면 판타스마는 감각표상과 유사한 것이기 때문이다."(『영혼론』, 432a8-10) "이성(사유능력)은 판타스마 안에 있는 형상을 사유한다."(『영혼론』, 431b2)

447 『영혼론』, 423b30-424a2

아리스토텔레스는 우리가 뜨거움과 차가움 또는 건조함과 습함을 감각할 수 있는 것은 촉각기관이 있기 때문이라고 설명한다. 물론 이 구절은 감각 일반으로 확장할 수 있으니 "시각은 흰색과 검은색을 식별하며, 미각은 단맛과 쓴맛을 식별하며, 나머지 감각들의 경우도 모두 그러하다."[448] 즉 우리가 감각(지각)할 수 있는 것은 감각기관이 있기 때문이라는 말이다. 물론 이들 감각기관은 인식주체에 해당한다.

이어서 아리스토텔레스는 감각기관(감각주체)과 구분되는 감각능력을 제기한다. 이 감각능력은 감각기관 안에 본래부터 내재하며 가능태로 존재한다. 먼저 감각능력에 대해 아리스토텔레스는 밀랍의 반지문양에 비유하여 설명한다. "감각능력은 사물의 감각적 형상들을 질료 없이 받아들이는 능력이다. 이를테면 밀랍이 도장 반지의 문양을 철이나 금이 없이 받아들이듯이 말이다."[449] 밀랍에 찍힌 반지의 문양이 철이나 금과 같은 질료 없이 그 흔적만을 수용하듯이, 감각능력 역시 질료 없이 감각대상의 '감각적 형상'만을 수용한다.[450] 다시 말하면, 인식이란 인식주체가 외부 대상을 받아들이는 것이지만, 즉 "감각은 감각대상에 의해 영향 받은 것이지만"[451], 마주하는 대상의 크기나 무게 등을 그대로 받아들일 수는 없다. 예를 들면 우리가 산을 볼 때, 우리의 감각기관이 산의 크기나 무게를 그대로 받아들이는 것이 아니라는 말이다. 인식주체는 인식대상을 그대로 받아들이는 것이 아니라 감각의 방식으

---

448 『영혼론』, 426b8-19
449 『영혼론』, 424a17-24
450 여기에서 '사물의 감각적 형상'과 '사물의 형상'을 혼동해서는 안 된다. 가령 '나무의 감각적 형상'은 나무를 바라보는 사람에게 특정한 하나의 사물로서의 나무를 감각하게 하는, 즉 우리 눈으로 들어오는 나무를 말한다. 그러나 '나무의 형상'은 나무 자체의 본성 내지 본질을 말한다.
451 『영혼론』, 424a1

로 변환시켜 받아들이는데, 이것을 '질료 없이'라고 표현한 것이다. 이렇게 볼 때, 감각능력이란 감각되는 대상들을 질료 없이 받아들이는 능력이라 할 수 있다. 결국 감각기관이 작용할 수 있는 것은 감각능력이 갖추어져 있기 때문이며, 이것은 또한 감각능력에 근거하여 감각기관의 감각적 지각이 가능하다는 말이다.[452]

또한 아리스토텔레스는 이러한 감각능력을 가능태(potentiality)의 개념으로 설명한다. "감각능력에는 감각할 수 있는 사물의 성질들이 이미 가능태로 존재한다." 이것은 "감각대상이 이미 현실태로 있는 것처럼, 감각능력은 가능태로 있다"[453]라는 말에 다름 아니다. 감각능력 안에는 감각대상의 감각적 형상이 이미 가능태로 존재하며, 이러한 가능태에 근거하여 실제로 감각적 지각의 현실태(actuality)가 가능하다. 다시 말하면, 감각이라는 현실화를 이루기 전에 감각을 가능하게 하는 것이 가능태로 이미 존재한다는 것이다.

예를 들어 우리가 사과를 볼 때, 사과를 사과로 감각할 수 있는 감각능력이 이미 가능태로 갖추어져 있으며, 이러한 가능태에 근거해서 실제로 사과를 사과로 감각하는 현실태가 가능하니, 이로써 가능태는 현실태의 가능근거가 된다. 이 때문에 감각(지각)이란 가능태가 현실태로 변화된 상태라고 말하기도 한다. 이러한 의미에서 아리스토텔레스는 "감각한다는 것은 이미 가능태로 존재하고 있는 것을 현실태로 존재하게 하는 것이다"라고 말한다. 이것은 주자의 "마음이 사사물물(事事物物)을 모두 알 수 있는 것은 마음속에 이미 온갖 이치가 갖추어져 있기 때

---

[452] 이것은 살아있는 내 눈의 망막에 비쳐진 상과 거울에 비쳐진 상과의 차이와 같다. 감각능력을 가진 감각주체에게는 감각작용이 일어나지만, 감각능력이 없는 거울은 감각하지 못한다.(편상범,「아리스토텔레스의 감각이론 - 개별감각과 통감의 관계를 중심으로 -」,『철학』51, 한국철학회, 1997, p.83)
[453] 『영혼론』, 418a5-6

문이다"라는 말과 다르지 않다. 물론 아리스토텔레스는 이러한 가능태(감각능력)와 현실태(감각대상)를 또한 형상과 질료의 관계로도 설명한다.[454]

더 나아가 아리스토텔레스는 "감각능력이 감각기관 안에 본래부터 내재되어 있다"라고 강조한다. 이것은 감각능력과 감각기관의 관계에 대한 설명이다.

> 감각능력은 근본적으로 감각기관 안에 내재한다. 그것들은 같지만, 그것들의 존재는 다르다. 왜냐하면 감각기관은 공간적 크기를 가지지만, 감각능력과 감각은 공간적 크기를 가지지 않기 때문이다. 후자는 일종의 형식이며 감각기관의 가능태이다.[455]

아리스토텔레스는 감각능력과 감각기관을 같으면서도 다른 존재로 규정한다. 감각능력은 감각기관 안에 내재하니, 둘은 분리될 수 없으므로 "그것들은 같다." 그러나 감각능력과 감각기관은 내용상 구분되지 않을 수 없으니, 감각기관은 공간적 크기를 가지지만 감각능력은 공간적 크기를 가지지 않으므로 "그것들의 존재는 다르다." '공간적 크기를 가진다'는 것은 형상이 있는 형이하적 개념이라는 말이며, '공간적 크기를 가지지 않는다'는 것은 형상이 없는 형이상적 개념이라는 말이다. 다시 말하면, 비록 감각능력과 감각기관이 형이상과 형이하로 구분되

---

454 질료(material)와 형상(forma)은 아리스토텔레스의 세계와 인간을 해석하는 두 범주이다. 질료는 재료와 같은 사물에 해당하고, 형상은 사물이 사물되게 하는 원인(근거)에 해당한다. 이것은 대략적으로 주자의 리(사물의 존재근거)와 기(구체 사물)의 범주에 해당한다.(안유경, 「퇴계의 理와 아리스토텔레스의 神과의 접점」, 『동서인문학』56, 계명대학교 인문과학연구소, 2019)
455 『영혼론』, 424a25-28

지만 이들은 언제나 함께 존재하는데, 감각기관이 감각적 지각을 수행할 수 있는 것은 감각능력이 존재하기 때문이라는 것이다.

이처럼 감각능력은 감각기관을 매개(장소)로 활동하니, 만약 감각기관이 없으면 감각능력을 실현할 수 없다. 물론 감각능력이 감각기관을 매개로 활동할지라도 외부대상에 대한 자극 없이는 감각기관을 매개로 감각능력의 현실화 또한 불가능하다. 따라서 감각능력은 외부대상에 의한 감각기관의 촉발을 필요로 한다. 이렇게 볼 때, '감각적 지각(지각)'이란 외부에 있는 감각대상의 영향을 받아 감각능력 안에 가능태로 존재하고 있던 감각적 형상이 현실태로 존재하게 되는 하나의 과정이다. 결국 감각적 지각의 완성은 감각기관의 감각능력과 감각대상의 감각적 형상이 같아지는(일치하는) 것이라고 할 수 있다.

> 앞에서 언급한 것처럼, 가능태로서 존재하고 있는 감각능력은 현실태로서 존재하고 있는 감각대상과 유사하다. 물론 영향을 받아들이고 있는 동안은 유사하지 않지만, 영향을 받아들이는 과정이 완료되었을 때 감각능력과 감각대상은 유사하게 되며 또한 같게 된다.[456]

감각능력은 가능태로 존재하고 감각대상은 현실태로 존재한다. 물론 감각이란 가능태로 존재하는 감각능력이 현실태로 존재하는 감각대상을 받아들이는 것을 의미한다. 그러나 감각능력이 감각대상을 받아들이지 않거나 받아들이는 과정에 있는 동안은 감각능력과 감각대상이 일치하지('유사하지') 않지만, 감각능력이 감각대상을 완전히 받아들이게 되면 감각능력과 감각대상이 일치한다('같아진다'). '감각대상과

---

456 『영혼론』, 418a5

감각능력이 일치한다'는 것은 감각기관이 감각대상의 영향을 받아 감각능력에 의해 감각대상의 감각적 형상을 완전히 받아들인 것을 의미하는데, 이것이 바로 가능태가 현실태로 변화된 상태요 감각(지각)의 완성을 의미한다. 이때는 감각기관(감각주체)과 감각능력과 감각작용이 하나이고 동일한 것이며, 다만 존재양태에 있어서만 다를 뿐이다.[457] 이것이 바로 주자가 말한 물격지지(物格知至)의 단계이며, 또한 물아일체(物我一體)의 경지에 해당한다.

또한 아리스토텔레스는 이러한 가능태와 현실태를 영혼과 육체의 관계로도 설명한다.

> 우리는 영혼을 육체와 묶어서 육체 속에 놓는다. 그러나 어떤 이유 때문인지 또는 어떻게 육체가 그러한 상태에 있게 되는지를 규정하지 못한다. 그렇지만 이것은 필연적으로 보인다. 왜냐하면 이들의 결합으로 인해 한쪽은 영향을 주고 다른 쪽은 영향을 받으며, 한쪽은 운동을 일으키며 다른 쪽은 운동을 하게 되기 때문이다.[458]

영혼은 육체 속에 존재하며 육체를 떠날 수 없는데, 이것은 필연적인 것이다. 영혼과 육체는 논리적으로 또는 이론적으로는 형상과 질료로 구별되지만, 실제로 둘은 결합되어 분리될 수 없는 '하나'의 존재이다. 육체 없이는 영혼이 존재할 수 없고 영혼 없이는 육체도 존재할 수 없다. 이것은 주자가 리와 기를 서로 떨어질 수 없는 '하나(一物)'로 보고서 "리 없는 기가 없고 기 없는 리가 없다"[459]라고 말한 것과 다르지 않다.

---

[457] "감각주체(소리를 들음)와 감각대상(소리가 남)은 존재양태에 있어서는 같지 않지만, 그 현실태에 있어서는 하나이며 동일하다."(『영혼론』, 425a26-27)
[458] 『영론론』, 407b15-20

따라서 영혼과 육체는 결합되어 분리될 수 없는 '하나'의 존재로써 상호 영향을 주고받는다. '영혼은 영향을 주고 육체는 영향을 받는다'는 것은 영혼이 육체를 통제하고 주재한다는 의미이다. 이것은 주자가 말한 "마음은 신명(神明)의 집으로써 한 몸의 주재가 된다"는 것과 다르지 않다. 이때 마음은 어디까지나 마음속에 갖추어진 성(리)에 근거해서 한 몸을 통제하고 주재한다. 또한 '영혼은 운동을 일으키고 육체는 운동을 하게 된다'는 것은 육체가 실제로 운동하게 되는 것이 전적으로 영혼에 근거한다는 의미이다. 이것은 주자가 사물의 존재근거를 리로써 해석하는 것과 다르지 않다. 이렇게 볼 때, 영혼은 형상(본질)에 해당하고 육체는 질료에 해당한다.

때문에 아리스토텔레스는 영혼이 육체의 본질이라는 사실을 '동음이의어'에 비유하여 설명한다. 예를 들어 도끼가 도끼 노릇을 하지 못한다면, 가령 도끼가 종이로 만들어졌거나 혹은 플라스틱으로 만들어져 나무를 베는 기능을 못한다면, 그것은 이름만 도끼이지 더 이상 도끼가 아닐 것이다. 이러한 도끼는 이름만 도끼이지 실제로 도끼가 아니다.[460] 다시 말하면, 도끼의 본질은 나무를 베는 것이며, 나무를 베는 기능을 할 수 있는 도끼가 참된 도끼이다. 이 참된 도끼에 해당하는 것이 바로 도끼의 영혼이며 도끼의 본질인 것이다. 이것은 결국 아리스토텔레스 인식론의 목적이 사물의 본질(형상)을 지각하는데 있다는 말에 다름 아니다. 이것은 주자 인식론의 목적이 사물의 본질에 해당하는 '리'를 지각하는데 있는 것과 다르지 않다.

---

459 『朱子語類』卷1, "天下未有無理之氣, 亦未有無氣之理."
460 『영혼론』, 412b11-14. 이것은 "만일 눈이 하나의 동물이라면, 보는 것(시각)은 눈의 영혼일 것이다. 왜냐하면 그것이 눈의 본질이기 때문이다"(『영혼론』, 412b18-19)라는 말과 같은 의미이다.

여기에서 또 하나 중요한 것은 주자 인식론의 목적이 사물의 '리'를 지각하는데 있지만, 다만 주자는 사물(자연세계)과 인간(인간세계)을 구분하여 그것을 소이연(所以然)과 소당연(所當然)으로 설명한다. 물론 주자 인식론의 최종 목적은 인간의 리에 해당하는 '소당연'을 지각하는데 있다고 할 것이다. 같은 맥락에서 아리스토텔레스 역시 식물은 감각할 수 없다고 설명하니, 이것은 식물(사물)과 인간이 구분되어야 한다는 말에 다름 아니다.

> 식물이 영혼의 일부분을 가지고 있고, 또한 접촉되는 대상들로부터 어떤 영향을 받음에도 불구하고 왜 감각은 하지 못하는지가 분명히 드러난다. 그 이유는 식물이 중간자를 가지지 않고, 감각대상의 형상을 받아들일 수 있는 그러한 원리도 가지지 않으며, 오히려 질료와 함께 영향을 받는다는데 있다.[461]

아리스토텔레스는 인간과 달리, 식물의 감각작용을 인정하지 않는다. 식물도 일부 영혼은 가지고 있지만 감각적 지각은 없다. '일부 영혼은 가지고 있다'는 것은 식물의 본질에 해당하는 형상은 있다는 말이다. 그러나 감각적 지각은 없는데, 왜냐하면 식물에는 감각대상의 감각적 형상을 받아들일 수 있는 감각능력이 없기 때문이다. 여기에서 '중간자가 없다'는 것은 감각능력이 없다는 말의 다른 표현이다.

이렇게 볼 때, 아리스토텔레스의 인식론은 감각기관(감각주체), 감각능력, 감각대상의 관계 속에서 설명된다. 아리스토텔레스에 있어서 감각기관과 감각능력은 모두 인식주체에 해당한다. 다만 감각기관이 감

---

[461] 『영혼론』, 424b1-3

각대상을 인식할 수 있는 것은 감각기관 안에 감각능력이 내재해있기 때문이라고 한다면, 실질적인 인식주체는 감각능력이라 할 수 있다.

또한 이 과정에서 아리스토텔레스는 이 감각능력과 감각대상의 관계를 가능태와 현실태, 형상과 질료, 영혼과 육체 등의 관계로도 설명하며, 여기에서 가능태·형상·영혼에 대한 감각(지각)을 강조한다. 이것은 주자 인식론의 목적이 '리'에 있는 것과 다르지 않다.

주자의 인식론은 크게 인식주체, 인식대상, 인식내용, 인식방법으로 이루어져 있다. 먼저 주자에게 있어서 인식주체는 마음이다. 주자는 마음의 가장 큰 특징으로 지각기능을 지적하고, 이것을 다시 감각기능과 사유기능으로 구분한다. 그러나 주자는 이 모든 기능을 '마음'이라는 하나의 단어에 포괄하여 사용하는데, 이때 마음속에는 온갖 리가 갖추어져 있으므로 사물에 대응(지각·사유)할 수 있다. 이것은 아리스토텔레스의 감각기관(감각주체)과 감각능력에 해당하며, 다만 감각능력에 근거하여 감각기관의 감각적 지각이 가능하다고 볼 때 감각능력에 해당한다고 할 것이다.

또한 주자의 인식론은 격물치지(格物致知)로써 설명된다. 사물의 리를 궁구하는 '격물'이 인식대상에 해당한다면, 격물의 과정을 거쳐 얻어지는 지식인 '치지'는 인식내용이 된다. 물론 이때의 인식내용은 인식주체에 포괄된다. 이 과정에서 주자는 격물의 대상인 사물에서 인간을 따로 구분하고, 그것을 '소이연'과 '소당연'으로 설명한다. 격물치지는 사물의 존재근거(소이연)와 인간의 당위법칙(소당연)을 아는데 있으며, 그것이 '리'라는 하나의 단어에 함축된다. 결국 주자 인식론의 목적은 인간의 리에 해당하는 '소당연'을 지각하는데 있다고 할 것이다.

또한 주자는 격물치지의 최종단계로써 인식대상인 사물과 인식주체인 마음이 하나로 합치된 물아일체의 상태를 물격지지(物格知至)로써 설명하는데, 이것은 바로 아리스토텔레스의 감각능력과 감각대상의 일치에 해당한다.

주자의 인식론에서 특히 주목할 것은 인식방법에 대한 해석이다. 주자는 인식방법으로 '누적'에 근거하여 '관통'에 이를 것을 강조한다. 처음에는 개개의 구체적 사물에 대하여 그 리를 정확히 궁구하는 과정이 필요하다. 이러한 과정을 거쳐 어느 정도 지식이 누적되면 천하사물의 리를 모두 궁구하지 않더라도 그것에 미루어서 그 나머지를 유추할 수 있는데, 이것이 바로 누적에 따른 관통의 경지인 활연관통(豁然貫通)이다.

이어서 주자는 이러한 '누적'과 '관통'의 관계를 그대로 이 세계의 '개별'과 '보편'의 문제로 설명한다. 개별의 리를 궁구하여 누적된 것이 많아지면, 어느 순간에 천하사물의 리에 모두 관통하는 보편의 경지에 이른다. 주자는 이것을 또한 이일(理一)과 분수(分殊)로써 설명한다. '분수'라는 개별적 사물을 궁구해가면 자연히 '이일'이라는 보편적 원리에 이르게 된다. 아리스토텔레스 역시 "지성은 구체적인 개별자로부터 아주 일반적인 보편자를 만들어낸다.……수많은 경험으로부터 하나의 보편적 판단을 도출한다"[462]라고 하여, 개별을 통해 보편에 이를 것을 강조한다. 이것은 아리스토텔레스 인식론의 목적이 결국 개별 감각대상을 통해 보편자(또는 보편원리)를 인식하는데 있다는 말에 다름 아니다. 이것이 바로 아리스토텔레스 인식론의 인식내용에 해당한다.

그럼에도 주자의 인식방법에서 특히 중요한 것은 '이일'이라는 보편

---

462 『형이상학』, 980a27-981a7

적 원리가 결국 '분수'라는 개별적 사물에 기초한다는 사실이다. '누적'에 기초하여 '관통'에 이르듯이, '분수'에 기초해야 '이일'이 가능하다. 이 때문에 주자는 '누적'과 '분수'에 기초하지 않고 '관통'과 '이일'만을 중시하는, 즉 자득(自得)과 깨달음만을 중시하는 육구연의 학문을 비판한 것이다.

이렇게 볼 때, 주자의 인식론은 철저히 분석적이고 객관적이며 합리성에 기초하고 있음을 알 수 있다. 앞에서 언급한 것처럼 "서양철학이 지성적인 것과 달리 동양철학은 직관적이다" 또는 "서양의 인식론이 논리적 기반으로 객관적 진리를 탐구한 것이라면, 동양의 인식론은 개개인의 내재적 깨달음을 기반으로 한다"는 평가는 적어도 주자에게는 맞지 않다. 주자의 인식론은 직관적이 아니라 지성적이며, 내재적 깨달음과 같은 주관적 인식보다는 '격물치지'와 같은 경험적 지식에 기초한 객관적 인식을 강조하고 있음을 확인할 수 있다. 이것이 바로 주자 인식론의 특징이라 할 수 있다.

또한 동양의 인식론이 서양에 비해 체계적이지 못하다는 학계의 평가 역시 재고되어야 할 것이다. 적어도 주자의 인식론에서는 인식주체 · 인식대상 · 인식내용 · 인식방법에 이르기까지 매우 체계적이며 포괄적이다. 특히 주자는 인식방법에서 인식대상인 사물에 대한 격물궁리(格物窮理)뿐만 아니라 인식주체인 덕성에 대한 거경함양(居敬涵養)을 동시에 강조한다. 물론 이때의 '거경함양' 역시 '격물궁리'에 기초해야 한다. '격물궁리'가 전제되지 않으면, 내 마음속에 갖추어진 덕성도 자각하지 못한다는 것이다. 이때의 '거경함양'이 바로 주자 인식론이 수양론과 연결되는 부분이며, 동시에 서양의 인식론과 구분되는 동양 인식론의 특징으로 볼 수 있다.

제9장

주자 성리학과 마명 『대승기신론』의 심론

성리학은 새로운 유학, 즉 신유학이라는 의미로서 북송(北宋)시대의 유학사상을 종합하여 남송(南宋)의 주자가 집대성한 학문체계이다.[463] 또한 『대승기신론』은 이전까지 진행되어오던 대승불교의 양대 흐름, 곧 중관(中觀)불교와 유식(有識)불교의 흐름을 종합하고 이를 토대로 새로운 관점을 제시함으로써 이후 불교사상사에 있어서 새로운 사상적 연원의 한 축이 되었다.[464] 이 글에서는 유학이론을 종합한 주자 성리학의 심의 구조와 불교이론을 종합한 마명(馬鳴) 『대승기신론(大乘起信論)』의 심의 구조를 살펴본다.

『대승기신론』은 일심(一心, 중생의 마음)을 본체적 측면인 진여심(眞如心)과 현상적 측면인 생멸심(生滅心)으로 구분하고, 이 둘의 관계를 밝힌 것이다. 진여심을 통해 진여(여래)와 같은 인간의 본래적 모습을 설명하고, 생멸심을 통해 중생과 같은 인간의 현실적 모습을 설명한다. 인간

---

[463] 안유경, 『성리학이란 무엇인가』, 새문사, 2015, p.18
[464] 이시온, 「대승기신론의 眞如心 연구」, 『동양철학연구』22, 동양철학연구회, 2000, p.366

은 누구나 여래와 같은 진여심을 가지고 있음에도 불구하고, 대부분은 이것을 자각하지 못하고 생멸심의 인간으로서 무명(無明)과 망념(妄念)에 가려진채 미혹된 중생의 상태로 살아간다. 그러나 생멸심을 가진 중생이라도 '무명'으로 인한 현실의 미혹에서 벗어나서 깨달음을 이룰 수 있으며, 이때의 심은 본질적으로 여래와 동일하다. 이렇게 볼 때, 『기신론』은 생멸심을 통해 인간의 현실적 모습을 설명하면서, 동시에 진여심이라는 인간의 본래적 모습을 제시함으로써 중생이 여래가 될 수 있는 가능성을 제시하고 있음을 알 수 있다.

이것은 성리학의 궁극적 목적이 성인에 있으며, 인간의 본성을 회복하면 누구나 성인이 될 수 있음을 강조하는 것과 다르지 않다. 『기신론』에서 무명과 망념에 가려진 미혹된 중생의 마음도 그 본래모습은 여래와 다르지 않다고 하듯이, 성리학 역시 기질에 가려진 보통사람이라도 그 본성은 성인과 다르지 않다. 『기신론』에서 현실속의 생멸심을 통해 진여심을 자각하듯이, 성리학에서는 현실속의 기질지성을 통해 본연지성을 회복할 것을 강조한다.

물론 이 과정에서 『기신론』이든 성리학이든 모두 실천수행을 위한 이론과 구체적 방법을 제시하니, 『기신론』에는 지관(止觀)수행을 강조하고, 성리학에서는 거경궁리(居敬窮理)와 격물치지(格物致知)를 강조한다.

1. 주자 성리학의 심론(心論)

성리학 심론(心論)의 궁극적 목적은 심속에 갖추어진 성을 회복하는데 있지만, 실질적인 대상은 심이 된다. 왜냐하면 성은 그 자체로 드러날 수 없고 반드시 심의 작용을 통해서만 드러날 수 있기 때문이다. 따라서 비록 심과 성이 두 물건이 아니라 하나로 존재하지만, 성리학에서는 심과 성을 개념적으로 분명히 구분하여 설명한다. 이것은 『기신론』에서 심과 성에 대한 별도의 구분없이 일심(一心) 하나로 설명하는 것과 대조된다. 먼저 심의 내용을 살펴보자.

(1) 심의 내용
① 심의 이기론적 해석

주자에게 있어서 심은 말 그대로 인간의 마음을 가리킨다. 물론 이것은 불교에서 심이 일체제법(一切諸法, 존재하는 모든 것)을 가리키는 것과 구분된다.[465] 이때의 심은 물질적인 오장(五臟) 가운데 심장을 가리킬 뿐만 아니라, 또한 비물질적인 정신활동까지를 포괄한다. 사람이 알고, 느끼고, 생각하는 정신활동은 모두 심의 기능이며 심이 그렇게 시킨 것이다. 주자는 이러한 심의 기능을 크게 지각기능과 주재기능으로 구분한다. 지각기능이란 마음이 생각하고, 인식하고, 감각하는 모든 의식활동을 가리킨다. "심이란 사람의 지각이다."[466] 이것이 바로 심의 지각기능에 해당한다.

주자는 이러한 심의 지각기능이 가능한 것이 바로 심의 허령한 특징 때문이라고 설명한다.

---

[465] 성리학에서의 심은 사람의 마음을 가리키나, 『기신론』에서의 심은 一切諸法(존재하는 모든 것, 삼라만상)을 가리킨다. 왜냐하면 불교에서는 일체의 모든 것이 마음에서 생겨난 것으로 보기 때문이다(一切唯心造). 그렇지만 『기신론』의 진여심이든 생멸심이든 모두 중생을 대상으로 이론이 전개된다. 따라서 성리학에서의 심이든 『기신론』에서의 一心이든 모두 인간의 마음을 가리킨다고 할 수 있다.
[466] 『朱熹集』卷65, 「大禹謨」, "心者人之知覺."

> 사람의 심은 허령(虛靈)하다.467
>
> 심은 온갖 리를 포괄하고 있으므로 온갖 리는 하나의 심에 갖추어져 있다.468
>
> 하나의 심이 온갖 리를 갖추고 있다.469

'허령'이란 말 그대로 텅 비어 있으면서 신령한 능력을 가지고 있는 심의 특징을 형용한 표현이다. 이러한 심의 허령한 특징 때문에 심이 온갖 리를 구비할 수 있으니 "온갖 리가 하나의 심에 갖추어져 있다", "하나의 심이 온갖 리를 갖추고 있다." 이것은 심속에 온갖 리가 갖추어져 있기 때문에 온갖 일에 대응할 수 있는 지각기능이 가능하다는 말이다.

또한 주자는 심이 사람의 한 몸을 주재한다고 설명한다. "심은 신명의 집이며 일신(一身)의 주재가 된다."470 '심이 일신을 주재한다'는 것은 심이 사람의 모든 신체적 또는 정신적 활동을 주재하고 지배하는 것을 말한다. 이것은 사람의 의식활동 가운데서도 특히 도덕문제와 연결된다. 예를 들면 사람이 어떤 일을 행할 때에 올바른 일을 하고 나쁜 일을 하지 않도록 심이 주재하는 역할을 한다는 것이다. 물론 이때 심의 주재가 가능한 것은 전적으로 심속에 리가 갖추어져 있기 때문이다. 이것이 바로 심의 주재기능에 해당한다.

주자는 이러한 심의 주재기능을 심통성정(心統性情)의 개념으로 설명한다. 물론 이때의 '통'은 두 가지 뜻으로 해석되니, 하나는 '주재한다'는

---

467 『朱子語類』 卷57, "人心虛靈."
468 『朱子語類』 卷9, "心包萬理, 萬理具於一心."
469 『朱子語類』 卷9, "一心具萬理."
470 『朱子語類』 卷98, "心是神明之舍, 爲一身之主宰."

뜻이고 다른 하나는 '포괄한다'는 뜻이다. 심이 성과 정을 주재하기 때문에 성이 정으로 드러날 때에 절도에 맞게 된다. "정은 성에 근거하고 심에게 주재되니, 심이 주재하면 그 움직임(정)이 절도에 맞지 않음이 없다."[471] 또한 '심이 성과 정을 포괄한다'는 뜻은 아래의 〈심의 체용론적 해석〉에 자세히 보인다. 이렇게 볼 때, 심의 가장 큰 특징으로는 지각기능과 주재기능이 있으며, 이러한 기능은 모두 심속에 리가 갖추어져 있기 때문에 가능하다고 할 수 있다.

더 나아가 주자는 이러한 심을 리와 기의 구조로 설명하기도 한다. 성리학은 존재하는 모든 것을 리와 기의 개념으로 설명할 뿐만 아니라, 사람의 마음까지도 리와 기의 개념으로 설명한다. 게다가 앞에서 말한 심의 지각기능까지도 리와 기의 구조로 설명하니 "리와 기가 결합해야 지각이 가능하다."[472] 이처럼 심은 리와 기로 이루어져 있으며, 이 심에 리가 있기 때문에 지각기능과 주재기능이 가능하다.

그러나 심에는 또한 기가 있다. 이때의 기는 리를 담고 있는 그릇의 역할을 하며, 동시에 악(不善)의 원인이 되기도 한다. 물론 기가 그 자체로 악은 아니지만, 악의 원인은 기의 몫이 된다. 그러므로 리가 순선무악(純善無惡)한 것과 달리, 기는 유선악(有善惡)이 된다. 따라서 비록 심속에 리(성)가 갖추어져 있지만, 리를 담고 있는 기의 영향 때문에 사람이 선할 수도 있고 악할 수도 있다. 이러한 의미에서 주자는 "심에는 선과 악이 있다"[473]라고 말한다. 사람이 기의 영향을 받지 않으면 선이 되고, 기의 영향을 받으면 악이 된다. 물론 이러한 해석은 현실세계에 악이 없을 수 없는 인간의 모습을 반영한 것이기도 하다. 이 부분은 〈성의 내

---

471 『朱熹集』卷32, 「問張敬夫」, "情根乎性而宰乎心, 心爲之宰, 則其動也無不中節矣.
472 『朱子語類』卷5, "理與氣合, 便能知覺."
473 『朱子語類』卷5, "心有善惡."

용)에서 자세히 보인다. 여기에서 기를 제거하여 리(성)를 회복하는 수양론이 요구된다. 이것이 바로 심의 이기론적 해석이다.

이러한 이기론적 해석에 근거하여 주자는 심을 '기의 정상(精爽)'이라고 규정한다.[474] 이것은 심이 곧장 기인 것도 아니고 또한 심이 곧장 리인 것도 아니라는 말의 다른 표현이다. 이에 주자는 성이라고도 할 수 없고 기라고도 할 수 없는 심의 특징을 "심은 성에 비하면 조금 자취가 있으나, 기에 비하면 또한 자연히 신령스럽다"[475]라고 말한다. '성에 비하면 조금 자취가 있다'는 것은 형이상의 개념인 성과 달리 심에는 지각기능(자취)이 있기 때문에 곧장 성이라고 할 수 없다는 것이며, 또한 '기에 비하여 자연히 신령스럽다'는 것은 심에는 온갖 이치가 갖추어져 있기(신령) 때문에 형기나 심장과 같은 단순한 기라고도 말할 수 없다는 것이다. 이것이 바로 심을 리와 기의 구조로 해석하는 이유이다. 이 과정에서 주자는 육구연의 심즉리(心卽理)를 비판하니, 육구연은 심속에 리가 있다는 것은 알았지만, 리와 함께 기가 있음을 알지 못하였다는 것이다.

② 심의 체용론적 해석

또한 주자는 심을 체용(體用)의 관계로도 설명한다.

> 심은 두 개의 사물을 포괄하니, 성은 심의 체(體)요 정은 심의 용(用)이다.[476]
> 심은 성과 정을 겸하여 말한 것이다. 성과 정을 겸하여 말한 것은 성과 정을 포괄하기 때문이다.[477]

---

474 『朱子語類』卷5, "心者, 氣之精爽."
475 『朱子語類』卷5, "心比性則微有迹, 比氣則自然又靈."
476 『朱子語類』卷119, "心是包得這兩個物事, 性是心之體, 情是心之用."

주자는 심을 체용의 관계로 해석하니, 심의 본체는 성이고 심의 작용은 정이다. 성이 사람의 심속에 갖추어져 있는 이치라면, 정은 그것이 감정이나 정서로 드러난 것을 말한다. 심속에 갖추어져 있는 성은 심의 작용을 통해서 밖으로 나타나는데, 이때 심의 작용을 통해 밖으로 나타난 것이 바로 정이다. 이렇게 볼 때, 심은 성과 정을 포괄하면서 성을 정으로 드러내는 일을 주관한다고 할 수 있다. 주자는 이것을 심통성정(心統性情)으로 표현하는데, 이때의 '통'은 포괄의 뜻으로 해석된다. 이로써 심은 성과 정을 포괄하는 전체가 되고, 성과 정은 심의 내용이 된다. 물론 심과 성과 정은 개념적으로 구분될 뿐이며 별개로 존재하는 것은 아니다.

이러한 심의 체용론의 해석에 근거하여, 주자는 이전의 성을 본체로 보고 심을 작용으로 보던 중화구설(中和舊說, 性體心用)에서 벗어나서, 심의 본체를 성으로 보고 심의 작용을 정으로 보는 중화신설(中和新說)을 확립한다. 이로써 추상적인 성은 구체적인 심의 차원으로 내려와서 심속에 갖추어진 리(성)로 간주된다. 결국 심에 근거해서 성을 이해함으로써 추상적인 성이 현실적 영역으로 진입하는 계기가 마련된다.

또한 주자는 심을 미발(未發)과 이발(已發)의 관계로도 설명하니,[478] 심의 미발은 성이고 심의 이발은 정이다. "사려가 아직 싹트지 않고 사물이 아직 이르지 않은 때를 희・로・애・락의 미발이라 한다."[479] 미발이

---

477 『朱子語類』卷20, "心者兼性情而言, 兼性情而言者, 包括乎性情也."
478 未發과 已發의 개념은 『중용』에 나온다. 『중용』에는 "희・로・애・라이 감정이 아직 일어나지 않는(미발) 상태를 中이라고 하고, 감정이 일어나서(이발) 모두 절도에 맞는 것을 和라고 한다"(『中庸』, 제1장, "喜怒哀樂之未發謂之中, 發而皆中節謂之和.")라고 말한다. 여기에서 미발과 이발이라는 용어가 처음으로 등장한다. 그리고 미발과 이발의 개념으로 中과 和를 설명함에 따라 이를 中和說이라고도 부른다.
479 『朱熹集』卷67, 「已發未發說」, "思慮未萌, 事物未至之時, 爲喜怒哀樂之未發."

란 사물(대상)이 아직 의식 속으로 들어오지 않아서 사물에 대한 생각이
나 감정이 아직 일어나지 않을 때를 말한다. 그러나 사람은 외부의 사
물과 접촉하지 않을 수 없는데, 사물과 접촉하여 생각이나 감정이 일어
난 상태를 '이발'이라 한다. 이로써 심은 이발에만 국한되는 것이 아니
라 미발과 이발을 모두 포괄하는 주체로 부각된다.

이러한 심의 미발이발론의 해석에 근거하여, 주자는 "성은 미발이고
심은 이발이다"[480]라고 규정하던 중화구설에서 벗어나서 심을 미발의
성과 이발의 정으로 구분하는 중화신설을 확립한다. 심이 곧장 성이 아
니라 심의 본체가 성이 되듯이, 미발이 곧장 성이 아니라 심의 미발이
성이 된다. 이로써 추상적인 성은 자연히 심의 차원으로 내려와서 심의
미발상태가 되고 심속에 갖추어진 리로 간주된다. 그러므로 미발의 때
에도 성을 기르거나 보존하는 수양공부가 필요하게 되는데, 이것이 바
로 미발 때의 존양(存養 또는 涵養)공부에 해당한다. "심에는 움직이고 고
요할 때에 모두 주재가 있으니, 고요할 때는 주재가 없다가 움직일 때에
이르러 비로소 주재가 있는 것이 아니다."[481] 이것은 심의 이발상태인
정뿐만 아니라 미발상태인 성에 있어서도 수양공부가 필요하다는 말
이다. 물론 성 그 자체는 리에 해당되므로 수양이 필요하지 않다. 그러
나 미발은 어디까지나 성 자체를 의미하는 것이 아니라, 심의 미발상태
로써 심의 영역에 속하기 때문에 수양이 필요한 것이다.

여기에서 하나 중요한 것은 심의 본체(미발)가 성이라는 말이지, 심이
곧장 성이라는 말이 아니다. 이것은 결국 심과 성을 엄격히 구분해야
한다는 말의 다른 표현이며, 동시에 육구연의 심즉리(心卽理)를 비판한

---

480 『朱熹集』卷64, 「與湖南諸公論中和 第一書」, "心爲已發, 性爲未發."
481 『朱子語類』卷5, "心主宰之謂也. 動靜皆主宰, 非是靜時無所用, 乃至動時方有主宰也."

이유이기도 하다. 주자에 따르면, 육구연의 '심즉리'는 심의 본체방면
(성)에서만 가능한 표현이다. 그렇지만 심은 본체와 작용 두 방면을 모
두 포괄하는 개념이므로 곧장 '심즉리'라고 말할 수 없다는 것이다.

(2) 성의 내용
① 성이란 무엇인가
심은 리와 기로 이루어져 있으며, 이때 심속에 갖추어진 리가 바로
성이다. 주자는 심과 성의 관계를 다음과 같이 설명한다.

> 성은 심이 가지고 있는 리이며, 심은 리가 모여있는 곳이다.[482]
> 성은 허다한 도리이니, 하늘에서 얻어서 심에 갖추어져 있는 것이다.[483]

성은 심속에 들어있는 리이니, 심은 성을 담고 있는 그릇에 해당하
고, 성은 심에 담겨있는 내용이 된다.[484] 성은 항상 심속에 존재하니, 심
이 없으면 성 역시 존재할 수 없다. 왜냐하면 성은 하나의 구체 사물로
써 존재하는 것이 아니라, 다만 이치로써 존재하기 때문이다. 결국 성
은 심이 없으면 존재할 수 없으며, 성의 존재의미는 오로지 심을 통해서
만이 가능하다. 이렇게 볼 때, 실제로 심 밖에 성이 없고 성 밖에 심이 없
지만, 심과 성은 개념적으로 분명히 구분된다. 이러한 이유에서 주자는

---

482 『朱子語類』卷5, "性便是心之所有之理, 心便是理之所會之地."
483 『朱子語類』卷98, "性便是許多道理, 得之於天而具於心者."
484 심이 리와 기로 이루어져 있는데, 성이 리이고 심이 성을 담고 있는 그릇이라면, 심
   은 성을 제외한 그릇(기)이 된다. 물론 주자는 심을 곧장 기라고 해석하지 않는데,
   왜냐하면 심에는 리가 갖추어져 있기 때문이다. 이렇게 볼 때, 심은 리와 기가 합쳐
   진 것으로도 볼 수 있고, 또한 심은 성을 담고 있는 그릇(기)으로도 볼 수 있다. 이것
   이 심이 가지는 이론적 모순이다.

심과 마찬가지로, 성에 대한 세부적인 분석을 전개한다.

성이란 인간이 하늘에서 부여받은 고유한 성품으로 '본성'이라 부른다. 이것을 선악의 개념으로 설명하면 "성은 선하지 않음이 없다."[485] 성은 본래 선한 것이며, 또한 그 내용에는 인·의·예·지가 있다.[486] 주자는 이러한 성에 근거하여 사람은 누구나 태어날 때부터 선한 본성을 가지고 있다고 전제한다. 그에 대한 논거를 『중용』의 첫 구절인 '천명지위성(天命之謂性)'에서 찾는다. 이 구절에 대해 주자는 다음과 같이 설명한다.

> 하늘이 음양오행으로 만물을 생성하는데, 기로써 형체를 이루고 리 또한 부여하니, 마치 〈하늘이〉 명령하는 것과 같다. 이에 사람과 사물이 태어날 때에 각각 그 부여받은 리를 얻어서 건순(健順)·오상(五常)의 덕으로 삼으니, 이른바 성(性)이라는 것이다.[487]

주자에 따르면, 이 세상의 모든 존재는 리와 기로 이루어져 있다. 사람(또는 사물)이 생겨날 때에 하늘로부터 기를 부여받아 형체를 이루고 하늘로부터 리를 부여받아 성을 이루니, 사람은 형체(기)와 성(리)으로 구성된다. 이때에 사람이 성을 부여받는 것은 하늘의 명령에 따른 것이다. '하늘의 명령에 따른 것'이란 천부적이라는 의미이다. 그러므로 사람이 성을 가지게 되는 것은 하늘의 명령에 따른 천부적인 것이 된다.

물론 이때의 '성'은 리가 형체에 부여된 뒤에 생긴 명칭이다. 여기에서 리와 성의 개념적 차이가 발생한다. 하늘의 리가 형체 속에 부여되는 순

---

485 『朱子語類』卷5, "性無不善."
486 『朱子語類』卷124, "儒者之言性, 止是仁義禮智, 皆是實事."
487 『中庸章句』, 第1章, "天以陰陽五行, 化生萬物, 氣以成形而理亦賦焉, 猶命令也. 於是人物之生, 因各得其所賦之理, 以爲健順五常之德, 所謂性也."

간, 성이 된다. 다시 말하면, 하늘의 입장에서 말하면 리가 되고, 사람의 입장에서 말하면 성이 된다는 것이다. 그러므로 하늘이 부여하는 리와 사람 속에 부여된 성은 그 성질이 같다. 주자는 이것을 물속의 물고기에 비유하여 설명한다. 물고기가 물속에 있는데, 이때 물고기 뱃속의 물은 바로 물고기 몸 밖에 있는 물과 같다.[488] 여기에서 '물고기 몸 밖의 물'은 리에 해당하고, '물고기 뱃속의 물'은 성에 해당한다. 물고기 몸 밖의 물이든 물고기 뱃속의 물이든 그 물이 동일한 것처럼, 리와 성 역시 그 성질이 같다. 이로써 성리학의 주요 개념인 성즉리(性卽理) 이론이 성립한다.

이어서 주자는 성을 선악의 가치개념과 연결시켜 설명하니, 이로써 성은 순선무악(純善無惡)한 것이 된다. 왜냐하면 '성즉리'에 근거하면, 성은 가치의 근원이요 절대선인 리와 동일하기 때문이다. 절대선인 리가 사람에게 성으로 부여되었으니, 사람은 태어날 때부터 선한 존재가 된다.

또한 이러한 성은 누구에게나 동일하게 부여된다. "세상에는 성이 없는 사물이 없으니, 사물이 있으면 성이 있고 사물이 없으면 성도 없다."[489] 사물에는 당연히 사람이 포함된다. 따라서 맹자가 제시한 가장 이상적 인간인 요임금·순임금이든 길거리의 보통사람이든 누구나 동일한 성을 가지게 된다. 이로써 성리학의 학문 목적이 성인이 되는 것이라고 할 때, 누구나 성인이 될 수 있는 가능성이 확보된다.

여기에서 또 하나 중요한 문제가 제기된다. 성즉리(性卽理)에 근거하여 사람이 누구나 선한 본성을 가지고 있다면, 이 세상에는 선한 사람만 존재하고 악한 사람은 존재하지 않아야 할 것이다. 그러나 현실세계는 그렇지 않다. 현실적으로 볼 때, 사람마다 선한 정도가 모두 다르며, 악

---

[488] 『朱子語類』卷90, "如魚在水裏, 滿肚裏都是水."
[489] 『朱子語類』卷4, "天下無無性之物, 蓋有此物則有此性, 無此物則無此性."

한 경우도 많기 때문이다. 인간이 선한 존재라면 악은 어디에서 생겨나는가. 이것은 맹자의 성선설(性善說)을 정통이론으로 삼는 성리학이 반드시 대답해야 할 문제인 것이다. 주자는 사람의 본성을 신뢰하면서도 현실세계의 악의 원인을 기(또는 기질)로써 설명한다.

> 사람의 성은 모두 선하다. 그러나 태어나면서 선한 사람이 있고 태어나면서 악한 사람이 있는데, 이것은 품부받은 기가 다르기 때문이다.[490]

사람은 누구나 천명(天命)에 의해 동일한 성을 부여받음에도 불구하고 이 세상에 선한 사람도 있고 악한 사람도 있는데, 이것은 품부받은 기가 다르기 때문이다. 주자는 선한 사람과 악한 사람의 차이뿐만 아니라 이 세상의 천차만별을 모두 기의 차이로 설명한다. 때문에 성리학에서는 성과 기질과의 관계가 무엇보다도 중요하다.

② 성과 기질의 관계

'천명지위성'에 대한 주자의 해석처럼 "기로써 형체를 이루고 리 또한 부여한다"라고 하면, 리는 형체 속에 내재하게 된다. 엄밀하게 말하면, 성이라고 하는 것은 형체(기) 속에 내재되어 있는 리를 말한다. 그러므로 성의 실체는 리이지만, 성이라고 말할 때는 이미 기와 관련된 상태를 의미한다. 이로써 성은 기 속에 존재하니 기의 영향을 받지 않을 수 없다. 왜냐하면 리와 기의 성질에서 볼 때, 리는 원리로만 존재할 뿐이고 실제 작용은 전적으로 기에 연유하기 때문이다. 이것을 성리학에서는 '이약기강(理弱氣强, 리는 약하고 기는 강하다)'으로 표현한다. 이러한 성과

---

[490] 『朱子語類』卷4, "人之性皆善. 然而有生下來善底, 有生下來便惡底, 此是氣禀不同."

기(또는 기질)⁴⁹¹의 관계를 주자는 다음과 같이 설명한다.

> 성을 말하면 바로 어떤 기질 안에 있게 된다. 만약 기질이 없다면, 이 성은 또한 안착할 곳이 없다.⁴⁹²

성은 기질 속에 존재하니, 기질이 없으면 성도 존재할 수 없다. 기질은 성을 담고 있는 그릇에 해당하며, 성은 기질 속에 담겨있는 내용에 해당한다. 그러므로 기질은 성을 담고 있는 그릇이지만, 동시에 성의 선한 특성을 가로막은 현실적 장애물이 된다. 주자는 성과 기질의 관계를 구슬이 물속에 들어있는 것에 비유하여 설명한다.⁴⁹³ 성이 맑은 기질 속에 들어있으면 선한 본성을 드러내지만, 탁한 기질 속에 들어있으면 탁한 기질에 가려서 선한 본성을 드러내지 못한다. 마치 투명한 구슬이 맑은 물속에 들어있으면 그 빛을 발하지만, 투명한 구슬이 탁한 물속에 들어있으면 탁한 물에 가려서 빛을 발하지 못하는 것과 같다. 여기에서 주자는 탁한 물을 맑은 물로 바꾸면 구슬이 다시 빛을 발할 수 있듯이, 탁한 기질을 제거하면 선한 본성을 회복할 수 있다는 수양론을 제기한다. 이것은 『기신론』에서 무명(無明)을 제거하면 진여본체가 드러난다고 말하는 것과 다르지 않다.

---

491 성리학에서 기와 기질은 같은 의미이다. 氣는 주로 기체상태를 말하고 質은 고체상태를 말한다고 볼 수 있다. 일반적으로 사람은 육체를 가지므로 기보다 기질이라는 표현을 쓴다.
492 『朱子語類』卷4, "纔說性時, 便有些氣質在裏. 若無氣質, 則這性亦無安頓處."
493 "리가 기 가운데 있는 것은 마치 구슬이 물속에 있는 것과 같다. 리가 맑은 기 속에 있는 것은 구슬이 맑은 물속에 있어서 투명하게 빛나는 것과 같고, 리가 탁한 기 속에 있는 것은 구슬이 탁한 물속에 있어서 밖에서는 전혀 밝은 빛을 볼 수 없는 것과 같다."(『朱子語類』卷4, "理在氣中, 如一箇明珠在水裏. 理在清底氣中, 如珠在那清底水裏面, 透底都明, 理在濁底氣中, 如珠在那濁底水裏面, 外面更不見光明處.")

이어서 주자는 기질의 차이에 따라 성의 내용도 달라진다고 설명한다.

> 사람과 사물이 생겨날 때에 하늘이 이 리를 부여한 것은 일찍이 같지 않은 적이 없다. 다만 사람과 사물이 그것을 품부받을 때에 저절로 다름이 있을 뿐이다. 예컨대 강물은 같지만, 국자에 담으면 한 국자의 물이 되고, 사발에 담으면 한 사발의 물이 되는 것과 같다. 한 양동이와 한 항아리에 이르러서는 각자 그릇의 양에 따라 달라지기 때문에 리 또한 따라서 달라진다.[494]

비록 하늘이 부여한 리는 "일찍이 같지 않은 적이 없이" 동일하지만(누구나 천명에 의해 동일하게 성을 부여받지만), 그것을 성으로 부여받을 때에는 기질에 따라 달라진다. 이것은 리가 기질 속에 내재되는 순간, 기질의 영향을 받게 된다는 말이다. 때문에 리는 비록 동일하지만, 기질의 차이에 따라 성의 내용이 달라진다. 마치 강물은 동일하지만, 어떤 그릇에 담느냐에 따라 강물의 내용이 달라지는 것과 같다. 예컨대 동일한 강물이지만 국자에 담으면 국자의 강물이 되고 사발에 담으면 사발의 강물이 되듯이, 동일한 리이지만 맑은 기질에 담기면 선한 사람이 되고 탁한 기질에 담기면 악한 사람이 된다. 결국 기질의 차이에 따라 성의 내용도 달라지지 않을 수 없다.

주자는 이 세상이 천차만별로 달라지는 원인, 즉 현상세계의 다양한 차별상을 기(기질)의 차이로써 설명한다. 사람과 사물을 가르는 것도 기이니 "사람은 맑은 것을 얻은 것이고, 사물은 탁한 것을 얻은 것이다."[495]

---

494 『朱子語類』卷4, "問氣質有昏濁不同, 則天命之性有偏全否? 曰人物之生, 天賦之以此理, 未嘗不同. 但人物之稟受自有異耳. 如一江水, 你將杓去取, 只得一杓, 將碗去取, 只得一碗, 至於一桶一缸, 各自隨器量不同, 故理亦隨以異."

495 『朱子語類』卷4, "氣有淸濁, 人則得其淸者, 禽獸則得其濁者."

맑은 기를 얻으면 사람이 되고, 탁한 기를 얻으면 사물이 된다. 또한 사람 중에서도 지혜로운 사람과 어리석은 사람을 가르는 것 역시 기이니 "맑고 밝은 기를 얻으면 성인과 현인이 되고, 어둡고 탁한 기를 얻으면 어리석고 불초한 사람이 된다."[496] 사람 중에서도 다시 맑은 기를 얻으면 지혜로운 사람이 되고 탁한 기를 얻으면 어리석은 사람이 된다.

더 나아가 주자는 사람의 부귀와 빈천, 복(福)과 화(禍), 장수와 요절 등의 차이도 기의 두텁고 얇음, 길고 짧음에 근거하여 설명한다. "기가 두터운 사람은 부귀하게 되고, 기가 얇은 사람은 빈천하게 된다."[497] "두터운 기를 받은 사람은 복이 많고, 얇은 기를 받은 사람은 복이 적다."[498] "기가 긴 사람은 장수하고, 기가 짧은 사람은 요절한다."[499] 길고 두터운 기를 얻으면 부귀·복·장수하는 사람이 되고, 짧고 얇은 기를 얻으면 빈천·화·요절하는 사람이 된다.

이처럼 주자는 이 세상의 천차만별뿐만 아니라 사람간의 다양성도 모두 기의 청탁(淸濁)·정편(正偏)·통색(通塞)·후박(厚薄)·장단(長短) 등의 차이로 설명한 것이다. 물론 이러한 해석 속에는 탁하고, 치우치고, 막힌 기를 맑고, 바르고, 통한 기로 변화시켜야 한다는 수양론이 복선으로 깔려있다.

③ 본연지성과 기질지성

또한 주자는 성을 본연지성(本然之性)과 기질지성(氣質之性)의 관계로도 설명한다. '본연지성'은 말 그대로 기질과 연관되지 않는 순수한 본

---

496 『朱子語類』卷4, "得淸明之氣爲聖賢, 昏濁之氣爲愚不肖."
497 『朱子語類』卷4, "氣之厚者爲富貴, 薄者爲貧賤, 此固然也."
498 『朱子語類』卷4, "有人稟得氣厚者, 則福厚; 氣薄者, 則福薄."
499 『朱子語類』卷4, "氣長者, 則壽; 氣短者, 則夭折. 此必然之理."

래의 성을 가리키니, 천지지성(天地之性)·천명지성(天命之性)·의리지성(義理之性) 등으로 불리기도 한다. 엄밀하게 말하면, 본연지성은 성이라고 말하기보다는 리의 상태를 의미한다. 이러한 리가 일정한 형체(기질) 속에 들어가면 비로소 실재적인 성이 되는데, 이러한 기질 속에 들어있는 실재적인 성을 '기질지성'이라 부른다. 그러므로 기질지성은 기질의 영향 속에 있는 성을 말하는 것이지, 본래의 성을 말하는 것이 아니다. 이로써 성에는 천명(天命)에 의해 부여된 순수한 본연지성과 기질 속에 들어있는 기질지성으로 구분된다.

성을 본연지성과 기질지성으로 구분하지만, 본연지성과 기질지성이라는 두 가지 성이 존재하는 것은 아니다. 이들은 하나의 성을 보는 관점에 따라 두 측면으로 구분하여 말하는 것에 불과하다. 성을 기질과 연관되지 않는 순수한 리의 측면에서 말하면 본연지성이 되고, 기질의 측면에서 기질 속에 들어있는 성을 말하면 기질지성이 된다. 이것을 『기신론』과 연결시키면, 본연지성은 진여본체를 가리키는 진여심에 해당하고 기질지성은 생멸심에 해당한다고 볼 수 있다.

또한 이들을 선악과 연결시키면, 본연지성은 성의 본래모습인 리에 해당하므로 순선무악(純善無惡)하지만, 기질지성은 기질의 영향에 따라 선할 때도 있고 불선(악)할 때도 있다. 기질이 맑으면 기질 속의 성이 그대로 드러나서 선한 사람이 되지만, 기질이 탁하면 기질 속의 성이 탁한 기질에 가려서 불선한 사람이 된다. 이러한 의미에서 주자는 "성은 선하지 않음이 없으나, 기질지성을 논하면 불선이 있다"[500]라고 말한다.

또 하나 중요한 것은 성에 비록 본연지성과 기질지성의 구분이 있더라도, 성 그 자체의 성질은 동일하다. 기질 속에 내재된 기질지성이라

---

500 『朱子語類』卷5, "性無不善. 若論氣質之性, 亦有不善."

도 성의 본래모습인 본연지성과 그 성질은 다르지 않다. 이것은 『기신론』에서 진여심과 생멸심의 내용이 다르지 않은 것과 같은 의미이다. 주자는 이것을 탁한 물속에 들어있는 구슬에 비유하여 설명한다.

> 성은 구슬과 같고 기질은 물과 같다. 물에는 맑은 것도 있고 더러운 것도 있기 때문에 구슬이 혹 다 보이는 것도 있고, 절반만 보이는 것도 있고, 전혀 보이지 않는 것도 있다.[501]

구슬의 밝음 자체는 변함이 없지만, 물의 탁한 정도에 따라 구슬의 모습도 달라진다. 50% 탁한 물속에 있는 구슬은 50%탁한 구슬이 되고, 100%탁한 물속에 있는 구슬은 100%탁한 구슬이 된다. 여기에서 구슬 그 자체는 본연지성이 되고, 탁한 물속에 들어있는 구슬은 기질지성이 된다. 구슬이 아무리 탁한 물속에 들어있더라도 그 본래의 성질은 조금도 변하지 않듯이, 기질 속에 내재된 기질지성도 그 성 자체의 모습은 조금도 달라지지 않는다. 다만 탁한 물로 인해 구슬이 잘 드러나지 않듯이, 탁한 기질로 인해 성의 본래모습이 잘 드러나지 않을 뿐이다. 결국 구슬이 탁한 물속에 들어있어 현실적으로 탁한 구슬이 되지만, 탁한 물을 제거하면 빛나는 구슬의 본래모습을 드러낸다. 여기에서 탁한 기질을 제거하여 본래의 성을 회복한다는 수양론이 제기된다.

그렇다면 주자는 왜 성을 본연지성과 기질지성으로 구분하여 설명하는가. 이것은 현실의 모습(현상)과 본질의 모습(본체)을 보다 종합적으로 설명하기 위한 것이라 할 수 있다. 물론 이때의 현실세계와 본질세계는 서로 분리된 두 세계가 아니라 단지 구별되는 세계일뿐이며, 하나

---

501 『朱子語類』卷74, "性如寶珠, 氣質如水. 水有淸有汗, 故珠或全見, 或半見, 或不見."

로 이어진 세계이다. 그러므로 본연지성만을 말하면 선악(善惡)이 공존하는 현실세계의 다양성을 알지 못하게 되고, 기질지성만을 말하면 기질 속에 내재된 성의 본래모습이 본연지성과 다르지 않다는 것을 알지 못하게 된다. 다시 말하면, 본연지성만을 말하면 현실 속의 악을 설명할 수 없게 되고, 또한 기질지성만을 말하면 인간의 본래 모습인 본연지성을 자각하지 못함으로써 악으로 흐르게 된다는 것이다.

이렇게 볼 때, 현실적으로는 기질지성만이 존재하지만, 기질지성을 통해 기질 속에 내재된 성이 바로 본연지성임을 깨닫게 하려는데 그 이유가 있다고 하겠다. 이 때문에 주자는 성과 기질을 분리시켜 보는 본연지성과 성과 기질을 합쳐서 보는 기질지성을 동시에 제시한 것이다. 이러한 의미에서 이정(二程) 역시 "성을 논하고 기질을 논하지 않으면 충분하지 않고, 기질을 논하고 성을 논하지 않으면 분명하지 않다"[502]라고 강조한다. 이것은 『기신론』에서 일심(一心)을 진여심과 생멸심으로 구분하여 설명한 이유와 다르지 않다.

2. 마명 『대승기신론』[503]의 심론(心論)

(1) 진여심(眞如心)

마명의 『기신론』은 일심(一心), 이문(二門), 삼대(三大)로써 진여심과

---

502 『朱子語類』卷4, "程子云, 論性不論氣, 不備, 論氣不論性, 不明."
503 『大乘起信論』은 馬鳴이 저술하고 眞諦(449~569)가 번역한 한역본이다. 『기신론』은 170명의 학자가 1,000권 이상의 주석서를 낼 정도로 불교사상사에 많은 영향을 미쳤는데, 그 중에서도 혜원·원효·법장의 주석서를 '起信論三疏'로 불린다. 대표적인 주석서로는 元曉(617~686)의 『大乘起信論疏』와 『大乘起信論別記』, 法藏(643~712)의 『大乘起信論義記』와 『大乘起信論別記』 등이 있다.

생멸심 및 그 상호관계를 밝힌 것이다. 진여심을 통해 진여본체로서의 인간의 본래적 모습을 설명하고, 생멸심을 통해 생멸하는 현상의 인간의 현실적 모습을 설명한다. 먼저 진여심에 대해 다음과 같이 설명한다.

> 마음의 진여는 곧 일법계(一法界)의 대총상법문체(大總相法門體)이다. 이른바 마음의 본성은 불생불멸(不生不滅)하니, 일체의 모든 것은 오직 망념(허망한 생각)에 의해 차별이 있는 것이니, 만약 망념을 떠나면 모든 경계의 모습(차별상)이 없어진다.[504]

여기서는 일심(一心)을 진여라고 하는 이유를 밝힌 것이다. 어째서 진여라고 하는가. 그 이유는 마음의 진여가 바로 일심법계의 '대총상법문체', 즉 일체의 모든 것을 총괄하는 근원이 되기 때문이다. 즉 진여심은 모든 존재에 본래부터 갖추어져 있는 본성으로써 일체의 존재근거가 된다는 말이다. 이때 마음의 본성은 불생불멸(不生不滅)하는 영원불변의 본체이니 어떠한 차별상도 없이 평등하다.

그러나 현실세계의 중생은 생겼다가 없어지는 온갖 차별상 속에 살아간다. "일체의 모든 것은 오직 망념(妄念)에 의해 차별이 있는 것이니, 만약 망념을 떠나면 모든 경계의 모습이 없어진다." 일체의 모든 차별은 망념으로부터 생기니, 망념에서 벗어나면 진여의 본래모습이 드러난다. 여기에서 일체제법(一切諸法), 즉 일체의 모든 존재가 생겨나는 원인이 바로 망념임을 알 수 있다. 이것은 성리학에서 현상세계의 다양한 차별상을 기(또는 기질)로써 설명하는 것과 구분된다.

---

[504] 『大乘起信論』, 第3章, "心眞如者, 卽是一法界大總相法門體. 所謂心性, 不生不滅, 一切諸法, 唯依妄念, 而有差別, 若離妄念, 則無一切境界之相."

이어서 마명의 『기신론』에서는 진여의 성질을 다음과 같이 설명한다.

> 진여 자체의 본성은 모양이 있는 것도 아니고, 모양이 없는 것도 아니며, 모양이 있지 않은 것도 아니고, 모양이 없지 않은 것도 아니니, 모양이 있고 없는 것 둘 다 아니다. 같은 것도 아니고, 다른 것도 아니며, 같지 않은 것도 아니고, 다르지 않은 것도 아니니, 같고 다른 것 둘 다 아니다.[505]

진여의 모습은 현실세계의 어떤 형상으로 설명할 수 있는 것이 아니다. 다만 진여를 이해하기 위해서는 언어와 문자에 의지하지 않을 수 없기 때문에 '진여'라는 이름을 사용하는 것일 뿐이지, 실제로 언어와 문자로서는 진여의 모습을 드러낼 수 있는 것이 아니다. 이에 『기신론』에서는 "있는 것도 아니고 없는 것도 아니며, 있지 않는 것도 아니고 없지 않는 것도 아니다"라는 말로써, 진여가 언어와 문자를 초월하는 개념임을 설명한다. 이렇게 볼 때, 진여심은 성리학의 본체개념인 리(理), 정확하게 말하면 성(性, 본연지성) 범주에 해당한다고 볼 수 있다.[506]

또한 이러한 진여심은 누구에게나 동일하게 갖추어져 있다. 이것은

---

[505] 『大乘起信論』, 第3章, "眞如自性, 非有相, 非無相, 非非有相, 非非無相, 非有無俱相. 非一相, 非異相, 非非一相, 非非異相, 非一異俱相."

[506] 法藏은 진여심/理, 생멸심/事의 관계로 설명한다.("言心眞如者, 是理卽眞諦也; 心生滅者, 是事卽俗諦也.", 『大正藏』45) 원효 역시 진여심/理, 생멸심/事의 범주로 해석한다.(大乘起信論別記』참조.) 또한 심의 경우, 성리학에서는 중생(인간)의 마음에 국한시켜 보나, 『기신론』에서는 일체 모든 존재(제법)를 포함한다. 그 이유로써 일체의 모든 것이 마음에서 생겨난 것으로 보기 때문이다(一切唯心造). 그러나 필자는 진여심/理, 생멸심/事의 관계로 파악하는 것에 동의하지 않는다. 진여심/本然之性, 생멸심/氣質之性으로 해석하는 것이 더 타당할 듯하다. 물론 이렇게 보면, 아뢰야식에 대한 해석과는 정확하게 부합하지 않는다. 아뢰야식은 성리학에서 심의 작용(심속에 갖추어진 이치)과 연관된다. 그러나 아뢰야식 역시 覺을 통해 진여본체를 자각하는데 궁극적 목적이 있다고 할 때, 그 내용에서는 기질을 통한 본래의 성을 자각하려는 기질지성과 다르지 않기 때문이다.

성리학에서 리(性)가 모든 사람에게 동일하게 부여된 것과 같다. 이를 통해 성리학에서 누구나 성인이 될 수 있는 것처럼, 중생이 여래가 될 수 있는 가능성이 확보된다.

> 진여 자체의 모습은 모든 범부, 성문과 연각, 보살과 부처를 막론하고 늘어나지도 않고 줄어들지도 않으며, 이전에 생겨난 것도 아니고 이후에 없어지는 것도 아니니, 결국 영원하다. 본래부터 본성 자체에는 온갖 공덕이 가득 차 있다.[507]

진여의 모습은 범부든 보살이든 부처든 누구나 동일하게 가지고 있다. "늘어나는 것도 아니고 줄어드는 것도 아니며, 이전에 생겨난 것도 아니고 이후에 없어지는 것도 아니다." 즉 부처라고해서 진여심이 더 큰 것도 아니고 범부라고 해서 진여심이 더 작은 것도 아니다. 마치 바닷물이 어디서나 똑같은 맛을 내는 것처럼 누구나 동일한 진여를 가지고 있다는 것이다. 또한 진여 자체는 생겨났다 없어지는 것이 아니라 불생불멸하는 영원불변의 존재이다. 그럼에도 이러한 진여 자체의 본성에는 본래부터 온갖 공덕이 가득 차 있다. 이처럼 진여심은 현상세계의 모든 차별상을 떠났으므로 어떤 망념도 없지만(空), 그럼에도 진여 자체에는 무한한 공덕이 충만되어 있다(不空). 『기신론』에서는 이러한 진여심의 두 모습을 공(空)과 불공(不空)으로 설명한다.

> 또다시 진여는 언설(말)에 의하여 분별하면 두 가지 뜻이 있다. 첫째는 여실공(如實空)이니, 궁극적으로 실상을 나타낼 수 있기 때문이다. 둘째

---

[507] 『大乘起信論』, 第3章, "眞如自體相者, 一切凡夫, 聲聞緣覺, 菩薩諸佛, 無有增減, 非前際生, 非後際滅, 畢竟常恒. 從本已來, 性自滿足一切功德."

는 여실불공(如實不空)이니, 진여 자체에는 한량없는 공덕이 갖추어져 있기 때문이다.[508]

진여심은 형이상의 개념으로 말로 표현할 수 없는 것이지만, 중생을 위한 방편으로써 말에 의지하지 않을 수 없다. 그러므로 진여를 말로써 분별하면, 또한 공(空)과 불공(不空)의 두 가지 뜻으로 구분된다. 진여는 모든 차별상을 떠나서 어떤 체성(體性, 실체)도 없으므로 '공'이 된다. 실체가 없으므로 망념에 오염되지 않아 진여 자체의 실상(실제모습)을 그대로 나타낼 수 있다. 그렇지만 이때의 '공'은 아무것도 없다는 것을 의미하는 것이 아니다. 진여 자체에는 무한한 공덕이 갖추어져 있으므로 '불공'이 된다. 다시 말하면, 진여라는 일심(一心)에는 일체의 망념이 비어있지만(空), 그 바탕에는 무한한 공덕이 갖추어져 있다(不空).

이것을 거울에 비유할 수 있으니, 비록 거울의 바탕이 아무 것도 없이 텅 비어있지만, 거울 속에 온갖 모습이 비춰지는 것과 같다. 거울의 실상이 텅 비어있는 것은 '공'에 해당하고, 비록 거울이 텅 비어있지만 온갖 모습을 비출 수 있는 신묘한 작용(공덕)이 그 속에 내재되어 있는 것은 '불공'에 해당한다. 이러한 해석은 성리학에서 심의 특징을 '허령', 즉 텅 비어 있으면서 온갖 이치가 갖추어져 있으므로 신령스럽다고 해석하는 것과 그 사유구조가 비슷하다. 여기에서 '허'는 공(空)에 해당하고 '령'은 불공(不空)에 해당한다고 하겠다.

이처럼 진여는 일심(모든 존재)의 본체를 가리킨다. 그러나 그 본체의 내용은 그저 텅 비어 있는 것만이 아니라 무한한 공덕이 갖추어져 있다. 결국 진여의 본체는 텅 비어 있기 때문에 무한한 공덕이 갖추어질

---

508 『大乘起信論』, 第3章, "復次眞如者, 依言說分別, 有二種義. 一者, 如實空, 以能究竟, 顯實故. 二者, 如實不空, 以有自體, 具足無漏性功德故."

수 있다. 『기신론』에서는 이 두 방면을 '공'과 '불공'으로 설명하니, '공'을 통해 비어있는 본체의 바탕을 마련하고, '불공'을 통해 비어있는 본체에 생명력을 불어넣은 것이다. 반대로, '공'만을 말하면 아무 것도 없다는 의미의 허무적멸로 빠질 수 있고, '불공'만을 말하면 생명력의 근거가 사라질 수 있다.[509] 이러한 이유에서 『기신론』은 진여의 일심(一心)을 '공'과 '불공'의 두 측면으로 구분하여 설명한 것이다.

그렇다면 이러한 진여본체의 자리를 어떻게 알 수 있는가. 『기신론』에서는 그것은 깨달음으로 상응해나갈 수 있다고 설명한다. 깨달음의 시작은 진여심에 대한 자각에서부터이니, 결국 깨달음의 내용은 진여의 본질에 대한 확실한 이해가 된다.

(2) 생멸심(生滅心)

또한 중생의 마음(一心) 가운데 또 하나의 측면은 현실에 드러나 있는 오염된 마음이니 바로 생멸심이다. 마명의 『기신론』에서는 생멸심에 대해 다음과 같이 설명한다.

> 마음의 생멸은 여래장(如來藏)에 의지하므로 생멸심이 있는 것이다. 이른바 불생불멸(不生不滅)이 생멸(生滅)과 화합하여 같은 것도 아니고 다른 것도 아니니, 이름하여 아뢰야식이라 한다.[510]

생멸심은 말 그대로 현실에 드러나 있는 오염된 마음이다. 그러나 이

---

509 이것은 또한 주자의 無極而太極에 대한 해석과 그 사유구조가 유사하다. 無極만을 말하면 아무 것도 없다는 허무적멸로 빠질 수 있고(空), 太極만을 말하면 하나의 구체 사물이 되어 만물의 근원이 될 수 없다(不空).
510 『大乘起信論』, 제3장, "心生滅者, 依如來藏, 故有生滅心, 所謂不生不滅, 與生滅和合, 非一非異, 名爲阿黎耶識."

러한 생멸심 속에는 진여(여래)의 성품이 숨어있으며, 다만 무명(無明)에
덮여있어 드러나지 못할 뿐이다. 이처럼 진여가 무명에 덮여있는 것을
'여래장'이라 부른다.[511] 『기신론』은 여래장을 통해 현실속의 생멸심에
도 진여본체가 내재되어 있음을 제시한다.

하나 중요한 것은 중생의 본래모습이 진여심이라면 생멸심은 어떻
게 생겨나는가이다. 『기신론』에서는 그것을 '무명'으로 설명한다. 즉
무명에 의한 망념 때문에 생멸의 모습이 나타난다는 것이다. 중생은 누
구나 오염되지 않는 진여심을 가지고 있으나, 다만 무명에 의한 망념에
가려져서 그것을 알지 못할 뿐이다. 무명은 성리학의 기(또는 기질)에 해
당되는 개념이다.

따라서 진여는 본래 불생불멸하나 무명에 따라 생멸하는 모습을 보
인다. 여래장은 진여가 무명에 덮여있는 상태를 의미하니, 불생불멸과
생멸의 두 측면으로 구분할 수 있다. 불생불멸의 측면은 무명에 덮여진
진여본체를 가리키고, 생멸의 측면은 무명에 따라 생멸하는 현실의 모
습을 가리킨다. 이러한 의미에서 "이른바 불생불멸이 생멸과 화합하여
같은 것도 아니고 다른 것도 아니다"라고 말한다. 이것은 불생불멸의
진여심이 현실의 생멸심 속에 내재해있다(함께 있다)는 말의 다른 표현
이다. 다시 말하면, 생멸심 속에 내재해있는 진여본체는 생멸하는 모습
과 분명히 구분되므로 "같은 것이 아니며", 그러나 생멸하는 생멸심과
진여본체는 서로 분리될 수 없으므로 "다른 것이 아니다." 이것은 성리
학에서의 성과 기질의 관계를 '하나이면서 둘이요 둘이면서 하나(一而

---

[511] 『如來藏經』에서는 "일체의 중생이 비록 여러 미혹 세계인 번뇌의 몸 가운데 있더
라도 여래장이 있어 항상 오염됨이 없고 德相을 갖추어서 나와 같으며 다름이 없
다."(『如來藏經』(「大正藏」卷16), "一切衆生雖在諸趣煩惱身中, 有如來藏常無汚
染, 德相備足如我無異." 즉 여래장은 여래가 중생 속에 들어있다는 뜻이다.

二二而一)'로 보는 것과 그 사유구조가 유사하다. 성은 형이상의 것이고 기질은 형이하의 것이니 "같은 것이 아니며", 그러나 성과 기질은 분리될 수 없이 함께 있으므로 "다른 것이 아니다."

이렇게 볼 때, '여래장에 의지한다'는 것은 현실의 생멸심이 본체인 진여심에 의지한다는 뜻이다. 즉 현실의 생멸심이 본체인 진여심에 근거한다는 말이다. 결국 생멸심과 진여심은 그 내용이 다르지 않게 된다. 이것은 마치 바닷물에 파도가 일어나서 파도가 생멸하지만, 바닷물의 성품이 변하지 않는 것과 같다. 여래장사상을 통해 중생의 현실적 모습을 설명하면서, 동시에 중생의 본질적 모습을 설명한 것이다.

따라서 생멸하는 중생의 마음에도 진여본체가 없어지지 않는다. 여기에서 중생이라도 진여본체를 자각하면 부처가 될 수 있는 이론적 근거가 마련된다. 이에 중생과 여래의 마음은 본질적으로 다르지 않다. 중생은 누구나 진여본체를 가지고 있으며, 다만 무명에 의한 망념 속에서 고통스럽게 살아갈 뿐이다. 이렇게 볼 때, 『기신론』은 현실의 생멸심에서 여래장사상을 끌어들여 진여본체가 중생의 마음속이 내재되어 있음을 강조하니, 이로써 중생이 여래로 나아갈 수 있는 가능성을 확보하게 된다.

한편 마명의 『기신론』에서는 생멸심을 아뢰야식으로도 설명한다. 이 아뢰야식에서 의식작용이 일어나 생멸의 세계가 전개된다.[512] 그러나 이 아뢰야식 역시 진여심에 근거하니, 무명으로 인한 망념(마음의 작용)을 제거하면 진여본체를 드러낼 수 있다. 때문에 아뢰야식 역시 두

---

512 아뢰야식은 성리학에서의 작용성을 가진 심의 특징과 연결시킬 수 있다. 성리학에서 심의 특징을 지각기능 등으로 설명하는 것처럼, 아뢰야식 역시 覺과 不覺과 같은 의식(지각)작용으로 설명한다. 이것은 생멸심의 실제적 의식(지각)의 작용성을 강조하는 것으로써, 생멸심에서 진여본체를 강조하는 여래장과 구분된다.

가지 뜻으로 설명되니, 각(覺)과 불각(不覺)이 그것이다.[513] '불각'은 중생처럼 무명에 가려져서 진여의 모습을 자각하지 못하는 것이고, '각'은 무명의 망념을 제거하면 바로 그것이 진여임을 자각하는 것이다. 즉 '각'을 통해 중생이 깨달음을 얻는 과정을 설명하면서, 동시에 '불각'을 통해 번뇌에 미혹된 현실의 모습을 설명한 것이다.

> 이른바 불각(不覺)이라는 것은 참으로 진여법이 하나인 것을 알지 못하기 때문에 불각의 마음이 일어나서 망념이 있는 것을 말한다.······만약 불각의 마음을 떠나면 참으로 각(覺)이라고 말할 만한 것이 없다.[514]
> 이른바 각(覺)이라는 것은 마음의 본체가 망념을 떠난 것을 말한다. 망념을 떠나면 허공과 같아서 두루 미치지 않는 곳이 없어 일체의 법계가 곧 여래의 평등한 법신이다.[515]

중생은 무명에 가려져서 진여의 모습을 알지 못하므로 '불각'에 이르며, 불각의 마음이 일어나서 망념이 생긴다.[516] 그러나 망념에서 벗어나면 바로 '각'의 상태가 된다. "'불각'의 마음을 떠나면 참으로 '각'이라고 말할 만한 것이 없다." 이것은 '각'과 '불각'이 별개의 것이 아니라, '불각'

---

513 『大乘起信論』, 第3章, "此識, 有二種義, 能攝一切法, 生一切法, 云何爲二. 一者, 覺義, 二者 不覺義."
514 『大乘起信論』, 第3章, "所言不覺義者, 謂不如實知眞如法一故, 不覺心起而有其念, 念無自相不離本覺.······若離不覺之心, 則無眞覺自相可說."
515 『大乘起信論』, 第3章, "所言覺義者, 謂心體離念. 離念相者, 等虛空界, 無所不徧, 法界一相, 卽是如來平等法身."
516 『기신론』에서는 不覺에 의해 일어나는 번뇌를 三細와 六麤로 설명한다. '삼세'에는 無明業相·轉相·現相이 있고, 육추에는 智相·相續相·執取相·計名字相·起業相·業繫苦相이 있다. 결국 不覺에 의한 無明에서 벗어나는 것이 수행의 요체가 된다.

속에는 '각'의 본질인 진여가 내재되어 있다는 말의 다른 표현이다. 그러므로 '불각'에서 벗어나면 그대로 '각'의 상태가 된다. 이렇게 볼 때, '불각' 역시 단순히 깨닫지 못하는 부정적인 의미로 제한하는 것이 아니라, '각'의 상태로 돌아올 수 있는 긍정적 가능성을 제시하고 있음을 알수 있다.

또한 『기신론』에서는 '각'을 다시 시각(始覺)과 본각(本覺)으로 구분한다. 미혹의 상태인 불각(不覺)에서 깨달음에 이르는 것이 '시각'이다. 다만 '시각'으로 인해 깨달음에 이르렀지만, 그 깨달음은 없던 것이 새로 생긴 것이 아니라 중생에게 본래 갖추어져 있던 것이므로 '본각'이라 한다. 즉 깨달음을 얻고 보니 그 깨달음의 내용이 본래 가지고 있던 내용(진여 모습)이라는 뜻이다. 이렇게 볼 때, '시각'과 '본각'은 그 내용에서는 동일한 하나의 각(覺)일 뿐이다.[517] 결국 본각(本覺)으로써 진여심을 드러내고 불각(不覺)으로써 생멸심을 드러내니 '본각'과 '불각'도 일심(一心)의 두 양상에 불과하다.

이처럼 『기신론』에서는 생멸심을 여래장과 아뢰야식의 두 축으로 설명한다. 여래장을 통해 생멸심 속에 진여본체가 내재되어 있음을 설명하고, 이로써 생멸하는 중생도 누구나 여래가 될 수 있는 가능성을 제시한다. 또한 생멸하는 중생의 실제적 마음작용(의식)을 아뢰야식의 '각'과 '불각'으로 설명하고, 이로써 현실의 중생과 같은 '불각'의 상태에서도 진여와 같은 '본각'의 상태로 전환할 수 있는 가능성을 제시한다. 다시 말하면, 여래장이 생멸하는 중생의 마음을 진여본체의 관점에서 바라본 것이라면, 아뢰야식은 생멸하는 중생의 마음을 의식작용의 관점에서 바라본 것이다. 결국 생멸심에서 말하는 여래장이든 아뢰야식이

---

[517] 『大乘起信論』, 제3장, "本覺義者, 對始覺說, 以始覺者, 卽同本覺."

든 모두 본체인 진여의 모습으로 돌아갈 수 있는 가능성을 제시하는데 그 목적이 있음을 알 수 있다.

종합하면, 『기신론』에서는 진여심이라는 중생의 본래적 모습과 생멸심이라는 중생의 현실적 모습을 진단하고, 언제라도 수행을 통해 현실적 인간이 본래적 인간으로 나아갈 수 있는 무한한 가능성을 제시하고 있다. 즉 아무리 삼세육추(三細六麤)와 같은 번뇌에 빠져있더라도 진여본체의 모습으로 돌아갈 수 있다는 것이다. 이렇게 볼 때, 진여라는 본체는 생멸이라는 현상의 끊임없는 작용을 통해 드러나니, 이로써 『기신론』이 진여심과 생멸심을 별개의 두 마음이 아니라 하나의 마음(一心)으로 통합한 것이라 할 수 있다.

성리학에서는 인간의 심을 리와 기의 구조로 설명한다. 이때 기는 심의 형체에 해당하고, 리는 형체 속에 들어있는 성이 된다. 인간은 누구나 천명(天命)에 의해 이 성을 부여받으니, 가장 이상적 인간인 요임금·순임금이든 길거리의 보통사람이든 모두 동일한 성을 가지게 된다. 여기에서 성리학의 학문 목적인 성인이 될 수 있는 가능성이 확보된다. 『기신론』 역시 일심(一心)을 진여심과 생멸심으로 구분하지만, 이때의 생멸심도 그 내용은 진여심과 동일하다. 이로써 중생은 누구나 진여를 자각함으로써 부처가 될 수 있는 가능성이 확보된다.

또한 이러한 심은 선악(善惡)의 문제와 연결된다. 인간은 누구나 천명에 의해 성을 부여받기 때문에 선한 존재이다. 그러나 현실세계는 그렇지 않다. 이 세상에는 선한 사람만 있는 것이 아니라 악한 사람도 많다. 여기에서 성리학은 이러한 악이 만연한 인간의 현실적 모습을 기(또는 기질)의 개념으로 설명한다. 이것이 바로 심의 이기론적 해석이다.

이 과정에서 성리학은 성과 기질의 관계를 매우 강조한다. 왜냐하면 천명에 의해 부여된 성이라도 기질 속에 내재되는 순간, 기질의 영향을 받지 않을 수 없기 때문이다. 이것은 또한 기질의 탁한 정도에 따라 들어있는 성의 내용이 달라진다는 말의 다른 표현이다. 여기에서 탁한 기질을 제거하여 성을 회복하는 수양론이 제기된다. 이것은 『기신론』에서 중생의 원인으로 무명(無明)의 개념을 끌어들이고, 무명에 가려진 진여본체를 자각할 것을 강조하는 것과 다르지 않다. 다만 성리학에서는 현상세계의 천차만별까지를 기의 차이로 설명하는 것과 달리, 『기신론』에서는 현상세계의 삼라만상을 심이 만들어낸 망념에 불과한 것으로 볼 뿐이다.

이어서 성리학에서는 이러한 성과 기질의 관계를 본연지성(本然之性)과 기질지성(氣質之性)으로 설명하기도 한다. 성과 기질을 분리시켜 보면 본연지성이 되고, 성과 기질을 합쳐서 보면 기질지성이 된다. 결국 기질 속에 내재된 성이 기질지성이지만, 이때의 기질지성 역시 천명이 부여한 본래의 본연지성과 그 내용이 다르지 않다. 이것은 『기신론』에서 생멸심 속에 진여본체가 들어있으니 진여심과 생멸심은 그 내용이 다르지 않다고 보는 것과 같은 의미이다.

더 나아가 성리학에서는 심을 리와 기의 구조로 설명할 뿐만 아니라, 체용(體用 또는 未發已發)의 관계로도 설명한다. 심의 본체는 성이 되고 심의 작용은 정이 되며, 심의 미발은 성이 되고 심의 이발은 정이 된다. 본체에만 해당하는 성과 달리, 심은 본체와 작용의 두 측면을 포괄하게 된다. 이로써 심은 성과 달리 작용성을 갖는다. 성은 그 자체로 드러날 수 없고, 반드시 심의 작용에 근거해서 드러난다. 이러한 심의 작용성을 내표하는 것이 시각기능인데, 이것은 『기신론』에서 의식작용을 담당하는 아뢰야식과 연결된다. 『기신론』에서는 아뢰야식을 각(覺)과 불각(不覺)으로 구분하여 생멸심에서의 실제적인 의식작용을 설명한다.

이렇게 볼 때, 성리학의 심론에서는 실제로 심과 성이 분리될 수 없는 하나(一物)이지만 이 둘을 개념적으로 분명히 구분하여 이론을 전개하고 있음을 알 수 있다. 이것은 『기신론』에서 심과 성의 구분없이 일심(一心)으로 이론을 전개하는 것과 대조된다. 따라서 『기신론』에서의 심은 실제로 성리학의 성의 의미에 해당한다. 예컨대 『기신론』에서의 진여심은 그대로 진여본체로 해석하니, 이때의 심은 성리학에서 본체 개념인 성(본연지성)에 해당한다. 생멸심 역시 심의 의식작용(아뢰야식)으로서의 의미보다 '무명'에 가려진 진여본체를 자각하는데 그 목적이 있다고 할 때, 이때의 심 또한 성리학에서의 기질에 가려진 성(기질지성)에 해당한다. 결국 『기신론』에서의 심은 성리학에서의 성의 개념에 해당한다고 볼 수 있다.

이상으로 말한 성리학과 『기신론』 심론의 내용을 『기신론』에 나오는 아래의 구절로써 총괄하고자 한다.

> 비유하면 커다란 마니주(보배로운 구슬)는 그 본체의 성품이 밝고 깨끗하지만 광석의 더러운 때가 있으니, 만일 사람들이 비록 보배의 성품을 알더라도 갖가지 방편으로 갈고 닦지 않으면 끝내 깨끗함을 얻을 수 없다. 이와 같이 중생의 진여법도 그 본체의 성품은 공하고 깨끗하지만, 무한한 번뇌의 때가 끼어있으니, 만약 사람이 비록 진여를 알더라도 갖가지 방편으로 익히고 닦지 않으면 또한 깨끗함을 얻을 수 없다.[518]

---

518 『大乘起信論』, 第3章, "譬如大摩尼寶, 體性明淨, 而有鑛穢之垢, 若人雖念寶性, 不以方便, 種種磨治, 終無得淨. 如是衆生眞如之法, 體性空淨, 而有無量煩惱垢染, 若人雖念眞如, 不以方便, 種種熏修, 亦無得淨."

진여본체의 성품은 본래 밝고 깨끗하다. 중생에게도 이러한 밝고 깨끗한 진여본체가 갖추어져 있다. 다만 무명(無明)으로 무한한 번뇌의 때가 끼어있어 진여본체의 모습을 알지 못할 뿐이다. 게다가 비록 밝고 깨끗한 진여본체가 갖추어져 있음을 알았다고 하더라도, 온갖 방법으로 수양공부를 더하지 않으면 그 역시 진여의 모습으로 돌아갈 수 없다. 이 과정에서 번뇌의 때를 벗겨내는 다양한 수양론이 제기된다. 다시 말하면, 중생이 고통 속에 살아가는 것은 진여 자체의 허물이 아니라 중생의 마음이 진여임을 자각하지 못하기 때문이라는 것이다.

이러한 해석은 성리학의 내용과 다르지 않다. 성리학 역시 천명(天命)에 의해 성을 부여받아 누구나 선한 본성을 갖추고 있다. 다만 기질에 의해 본연의 선한 모습이 가려져서 현실의 악이 생겨날 뿐이다. 그러므로 『기신론』에서 번뇌의 때를 걷어내면 진여의 본래모습으로 돌아가듯이, 성리학 역시 탁한 기질을 제거하면 선한 본래모습을 회복한다. 이 과정에서 성리학 역시 탁한 기질을 제거하는 다양한 수양론이 제기된다.

이렇게 볼 때, 성리학의 목적이 기질에 가려진 선한 본성을 회복하여 성인이 되는데 있듯이, 『기신론』의 목적 역시 중생이 무명에서 벗어나 진여본체를 자각하여 여래가 되는데 있다. 결국 주자의 성리학과 마명의 『기신론』은 다만 설명과정에서 개념과 방법상에 다소 차이가 있을지라도 그 본질을 관통하는 사유구조는 다르지 않으며, 그 목적 역시 인간의 본래모습을 이끌어내는데 있음을 수 있다. 이로써 성리학과 『기신론』의 사유구조와 그 목적의 유사성을 확인할 수 있을 것이다.

제10장

주자 성리학에서 본 천주교:
마테오 리치의 우주론과 심성론

마테오 리치(Matteo Ricci, 1552~1610)는 예수회의 중국 선교를 위해서 평생을 바친 이탈리아의 선교사이다. 그가 중국의 마카오에 도착한 때는 1582년 8월이었다. 천주교의 선교를 위해서는 무엇보다도 현지의 문화 풍토를 아는 것이 중요하다고 판단하고, 중국어를 배우고 중국의 고전을 읽었다. 중국의 고전뿐만 아니라, 당시 중국사회의 지식인들이 널리 공부하고 있던 성리학에 대해서도 해박한 지식을 가졌다. 이로써 중국어로 된 수많은 저술을 남기기도 하였는데[519], 이들 중에서 당시 지식인들에게 가장 널리 읽히고 가장 영향력을 미친 저술이 바로 『천주실의(天主實義)』(1603)[520]라고 하겠다.

이 책은 수세기에 걸쳐 중국은 물론 조선 · 일본 · 월남 등에까지 광

---

[519] 리치가 중국에 와서 활동하다 죽기까지 28년 동안, 사전의 편찬과 四書의 번역을 비롯하여 종교 · 천문 · 지리 · 수학 등 선교에 도움이 될 만한 서적을 한문으로 저술한 것이 20여권에 이른다. 이 중에서 『四庫全書總目』에 수록된 저술로는 『乾坤體儀』 2권, 『同文算指』 2권, 『幾何原本』 6권, 『辨學遺牘』 1권, 『二十五言』 1권, 『天主實義』 2권, 『畸人十編』 2권, 『交友論』 1권 등이 있다.
[520] 『천주실의』는 송영배 외 옮김(서울대학교출판부, 2007)의 번역본에 근거하되, 의역이 심한 부분은 일부 수정 · 보완하였음을 밝힌다.

범위하게 읽혀졌으며, 그 발행부수도 20여 만부를 헤아린다.[521] 이로부터 중국의 전통문화 속에 서학(西學)이 발붙일 수 있는 최초의 계기가 마련되었을 뿐만 아니라, 또한 중국의 전통문화에 대한 리치의 해석은 이후 서양 선교사들에게 많은 영향을 주어 서양이 중국을 이해하는 하나의 모범적인 모델이 되었다고 할 수 있다.

『천주실의』는 실제 교리서가 아니다. 이 책은 리치가 1599년에서 1601년 사이에 남경과 북경에서 만난 많은 유학자들이나 불교 승려들과의 대화 속에서 얻은 체험들을 피력한 것으로서, 그 내용은 주로 천지의 창조주인 천주, 영혼의 불멸, 천당과 지옥의 문제 등으로 이루어져 있다. 이 과정에서 리치는 불교와 도교의 이론을 배격할 뿐만 아니라 또한 유교(성리학)의 이론까지도 암암리에 비판한다.

『천주실의』는 17세기 초부터 조선의 지식인들 사이에 간간히 읽혀지면서 큰 영향을 미친다.[522] 특히 조선의 18세기에는 천주교 신앙과 서양 과학기술을 내용으로 하는 서학이 본격적으로 전래되면서, 유학과 서학 사이에 동서사상의 교류가 일어나는 등 전통적 유학사상에 새로운 세계관이 싹트게 된다. 오랜 세월 동안 성리학적 세계관에 젖어있던 조선의 지식인들이 『천주실의』와 같은 일련의 책들을 접하면서 세계관의 변화를 초래하였던 것이다. 물론 일부 지식인들은 서학을 신앙의 차원으로 수용함으로써 심한 갈등을 불러일으키기도 한다.[523]

---

521 송영배, 「마테오리치의 중국 전교와 그의 유교관」, 『종교신학연구』 7, 서강대학교 종교신학연구소, 1994, p.14
522 리치의 저술 『천주실의』를 처음 조선에 소개한 인물은 이수광으로 알려져 있다. 그러나 당대 조선의 지식인들이 리치의 저술에 관심을 갖게 된 것은 이익의 『천주실의』에 대한 발문이 있고난 후로 보아야 한다는 주장도 있다.(『星湖集』卷55,「跋天主實義」, "天主實義者, 利瑪竇之所述也.……天主者, 卽儒家之上帝, 而其敬事畏信, 則如佛氏之釋迦也.……耶蘇者, 西國救世之稱也.")(황준영, 「조선후기 신유학과 서학의 세계관에 대한 차이점」, 『범한철학』 42, 범한철학회, 2006, p.6 참조.)

그 대표적인 인물로 정약용을 들 수 있다. 실제로 정약용은 『천주실의』의 '영혼' 개념에 영향을 받으면서 성리학의 이기철학이 정립한 세계관에서 탈피하여 인간존재를 '정신과 육체의 결합'으로 해석한다. 본성 역시 성리학에서처럼 마음에 내재된 천부적인 도덕본체(누구나 인·의·예·지의 본성을 가지고 태어난다)의 개념이 아니라, "사람을 사랑한 다음에 인(仁)이라고 한다"는 인간의 후천적이고 구체적인 행위에 따른 결과로 해석한다. 게다가 인간의 마음에는 자주지권(自主之權)이 부여되어 있으므로 선을 하고자 하면 선을 행하고 악을 하고자 하면 악을 행하는데, 즉 선을 행할 것인지 악을 행할 것인지가 자신의 선택(의지)에 따른 것으로써 선악의 실행에 대한 주체적 책임을 강조한다. 이러한 해석은 이 글에서 다루게 될 『천주실의』의 이론구조와 유사하다.

1. 마테오 리치의 우주론

세계관의 형성에 절대적인 영향을 미치는 범주로서 우주론을 들 수 있다. 여기에서 '우주'는 물리학 또는 천문학에서 말하는 태양계나 은하계를 말하는 것이 아니라 존재하는 모든 것, 즉 세계를 의미한다. 리치는 이 세계가 천주(Deus)에 의해 창조된 것으로 본다.

(1) 리: 사물의 속성

리치는 리가 사물에 내재하는 모습을 들어서 만물의 근원이 될 수 없

---

523 1800년대에 들어서서 辛酉邪獄(혹은 迫害) 己亥邪獄(혹은 迫害)이 일어나 많은 사람들이 처형당하거나 유배당하는 불행한 일이 발생한다.(황준영, 「조선후기 신유학과 서학의 세계관에 대한 차이점」, 『범한철학』42, 범한철학회, 2006, p.5)

다고 주장한다.

만약 태극이란 것을 오직 '리'라고 해석한다면, 천지만물의 근원이 될 수 없다. 리 역시 의뢰의 부류이니 스스로 자립할 수 없는데, 어찌 다른 사물을 자립하게 할 수 있겠는가. 중국의 문인이나 학자들이 리를 말한 것에는 다만 두 가지 경우가 있으니, 혹은 사람의 마음속에 있거나 혹은 사물 속에 있다. …… 이 두 경우에 근거하면, 리는 진실로 속성이니 어찌 사물의 근원이 될 수 있겠는가. 두 경우는 모두 사물이 있은 뒤에 〈리가〉 있다는 것인데, 나중 것이 어찌 먼저 것의 근원이 되겠는가. 또한 태초에 어떤 사물도 있기 전에 어찌 반드시 리가 존재하였다고 말할 수 있겠는가.[524]

리는 만물의 근원이 될 수 없다. 왜냐하면 리는 사물 속에 내재하므로 사물에 의탁하여 존재하는 속성이기 때문이다. 여기에서 리치는 사물의 범주를 자립자(自立者)와 의뢰자(依賴者), 즉 실체와 속성으로 구분한다.[525] 다른 사물에 의탁하지 않고 자립적으로 존립할 수 있는 것은 실체의 범주에 속하며, 다른 사물에 의탁하여 자립적으로 존립할 수 없는 것은 속성의 범주에 속한다. 예컨대 실체와 속성의 관계를 흰말에 비유하면, 말은 실체가 되고 흰색은 속성이 된다. 왜냐하면 흰색이 없

---

[524] 『天主實義』, 2:8, "若太極者止解之以所謂理, 則不能爲天地萬物之原矣. 盖理亦依賴之類, 自不能立, 曷立他物哉. 中國文人學士講論理者, 只謂有二端, 或在人心, 或在事物. ……據此兩端, 則理固依賴, 奚得爲物原乎. 二者皆在物後, 而後豈先者之原. 且其初無一物之先, 渠言必有理存焉."

[525] 여기에서 自立者와 依賴者는 토마스 아퀴나스가 사용한 실체(substantia)와 속성(accidens)의 범주에 해당한다. 아퀴나스는 그것을 실체적 존재(esse substantiale)와 우유적 존재(esse accidentale)라고도 말한다. 실체란 실제로 존재하는 것으로서, 우리가 보고 느낄 수 있는 개별자를 가리킨다.(양명수, 『퇴계사상의 신학적 이해』, 이화여자대학교출판부, 2016, p.249) 이로써 리치가 스콜라철학의 학문적 영향권 속에 있음을 알 수 있다.

더라도 말은 그대로 존립할 수 있으므로 실체가 되고, 말이 없으면 흰색은 존립할 수 없으므로 속성이 된다.[526]

이러한 실체와 속성의 관계에서 볼 때, 리는 속성에 해당한다. 그 이유를 리치는 중국의 문인이나 학자들의 말에 근거하여 설명한다. 중국의 문인이나 학자들의 말에 근거하여 볼 때, 리는 사람의 마음속에 있거나 사물 속에 있다. 성리학에 의하면, 리는 사람과 사물 속에 성으로 내재되어 있다. 이것은 리가 사람이나 사물과 같은 실체에 의탁해있는 속성이라는 말이다. 의탁할 실체가 없으면 속성은 존재할 수 없다. 결국 리는 실체가 아닌 사물에 의탁해있는 속성에 불과하므로 만물의 근원이 될 수 없다.

또한 실체와 속성의 선후관계로 보더라도, 먼저 실체가 있은 다음에 속성이 존재한다. 왜냐하면 속성은 반드시 실체에 의탁하여 존재하기 때문이다. 리는 사물 속에 내재하니 반드시 먼저 사물이 있은 다음에 리가 있을 수 있다. 이러한 의미에서 리치는 "사물이 있으면 사물의 리가 있고, 이 사물이 실재하지 않으면 이 리도 실재하지 않는다"[527]라고 말한다. 먼저 사물이 있어야 사물의 리가 있을 수 있으며, 만약 사물이 없으면 사물의 리도 있을 수 없다. 다시 말하면, 먼저 실체가 있어야 속성이 있을 수 있으며, 만약 실체가 없으면 속성도 있을 수 없다는 것이다. 때문에 나중에 있는 리가 먼저 있는 사물의 근원이 될 수 없다. "나중 것이 어찌 먼저 것의 근원이 되겠는가." 리는 사물에 종속하기 때문

---

526 『天主實義』, 2:8, "夫物之宗品有二, 有自立者有依賴者. 物之不恃別體以爲物, 而自能成立, 如天地鬼神人鳥獸草木金石四行等是也, 斯屬自立之品者. 物之不能立, 而託他體以爲其物, 如五常五色五音五味七情等是也, 斯屬依賴之品者. …… 且以白馬觀之, 曰白曰馬. 馬乃自立者, 白乃依賴者, 雖無其白, 猶有其馬. 如無其馬, 必無其白, 故以爲依賴也."
527 같은 책, 2:9, "有物則有物之理, 無此物之實, 即無此理之實."

에 결코 만물의 근원이 될 수 없다.

게다가 리치는 이러한 실체와 속성의 관계를 귀천(貴賤)과 같은 가치 개념으로도 설명한다. "실체는 〈속성보다〉 먼저 있어서 귀하고 속성은 〈실체보다〉 나중에 있어서 천하다."[528] 리는 사물이 있고난 다음에 있으므로 사물보다 천하다. 따라서 천한 것은 귀한 것의 근원이 될 수 없다.

이처럼 리는 스스로 존립하지 못하고 반드시 사물에 의탁하여 존재하니 만물의 근원이 될 수 없다. 더구나 다른 사물을 존재하게 할 수 없으니 만물의 존재근거도 아니다. 리치에 따르면, 만물의 근원은 리처럼 사물 속에 의탁해있는 것이 아니라, 천주처럼 〈만물 밖에서〉 만물을 초월하거나 만물에 앞서 존재하여야 한다. 천주는 만물이 없음에도 있는 존재이며, 무(無)에서 유(有)를 만들어내는 존재이다. 그러나 리는 스스로 존립할 수 없고 반드시 사물에 의탁하여 존재하므로 아무것도 없는 '무'의 세계에서는 존재한다고 말할 수 없다. "태초에 어떤 사물도 있기 전에 어찌 반드시 리가 존재하였다고 말할 수 있겠는가." 아무것도 없는 '무'의 세계, 즉 사물이 생겨나기 이전의 태초에는 리의 존재를 말할 수 없다. 때문에 리를 만물의 근원으로 보는 성리학적 해석은 잘못된 것이고, 오직 천주만이 만물의 근원이 될 수 있다는 것이다.

그렇지만 리치의 이러한 해석은 성리학의 내용과는 분명한 차이를 보인다. 먼저 주자는 "천하에는 리 없는 기가 없고 기 없는 리가 없다. 기로써 형체를 이루면 리 또한 부여된다"[529]라고 말한다. 이것은 먼저 기가 있어 형체를 이룬 다음에 리가 거기에 부여되니, 리가 사물 속에

---

528 같은 책, 2:8, "凡自立者先也貴也, 依賴者後也賤也."
529 『朱子語類』卷1, "天下未有無理之氣, 亦未有無氣之理. 氣以成形, 而理亦賦焉."

의탁해있다는 리치의 말과 다르지 않다. 결국 리는 기(사물) 속에 존재하니, 기가 없으면 리도 의탁할 곳이 없다.

그럼에도 주자는 '리가 먼저냐 기가 먼저냐'를 묻는 제자의 질문에 대해서는 '리가 먼저이다'라고 대답한다. "리와 기는 본래 선후를 말할 수 없다. 그러나 반드시 그 소종래(所從來)를 추론하고자 하면 모름지기 먼저 리가 있다고 말해야 한다."[530] 근원을 추론하면, 반드시 리는 기에 앞서 존재한다. 더 나아가 주자는 리에서 만물이 생겨난다고 설명한다.

> 천지가 생기기 이전에는 틀림없이 리가 먼저 있다. 움직여서 양(陽)을 낳는 것도 리일 뿐이며 고요하여 음(陰)을 낳는 것도 리일 뿐이다.[531]
> 천지가 생기기 이전에는 틀림없이 리일 뿐이니, 리가 있으면 바로 천지가 있다. 만약 리가 없으면, 천지도 없고 사람도 없고 사물도 없다.[532]

이 세상의 만물이 생겨나기 이전에 먼저 리가 있으며, 만약 리가 없다면 이 세상의 만물은 생겨날 수 없다. "리가 없으면 천지도 없고 사람도 없고 사물도 없다." 이러한 해석은 결코 리치가 말하는 것처럼 의뢰자이거나 실체의 속성에 해당될 수 없다. 주자의 말대로 만물이 생겨나기 이전에 먼저 리가 있고 리가 기보다 앞선다면, 리는 결코 사물의 속성이 아니며 오히려 만물의 생성변화를 주재하는 근원이라 할 수 있다. 때문에 주돈이(周敦頤) 이래 성리학자들은 '태극에서 음양이 생겨나고, 음양에서 오행이 생겨나며, 오행에서 만물이 생겨난다'는 「태극도설」

---

530 『朱子語類』卷1, "理與氣本無先後之可言. 然必欲推其所從來, 則須說先有是理."
531 『朱子語類』卷1, "未有天地之先, 畢竟是先有此理. 動而生陽, 亦只是理; 靜而生陰, 亦只是理."
532 『朱子語類』卷1, "未有天地之先, 畢竟也只是理, 有此理, 便有此天地. 若無此理, 便亦無天地, 無人無物."

의 우주생성론에 근거하여 리를 만물의 근원으로 해석한 것이다.

이렇게 볼 때, 주자는 '기로써 형체를 이루면 리 또한 부여된다'라고 하여 리의 내재성을 말하면서도, 동시에 '만물이 생기기 이전에 먼저 리가 있다'라고 하여 리의 초월성을 말함으로써 리가 만물의 근원임을 강조한다. 이것은 적어도 리치의 말처럼 속성의 범주로서 리를 해석해서는 안 된다는 말이다. 리의 내재성과 초월성을 동시에 강조하는 성리학적 입장에서 볼 때, 리치의 이러한 해석은 다분히 비판의 여지가 있다고 하겠다.

(2) 천주: 만물의 근원

리치는 성리학의 리를 사물의 속성으로 제한하고 그 자리에 천주를 대신한다.

> 천주라는 호칭은 만물의 근원을 말한다. 만약 〈무엇에〉 말미암아 생겨난 것이라면 천주가 아니다. 시작이 있고 끝이 있는 것은 금수나 초목이 이것이다. 시작은 있으나 끝이 없는 것은 천지·귀신 및 인간의 영혼이 이것이다. 천주는 시작도 끝도 없으며 만물의 시조이고 만물의 뿌리이다. 천주가 없으면 만물은 존재할 수 없다. 만물은 천주로 말미암아 생겨난 것이나, 천주는 말미암아 생겨난 바가 없다.[533]

천주는 만물의 근원이니 "만물은 천주로 말미암아 생겨난 것이다." 여기에서 '천주로 말미암아 생겨난 것'이란 천주에 의해 창조된 것이라

---

[533] 『天主實義』, 1:5, "天主之稱, 謂物之原. 如謂有所由生, 則非天主也. 物之有始有終者, 鳥獸草木是也, 有始無終者, 天地鬼神及人之靈魂是也. 天主則無始無終, 而爲萬物始焉, 爲萬物根柢焉. 無天主則無物矣. 物由天主生, 天主無所由生也."

는 말이다. 이때의 창조는 사람에서 사람이 생겨나거나 소에서 소가 생겨나는 것처럼 어떤 것에서 다른 어떤 것이 생겨나는 것이 아니라, 아무 것도 없는 무(無)에서 만물이 생겨나는 것이다. 이러한 의미에서 리치는 "저 리라는 것은 자기에게 없는 것을 사물에게 베풀어 있게 할 수는 없다."[534] 즉 리는 사물 속에 종속하므로 결코 사물을 생성하지 못한다는 것이다.

또한 천주는 어떤 무엇에 의해 생겨난 것이 아니니 "천주는 말미암아 생겨난 바가 없다." 이것은 "〈자신은〉 움직이지 않으면서 모든 운동의 최초의 원인이니"[535] 운동의 제일동자(第一動者)이다. 어떤 것에 의해서 움직여지지 않고 오로지 다른 것을 움직이게 할 뿐이니 신(神)에 해당한다. "만약 무엇에 말미암아 생겨난 것이라면 천주가 아니다." 이때 제일동자(第一動者)가 제이동자(第二動者)를 생겨나게 하는 것이 바로 창조이다.

때문에 천주는 그보다 시간상으로 우선하거나 존재론적으로 우위에 있는 그 어떤 존재도 용납하지 않는 지고무상(至高無上)의 존재이다. "천주는 진실로 더 위에 있는 것이 없는(가장 위에 있는) 지극히 위대한 소이연이다."[536] 또한 천주는 성리학의 리처럼 사물 속에 내재하는 것이 아니라, 만물의 바깥에서 만물을 창조하고 생성변화를 주재하는 인격적 주재자이다. 리치가 천주를 "소이연 중에 원초적 소이연"[537]으로 보는 것도 만물의 바깥에 있는 초월자임을 강조한 표현이다. 결국 만물의 근원이 되려면, 자신의 의지를 가지고 만물의 생성변화를 주재하는 주

---

534 같은 책, 2:10, "彼理者以己之所無, 不得施之于物, 以爲之有也."
535 같은 책, 1:9, "不動而爲諸動之宗."
536 같은 책, 1:6, "天主固無上至大之所以然也."
537 같은 책, 1:6, "天主固無上至大之所以然也. 故吾古儒以爲所以然之初所以然."

재자이며, 동시에 만물의 바깥에서 만물을 창조하는 창조주이어야 한다. 따라서 오직 천주만이 만물의 근원이며, 리는 결코 만물의 근원이 될 수 없다.

또한 리치는 만물이란 창조되는 것이지 스스로 생겨나는 것이 아니라고 강조한다. 높은 누대나 가옥들이 저절로 세워질 수 없고 언제나 목수의 손에 의해 완성되는 것처럼[538], 사물 역시 스스로 자기를 만들어낼 수 없다. "만약 어떤 사물이 스스로 자기 자신을 만들어낼 수 있다면, 반드시 하나의 자기가 먼저 존재하고 있어야만 자기를 만들어낸다."[539] 예컨대 '하나의 자기가 먼저 존재하고 있어야 한다면' 이 하나의 자기는 어디에서 생겨나는가. 즉 최초의 자기는 어디에서 생겨나는가. 그것은 결국 천주에 의한 창조에 의해서만이 가능하다.

이어서 리치는 만물의 근원이 천주임을 톱과 끌로 그릇을 만드는 것에 비유하여 설명한다. "비유하면 톱과 끌로 비록 그릇을 만들 수 있더라도 모두 목수에 의해 그것들이 사용된 것이다. 누가 그릇을 만든 것이 바로 톱과 끌이고 목수가 아니라고 말하겠는가."[540] 비록 그릇을 만들 때에 톱과 끌을 사용하더라도 〈톱과 끌을 사용하여〉 그릇을 만드는 것은 목수가 되는 것처럼, 천지가 만물을 낳더라도 결국 천지를 주관한 것은 천주가 된다. "만약 천주가 이 천지를 주관하고 있지 않다면, 천지가 어찌 만물을 낳고 기를 수 있겠는가."[541] 즉 천주가 만물의 주재자이며 창조자라는 말이다.

더 나아가 리치는 이러한 천주의 능력을 구체적으로 설명한다.

---

538 같은 책, 1:4, "樓臺房屋不能自起, 恒成於工匠之手."
539 같은 책, 1:4, "如有一物能自作己, 必宜先有一己, 以爲之作."
540 같은 책, 1:6, "譬如鋸鑿雖能成器, 皆由匠者使之. 誰曰成器乃鋸鑿, 非匠人乎."
541 같은 책, 1:6, "使無天主掌握天地, 天地安能生育萬物乎."

천주의 능력은 망가짐도 없고 쇠함도 없으며, 없는 것을 있게 할 수도 있다. 천주의 지능은 몽매함도 없고 오류도 없어서 만세 이전의 과거나 만세 이후의 미래의 일이라도 그의 앞에서 벗어날 수 없으니 마치 눈앞에 있는 것과 같다. 천주의 선은 순수하여 찌꺼기가 없으니 모든 선의 귀결점이다.[542]

천주는 파괴되지도 않고 소멸되지도 않는 영원불변의 존재이며, 아무 것도 없는 무(無)에서 만물을 만드는 창조주이다. "천주께서 만물을 창조하신 것은 없는 것을 있는 것으로 만든 것이다. 한번 명령하시면 만물이 곧바로 나온다. 그러므로 능력이 무한하니 사람들과는 크게 다르다."[543] 천주는 만물을 생성·주재·창조하는 근원이니, 피조물인 사람과는 분명히 구분된다. "천주는 만물의 근원이므로 만물을 생겨나게 할 수 있다. 만약 사람이 천주와 같다면 또한 마땅히 만물을 생겨나게 해야 한다."[544] 이것은 천인합일(天人合一)을 주장하는 성리학적 세계관에 대한 비판이다. 사람은 결코 만물을 생성할 수 없으니, 천(천주)과 동일시되어서는 안 된다.

또한 천주는 그 지능이 광대하고 무한하여 과거와 미래의 모든 일들이 그의 눈앞에 있는 것과 같으므로 사리에 어둡거나 잘못되는 일이 없다. 그래서 리치는 손바닥을 들여다보는 것보다 더 쉽다고 말한다.[545]

---

542 같은 책, 1:9, "其能也, 無毀無衰, 而可以無之有者. 其知也無昧無謬, 而已往之萬世以前, 未來之萬世以後, 無事可逃其知, 如對目也. 其善純備無滓, 而爲衆善之歸宿."
543 같은 책, 4:8, "若夫天主造物, 則以無而爲有. 一令而萬象卽出焉. 故曰無量能也, 於人大殊矣."
544 같은 책, 4:8, "天主萬物之原, 能生萬物. 若人卽與之同, 當亦能生之."
545 같은 책, 7:14, "上帝知能無限, 無外爲而成, 無所不在. 所御九天萬國, 體用造化, 比吾示掌猶易."

이것은 천주가 살아있으며 의지를 가지고 있는 인격적 존재라는 의미이다.

여기에서 하나 중요한 것은 주자가 리의 인격적 존재를 인정하였는지의 여부이다. "지금 하늘 안에 죄악을 심판하는 사람(인격적 존재)이 있다고 말하는 것은 참으로 옳지 않다. 〈그렇다고〉 전혀 주재하는 것이 없다고 말하는 것도 옳지 않다."[546] 주자는 이 세상을 질서지우는, 즉 만물을 조화하게 하고 만물을 존재하게 하는 주재자는 인정하지만[547], 인격적 모습으로 상벌을 주관하는 인격적 주재자에 대해서는 회의적이다. 이러한 해석은 의지를 가지고서 이 세상의 생성변화를 주관하고 판단하는 천주와는 분명히 구분된다.

또한 천주는 그 자체로 선한 존재이니 모든 선의 근원이다. "우주 안의 착한 본성과 착한 행동은 모두 천주로부터 부여받은 것이니"[548] 만물의 선은 모두 천주에 근본하며 "아무리 미미한 불선(不善)이라도 천주에게 누가 되게 할 수 없다."[549] 천주는 선 그 자체이므로 어떠한 불선으로부터 영향을 받지 않는다. 사물의 온갖 선이 천주의 덕성 안에 포함되어 있으니, 실제로 천주가 천주되는 것은 선의 완전성 때문이다. 이렇게 볼 때, 천주는 이 세상을 창조·주재하는 최고의 선한 존재임을 알 수 있다.[550]

따라서 천주 외에는 다른 어떤 것도 만물의 근원이 될 수 없으며, 오

---

546 『朱子語類』卷1, "今說天有箇人在那裏批判罪惡, 固不可. 說道全無主之者, 又不可."
547 『性理大全』卷1, 「太極圖」, "上天之載, 無聲無臭, 而實造化之樞紐, 品彙之根柢也."
548 『天主實義』, 1:9, "夫乾坤之內, 善性善行, 無不從天主稟之."
549 같은 책, 1:9, "不善者雖微, 而不能爲之累也."
550 성리학의 리 역시 우주의 질서·법칙이며 가치의 근원으로서의 절대선을 의미한다. 인간의 존재는 이러한 리의 절대선을 이루고 실현하는데 있으니, 리는 결국 인간의 자기완성을 위한 궁극적 표준이 된다.

직 만물의 주재자요 창조주의 성격을 지닌 천주만이 만물의 근원이 될 수 있다. 결국 리치가 만물의 근원으로서 천주를 강조한 것은 『천주실의』 제2편의 '세상 사람들이 천주를 잘못 알고 있는 것에 대한 풀이(解釋世人錯認天主)'라는 제목에서 알 수 있듯이, 당시 중국인들의 세계관을 바로잡아 그들이 올바른 천주신앙을 가지게 하기 위한 것으로 볼 수 있다. 때문에 리치는 천주를 설명할 때에 주로 초월자의 모습을 들어 성리학의 리와 다름을 강조한 것이다.

2. 마테오 리치의 심성론

(1) 인간 본성의 의미

리치는 이 세상 만물의 구성 요소를 눈에 보이는 '유형한 육체(形)'와 눈에 보이지 않는 '무형한 정신(神)'의 이원구조로 설명한다. 『천주실의』 「만물의 분류도표」에 따르면, 만물은 크게 무형한 것과 유형한 것으로 구분되며, 또한 유형한 것은 생명체와 무생명체로 구분된다.[551] 여기에서 생명체와 무생명체를 구분하는 관건은 바로 '혼'의 유무(有無)에 있다. 이에 리치는 생명체를 생혼(生魂)·각혼(覺魂)·영혼(靈魂)의 세 부류로 구분한다.[552] 하등인 '생혼'은 생장을 가능하게 하는 것으로서 초목

---

551 『天主實義』, 4:5, 「物宗類圖」, "自立者, 或無形, 或有形. 成, 或生, 或不生."
552 정약용 역시 본성을 세 등급으로 구분한다. "본성에는 三品이 있으니, 초목의 본성은 생명이 있으나 지각이 없으며, 금수의 본성은 생명이 있고 지각이 있으며, 우리 사람의 본성은 생명이 있고 지각이 있으며 또한 신령스럽고 또한 선하다. 상·중·하 세 등급은 결코 같지 않다."(『與猶堂全書』, 「中庸講義補」, 〈有天下至誠節〉, "性有三品, 草木之性, 有生而無覺; 禽獸之性, 旣生而又覺; 吾人之性, 旣生旣覺, 又靈又善. 上中下三級, 截然不同."

에 해당하며, 중등인 '각혼'은 생장·지각을 가능하게 하는 것으로서 금수에 해당하며, 상등인 '영혼'은 생장·지각·추론을 가능하게 하는 것으로서 사람에 해당한다.[553] 이것은 "살아있기 때문에 금석(金石)과 다르며, 지각하기 때문에 초목(草木)과 다르며, 이치를 추론할 수 있기 때문에 짐승과 다르다"[554]는 말의 다른 표현이다. 결국 사람이 초목·짐승과 구분되는 가장 큰 특징은 바로 이치를 추론하는 이성능력을 가지고 있다는데 있다.

여기에서 리치는 이치를 추론할 수 있는 이성능력[555], 즉 영혼을 사람의 본성으로 규정한다.

> 사람은 이전의 것을 미루어 이후의 것을 알며, 드러난 것으로써 숨겨진 것을 증명하며, 이미 안 것으로써 아직 알지 못하는 것에까지 미친다. 그러므로 '이치를 추론할 수 있다'고 하는 것이 사람을 본래의 종류로 만들어주고 다른 사물과 구별해주니, 바로 이른바 사람의 본성이라는 것이다. 인·의·예·지는 이치를 추론한 다음에 있는 것이다. 리는 바로 속성이므로 사람의 본성이 될 수 없다.[556]

---

553 『天主實義』, 3:3, "彼世界之魂, 有三品. 下品名曰, 生魂, 卽草木之魂是也. 此魂扶草木以生長, 草木枯萎, 魂亦消滅. 中品名曰, 覺魂, 則禽獸之魂也. 此能附禽獸長育, 而又使之以耳目視聽, 以口鼻啖嗅, 以肢體覺物情. 但不能推論道理, 至死而魂亦滅焉. 上品名曰, 靈魂, 卽人魂也. 此兼生魂覺魂. 能扶人長養, 及使人知覺物情, 而又使之能推論事物, 明辨理義. 人身雖死, 而魂非死, 蓋永存不滅者焉."

554 같은 책, 7:1, "曰生, 以別于金石. 曰覺, 以異于草木. 曰能推論理, 以殊乎鳥獸."

555 『천주실의』에는 사람의 이성능력을 靈·靈才·靈心·靈明·靈性 등으로 표현하고 있다.

556 『天主實義』, 7:1, "人也者, 以其前推明其後, 以其顯驗其隱, 以其旣曉及其所未曉也. 故曰能推論理者, 立人於本類, 而別其體於他物, 乃所謂人性也. 仁義禮智, 在推理之後也. 理也乃依賴之品, 不得爲人性也."

사람은 이치를 추론하는 이성능력을 가지고 있다. 이러한 이성능력을 통해 지식을 이루니, 즉 이전의 것을 추론하여 이후의 것을 알며, 드러난 것을 추론하여 숨겨진 것을 알며, 이미 안 것을 추론하여 아직 알지 못하는 것을 아는 것이다. 이러한 이치를 추론하는 이성능력이 바로 "사람을 본래의 종류로 만들어주고 다른 사물과 구별해주는" 즉 사람을 사람의 종류로 만들어서 다른 사물의 종류와 구분되게 하는 본질적 특성, 즉 본성이라는 것이다. 물론 이때의 이성능력, 즉 영혼은 시각·청각과 같은 지각작용처럼 육체에 매어있는 것이 아니기 때문에 육체가 죽고 나서도 소멸되지 않는다.557 이것은 성리학에서 본성을 리에 근거지어 성즉리(性卽理)라는 형이상학적 도덕본체로 해석하는 것과 분명히 구분된다.

여기에서 중요한 것은 인·의·예·지에 대한 해석이다. 리치는 인·의·예·지를 이치를 추론한 후에 나타나는 하나의 현상으로 이해한다. "인·의·예·지는 이치를 추론한 다음에 있는 것이다." '이치를 추론한 다음에 있다'는 것은 현실 속의 구체적인 실천을 통하여 얻어지는 후천적인 행위의 결과라는 의미이다. 즉 성리학에서처럼 인·의·예·지가 본성의 내용으로서 선험적으로 주어지는 덕성이 아니라, 정약용의 "사람을 사랑한 다음에 인(仁)이라 한다"558는 말처럼 구체적인

---

557 리치의 영혼불멸은 내세의 구원이나 심판으로 연결된다. "천주의 인과응보에는 사사로움이 없으니, 착한 자에게는 반드시 상을 주고 악한 자에게는 반드시 벌을 준다. 만약 지금 세상의 사람 중에 악을 행하는 자가 부귀를 누리거나 선을 행하는 자가 빈천의 어려움을 당하는 자가 있으면, 천주께서는 진실로 그가 일단 죽기를 기다린 다음에 착한 영혼을 취하여 상을 주고 악한 영혼을 취하여 벌을 준다. 만일 영혼이 육신의 죽음으로 인하여 사라진다면, 천주께서 어찌 이들에게 상이나 벌을 줄 수 있겠는가."(『天主實義』, 3:6, "天主報應無私, 善者必賞, 惡者必罰. 如今世之人, 亦有爲惡者富貴安樂, 爲善者貧賤苦難, 天主固待其旣死, 然後取其善魂而賞之, 取其惡魂而罰之. 若魂因身終而滅, 天主安得而賞罰之哉.")

558 정약용 역시 인·의·예·지를 후천적인 행위의 결과로 해석한다. "인·의·예·

행위를 거친 이후에 얻어지는 후천적인 덕목이라는 것이다. 만약 인・의・예・지의 덕목이 행위 이후에 결과로써 얻어지는 것이 아니라 성리학의 주장처럼 이미 선험적으로 마음속에 갖추어져 있다면, 사람들은 그것을 얻기 위해 노력할 필요가 없고 다만 인・의・예・지가 드러나기만을 기다리게 될 것이다. 이것은 구체적인 노력과 실천이 전제되어야 인・의・예・지의 실현이 가능하다는 말이다.

이어서 리치는 이러한 본성을 결정하는 것이 바로 혼에 있다고 설명한다.

> 무릇 사물들은 단지 겉모양으로 본성이 정해지는 것이 아니고, 오직 혼으로써 정해지는 것이다. 처음에 본래의 혼이 있는 다음에 본성이 있게 되고, 이런 본성이 있는 다음에 이런 종류가 결정되며, 이런 종류가 정해진 다음에 이런 모습이 생겨난다. 그러므로 본성의 같고 다름은 혼의 같고 다름에 말미암고, 사물 종류의 같고 다름은 본성의 같고 다름에 말미암는다.559

본성은 무엇보다도 혼의 내용에 의해 결정된다. 생혼(生魂)만 있는 것은 초목의 본성이 되고, 생혼・각혼(覺魂)이 있는 것은 짐승의 본성이 되

지의 이름은 行事(실천) 뒤에 이루어지는 것이다. 그러므로 남을 사랑한 뒤에 仁이라 말하고, 남을 사랑하기 전에는 仁의 이름이 성립되지 않는다. ……어찌 인・의・예・지의 네 알맹이가 포개져 있는 것이 마치 복숭아씨나 살구씨처럼 사람의 마음속에 박혀있는 것이겠는가."(『與猶堂全書』, 「孟子要義」卷1, "仁義禮智之名, 成於行事之後. 故愛人而後, 謂之仁. 愛人之先, 仁之名未立也.……豈有仁義禮智四顆, 磊磊落落, 如桃仁杏仁, 伏於人心之中者乎." 즉 인・의・예・지가 사람의 마음속에 선천적으로 주어져있는 것이 아니라는 말이다.

559 『天主實義』, 5:4, "凡物非徒以貌像定本性, 乃惟以魂定之. 始有本魂, 然後爲本性, 有此本性, 然後定於此類, 旣定此類, 然後生此貌. 故性異同, 由魂異同焉, 類異同, 由性異同焉."

며, 생혼·각혼·영혼(靈魂)이 있는 것은 사람의 본성이 된다. 결국 혼의 내용이 사물의 본성을 결정한다. 이에 "본성이 같고 다름은 혼의 같고 다름에 말미암는다"라고 말한다. 혼이 같으면 본성도 같고, 혼이 다르면 본성도 다르다. 예컨대 사람과 사람은 혼이 같으므로 본성도 같으나, 초목·짐승과는 혼이 다르므로 본성도 다르다. 결국 본성은 사물을 다른 종류의 사물과 구분해주는 본질적인 특성을 말한다. 이것은 "각 사물의 종류로 말하면, 종류가 같으면 본성이 같고 종류가 다르면 본성이 다르다"560는 말에 다름 아니다.

또한 혼의 내용에 따라 본성이 정해지면 사물의 종류가 결정되고, 사물의 종류가 결정되면 각각의 모습이 생겨난다. 예를 들어 생혼·각혼·영혼이 있는 사람의 본성으로 정해지면, 초목·짐승의 종류와 구분되는 사람의 종류로 분류되며, 또한 초목·짐승의 모습과 구분되는 뛰어나고 준수한 사람의 모습을 갖게 된다.561 이 과정에서 리치는 사람이 죽어서 짐승의 몸으로 환생한다는 불교의 이론을 비판한다. 왜냐하면 생혼·각혼·영혼이 있는 사람의 혼은 생혼·각혼만 있는 짐승의 혼과 본질적으로 다르기 때문이다. "사람의 혼은 다만 자기의 몸과 합할 뿐이고 다른 사람의 몸과도 합할 수 없거늘, 하물며 다른 종류의 몸과 합할 수 있겠느냐."562 즉 사람의 혼은 짐승의 혼과 본질적으로 다르기 때문에 환생의 이론은 옳지 않다는 것이다.

이렇게 볼 때, 사람의 본성은 성리학에서처럼 천부적으로 부여된 덕성(선)의 의미가 아니라, 초목·금수의 종류와 구분되는 사람만의 고유

---

560 같은 책, 7:1, "曰各物類也, 則同類同性, 異類異性."
561 같은 책, 5:4, "人之體態奇俊, 與禽獸不同."
562 같은 책, 5:4, "夫人自己之魂, 只合乎自己之身, 烏能以自己之魂, 而合乎他人之身哉. 又況乎異類之身哉."

한 특성임을 알 수 있다. 이때 초목·금수와 구분되는 사람만의 고유한 특성을 결정하는 것이 바로 이성능력·의지·영혼·정신·마음 등인데, 이들은 모두 사람에 있어서 본성의 내용이 된다.

때문에 리치는 사람의 본성이 성리학에서처럼 천부적인 도덕본체(선)의 의미가 아니므로 선할 수도 있고 악할 수도 있다고 설명한다.

> 저는 사람의 본성이 선을 행할 수도 있고 악을 행할 수 있다고 보지만, 진실로 본성 자체에 본래 악이 있다는 말은 아니다. ……만약 세상 사람들이 태어나면서 선을 행하지 않을 수 없다면, 어디에서 '선을 이루어낸다'고 말할 수 있겠는가. 세상에는 선을 행하려는 의지가 없는데도 선을 행할 수 있는 법은 없다.[563]

사람의 본성은 선할 수도 있고 악할 수도 있다. 왜냐하면 사람의 본성이 선을 행할 수도 있고 악을 행할 수도 있기 때문이다. 여기에서 '선을 행할 수도 있고 악을 행할 수도 있는' 본성은 정확하게 말하면 의지에 해당하는데, 의지 역시 사람의 고유한 특성이므로 본성이라 한 것이다. 때문에 사람의 본성이 선하다고 하여 본성 자체에 선이 있는 것이 아니며, 사람의 본성이 악하다고 하여 본성 자체에 악이 있는 것이 아니다. 왜냐하면 이때의 선악은 사람들의 구체적 실천을 통해 이루어진 행위의 결과이기 때문이다.

이러한 의미에서 리치는 선 역시 실천을 통해 얻어지는 결과로 이해한다. "만약 세상 사람들이 태어나면서 선을 행하지 않을 수 없다면" 즉 성리학에서처럼 누구나 리를 부여받은 선한 존재라면, "어찌 '선을 이

---

563 같은 책, 7:2, "吾以性爲能行善惡, 固不可謂性自本有惡矣.……苟世人者生而不能不爲善, 從何處可稱成善乎. 天下無無意于爲善, 而可以爲善也."

루어낸다'고 말할 수 있겠는가." 사람이 선을 행하는 것은 성리학에서처럼 천부적인 본성에 근거한 것이 아니라, 선을 행하려는 사람의 의지에 따른 실천에 근거한다. 이에 리치는 "선을 행하려는 의지가 없는데도 선을 행할 수 있는 법은 없다"라고 강조한다. 이것은 선을 행하려는 의지가 결국 선의 실현을 가능하게 한다는 말이다.

(2) 인간의 의지와 선악

먼저 리치는 사람을 유형한 육체와 무형한 정신으로 구분한다.

> 사람은 육체와 정신 두 가지가 서로 결합하여 사람이 된다. 그러나 정신의 정교함이 육체를 초월하니 진실로 지혜로운 자는 정신으로서 참된 자기(眞己)를 삼고 육체로서 자기를 담고 있는 그릇을 삼는다.[564]

사람은 정신(영혼)[565]과 육체로 이루어져 있다. 그러나 사람의 본질은 정신에 있으니 "정신으로서 참된 자기를 삼는다." 즉 정신을 사람의 본질로 파악한다는 말이다. 여기에서 사람을 정신과 육체의 이원구조로 해석하는 것은 성리학에서 리와 기의 이원구조로 설명하는 것과 다르지 않다. 이때 정신은 리에 해당하고, 육체는 기에 해당한다. 따라서 리와 기의 관계에서 기가 리를 담고 있는 그릇이 되듯이, 정신과 육체의

---

[564] 같은 책, 7:4, "人以形神兩端, 相結成人. 然神之精, 超于形, 固智者以神爲眞己, 以形爲藏己之器." 정약용 역시 사람을 정신과 육체의 결합으로 해석한다.(『與猶堂全書』, 「心經密驗」, "神形妙合, 乃成爲人.") 이렇게 볼 때, 정약용은 성리학의 이기론적 세계관에서 벗어나서 오늘날처럼 정신과 육체의 이론구조로 해석하는 단초를 열었다고 할 수 있다.

[565] 리치는 정신을 영혼, 마음, 이성능력 등과 같은 개념으로 이해한다.(『天主實義』, 3:7, "魂乃神也.")

관계에서는 육체가 정신을 담고 있는 그릇이 된다. 결국 담는 그릇과 담기는 내용의 관계로 볼 때, 이들의 사유구조는 서로 다르지 않다.

이어서 리치는 이러한 정신을 기억능력, 이성능력, 의지력으로 설명한다.

> 유형한 육신은 귀·눈·입·코·사지의 다섯 기관을 가지고서 사물과 접촉하여 지각한다. 무형한 정신에는 세 가지 기능이 있어서 이들을 받아들이고 소통시키니 기억능력·이성능력·의지력이다.[566]

사람은 육신과 정신으로 구분된다. 사람의 육신에는 귀·눈·입·코·사지의 다섯 가지 감각기관이 있는데, 이들 감각기관이 사물(대상)과 접촉하여 보고, 듣고, 맛보고, 냄새 맡고, 느끼는 지각작용을 한다.[567] 이때의 지각작용은 유형한 육신의 활동에 속하기 때문에 짐승에도 지각작용이 없을 수 없다. 그렇지만 사람은 이러한 지각작용을 통하여 정신에 도달하는데, 이것이 바로 짐승과 구분되는 사람의 특징이다.

이때 정신에는 세 가지 기능이 있으니 기억능력, 이성능력, 의지력이다. 먼저 정신은 지각한 내용을 받아들여서 창고에 저장하듯이 잊어버리지 않게 기억하는데[568] 이것이 기억능력이다. 이어서 우리가 하나의 사물을 분명히 인식하고자 하면 기억 속에 있는 사물들의 자료를 취하

---

[566] 『天主實義』, 7:6, "有形之身, 得耳目口鼻四肢五司, 以交覺于物. 無形之神, 有三司以接通之, 曰司記含, 司明悟, 可愛欲焉."
[567] 여기에서 리치는 지각작용을 육신의 활동으로 보는데, 이것은 성리학에서 지각작용을 마음의 중요한 특징으로 해석하는 것과 구분된다. 리치는 무형한 마음을 정신으로 보면서, 성리학에서 말하는 마음의 중요한 특징인 지각작용은 오히려 육신의 활동으로 이해한다.
[568] 『天主實義』, 7:6, "神以司記者受之, 如藏之倉庫, 不令忘矣."

여 그 사물의 실정이 참으로 이치에 합당한지 아닌지, 즉 옳고 그름을 인식하는데[569] 이것이 이성능력이다. 이성능력이 어느 것이 옳다거나 어느 것이 그르다고 인식하면, 이때 의지가 발동하여 옳은 것(선)을 좋아하고 그른 것(악)을 싫어한다. "그것이 선이면 우리는 의지로써 그것을 사랑하고 원하게 되며, 그것이 악이면 우리는 의지로써 그것을 미워하고 원망하게 된다."[570] 결국 의지의 선택에 따라 선을 행할 수도 있고 악을 행할 수도 있다.

이 세 가지 기능이 이루어지면 사람은 이루지 못하는 일이 없게 된다.[571] 다만 이성능력과 의지가 이루어지면 기억능력은 저절로 완성되므로 사람의 마음(정신)을 말할 때는 주로 이성능력과 의지를 가리킨다. 다시 말하면, 사람의 마음은 이성능력과 의지를 가지고 있기 때문에 이성능력에 따라 사리를 분별하고, 의지의 선택에 따라 선을 행하거나 악을 행할 수 있다. 이로써 덕과 부덕, 선과 악은 모두 사람의 의지로부터 연유된다.

> 세상의 사물은 이미 자기의 의지를 가지고 있으며, 또한 그 의지를 따를 수도 있고 그만둘 수도 있은 다음에 덕(德)과 부덕(不德), 선과 악이 있다. 의지는 마음에서 발동한 것으로써, 금석·초목에는 마음이 없으니 의지가 없다.[572]

---

569 같은 책, 7:6, "後吾欲明通一物, 卽以司明者, 取其物之在司記者像, 而委曲折衷其體, 悒其性情之眞于理當否."
570 같은 책, 7:6, "其善也, 吾以司愛者愛之欲之. 其惡也, 吾以司愛者惡之恨之."
571 같은 책, 7:6, "三司已成, 吾無事不成矣."
572 같은 책, 6:3, "凡世物旣有其意, 又有能縱止其意者, 然後有德有慝有善有惡焉. 意者心之發也, 金石草木無心, 則無意."

여기에서 '세상의 사물'은 세상의 사람을 말한다. 왜냐하면 사람만이 의지를 가지기 때문이다. 의지는 마음에서 발동한 것이니, 마음을 가진 사람만이 의지가 있다. 가령 금석과 같은 무생물이나 초목과 같은 식물에는 마음이 없으므로 의지도 없다. "그밖에 의지가 없는 사물로는 금석·초목과 같은 종류이니, 〈의지가 없는〉 다음에 덕도 없고 부덕도 없으며 선도 없고 악도 없다."[573] 결국 금석·초목은 의지가 없기 때문에 덕과 부덕, 선과 악을 물을 수 없다는 것이다.

또한 짐승의 경우에는 "비록 마음과 의지가 있다고 하더라도 옳은지 그른지를 분별할 수 있는 이성이 없으므로 느끼는 바에 따라서 멋대로 반응하여(본능적으로 대응하여) 이치를 따져서 자기가 할 바를 절제하지 못한다."[574] 그러므로 자기 행동의 옳고 그름을 알 수 없으며, 더군다나 어떤 것이 선인지 악인지를 따지는 일은 결코 있을 수 없다. "이 때문에 세상의 여러 나라에서 제정한 법률에는 짐승의 부덕에 벌을 주거나 짐승의 덕에 상을 주는 일은 없다."[575] 결국 짐승에는 덕과 부덕, 선과 악을 물을 수 없다는 것이다.

이 때문에 리치는 의지의 선택결과에 따라 선악이 발생한다고 강조하다. "그 의지를 따를 수도 있고 그만둘 수도 있은 다음에 덕과 부덕, 선과 악이 있다." 사람의 의지에는 바름을 따를 수도 있고 그름을 따를 수도 있는 자유로운 선택권이 있다. 이때 의지가 바름을 따르면 선(덕)이 되고, 의지가 그름을 따르면 악(부덕)이 된다.

---

573 같은 책, 6:2, "其餘無意之物, 如金石草木類, 然後無德無慝, 無善無惡."
574 같은 책, 6:3, "若禽獸者, 可謂有禽獸之心與意矣. 但無靈心以辯可否, 隨所感觸任意速發, 不能以理爲之節制."
575 같은 책, 6:3, "是以天下諸邦, 所制法律, 無有刑禽獸之慝, 賞禽獸之德者."

의지는 형체가 있는 부류가 아니며 마음의 작용일 뿐이다. 〈마음의〉작용이 바야흐로 의지가 되면 곧 그름과 바름이 있게 된다.……의지가 마음에 있어서는 시력이 눈에 있어서와 같다. 눈은 오히려 보지 않을 수 있으나 마음은 의지를 없앨 수 없다.……선과 악, 덕과 부덕은 모두 의지의 바름과 그름에서 말미암으니, 의지가 없으면 선과 악이 없으며 군자와 소인의 구별도 없다.[576]

마음이 작용하면 의지가 발동하며, 이때 의지가 발동하면 곧바로 바름과 그름이 갈라진다. 이것은 성리학에서 의(意)를 '선악이 갈라지는 기미(幾善惡)'라고 해석하는 것과 유사하다. 이때 의지와 마음의 관계는 시력과 눈의 관계와 같다. 눈이 있어야 볼(시력) 수 있듯이, 마음이 있어야 의지가 발동할 수 있다.

그러나 "눈은 오히려 보지 않을 수 있으나 마음은 의지를 없앨 수 없다." 즉 마음에는 필연적으로 의지가 발동하는데, 이때 의지가 바르게 발동하면 선·덕·군자가 되고, 의지가 그르게 발동하면 악·부덕·소인이 된다. 결국 선과 악, 덕과 부덕, 군자와 소인의 구별은 모두 의지가 어떻게 발동하느냐, 즉 의지의 바름과 그름에 근거한다. 이 때문에 리치는 사람의 덕과 부덕, 선과 악이 모두 의지로부터 연유한다고 말한다.

이러한 이유에서 리치는 사람의 선행과 악행을 논할 때에 의지에 따른 행동인지 아닌지를 분명히 구분할 것을 강조한다. 예를 들어 호랑이를 죽이려다가 사람을 호랑이로 잘못알고 사람을 죽인 경우와 사람을 죽이려다가 사슴을 사람으로 잘못보고 사슴을 죽인 경우, 전자는 포상

---

[576] 같은 책, 6:1, "且意非有體之類, 乃心之用耳. 用方爲意, 卽有邪正.……意於心, 如視於目. 目不可御視, 則心不可除意也.……善惡德慝, 俱由意之正邪, 無意則無善惡, 無君子小人之判矣."

해야 하고 후자는 처벌해야 한다.[577] 의지가 호랑이를 죽이고자 했다면 비록 사람을 죽였더라도 선한 것이 되고, 의지가 사람을 죽이고자 했다면 비록 사슴을 죽였더라도 나쁜 것이 된다. 결국 의지가 무엇을 지향(선택)했는지가 중요하다는 말이다.

또한 리치는 사람의 마음을 수심(獸心)과 인심(人心)으로 구분한다. 사람은 육신과 정신의 결합으로 이루어져 있기 때문에 사람의 마음에도 짐승같은 마음인 '수심'과 천사같은 마음인 '인심'이 공존한다고 설명한다.

> 한 사물의 생명에는 오직 하나의 마음만을 갖는다. 사람의 경우는 두 마음을 가지고 있으니 수심(獸心)과 인심(人心)이 그것이다.……사람이 한 가지 일을 만나면 또한 동시에 두 가지 생각이 함께 일어나기도 하는데, 이 둘이 서로 상반됨을 자주 느낀다. 예컨대 우리들이 술이나 여색에 혹 미혹되면 일단 그것에 미련을 두고 따르고자 하지만, 또한 그것이 도리가 아님을 다시 반성한다. 전자를 따르는 것을 '수심'이라 하니 짐승과 구별되지 않으며, 후자를 따르는 것을 '인심'이라 하니 천사와 서로 같다.[578]

사물(초목·짐승)에는 식욕이나 색욕과 같은 본능을 따르는 '하나의 마음'만이 있으므로 도덕적 행위가 불가능하다. 그러나 사람은 육체와 정

---

[577] 같은 책, 6:6, "昔有二弓士. 一之山野, 見叢有伏者如虎, 慮將傷人, 因射之, 偶誤中人. 一登樹林, 恍惚傍視, 行動如人, 亦射刺之, 而寔乃鹿也. 彼前一人, 果殺人者, 然而意在射虎, 斷當褒. 後一人雖殺野鹿, 而意在刺人, 斷當貶. 奚由焉. 由意之美醜異也."

[578] 같은 책, 3:5, "一物之生, 惟得一心. 若人則乗有二心, 獸心人心是也.……人之遇一事也, 且同一時也, 而有兩念並興, 屢覺兩逆. 如吾或惑酒色, 既似迷戀欲從, 又復慮其非理. 從彼謂之獸心, 與禽獸無別, 從此謂之人心, 與天神相同也."

신으로 이루어져 있기 때문에 사람의 마음에도 '수심'과 '인심'이 공존한다. 때문에 사람은 어떤 하나의 일을 만나면 이 두 가지 마음이 동시에 일어난다. 예를 들어 술이나 여색에 미혹되면, 이때 그것에 빠져서 따르려는 마음이 있게 되고, 또한 그것이 도리가 아니라고 반성하는 마음이 있게 된다. 전자의 마음이 '수심'이라면, 후자의 마음은 '인심'이다. 이로써 사람의 마음은 '수심'을 따를 것인지 '인심'을 따를 것인지를 두고 항상 서로 충돌·갈등하게 된다. 이것은 '마음은 하나인데, 욕망을 따르면 인심이 되고 의리를 따르면 도심이 된다'는 성리학의 인심과 도심의 내용과 유사하다.

이때 '수심'을 따를 것인지 '인심'을 따를 것인지를 결정하는 것은 전적으로 사람의 의지에 근거한다. 왜냐하면 사람의 마음에는 선을 행할 것인지 악을 행할 것인지를 선택할 수 있는 의지가 부여되어 있기 때문이다. 결국 사람이 선을 행하거나 악을 행하는 것은 전적으로 자신이 선택한 결과이니, 선을 행하여 덕을 쌓는 것도 자기의 공로가 되고 악을 행하여 죄를 저지르는 것도 자기의 공로가 된다.[579]

이렇게 볼 때, 선의 실현은 성리학에서처럼 선험적으로 주어진 본성에 대한 회복이 아니라, 사람의 이성적 판단과 바른 의지에 따른 실천을 통해 후천적으로 성취되는 행위의 결과임을 알 수 있다. 이것은 결국 사람의 바른 의지가 도덕실천을 이루어내는 기본 전제라는 말에 다름 아니다.

---

[579] 정약용 역시 인간의 의지에 해당하는 自主之權을 강조한다. "하늘이 사람에게 자주적 권리를 부여하여 그들로 하여금 선을 하고자 하면 선을 행하고 악을 하고자 하면 악을 행하게 하였다.……그러므로 선을 행하면 실제로 자신의 공이 되고 악을 행하면 실제로 자신의 죄가 된다."(『與猶堂全書』, 「孟子要義」, "天之於人予之以自主之權, 使其欲善則爲善, 欲惡則爲惡.……故爲善則實爲己功, 爲惡則實爲己罪.")

이상의 내용은 크게 두 가지로 정리할 수 있다. 첫째, 리치는 기본적으로 성리학의 인간과 만물(자연)을 하나로 보는 천인합일(天人合一) 또는 물아일체론(物我一體論)적 세계관을 부정한다. 성리학에 따르면, 존재하는 모든 것은 리와 기로 이루어지며, 이때의 리가 사람과 사물의 성으로 부여된다. 그러므로 사람과 사물은 모두 동일한 리를 부여받으며, 다만 기질(기)의 청탁(淸濁)·수박(粹駁)에 따라 부여받은 성이 온전히 드러나거나 드러나지 못하는 차이를 보일 뿐이다. 이것은 사람과 사물이 본질적으로 동일하다는 의미이다. 이로써 성리학은 사람을 천(天) 또는 만물과 일치시킴으로써 자연계와 인간계를 아우르는 유기체적 세계관을 형성한다. 또한 이때의 리는 만물에 내재하면서 동시에 만물을 생성하는 근원이 되니, 이로써 리→음양→오행→만물의 도식이 성립한다.

그러나 리치는 성리학의 리를 속성의 의미로 제한하고, 그 자리에 천주를 대신한다. 오직 천주만이 의지를 가지고 만물을 생성하는 창조주이며 만물을 주재하는 주재자이니 만물의 근원이다. 리는 사물에 내재하는 속성이지 독립적인 실체가 아니므로 결코 만물의 근원이 될 수 없다. 이 과정에서 리치는 자연계와 인간계를 분명히 구분한다. 성리학에서처럼 사람과 사물이 모두 동일한 리(본성)를 부여받은 것이 아니라, 사람에는 생혼(生魂)·각혼(覺魂)·영혼(靈魂)이 있고, 짐승에는 생혼·각혼이 있으며, 초목에는 생혼만 있으므로 그 본성이 본질적으로 다르다. 이 때문에 본성에 대한 개념정의 역시 성리학에서처럼 형이상적인 도덕본체의 의미가 아니라, 사람을 다른 종류의 사물과 구분하는 본질적 특성으로 이해한다. 사람에는 이성능력과 의지가 있으나, 초목·짐승과 같은 사물에는 이성능력과 의지가 없다. 이로써 선악의 도덕실천 역시 이성능력과 의지를 가진 사람에게만 해당되지 초목·짐승에게는 해당되지 않는다.

둘째, 선(본성)의 실현은 후천적인 노력과 실천 이후에 이루어진다. 성리학에 따르면, 사람은 태어나면서 리를 성으로 부여받으니 사람은 선천적인 선한 존재이다(性卽理). 왜냐하면 이때의 리는 가치의 근원으로서 절대선을 의미하기 때문이다. 하늘로부터 부여받은 본성이 바로 사람의 도덕적 근거가 되니, 본성을 회복하면 누구나 선을 실현하여 도덕적 완성을 이룰 수 있다. 물론 이 과정에는 탁한 기질을 변화시키는 수양공부가 겸비된다. 인·의·예·지 역시 본성의 내용이니 태어나면서 부여받는 것이다.

그러나 리치는 선의 실현이란 성리학에서처럼 도덕적 근거로서 본성(선)이 주어지는 것이 아니라, 현실속의 구체적인 실천을 통해서 이루어지는 행위의 결과임을 강조한다. 인·의·예·지 역시 타고나는 본성의 의미가 아니라, 이치를 추론한 후에 나타나는 현상으로 이해한다. 즉 성리학에서처럼 선험적으로 부여되는 덕성이 아니라, 인간의 행위에 따른 결과로서 얻어지는 후천적 덕목이라는 것이다.

이 때문에 리치는 이성적인 판단이 전제된 의지와 관계없이 선을 행하거나 악을 행하게 되는 것을 무엇보다도 경계한다. 성리학에서처럼 타고난 본성 때문에 선한 행동을 하거나 타고난 기질 때문에 악한 행동을 하게 된다면, 다양한 행위에 대한 사회적인 책임을 온전히 물을 수 없다. 다시 말하면, 인간이 선을 행하더라도 칭찬할 수 있는 이유가 없게 되고, 악을 행하더라도 처벌할 수 있는 이유가 없게 된다는 뜻이다. 이러한 이유에서 리치는 옳고 그름을 판단할 수 있는 이성능력과 선을 행할 수도 있고 악을 행할 수도 있는 〈자유〉의지를 사람의 본성으로 강조한다.

이렇게 볼 때, 리치의 세계와 인간에 대한 해석은 성리학적 내용과 분명한 차이를 보인다. 이러한 이론적 또는 해석상의 차이는 결국 오랜 세월 동안 성리학적 세계관에 젖어있던 조선의 지식인들에게 새로운 세계관을 싹트게 하고, 18세기 이후에는 정약용을 비롯하여 조선의 지식인들에게 많은 영향을 미치게 된다. 이것은 비록 리치가 보유론(補儒論)의 관점을 견지하기도 하지만, 결국 천주교에 대한 확고한 믿음과 스콜라철학의 영향에 근거하여 당시 중국 사회에 유행하던 성리학적 세계관을 자신의 기준으로 평가하고 재해석한 측면이 강하다. 이 점에 대해서는 분명한 평가가 따라야 할 것이다.

결론

지금 왜 퇴계인가
퇴계철학의 현대화와 세계화

이 책은 퇴계와 동서철학을 비교함으로써, 첫째 동서철학의 이해와 다양한 해석방법에 기초하여 퇴계학의 현대화·대중화하는 계기를 마련하고, 둘째 국내에 치중되어 있는 퇴계학의 세계화·국제화를 추진하여 국학발전에 기여하는 취지에서 기획된 것이다. 동서철학의 다양한 해석방법을 활용함으로써 퇴계학을 보다 다채롭게 이해할 수 있을 것이며, 또한 퇴계학이 국내에만 머물지 않고 세계로 확장됨으로써 세계적 위상을 확립할 수 있을 것이다. 따라서 이 책의 필요성과 중요성 및 그 의미를 몇 가지로 살펴본다.

(1)

한국사상사에서 조선성리학은 나무의 줄기에 비유되며, 조선성리학의 정립에서 퇴계학이 차지하는 비중 역시 절대적이라 할 수 있다. 송대 유학(성리학)이 조선왕조의 창업(1392)과 더불어 국가의 정통이념으로 받아들여졌으나, 성리학이 한국화한 것은 약 200년이 지나 퇴계의 출현을 기다려야 했다.

조선성리학은 퇴계에 이르러 비로소 독자적인 하나의 학파를 형성하게 되고, 풍성한 철학적 토론과 심화과정을 거치면서 이후 한말·근대에 이르기까지 3백년 이상 발전해왔던 것이 사실이다. 퇴계학은 그를 계승하는 퇴계학파(영남학파) 및 그의 성리설과 뚜렷한 차이를 지닌 율곡학파(기호학파)에 영향을 미치거나 논쟁을 불러일으킴으로써 한국사상사의 내용을 형성한다. 또한 퇴계학이 일본·중국·미국 등 국외에 전파되어 폭넓은 영향력을 미침으로써 오늘날까지 활발한 연구의 대상이 되고 있다.

이러한 이유에서 퇴계학은 국내 연구 성과물에서도 독보적인 지위를 차지한다. 유원기(「퇴·율사상 연구의 현황과 과제」)의 2013년 자료에 의

하면, 퇴계에 대한 연구물은 2,001건으로 율곡에 대한 연구물 1,124건에 비하면 두 배가 된다. 10년 전의 자료이니, 그 이후에도 많은 연구물이 쏟아져 나왔을 것이다. 지금까지 양적으로 한국철학의 다른 분야와 비교할 때, 과포화상태라 할 만큼 방대한 분량의 연구물이 발표되고 있다.

국내뿐만 아니라 국외의 퇴계학연구도 마찬가지다. 김광순(「퇴계학 연구동향과 퇴계의 처세관」)에 따르면, "국외 연구동향에서 일본의 연구가 가장 활발하여 논문도 200여 편에 이르며, 대만은 70여 편, 중국은 110편, 미국과 유럽에서도 100여 편에 달한다." 이러한 통계적 수치로만 보더라도, 퇴계학은 우리나라는 물론 국제적인 관심사가 되고 있음을 알 수 있다. 특히 한국의 전통사상에 머무는 것이 아니라, 이웃나라 일본에 전파되어 일본유학에 많은 영향을 미침으로써 퇴계학의 국제화를 촉발시켜왔다.

이렇게 볼 때, 퇴계는 한국철학사 또는 한국사상사를 대표하는 학자임이 분명하다고 할 수 있다. 이에 필자는 한국을 대표하는 학자요 사상가인 퇴계를 중심으로 서양철학 및 타종교와의 비교연구를 진행해 왔다.

(2)

세계화시대에 직면하여 퇴계학을 '경쟁력 있는 국학의 하나'로 규정하고, 세계적인 학문으로 육성하려는 인식과 노력이 확산되고 있다. 금장태(「퇴계철학 연구의 현황과 문제」)에 따르면, "현대적 서구철학의 분야, 즉 해석학·분석철학 등의 방법과 종교철학·예술철학 등도 퇴계학 연구에 지속적으로 도입할 필요가 있다." 이것은 서양철학의 방법론을 퇴계학 연구에 도입하자는 제안으로 보인다. 새로운 시대의 철학적 언어와 방법을 통한, 즉 해석학·인간학·실존철학·과정철학·유물론 등의 서양철학 체계로서 퇴계학의 이해를 위해 재해석하는 연구가 필요하다. 예컨대 플라톤·아리스토텔레스·아우구스티누스·칸트·융 등 특정한 서양철학자의 철학이론과 삶의 자세를 퇴계의 철학과 생애에 비교하는 연구는 퇴계학의 이해를 풍성하게 하고 퇴계학의 범위를 확장시키는데 크게 기여할 것이다.

이동희(「조선전기 성리학자·퇴계학파 연구의 현황과 과제」)도 "퇴계학의 세계화라는 측면에서 서양사상과의 비교연구가 활성화되어야 한다. 무엇보다 현대철학의 해석이 좀 더 필요하다. 비교연구는 서양철학의 비교뿐만 아니라 중국철학, 즉 도교나 불교 등 비교연구 등도 바람직하다. 비교연구가 아니더라도 현대철학의 문제제기나 논리전개도 필요한데, 이것은 동시에 한국철학의 세계화를 위한 기초 작업이기도 하다"라고 강조한다.

박종홍(『박종홍 전집(Ⅳ)』)은 "인간의 소외와 자멸을 막기 위해서는 본연의 인간성으로 돌아와 평화공존의 길을 찾아야 할 시점에 부딪치고 있다. 인류의 난제 해결에 있어서 퇴계의 정신이 뜻 깊은 시사를 제공할 것만은 틀림없다. 이 점에서 퇴계학 연구는 동양에서뿐만 아니라 세계만방에 널리 보급시켜야 마땅하다." 이것은 현대적 해석을 통해 퇴계학을 세계화하자는 야심을 드러낸 것으로 보인다.

결국 퇴계학의 세계화뿐만 아니라 현대화·대중화를 위해서는 무엇보다 서양철학과의 비교가 중요하다는 입장이다. 특히 퇴계학의 세계화를 위해서는 단지 구시대의 유물을 감상하는 미적인 가치가 아니라, 보편적 진리로서의 가치를 지녀야 한다. 때문에 그것이 단순한 비교작업을 의미하는 것이 아니라, 퇴계학이 해외에서도 수용될 수 있는 보편성을 확보하는 작업을 의미한다고 하겠다. 퇴계학이 우리시대에도 의미 있는 철학적 보편성을 확보하기 위해서는 현대사회와 세계가 당면한 난관을 해결하는데 의미있는 대답을 제공할 수 있어야 한다. 퇴계학이 세계적으로 수용되기 위해서는 나름대로의 독자적인 이론을 갖고 있으며, 또한 그러한 이론이 설득력을 갖고 있음을 보여주어야 한다.

(3)

최영성(「동양철학 연구 50년사」)에 따르면, "서양철학적 관점에서 동양철학을 해석하려는 시도는 이미 한번 실패했던 전력을 갖고 있다. …… 1970년대 중반 이후로는 종래의 서양철학의 방법론으로 동양철학을 연구해오던데 대한 자성의 목소리를 반영함으로써 독자적인 동양철학의 연구방법론을 모색하기 시작했다." 즉 서양철학의 도식이나 틀을 통한 한국철학(또는 동양철학)의 분석은 그것의 본래적인 모습을 모두 드러내지 못하므로 한국철학만의 새롭고 독자적인 연구방법이 필요하다는 것이다. 이완재(「동양철학은 연구방법이 다르다」) 역시 "서양철학의 방법론을 가지고 동양철학을 해석하는 것은 근본적으로 불가능하다." 즉 한국철학 해석에 서양철학의 방법론을 활용하는 것에 반대한다는 목소리이다.

그럼에도 한편에서는 현대철학 또는 서양철학의 방법론을 통해 한국철학의 보편성을 확보해야 한다고 주장한다. 윤사순(「퇴계학 연구」)은 "사단칠정론과 같은 성리학 논의를 현대철학적 견지에서 좀 더 철저히 연구하고 전개시킬 필요가 있으며, 서양철학의 지식으로 한국철학을 이해하는 노력을 기울이지 않았다"라는 비판을 제기한다. 장숙필(「율곡과 율곡학파 연구의 현황과 과제」)도 "시공적인 한계와 시공을 초월하는 가치와 의미를 잘 밝혀냄으로써 오늘날에도 살아있는 철학으로 만들어야 한다." 즉 한국철학이 한국이라는 한정된 시공 속에서만 머물러서는 안 된다고 주장한다. 학자들의 이러한 태도는 이른바 한국철학의 고유한 방법만으로는 한국철학이 세계화될 수 없다는 견해에서 비롯된다.

이렇게 볼 때, 많은 학자들이 한국철학을 체계화하기 위해서는 서양철학의 연구방법이 필요하다는 점에 동의한다는 사실이다. 여러 가지 문제점들이 예측됨에도 불구하고, 서양철학의 관점에서 분석과 판단이 한국철학을 이해하기 위해 시도해볼만한 가치를 갖는다는 점에 동의하지만, 실제로 한국철학의 논제들을 서양철학적 관점에서 분석한다는 것은 결코 쉬운 일이 아니다.

때문에 지금까지 퇴계와 서양철학을 다룬 단행본은 거의 없다. 유사한 책으로써 양명수, 『퇴계사상의 신학적 이해』(이화여자대학교출판부, 2016)가 있으나, 이 책은 다만 신학적 관점에서 퇴계철학의 사단칠정론, 이발(理發), 이동(理動), 이도(理到) 등을 해석한 것이지 서양철학과의 비교분석을 진행한 것은 아니다. 또한 신귀현, 『퇴계학의 국제화와 동서철학의 비교』(영남대학교출판부, 2003)가 있으나, 이 책 역시 퇴계학이 국제적으로 전파·연구되는 현황을 소개한 것이지, 구체적인 인물에 대한 비교분석을 전개한 것이 아니다. 결국 많은 학자들이 퇴계학의 세계화·국제화를 강조하지만, 퇴계와 서양철학을 비교한 단행본은 아직 출간되지 않고 있다.

이러한 이유에서 필자는 그동안 〈퇴계와 동서철학〉을 주제로 퇴계철학과의 비교 연구를 진행해왔다. 이를 통해 ①퇴계학의 연구저변을 확대하는 실증적 자료가 확보될 것이며, ②퇴계학의 이론적 특징과 독창성 및 동서철학의 특징적 모습이 한 눈에 조망될 것이며, ③여러 서양철학자들과의 다양한 주제로 다각적인 분석을 전개함으로써 퇴계학에 대한 새로운 해석 및 심층적 연구가 이루어져 향후 한국사상사를 정초시키는 토대가 마련될 것이다. 따라서 이 한권의 책이 퇴계철학의 현대화와 세계화를 위한 학적 토대가 될 것으로 기대한다.

부록
퇴계의 교육철학

퇴계는 조선 유학을 대표하는 철학자 중의 한 사람일 뿐만 아니라, 조선의 학교교육에 '진정한 스승'의 역할을 한 교육자이다.[1] 퇴계는 관직생활 중에 성균관 대사성(大司成)으로 세 차례 재직하면서, 성균관 및 그 부설기관인 사부학당(四部學堂)을 통해 교육에 관여한다. 이 과정에서 퇴계는 당시 관학교육이 갖는 많은 폐습을 목격하는데, 이러한 학교교육의 문제의식은 말년의 퇴계로 하여금 서원을 통한 사학교육에 모든 노력을 기울이게 한다. 그 결과 조선 최초의 사액서원이 등장하며, 이후 서원의 설립이 기하급수적으로 증가한다. 이로써 조선의 학교교육은 관학 중심에서 사학 중심으로 이동하는 특징적인 경향을 보이며, 특히 퇴계의 교육사상과 교육활동은 이후 조선의 교육에 많은 영향을 미친다.[2]

퇴계가 지향한 교육의 목적은 오륜(五倫)에 기초하는 인륜을 밝히는 데 있으며, 또한 그 교육방법의 중심에는 경(敬)이 있다. '경'의 교육방법은 일상 속에서 용모・말씨・행동거지 등 자신의 몸가짐을 바르게 하는 데서부터 시작된다. 이러한 몸공부는 그대로 마음을 하나로 집중하여 한 생각의 잡념도 없게 하는 마음공부로 이어진다. 결국 마음이 분

---

[1] 퇴계는 율곡(이이)과 함께 조선을 대표하는 두 사상가로 알려져 있으나, 율곡이 교육활동보다 정치활동에 더 중점을 두었다면, 퇴계는 정치활동보다는 교육활동에 더 치중하는 모습을 보인다. 이로써 퇴계는 단순히 사상가라기보다는 교육자 또는 진정한 스승으로 인식되는 경우가 많다. 이러한 의미에서 금장태는 "治道를 추구하는 경세가의 길이 아니라, 修道를 추구하는 스승의 길을 열어갔다"라고 평가한다.(금장태, 『퇴계평전』, 지식과 교양, 2012, p.15)
[2] 당시 풍기군수였던 퇴계의 요청으로 1550년에 명종이 白雲洞書院에 대하여 紹修書院이라는 임금이 손수 쓴 글씨의 현판과 서적을 하사하고 노비를 부여하였는데, 이것이 조선에서 사액서원의 효시가 된다. 이를 기점으로 그 뒤에 전국 곳곳에 서원이 세워지면서 사액을 요구하자, 국가에서는 인재양성과 교화정책의 일환에서 대체로 이를 허락한다.(안동렬, 「퇴계의 교육론에서 학교의 의미와 성격」, 『교육철학연구』43, 교육철학연구회, 2021, p.49)

산되지 않고 집중됨으로써 현실 속에 일어나는 온갖 일에 대처함에 조금도 잘못됨이 없게 된다. 이 과정에서 인욕을 억제하고 천리를 보존함으로써 인간에게 본성으로 내재된 리의 실현이 가능해진다.

그렇다면 퇴계의 교육철학이 21세기를 살아가는 오늘날 대학교육에 무슨 방향과 대안을 제시할 수 있는가. 지금과 같은 코로나의 여파가 아니더라도, 앞으로 교육현장의 추세는 비대면의 온라인 교육이 확산될 것이다. 손안에 있는 동영상을 통해, 우리는 언제 어디서나 원하는 국내외의 다양한 정보를 손쉽게 접할 수 있다. 대학은 무엇보다도 이러한 온라인 시대의 추세에 적극적으로 대응하는 교육정책의 변화가 필요하다.

비대면의 온라인 체계와 같은 교육의 형식적 부분 외에도, 교육의 내용적·본질적 부분에서도 질적인 변화가 예상된다. 교육이 학생들의 지식탐구에 머물러서는 안 되고, 학생들의 삶의 문제로 폭넓게 다루어져야 한다. 교육은 지식탐구와 동시에 인성함양·검약·절제와 같은 실천을 통한 자아실현의 장이 되어야 할 것이다. 퇴계의 말로 표현하면, 진리를 탐구하는 궁리(窮理)와 탐구한 진리를 힘써 실천하는 역행(力行)의 조화라고 할 수 있다.

따라서 급변하는 세계정세의 흐름 속에서 21세기 대학교육이 나아갈 방향과 미래의 전망을 진단하는 과정에서 역사적 사례의 하나로써 퇴계의 교육철학을 조명해본다. 물론 퇴계의 교육철학을 논의한다고 해서 단순히 과거로 회귀하자는 것이 아니며, 오늘날 대학교육의 현주소를 정확히 진단하고 나아갈 방향과 미래의 전망에 대한 하나의 대안적 담론일 따름이다.

1. 퇴계의 학교교육 인식

(1) 학교의 타락상 비판

퇴계는 학교와 학생의 관계를 다음과 같이 정의한다.

> 학교는 풍속과 교화의 근원이고 선을 솔선하는 곳이며, 선비(학생)는 예법과 의리의 종주이고 원기(元氣)가 깃든 자이다. 국가에서 학교를 설치하여 선비를 기르는 것은 그 뜻이 매우 높으니, 선비가 입학하여 자신을 기르는 것을 어찌 함부로 천박하다고 여기거나 멸시할 수 있겠는가.[3]

학교는 사회의 풍속과 교화의 기능을 담당하는 원천이고 솔선하여 선을 실천하는 곳이며, 학생은 예법과 의리를 밝히는 주체로써 원기(元氣)가 깃든 국가의 원동력이다. 때문에 학생은 학교에서 배우고 익히는 교육을 함부로 천박하게 여기거나 멸시해서는 안 된다.

무엇보다 퇴계는 학생이 학교에 들어가서 해야 할 일로써 '자신을 기르는 것'을 강조한다. '자신을 기른다'는 것은 자신에게 내재된 본성(性)을 함양하여 실현하는 것을 의미한다. 이렇게 볼 때, 퇴계의 교육철학은 전통적 유학교육의 목적인 인간본성의 실현을 통한 인격완성에 기반하고 있음을 알 수 있다.

그렇지만 퇴계는 당시 학교가 이미 올바른 교육을 수행하지 못하고 있다고 보았으며, 그 이유로써 학교교육의 폐해를 지적한다.

> 지금의 학교를 가만히 살펴보면, 사장(師長, 선생)이 된 자와 사자(士子,

---

[3] 『退溪集』卷41, 「諭四學師生文」, "學校, 風化之原, 首善之地; 而士子, 禮義之宗, 元氣之寓也. 國家設學而養士, 其意甚隆, 士子入學以自養, 寧可苟爲是淺繼哉."

학생)가 된 자가 혹 서로 그 도리를 잃음을 면치 못한다. 비단 학칙(학교의 규칙)이 강론되지 않을 뿐만 아니라, 아울러 학령(學令, 학교의 법령)까지도 크게 무너져서 〈선생은〉 엄하지 못하고 〈학생은〉 공경하지 않아서 도리어 서로 폐해를 입히고 있다. 국학에 있어서도 이러한 일이 없다고 할 수 없으나, 사학은 더욱 심하다.[4]

선생과 학생은 마땅히 예의에 따라서 선생은 엄하고 학생은 공경하여 각각 그 도리를 다해야 한다. 선생이 '엄하다'고 하여 학생에게 사납게 군다는 것이 아니며, 학생이 '공경한다'고 하여 선생에게 무조건 굴종한다는 것이 아니다. 선생과 학생은 각자 서로 예를 행해야 하며, '예를 행한다'는 것은 학교에서 말투를 공손히 하고, 몸가짐을 삼가며, 용모나 인사를 바르게 하는 등의 예의범절을 지키는 것을 의미한다.

퇴계 당시만 하더라도 선생은 선생대로 학생은 학생대로 이미 서로 간에 지켜야 할 도리를 상실함으로써, 학교의 규칙은 말할 것도 없고 학교의 법령까지 무너져서 결국 선생과 학생이 모두 폐해를 입는 지경에 이르렀다. 이러한 폐해는 사학[5]은 말할 것도 없고, 국학의 경우도 예외가 아니었다. "옛 사람들은 하루도 예를 그만두어서는 안 된다는 것을 알았기 때문에 '예를 한 번 잃으면 이적(夷狄)이 되고, 두 번 잃으면 금수(禽獸)가 된다'라고 하였으니, 어찌 매우 두려워하지 않을 수 있겠는가."[6]

---

[4] 같은 곳, "竊觀今之學校, 爲師長爲士子, 或未免胥失其道. 非但學規不講, 竝與學令而大壞, 不嚴不敬, 反相爲瘉. 其在國學, 不可謂無此, 而四學尤甚."
[5] 四學은 조선시대에 인재를 기르기 위하여 서울의 네 곳에 세운 국가 교육기관이다. 서울의 중앙(中學)·동쪽(東學)·서쪽(西學)·남쪽(南學)에 설치한 성균관의 부속학교로, 오늘날의 중고등학교에 해당한다. 성균관에 비하여 규모가 작고 文廟를 두지 않는다는 등의 차이가 있지만, 교육방침과 교육내용은 비슷하다. 기숙사가 있고, 학비는 모두 관청에서 지급한다.
[6] 『退溪集』卷41, 「諭四學師生文」, "古人知禮之不可一日而廢也, 故其言曰, 一失則

사람이라면 하루라도 예를 행하지 않을 수 없으니, 선생과 학생은 모두 마땅히 예에 따라 행동해야 한다. 특히 선생은 학생들에게 존경받기만을 바랄 것이 아니라, 남들보다 더 엄격하게 자신의 행동을 조심하고 항상 솔선수범해야 한다.

이어서 퇴계는 당시 학교의 폐습을 구체적으로 지적한다.

> 얼핏 들으니, 사학의 유생들은 사장(師長, 선생) 보기를 길가는 사람처럼 여기고, 학궁(學宮, 강의하는 곳, 교실) 보기를 여관방처럼 여기며, 평상시에 예복을 갖춘 자가 열에 두세 사람이 못 된다. 흰옷을 입고 검은 갓을 쓰고는 멋대로 왕래하며, 사장이 들어오면 수업을 더 청하는 것은 말할 것도 없고, 읍하는 예를 행하는 것조차 꺼리고 수치로 여긴다. 서재(기숙사) 안에 드러누워서 흘겨보고 나오지 않는데, 그 이유를 물으면 공공연히 "나는 예복이 없기 때문이다"라고 대답한다.[7]

학생들은 선생 보기를 마치 길가는 사람 보듯이 하고, 교실(강의실) 보기를 마치 여관방 보듯이 한다. '길가는 사람 보듯이 한다'는 것은 선생에 대한 존경하는 마음이 전혀 없다는 말이며, '여관방 보듯이 한다'는 것은 수업시간에 엎드려 자거나 핸드폰을 보는 등 수업에 임하는 자세가 전혀 바르지 못하다는 말이다. 게다가 평소 수업시간에 교복을 갖추어 입는 자가 10에 2-3명도 되지 않는다.

흰 옷과 검은 갓은 교복과 구분되는 평상복을 가리킨다. 학생들은 교

爲夷狄, 再失則爲禽獸, 豈不深可懼哉."
[7] 같은 곳, "仄聞四學儒生, 視師長如路人, 視學宮如傳舍, 常時具禮服者, 十無二三. 白衣黑笠, 唯唯往來, 及其師長之入, 受業請益, 姑不言, 至以行揖禮爲憚爲恥. 偃臥齋中, 睨而不出, 問之則公然答曰, 我無禮服."

복이 아닌 평상복을 입고 멋대로 학교를 출입한다. 선생이 교실에 들어와서 수업할 때에도 더 배우기를 청하기는 고사하고, 인사하는 예절도 꺼리거나 수치스럽게 여긴다. 어떤 학생들은 기숙사 안에 버젓이 드러누워서 흘겨보고 아예 나오지도 않는데, 왜 수업에 나오지 않는지 그 이유를 물으면 '교복이 없기 때문이다'라고 대답한다. 이것이 바로 퇴계가 살던 당시 학교의 실상이다. 이것은 오늘날 학교교실의 모습과 크게 다르지 않으니, 결국 퇴계가 당시 학교교육의 실상을 비판한 것은 오늘날에도 그대로 유효하다고 하겠다.

그러나 간혹 이러한 학교교육의 폐습을 바로잡고자 하는 선생이 있으나, 학생들의 반응은 파격적이다. 퇴계는 학생들의 반응을 다음과 같이 소개한다.

> 이러한 폐습을 바로잡고자 하는 사장(선생)이 있어 며칠을 연달아 읍하는 예[8]를 받으면, 서로 크게 놀라고 괴이하게 여겨서 떼 지어 비난하거나 모여서 욕하는데, 혹자는 옷을 떨쳐입고 이불을 싸가지고 떠나면서 말하기를 "이는 우리들을 괴롭혀서 떠나가게 하여 그 양식을 취하려는 것이다"라고 하거나, 혹자는 여러 사람에게 공공연히 소리 높여 말하기를 "우리들은 괴로움을 견딜 수 없으니 마땅히 서재(기숙사)를 비우고 떠나가야 한다"라고 하면서 사장을 협박한다. 일찍이 도리를 알아 예로써 몸을 단속하는 자들이 차마 이런 짓을 하리라고 말할 수 있겠는가.[9]

---

8 인사하는 예절에는 실외에서 하는 揖禮와 실내에서 하는 拜禮가 있다. 읍례에는 대상에 따라 상읍례·중읍례·하읍례가 있다. 上揖禮는 큰 절을 해야 하는 경우로서 팔꿈치를 구부려 공수한 손을 눈높이까지 올라가게 한다. 中揖禮는 평절을 해야 하는 경우로서 공수한 손을 입 높이까지 올라가게 한다. 下揖禮는 반절을 해야 하는 경우로서 공수한 손을 가슴높이까지 올라가게 한다.
9 『退溪集』卷41, 「諭四學師生文」, "其有師長欲矯此弊者, 連數日受揖禮, 則大相駭

만약 일부 선생이 이러한 학교의 폐습을 바로잡고자 학생에게 며칠 동안 연달아 인사하는 규칙을 시행하면, 학생들은 해괴한 일인양 떼를 지어 선생을 비난하거나 욕한다. 어떤 학생은 옷소매를 걷어붙이고 이불 보따리를 싸서 기숙사를 떠나면서 '이것은 선생이 학생을 괴롭혀서 학생이 더 이상 학교에 못나오게 하려는 속셈이다'라고 비난한다. 또 어떤 학생은 '선생의 괴롭힘을 더 이상 견딜 수 없으므로 당장 기숙사를 비우고 집으로 돌아가겠다'라고 협박하기도 한다. 이러한 학생들의 소행을 두고, 퇴계는 "도리를 알고 예로써 몸을 단속하는 학생들이 차마 이런 짓을 하리라고 생각조차 할 수 있겠느냐", 즉 있을 수 없는 일이라고 탄식한다.

그렇다면 학생들의 소행만 잘못된 것인가. 그렇지 않다. 퇴계는 학생들의 잘못된 소행이 전적으로 선생의 잘못에 연유한다고 비판한다.

> 제생들을 이와 같이 만든 것은 실로 사장(선생)이 직무를 수행하지 못한 잘못에 연유한다. 지금 사학의 관원들은 스스로 처신하는 것이 매우 졸렬하니, 부지런히 출근하지 않아 학사(學舍, 연구실)가 항상 비어 있어 서원과 다름이 없으며, 간혹 출근하는 자가 있으나 그럭저럭 시간을 때우고 읍하는 예를 행하지 않고 가르침을 일삼지도 않는다. 모든 처사가 도리를 잃은 것이 많기 때문에 새로 입학한 소년들은 의리에 깊지 못하여 선생과 학생간의 분수에 어둡고 함부로 경시하는 마음을 품어 안일에 빠지고 나쁜 버릇을 익혀서 점점 오만하고 사나워지는데 이른다. 이와 같은 것이 어찌 유독 제생들의 잘못이겠는가.[10]

異, 羣譏聚罵, 或奮衣襆被而去曰, 是撓我輩使去而欲取其食; 或揚言於衆曰, 我輩不堪侵撓, 會當空齋散去, 以是怵師長. 曾謂識道理以禮律身者, 忍爲是乎."

10 같은 곳, "而所以便諸生如此者, 寔由於師長不職之過也. 今四學官員, 所以自處者,

학생들의 나쁜 폐습은 전적으로 선생이 제대로 직분을 수행하지 못한 잘못에 연유한다. 예컨대 선생이 학교에 부지런히 출근하지 않아서 항상 연구실이 비어있다거나, 간혹 출근하는 자가 있더라도 학생에게 읍하는 예를 행하지 않거나 적당히 시간만 때우는 등 가르침에 전념하지 않는다. 결국 선생의 처신이 올바르지 못하고 도리를 잃었기 때문에 학생들도 선생을 경시하는 마음을 품는다. 이로써 학생들이 배움에 뜻을 두기는커녕 "안일에 빠지고 나쁜 버릇을 익혀서 점점 오만하고 사나워지는데 이른다." 이것이 어찌 전적으로 학생들의 잘못이겠는가. 선생이 모범을 보이지 않고 잘못된 행동을 선보임으로써 초래된 일이다.

때문에 퇴계는 무엇보다도 먼저 선생이 학생에게 솔선수범할 것을 당부한다. "지금부터 선생은 공사의 사정 외에는 반드시 날마다 출근하고, 출근해서는 반드시 학생에게 예를 행하며, 예가 끝나면 수업을 시작하는 것을 일상의 관례로 삼아야 한다. 학생도 반드시 예복을 갖추어 입고, 모두 나와서 읍을 행하며, 글을 읽고 배우기를 청해야 한다. 날마다 먹는 음식도 모두 예의 안에서 힘써야 한다."[11] 먼저 선생이 날마다 출근하여 학생에게 예를 행하고 수업을 시작하는 등의 모범을 보이면, 학생들도 교복을 제대로 갖추어 입고서 선생에게 예를 행하고 가르침을 청한다.

그런 뒤에야 선생은 학생에게 오만하지 않고 학생은 선생을 공경함으로써 학교의 나쁜 폐습이 제거될 수 있다. "그러면 〈선생은〉 이전의

亦甚蔑裂, 不勤仕進, 學舍常空, 無異院宇, 間有仕進, 因循苟且, 不行揖禮, 不以敎訓爲事. 凡所處多失其道, 故新學少年, 不深於義理, 昧於師生之分, 妄生輕侮之心, 狃逸習非, 馴致傲狠, 若是則夫豈獨諸生之過哉."
11 같은 곳, "自今以往, 師長舍公私事故外, 必須逐日齊仕, 仕必行禮, 禮畢開講, 日以爲常. 諸生必須各具禮服, 盡出行揖, 讀書請益, 日用飮食, 無不周旋於禮義之中."

오만하고 능멸하며 비열하고 험악한 태도가 자연히 없어지고, 〈학생도〉 겸손하고 공경하며 선을 좋아하고 의리를 좋아하는 뜻이 저절로 드러나서, 풍속이 돈후해지고 나쁜 폐단이 일신될 것이다."[12] 그렇지 않고 선생이 기존의 고루한 폐단을 인습하고 구태의연한 태도를 고수하면, 결국에는 국가의 처벌을 받게 될 것이라고 경고한다.

> 사장(선생)이 만에 하나라도 고루한 것을 인습하고 옛 습관을 고수하여 고칠 것을 생각하지 않고 신중하거나 부지런하지 않는다면, 국가에는 내치거나 발탁하는 규정이 있으니, 장관이 일시적으로 감히 사사로이 할 수 있는 바가 아니다. 각자 마땅히 노력하여 소홀히 하지 말아야 한다.[13]

만약 선생이 기존의 안일한 습관을 고수하여 자신의 직분에 최선을 다하지 않으면, 국가의 처벌을 받을 수 있다. 국가에는 잘못한 자는 내치고 잘한 자는 발탁하는 상벌의 규정이 있어서 그 상벌의 규정에 따라 직분에 충실하지 않는 선생을 처벌할 수 있으니, 이때 사적으로 잘 아는 장관이 있더라도 구제해줄 수가 없다. 때문에 선생은 마땅히 부지런히 노력하여 자신의 직분을 다하고 조금도 소홀히 해서는 안 된다. 이로써 풍속과 교화의 근원이며 선을 솔선하는 학교의 아름다운 기강이 확립될 수 있으니, 선생과 학생은 모두 반드시 무거운 책임감을 가지고 솔선수범하는데 힘써야 한다.

---

12 같은 곳, "則向之傲狠淩忽鄙悖險詖之態, 自然銷釋, 謙恭順悌, 樂善好義之意, 油然呈露, 風流篤厚, 一新刓弊."
13 같은 곳, "其師長萬一因陋守舊, 不圖改轍, 不謹不勤, 則國有黜陟之典, 固非僚長一時之所敢私也. 各宜勉力毋忽."

(2) 학교교육의 내용: 오륜의 실현

그렇다면 퇴계가 중시하는 학교교육의 중심내용은 무엇인가. 퇴계는 학교교육의 중심내용으로 오륜(五倫)을 지목한다.

퇴계는 인간에게 본성으로 내재하는 리의 실현을 교육의 핵심으로 제시한다. 리는 인간에게 인·의·예·지의 사덕(四德) 또는 인·의·예·지·신의 오상(五常)으로 내재하는데, 이것을 본성(性)이라 부른다. 이때의 본성은 오륜의 부자유친(父子有親)·군신유의(君臣有義)·부부유별(夫婦有別)·장유유서(長幼有序)·붕우유신(朋友有信)이라는 사랑(親)·의리(義)·분별(別)·차례(序)·신의(信)로 드러나니, 결국 인간에게 본성으로 내재된 리는 오륜을 통해 실현된다.

인간의 본성이 실현되는 사회를 구현하기 위해서 국가에서는 제도적 차원에서 학교와 스승(선생)을 세우는데, 학교는 오륜에 기초하여 본성으로 내재된 리의 실현을 도움으로써 이상적 사회를 구현한다. 즉 국가에서는 인간의 본성을 실현시키려는 목적으로 학교를 설립하고, 학교는 오륜을 중심내용으로 교육한다는 것이다.

이에 퇴계는 과거의 이상적 사회였던 삼대(三代)의 사례를 학교교육의 표준으로 제시한다.

> 대개 당(唐)·우(虞)의 가르침은 오품(五品)에 있고 삼대(三代)의 학문은 모두 인륜을 밝히는 것이므로 〈백록동규〉의 이치를 궁구하고 실행에 힘쓰는 것이 모두 오륜에 근본한다. 또한 제왕의 학문은 법규와 금지조항을 갖추고 있어서 비록 일반 사람들과 다 같을 수가 없는 것이지만, 이륜(彛倫, 인륜)에 근본하고 이치를 궁구하거나 실행에 힘써서 심법(心法)의 요점을 얻으려는 점에서는 다를 것이 없다.[14]

오품(五品)은 『서경』 「순전」에 보이는 부자·군신·부부·장유·붕우의 다섯 등급으로서[15] 오륜을 의미하며, 오상(五常)·오전(五典)·오교(五敎)라고도 부른다. 이러한 오륜의 내용은 『맹자』에도 보인다. 『맹자』에는 순임금이 설이라는 신하를 시켜서 인륜을 가르치게 하였다고 설명한다. "후직[16]이 백성에게 농사를 가르쳐서 오곡을 심고 가꾸게 하자, 오곡이 익어 백성이 잘 살게 되었다. 사람에게는 도리가 있으니, 배불리 먹고 따뜻이 입고서 편안히 지내기만 하고 가르치지 않으면 금수에 가까워진다. 이 때문에 성인(순임금)이 이를 근심하여 설(契)로 하여금 사도(司徒, 교육관직)를 삼고서 인륜을 가르치게 하였으니, 부모와 자식 사이에는 사랑이 있고, 임금과 신하 사이에는 의리가 있으며, 남편과 아내 사이에는 분별이 있고, 어른과 아이 사이에는 차례가 있으며, 친구와 친구 사이에는 신의가 있다는 것이다."[17] 여기에서 부자유친·군신유의·부부유별·장유유서·붕우유신이라는 오륜의 내용이 구체적으로 언급된다.

주자는 이러한 오륜의 실현이 가능한 것으로써 사람에게 이미 타고난 본성이 간직되어 있기 때문이라고 지적한다. "사람은 모두 타고난

---

14 『退溪集』卷7, 「進聖學十圖箚」, 〈第五白鹿洞規圖〉, "蓋唐虞之敎在五品, 三代之學, 皆所以明人倫, 故規之窮理力行, 皆本於五倫. 且帝王之學, 其規矩禁防之具, 雖與凡學者有不能盡同者, 然本之彝倫, 而窮理力行, 以求得夫心法切要處, 未嘗不同也."

15 『書經』, 「舜典」, "帝曰, 契, 百姓不親, 五品不遜, 汝作司徒, 敬敷五敎, 在寬."(순임금이 말하였다. 설아! 백성이 친목하지 않고 五品이 화순하지 않아서 너를 司徒로 삼으니, 공경히 다섯 가지 가르침을 펴서 너그러움이 있게 하라.)

16 后稷: 요임금의 신하로, 백성에게 농사법을 가르쳤다. 뒤에 周왕조의 시조가 되었으며 성은 姬씨다. 요임금의 발탁으로 농사의 벼슬인 農師를 맡았다.

17 『孟子』, 「滕文公(上)」, "后稷敎民稼穡. 樹藝五穀, 五穀熟而民人育. 人之有道也, 飽食煖衣, 逸居而無敎, 則近於禽獸. 聖人有憂之, 使契爲司徒, 敎以人倫, 父子有親, 君臣有義, 夫婦有別, 長幼有序, 朋友有信."

본성을 가지고 있지만, 교육이 없으면 방종하고 게을러서 그것을 잃어버리기 때문에 성인이 관직을 설치하여 인륜을 가르치게 하였으니, 본래 가지고 있는 것에 연유하여 인도하였을 뿐이다."[18] 성인이 학교를 세워서 오륜을 가르친 것은 새로운 이론을 만들어낸 것이 아니라, 사람이 본래 가지고 있는 고유한 본성을 이끌어낸 것에 불과하다. 이것은 오륜의 교육이 인간 본성의 실현에 다름 아니라는 의미이다.

때문에 퇴계는 요임금과 순임금의 가르침이 오륜에 있고, 이상적 시대인 하·은·주 삼대(三代)의 학문이 모두 오륜에 기초하는 인륜을 밝히는데 있다고 강조한다. 결국 교육은 인간의 본성에 근거하는 오륜을 가르치는 것이며, 그 결과 지선(至善)한 인간관계의 실현에 그 목적이 있다고 하겠다. 물론 이러한 인간관계는 부모와 자식, 군주와 신하, 남편과 아내, 어른과 아이, 친구와 친구간의 관계를 주된 내용으로 한다.

이로써 부자유친·군신유의·부부유별·장유유서·붕우유신이라는 오륜의 규범은 인륜이며 동시에 천륜이 된다. 인륜이므로 인간이 인간노릇을 할 수 있는 근본 조건이요, 천륜이므로 인간에게 부여된 벗어날 수 없는 절대적 명령이다. 이것은 사람이 생활하는 사회 안에서의 모든 인간관계를 교육의 핵심적 내용으로 설정한다는 말이다. 이것이 바로 교육이 학교라는 울타리 속에 가둬서는 안 되고, 삶의 문제로 폭넓게 다루어져야 하는 이유이며, 아울러 퇴계가 인륜을 밝히는 것을 교육의 근본 목적으로 제시하는 이유이기도 하다.

이것은 유학전통의 학교교육에 근원하는 것으로써, 이러한 교육은 일반 학생들뿐만 아니라 제왕의 경우도 예외가 아니다. 비록 제왕의 교육이 일반 학생들과 같지 않은 것이 있지만, 인륜에 근본을 두고서 '이

---

18 『孟子集註』, 「滕文公(上)」, "人之有道, 言其皆有秉彝之性也. 然無敎則亦放逸怠惰而失之, 故聖人設官而敎以人倫, 亦因其固有者而道之耳."

치를 궁구하고 실행에 힘쓰는' 심법(心法)의 요체는 다를 것이 없다. '심법'은 마음을 다스리는 방법이니, 결국 이치를 궁구하고(窮理) 실행에 힘쓰는(力行) 교육이 모두 마음을 다스리는 데로 귀결된다. 마음이 다스려지면, 저절로 사욕이 제거되고 천리의 본성이 실현된다는 것이다.

이어서 퇴계는 심법을 이루는 방법인 궁리(窮理)와 역행(力行)의 구체적 내용을 설명한다. 이것이 바로 퇴계『성학십도』「백록동규도」의 주요 내용이기도 하다.

> 교육은 인륜을 밝히는데 근본하니, 널리 배우고, 자세히 묻고, 신중히 생각하고, 분명히 분별하는 것을 궁리(窮理)의 요체로 삼고, 몸을 닦는 데서부터 일을 처리하고 남과 접촉하는데 이르기까지를 독행(篤行)의 조목으로 삼는다. 배우고 묻고 생각하고 분별하여 사물에 통달하고 지식이 지극해지면, 이치가 밝지 않음이 없어서 학술이 정미한데에 이를 수 있다.[19]

퇴계는 교육 방법으로『중용』의 박학(博學) · 심문(審問) · 신사(愼思) · 명변(明辨) · 독행(篤行)의 내용을 제시한다.[20] 이들 내용은 크게 지식을 탐구하는 '궁리'와 실천에 힘쓰는 '역행'으로 구분된다. 널리 배우고(博學), 자세히 묻고(審問), 신중히 생각하고(愼思), 분명히 분별하는(明辨) 것은 '궁리'의 요체이며, 독실히 행하는(篤行) 것은 '역행'의 조목이다. 또한 역행(또는 독행)에는 몸을 수양하고(修身), 일을 처리하고(處事), 남과 접촉하는(接物) 대인관계의 내용이 포함된다.

---

19 『退溪集』卷29,「答金而精」, "蓋其爲敎也本於明倫, 而以博學審問愼思明辨, 爲窮理之要, 自修身以至於處事接物, 爲篤行之日. 大學問思辨而物格知至, 則理無不明, 而學術可造於精微矣.……滉雖知其如此, 而行之不逮, 今當日夕相與勉焉, 可乎."
20 『中庸』, 第20章, "博學之, 審問之, 愼思之, 明辨之, 篤行之."

따라서 배우고 묻고 생각하고 분별하여 지식이 쌓이면, 사물의 이치에 밝아져서 학문이 정미한 수준에 이르게 된다. 동시에 이렇게 얻은 지식은 반드시 실천이 동반되어야 비로소 일을 처리하거나 대인관계에서 잘못되는 일이 없게 된다. 이러한 의미에서 정자 역시 "널리 배우고, 자세히 묻고, 신중히 생각하고, 분명히 분별하고, 독실히 실행하는 이 다섯 가지 중에서 하나만 폐기하여도 학문이 아니다"[21]라고 강조한다.

특히 퇴계는 이러한 독행과 관련해서 어떻게 해야 하는지를 구체적으로 언급한다. 몸을 수양할 때는 "말은 진실하고 신의있게 하며, 행동은 독실하고 공경스럽게 하며, 분노를 경계하고 욕심을 억제하며, 선을 따르고 잘못을 고친다."[22] 일을 처리할 때는 "의리에 맞도록 하고 이익을 도모하지 않으며, 도리에 밝도록 하고 공적을 헤아리지 않는다."[23] 남을 대할 때는 "자신이 원하지 않는 것을 남에게 시키지 말며, 행하다가 얻지 못하면 돌이켜 자신을 반성한다."[24] 이상의 내용이 바로 퇴계가 강조하는 '궁리'와 '역행'의 심법(心法)이며, 교육 역시 이러한 '궁리'와 '역행'의 기반 위에서 확립될 수 있다.

결국 퇴계가 오륜의 내용을 학교교육의 핵심으로 제시하는 이유는 단순히 암기와 같은 지식교육에 그치는 것이 아니라, 오륜을 통한 올바른 인간관계의 확립이 학생들의 인간성·사회성에 기초가 된다고 보았기 때문이다. 퇴계의 진리구현도 인륜의 기반 위에서 가능하다는 전통유학의 사상적 특징으로 귀결된다.

---

21 『論語集註』,「爲政」, "程子曰, 博學審問愼思明辨篤行五者, 廢其一, 非學也."
22 『退溪集』卷7,「進聖學十圖箚」,〈第五白鹿洞規圖〉, "言忠信, 行篤敬, 懲忿窒慾, 遷善改過."
23 같은 곳, "正其義, 不謀其利, 明其道, 不計其功."
24 같은 곳, "己所不欲, 勿施於人, 行有不得, 反求諸己."

2. 퇴계의 교육철학

(1) 교육의 본질

퇴계의 교육을 언급하기 위해서는 먼저 인간에 대한 이해가 선행되어야 할 것이다. 왜냐하면 교육의 대상은 인간이고, 인간을 어떻게 이해하는가에 따라 교육정책의 방향이 결정되기 때문이다. 이것은 교육이 무엇을 지향하는지의 문제와 직결된다. 퇴계는 인간을 어떻게 이해하는가.

> 천지간에는 리가 있고 기가 있으니, 리가 있으면 바로 기의 조짐이 있고 기가 있으면 바로 리의 따름이 있다. 리는 기의 장수가 되고 기는 리의 병졸이 되어 천지의 공능을 수행하니, 리라는 것은 사덕(四德)이 이것이고 기라는 것은 오행(五行)이 이것이다.[25]

퇴계는 사람을 비롯한 만물의 존재를 리와 기의 결합으로 설명한다. 이때 리는 원리(정신)에 해당하고 기는 형체(육신)에 해당한다. "리가 있으면 바로 기가 있고, 기가 있으면 바로 리가 있다." 즉 리와 기는 항상 함께 있으므로 우선순위를 말할 수 없다는 뜻이다. 그럼에도 퇴계는 기보다 리를 더 우위에 두니 "리는 기의 장수가 되고, 기는 리의 병졸이 된다." 리가 장수이고 기가 병졸이라는 말은 리가 기보다 가치론적·생성론적으로 더 우위에 있다는 의미이다. 선악과 같은 가치론의 측면에서 볼 때 순선한 리가 선악을 겸하는 기보다 더 본질적이라는 것이며, 우주

---

25 『退溪續集』卷8,「天命圖說」, "天地之間, 有理有氣, 纔有理, 便有氣眹(朕)焉; 纔有氣, 便有理從焉. 理爲氣之帥, 氣爲理之卒, 以遂天地之功, 所謂理者, 四德是也; 所謂氣者, 五行是也."

생성론의 측면에서 보더라도 기보다는 리가 더 근원적이라는 것이다. 이것이 바로 율곡(이이)과 구분되는 퇴계철학의 한 특징이기도 하다.

리에는 원·형·이·정의 사덕(四德)이 있는데, 이것이 순환하여 사계절과 같은 천지의 운행이 전개된다. 천지간의 만물은 음양오행의 기를 받아 형체를 이루는데, 그 형체는 원·형·이·정의 리를 갖추고 있지 않음이 없다. 형체가 리를 감춤으로써 성(본성 또는 성품)이 되는데, 그 성의 내용에는 인·의·예·지·신의 오상(五常)이 있다. 하늘의 사덕과 사람의 오상은 모두 하나의 리를 가리키니, 하늘과 사람은 구분이 없다. 사람의 성이 곧 하늘의 리이니, 이것이 바로 성리학이 말하는 성즉리(性卽理)의 의미이다.

사람은 본래 하늘의 리가 본성으로 내재하는 순선(純善)한 존재이니, 누구나 학업을 닦고 수양에 힘쓰면 타고난 선한 본성을 회복함으로써 온전한 인간인 성인에 이를 수 있다. 이로써 사람은 누구나 끊임없는 학습을 통해 자기의 본성을 자각하고 실현해나갈 수 있도록 교육의 방향이 설정된다.

그럼에도 사람은 형체를 이루는 기의 방해 때문에 태어나면서 부여받은 리를 온전히 실현하지 못한다. 이것은 리(성)가 누구에게나 동일하게 부여되지만, 그와 함께 타고난 기질적 차이에 따라 부여된 리가 달라진다는 의미이다. 예컨대 기질이 맑으면 리가 맑은 기질 속에 내재하여 온전히 실현될 수 있으나, 기질이 탁하면 리가 탁한 기질 속에 내재하여 온전히 실현될 수 없다. 이러한 의미에서 퇴계는 "오직 기에는 각각 치우침이 있으니, 리가 이 사물에 있을 때에도 따라서 치우치지 않을 수 없다."[26] 리는 항상 기 속에 내재하므로 기가 치우치면 리도 치우친

---

26 『退溪集』卷35,「答李宏仲」, "惟其氣各有偏, 理之在是物者, 亦不能不隨而偏."

다. 그러므로 누구나 동일한 리를 부여받지만 기질의 맑고 탁함, 순수하고 잡박함에 따라 성인(聖人)과 우인(愚人) 또는 상지(上智)·중인(中人)·하우(下愚) 등의 다양한 차이가 생겨난다.

> 사람의 기가 바르기는 바르지만 그 기에도 음이 있고 양이 있으니, 기질을 품수받음에도 어찌 맑고 탁함(淸濁), 순수하고 잡박함(粹駁)이 없다고 말할 수 있겠는가. 이 때문에 사람이 태어날 때에도 하늘에서 기를 품수받으나 하늘의 기에는 맑은 것도 있고 탁한 것도 있으며, 땅에서 질(質)을 품수받으나 땅의 질에는 순수한 것도 있고 잡박한 것도 있다.[27]

사람이 태어날 때는 하늘의 기(氣)와 땅의 질(質)을 품수받아 형체를 이루는데, 이때 하늘의 기에는 맑은 것도 있고 탁한 것도 있으며, 땅의 질에는 순수한 것도 있고 잡박한 것도 있다. 이때 맑고 순수한 것을 타고난 자는 상지(上智)가 되고, 맑으면서 잡박하거나 탁하면서 순수한 것을 타고난 자는 중인(中人)이 되며, 탁하고 잡박한 것을 타고난 자는 하우(下愚)가 된다. 이때 '상지'라고 하여 리가 많은 것이 아니며, '하우'라고 하여 리가 적은 것이 아니다. 리는 모두 동일하며, 다만 기질의 맑고 탁함이나 순수하고 잡박함에 따라 달라질 뿐이다. 때문에 퇴계는 "'상지'라도 기질의 훌륭함을 믿고 감히 자만해서는 안 되며, '하우'라도 미리 포기해서는 안 되고 마땅히 스스로 힘을 다해야 한다"[28]라고 경고한다. 이것은 태어나면서 부여받은 기질이라도 인간의 노력(교육)을 통해

---

27 『退溪續集』卷8,「天命圖說」, "人之氣正則正矣, 而其氣也有陰有陽, 則其氣質之稟, 亦豈無淸濁粹駁之可言乎. 是以人之生也, 稟氣於天, 而天之氣有淸有濁, 稟質於地, 而地之質有粹有駁."
28 같은 곳, "故氣質之美, 上智之所不敢自恃者也, 天理之本, 下愚之所當自盡者也."

변화시킬 수 있다는 말에 다름 아니다.

이때 사람의 탁하고 잡박한 기질이 본성의 실현을 가로막음으로써 사욕이 발생한다. 그러므로 사욕을 극복하고 본성을 실현하도록 도울 수 있는 교육제도가 필요하며, 학교는 본성의 실현을 돕기 위한 제도적 장치로서 존립한다. 이로써 학교는 모든 사람에게 본성으로 내재하는 리의 실현이라는 공동의 목표를 형성한다.

특히 퇴계는 교육에서 생각(思)과 배움(學)이라는 두 가지의 학습방법을 강조한다.

> 성인의 학문은 마음에 구하지 않으면 어두워서 얻을 수 없기 때문에 반드시 생각하여 그 미묘한 이치에 통해야 하고, 그 일을 익히지 않으면 위태롭고 불안하기 때문에 반드시 배워서 실천해야 합니다. 생각과 배움이 서로 발명하고 서로 도와야 합니다.[29]

이 글은 퇴계가 선조임금에게 『성학십도』를 올리면서 상소한 내용이다. 퇴계에 의하면, 생각과 배움은 서로 상보적 관계에 있다. 배우되 생각하지 않으면 한 귀로 듣고 한 귀로 흘러서 얻는 것이 없게 되고, 생각하되 배우지 않으면 주관적 오류에 빠져서 위태롭게 된다. 공자 역시 "배우기만 하고 생각하지 않으면 얻는 것이 없고, 생각하기만 하고 배우지 않으면 위태롭다"[30]라고 경고한다. 배우고 생각하며, 생각한 것을 바탕으로 더욱 널리 배워나가는 것이 참된 학습방법이다.

이러한 의미에서 퇴계는 "순임금은 어떤 사람이고 나는 어떤 사람인

---

29 『退溪集』卷7, 「進聖學十圖箚」, "蓋聖門之學, 不求諸心, 則昏而無得, 故必思以通其微, 不習其事, 則危而不安, 故必學以踐其實. 思與學, 交相發而互相益也."
30 『論語』, 「爲政」, "子曰, 學而不思則罔, 思而不學則殆."

가. 노력하면 나도 순임금 같은 사람이 될 수 있다'[31]라는 생각으로, 분발하여 배우고 생각하는 두 가지 공부에 힘써야 한다."[32] 즉 배우고 생각하는 두 가지 공부에 최선을 다하면, 누구나 순임금과 같은 성인이 될 수 있다는 말이다. 물론 이때의 배움도 외적인 지식 탐구에만 그치는 것이 아니라, 내면의 성찰과 자기함양을 통한 인격 완성을 목표로 한다. 장재의 말로 표현하면, '견문의 지(見聞之知)'와 구분되는 '덕성의 지(德性之知)'에 대한 강조이다.[33] '견문의 지'가 객관세계의 리를 궁구하여 얻은 지식을 말한다면, '덕성의 지'는 마음속에 내재된 리(성)를 자각하여 얻는 지식을 말한다.

이렇게 볼 때, 퇴계의 교육은 대상세계에 대한 지식탐구도 중요하지만, 인간 내면의 본성을 자각하고 실현하는데 그 궁극적 목적이 있다고 하겠다. 이에 퇴계는 인간 내면의 본성을 자각하고 실현하는 과정에서 마음을 주재·통제하는 방법으로 경(敬)에 주목한다.

(2) 교육의 방법: 경(敬)

퇴계는 교육방법의 하나로 '경'을 중시한다. 퇴계에 의하면 "경은 학문의 처음과 끝을 이루는 요체이다."[34] 경으로써 자신을 지킬 수 있으면, 마음이 평온하고 기운이 화평하여 모든 일들이 절도에 맞지 않음이 없다. 결국 경으로 자신을 바르게 하면 남도 저절로 교화되어 가정·사

---

31 『孟子』, 「滕文公(上)」, "舜何人也, 予何人也, 有爲者亦若是."
32 『退溪集』卷7, 「進聖學十圖箚」, "以爲舜何人也, 予何人也. 有爲者亦若是, 奮然用力於二者之功."
33 『正蒙』, 「大心」, "見聞之知, 乃物交而知, 非德性所知. 德性所知, 不萌於見聞."(보고 들어서 아는 것은 사물과 교감하여 아는 것이지 덕성으로 하는 것이 아니다. 덕성으로 아는 것은 보고 듣는 데서 싹트지 않는다.)
34 『退溪集』卷7, 「進聖學十圖箚」, 〈第四大學圖〉, "然則敬之一字, 豈非聖學始終之要也哉."

회·국가로 확장된다. 이러한 의미에서 주자 역시 "자신을 닦고, 집안을 가지런히 하며, 나라를 다스리고, 세상을 화평하게 하는 일은 모두 조금도 경하지 않으면 얻을 수 없다"[35]라고 강조한다.

그렇다면 경은 어떻게 공부해야 하는가.

> 주자가 말하기를, 정자(정이)는 일찍이 주일무적(主一無適)을 말하고 정제엄숙(整齊嚴肅)을 말하였으며, 문인 사씨(사량좌)의 설에는 상성성(常惺惺)이라는 것이 있고, 윤씨(윤돈)의 설에는 기심수렴불용일물(其心收斂不容一物)이라는 것이 있다. 경은 하나의 마음을 주재하는 것이고 온갖 일의 근본이다.[36]

> 요컨대 공부하는 요령은 모두 하나의 경(敬)에서 떠나지 않는다. 마음은 몸을 주재하는 것이고, 경은 또한 마음을 주재하는 것이다. 배우는 자들이 주일무적(主一無適)의 설, 정제엄숙(整齊嚴肅)의 설, 기심수렴불용일물(其心收斂不容一物)과 상성성(常惺惺)의 설을 익숙히 궁구하면, 그 공부가 다하여 넉넉히 성인의 경지에 들어가는 것도 어렵지 않을 것이다.[37]

퇴계는 경의 구체적 실천방법을 네 가지로 소개하니, 정이의 '주일무적'과 '정제엄숙', 사량좌의 '상성성'과 윤돈의 '기심수렴불용일물'이 그것이다.

---

35 『朱子語類』卷12, "修身齊家治國平天下, 都少箇經不得."
36 『退溪集』卷7, 「進聖學十圖箚」, 〈第四大學圖〉, "朱子曰, 程子嘗以主一無適言之, 嘗以整齊嚴肅言之, 門人謝氏之說, 則有所謂常惺惺法者焉, 尹氏之說, 則有其心收斂不容一物者焉云云. 敬者, 一心之主宰, 而萬事之本根也."
37 『退溪集』卷7, 「進聖學十圖箚」, 〈第八心學圖〉, "要之, 用工之要, 俱不離乎一敬. 蓋心者, 一身之主宰, 而敬又一心之主宰也. 學者熟究於主一無適之說, 整齊嚴肅之說, 與夫其心收斂常惺惺之說, 則其爲工夫也盡, 而優入於聖域, 亦不難矣."

'주일무적'은 오로지 마음을 하나에 집중하여 흩어지지 않는 것을 말한다. 예를 들어 책을 볼 때는 마음이 책에 있어야 하고, 일을 할 때는 마음이 일에 있어야 한다. 책을 보면서 마음이 일에 있다거나 일을 하면서 마음이 책에 있는 것은 '주일무적'이 아니다. 마치 하나의 일에 집중하여 다른 일이 있는 줄을 모르는 것처럼 하는 것이 '주일무적'이다. 이것이 바로 주자가 「경재잠도」에서 말한 "동쪽으로 간다 하고서 서쪽으로 가지 말고, 남쪽으로 간다 하고서 북쪽으로 가지 말라.……두 가지 일로써 마음을 둘로 나누지 말고 세 가지 일로써 마음을 셋으로 나누지 말라"[38]라는 뜻이다. 이렇게 되면, 마음이 전일하고 산만하지 않아 변화하는 세계의 온갖 일에 대처하더라도 잘못되는 일이 없다.

'정제엄숙'은 밖으로 몸가짐을 단정하고 바르게 하는 것을 말한다. 이것이 바로 「경재잠도」에서 말한 "의관을 바르게 하고, 시선을 높게 하라.…… 발걸음은 무겁게 하고, 손가짐은 공손하게 하라"[39]라는 뜻이다. 『예기』에 나오는 구용(九容, 아홉 가지 용모) 역시 모두 정제엄숙의 구체적인 절목이다.[40] 결국 밖으로 몸가짐을 단정하고 바르게 하면 안으로 마음도 저절로 바르게 보존되니, 밖으로 정제엄숙하지 못하면 안으로 마음을 제대로 보존할 수 없다. 예컨대 두 다리를 뻗고 앉아 있으면서 마음이 태만하지 않을 수 있는 사람은 있지 않을 것이기 때문이다.

'상성성'은 마음(의식)이 항상 깨어있는 것을 말한다. 마음이 항상 깨

---

38 『退溪集』卷7,「進聖學十圖箚」,〈第九敬齋箴圖〉, "不東以西, 不南以北.……弗貳以二, 弗參以三."
39 같은 곳, "正其衣冠, 尊其瞻視.……足容必重, 手容必恭."
40 九容은 『禮記』「玉藻」에 나오는 바른 몸가짐에 대한 아홉 가지 가르침으로, 발걸음은 무겁고(足容重), 손가짐은 공손하며(手容恭), 눈은 단정하고(目容端), 입은 다물며(口容止), 목소리는 조용하고(聲容靜), 머리는 반듯하며(頭容直), 숨소리는 정숙하고(氣容肅), 서 있는 모습은 의젓하며(立容德), 얼굴빛은 씩씩하게 한다(色容莊)는 것이다.

어있어야 변화하는 온갖 일에 대응하여 옳고 그름을 분명히 판단할 수 있다. 또한 '기심수렴불용일물'은 마음을 수렴하여 하나의 잡념도 용납하지 않는다는 것을 말한다. 예컨대 조상신을 모신 사당에 들어가서 공경을 지극히 할 때면, 그 마음이 수렴되어 다른 잡념이 일어나지 않는 것과 같다. 이러한 마음가짐을 가지면, 언제나 게으르거나 사특한 생각이 일어나지 않으니, 이로써 천리의 옳음을 지키고 인욕의 나쁨을 막아낼 수 있다.

이러한 네 가지 경의 공부방법은 서로 유기적인 관계를 가진다. 때문에 퇴계는 "세 선생의 네 가지 설이 비록 같지 않지만, 주자의 말에 따르면 '실제는 다만 한 가지이다'"[41]라고 지적한다. 특히 퇴계는 이상의 네 가지 중에서 '정제엄숙'을 공부의 착수처로 삼는다.

> 다만 지금 착수하여 공부할 곳을 구한다면, 마땅히 정자의 정제엄숙(整齊嚴肅)을 우선으로 하여 오래도록 게을리 하지 않으면, 이른바 '마음이 곧 하나가 되어 그르거나 잘못되는 일이 없다'는 말이 나를 속이지 않음을 징험할 수 있을 것이다.[42]

경의 공부방법으로서 가장 우선으로 해야 할 것은 '정제엄숙'이다. 이것은 경 공부가 자신의 몸가짐을 단정하게 제어하는 것에서부터 시작된다는 말이다. 자신의 몸가짐을 단정하게 제어하는 공부를 지속하면, 정자(정이)의 말처럼 "다만 몸을 단정히 하고 엄숙히 하면 마음이 곧 하나가 되고, 마음이 하나가 되면 저절로 그르거나 잘못되는 일이 없게

---

41 『退溪集』卷29, 「答金而精」, "且三先生四條說雖不同, 朱子嘗曰, 其實只一般."
42 같은 곳, "但今求下手用功處, 當以程夫子整齊嚴肅爲先, 久而不懈, 則所謂心便一而無非僻之干者, 可驗其不我欺矣."

된다."⁴³ 몸가짐이 바르면 마음도 하나로 모아지고, 하나된 마음의 통제 하에 있으니 모든 일처리에서 잘못되는 일이 없다.

퇴계가 예를 강조하는 이유 역시 몸가짐을 바르게 하는 공부를 통해 마음공부가 지속될 수 있다고 보기 때문이다. '정제엄숙'하여 외면의 태도와 행동을 다스리면, 내면의 마음도 저절로 수습된다. 밖으로 정제엄숙하면, 안으로 마음이 하나로 모아지니 결국 마음을 놓아 나태하거나 태만해지는 일이 없어진다. 이러한 의미에서 퇴계는 "안과 밖이 애초에 서로 떠나지 않으니, 이른바 정제엄숙이 바로 그 마음을 보존하는 까닭이다"⁴⁴라고 말한다. 결국 퇴계의 경 공부는 외면과 내면이 서로 분리되지 않고 하나로 통합하는데 있다고 하겠다. 이것이 바로 "경을 지키는 것은 생각과 배움을 겸하고, 동과 정을 관통하며, 안과 밖을 합하고, 드러남(顯)과 은미함(微)을 하나로 하는 방도이다"⁴⁵라는 의미이다.

그렇다면 퇴계는 왜 정제엄숙을 경 공부의 착수처로 강조하는가. 왜냐하면 정제엄숙은 밖으로 드러나는 몸가짐을 제어하는 것이니, 형체도 없고 볼 수도 없는 마음공부에 비하면 눈으로 확인이 가능하기 때문이다.

> 경을 지키는 것은 특히 보고, 듣고, 말하고, 행동하는 것과 용모와 말씨에 나아가 공부해야 한다.⁴⁶

---

43 『二程全書』, 「河南程氏遺書 第15」, "只是整齊嚴肅則心便一, 一則自是無非僻之干."
44 『退溪集』卷29, 「答金而精」, "內外未始相離, 而所謂莊整齊肅者, 正所以存其心也."
45 『退溪集』卷7, 「進聖學十圖箚」, "持敬者, 又所以兼思學, 貫動靜合內外, 一顯微之道也."
46 『退溪集』卷35, 「答李宏仲」, "持敬, 尤須就視聽言動容貌辭氣上做工夫."

옛 사람에게 들으니, 형체도 없고 그림자도 없는 마음을 보존하고자 하면, 반드시 형체와 그림자가 있어 의거하여 지킬 수 있는 곳에서부터 공부해야 한다.[47]

정제엄숙과 같은 몸공부는 눈으로 볼 수 있으나, 주일무적·상성성·기심수렴불용일물과 같은 마음공부는 형체가 없어 눈으로 볼 수도 없고 손으로 잡을 수도 없다. 그러므로 공부의 착수처는 반드시 볼 수 있고 잡을 수 있어서 지키기 쉬운 몸공부에서 시작해야 한다. 이 때문에 퇴계는 "마음을 잡아서 보존하는 것은 반드시 볼 수 있는 것으로부터 표준을 삼으면, 절실하고 명백하여 쉽게 지킬 수 있다."[48] 즉 볼 수 있고 지키기 쉬운 몸공부에서 시작해야 비로소 볼 수 없고 잡을 수 없는 마음공부를 해나갈 수 있다는 말이다.

때문에 퇴계는 정제엄숙이든, 주일무적·상성성·기심수렴불용일물이든 그 공부의 결과는 다르지 않다고 설명한다.

황이 생각건대, 네 선생이 경을 말한 것 가운데 정자의 정제엄숙(整齊嚴肅)이라는 한 단락은 바로 주자의 〈하숙경(하호)에게 답한〉 이 편지의 뜻에서 나온 것이니, 처음 배울 때에 먼저 해야 할 것으로는 이보다 더 절실한 것이 없다. 이로부터 들어가 힘쓰기를 오래하여 공부가 깊어져서 얻는 것이 있게 된다면, 이른바 '세 방면에서 들어간 것이 모두 그 속에 있다'는 말이 나를 속이지 않는다는 것을 비로소 믿을 수 있을 것이다.[49]

---

47 『退溪集』卷29,「答金而精」, "聞之古人, 欲存無形影之心, 必自其有形影可據守處加工."
48 같은 곳, "操存之漸, 必自其可見者而爲之法, 則切近明白, 而易以持守."
49 『退溪集』卷35,「答李宏仲」, "滉竊謂四先生言敬之中, 程子整齊嚴肅一段, 卽朱子此書之意所從出, 始學之所當先, 莫切於此. 由此而入, 至於力久功深而有得焉, 則

경 공부가 처음에는 반드시 정제엄숙으로부터 시작해야 하며, 이로부터 오래도록 노력하여 공부가 깊어지면, 주일무적·상성성·기심수렴불용일물의 나머지 세 방면에서 공부한 것과 같은 경지에 이른다. 주자의 비유처럼 "이 방은 사방에서 모두 들어올 수 있는데, 만약 그 중 한 방향에서 이 안으로 들어갔다면 나머지 세 방향에서 들어간 것도 모두 이 안에 있다."[50] 정제엄숙의 방법으로 경이라는 방에 들어가든, 주일무적·상성성·기심수렴불용일물의 방법으로 경이라는 방에 들어가든, 방에 들어가면 모두 방 안에 있는 것이니, 그 결과는 모두 같다. 이것이 바로 진덕수(陳德秀)가 말한 "세 선생의 말을 합쳐서 노력한 뒤에야 안과 밖이 서로 길러지는 도리가 비로소 갖추어진다"[51]라는 뜻이다.

이러한 경 공부는 안과 밖의 관계뿐만 아니라 동(動)과 정(靜) 또는 이발(已發)과 미발(未發)의 관계로도 설명된다. '동'은 일이 있어서 마음이 움직이는 상태를 말하고, '정'은 일이 없어서 마음이 고요한 상태를 말한다. 또한 일에 응하여 마음이 움직일 때에는 생각이나 감정이 이미 발동한 상태이므로 '이발'이라 하고, 일에 응하지 않아 마음이 고요할 때에는 생각이나 감정이 아직 발동하지 않는 상태이므로 '미발'이라고 한다.

그렇다면 동과 정, 이발과 미발 때에는 경을 어떻게 유지해야 하는가. 동 또는 이발의 때에는 마음의 움직임을 잘 살펴서 조금도 어긋남이 없게 해야 하는데 이것을 성찰(省察 또는 察識)공부라고 부른다. 정 또는 미발 때에는 마음을 안정시켜서 본성을 잘 보존해야 하는데, 이것을

所謂三方入處皆在其中者, 始信其不我欺矣."
50 『朱子語類』卷12, "譬如此室四方皆入得, 若從一方入到這裏, 則三方入處, 都在這裏了."
51 『退溪集』卷29, 「答金而精」, "眞西山亦曰, 合三先生之言而用力, 然後內外交相養之道始備."

존양(存養 또는 涵養)공부라고 부른다. 이처럼 퇴계는 밖과 안, 동과 정, 이발과 미발이라는 상황에 따른 알맞은 경의 공부방법을 제시한다.

> 배우는 사람이 진실로 경을 지키는데 전일할 수 있으면, 천리와 인욕에 어둡지 않으며, 특히 여기에 조심하여 미발의 때에 존양의 공부가 깊어지고 이발의 때에 성찰의 습관이 익숙해져서 참으로 힘쓰기를 오래하여 그치지 않으면, 이른바 정일집중(精一執中)의 성학과 존체응용(存體應用)의 심법이 모두 밖에서 구할 필요 없이 여기에서 얻을 수 있을 것이다.[52]

미발의 때에는 존양공부에 충실해야 하고, 이발일 때에는 성찰공부에 충실해야 한다. 이러한 공부를 참으로 오래도록 지속해나갈 수 있으면, 유학의 본령인 정일집중(精一執中)과 존체응용(存體應用)의 심법을 다른데서 구할 필요 없이 모두 얻을 수 있다. '정일집중'은 순임금이 우임금에게 전한 심법으로, '오직 정밀하게 살피고 오직 한결같이 지켜서 진실로 그 중을 잡아라.'[53] 즉 마음을 잘 살피고 지켜서 항상 중심을 잡으라는 뜻이다. '존체응용'은 마음의 본체(성)를 보존하여 마음의 작용에 대응한다. 즉 본체에 근거하여 모든 일에 대처하라는 뜻이다.

퇴계에 따르면, 마음은 성과 정을 총괄하는 개념이니 이것이 바로 심통성정(心統性情)의 내용이다. 마음이 대상세계와 감응하여 작용하면 성이 발현하여 정으로 드러나는데, 이때가 바로 선과 악, 즉 천리와 인

---

52 『退溪集』卷7, 「進聖學十圖箚」, 〈第六心統性情圖〉, "學者誠能一於持敬, 不昧理欲, 而尤致謹於此, 未發而存養之功深, 已發而省察之習熟, 眞積力久而不已焉, 則所謂精一執中之聖學, 存體應用之心法, 皆可不待外求而得之於此矣."
53 『書經』, 「大禹謨」, "惟精惟一, 允執厥中."

욕이 갈라지는 분기점이 된다. 배우는 사람이 진실로 경의 태도를 지키면, 인욕을 막고 천리를 보존할 수 있다.

이처럼 퇴계는 경 공부를 교육의 핵심 개념으로 제시하니, 퇴계의 교육철학은 한 마디로 경 공부라고 말할 수 있다. "몸을 주재하는 것은 마음이고, 마음을 주재하는 것은 경이다"[54]라는 말처럼, 우리의 몸과 마음을 제어하고 통제하여 잘못되지 않도록 단단히 잡아 지키는 것이 바로 경이다. 결국 경은 인간에게 본성으로 내재된 리의 실현을 위한 하나의 교육방법으로써 개인의 인격완성으로 귀결된다. 이로써 경은 마음의 본체와 작용을 관통하여 학문의 처음과 끝이 되는 이유가 된다.

이상으로 내용은 크게 네 가지로 구분된다. 첫째, 퇴계는 당시 선생과 학생이 모두 도리를 잃은 학교의 폐습을 비판한다. 학생이 선생을 존경하기는커녕 마치 길가는 사람 보듯이 하니, 수업시간에도 교복을 갖추어 입은 자가 드물고 선생에게 예를 행하는 것조차 수치로 여긴다. 이러한 실태는 학생들의 문제라기보다는 전적으로 선생이 모범을 보이지 않는데서 비롯된 것이니, 무엇보다도 선생이 학생에게 솔선수범할 것을 당부한다. 선생은 반드시 날마다 출근하여 강의실을 지키고, 학생들에게 예를 행하며, 수업에 충실해야 한다. 그러면 학생들도 교복을 갖추어 입고, 선생에게 예를 행하며, 배우기를 청할 것이다. 이러한 가운데 선생은 가르치고 학생은 배우면서 서로를 키워주는 교학상장(敎學相長)을 이룰 수 있다. 퇴계의 비판은 오늘날의 교육현장에서도 여

---

54 『退溪集』卷7,「進聖學十圖箚」,〈第八心學圖〉, "蓋心者, 一身之主宰, 而敬又一心之主宰也."

전히 유효하다.

둘째, 퇴계는 학교교육의 중심 내용으로 오륜(五倫)을 강조한다. 오륜은 인간관계의 덕목을 제시한 것으로, 부모와 자식, 임금과 신하, 남편과 아내, 어른과 아이, 친구와 친구 사이의 관계가 그 주된 내용이다. 이것은 사람이 살아가는 사회 안에서의 모든 인간관계를 교육의 내용으로 설정한 것이다. 이때 부모와 자식 사이의 사랑(親), 임금과 신하 사이의 의리(義), 남편과 아내 사이의 분별(別), 어른과 아이 사이의 차례(序), 친구와 친구 사이의 신의(信)는 모두 인간에게 본성으로 내재한 리의 실현을 의미한다. 인간에게 본성으로 내재된 리가 오륜을 통해 인간관계의 교육으로 제시되니, 결국 학교는 오륜에 기초하여 본성으로 내재된 리의 실현을 돕는데 그 목적이 있다.

셋째, 퇴계는 인간에 대한 이해를 중시한다. 왜냐하면 교육의 대상이 인간인 만큼, 인간을 어떻게 이해하느냐에 따라 교육정책의 방향이 결정되기 때문이다. 퇴계는 인간을 리와 기의 결합으로 이해하지만, 기보다 리를 더 중시하는 특징을 보인다. 사람은 본래 하늘의 리가 본성으로 내재하는 선한 존재이므로 누구나 성인이 될 수 있다. 그러나 사람은 형체를 이루는 기(또는 기질)의 영향 때문에 하늘로부터 부여받은 리를 온전히 실현하지 못한다. 리는 항상 기 속에 내재하므로 기의 맑고 탁함, 순수하고 잡박함에 따라 리도 달라지는데, 이로써 성인과 어리석은 사람의 차이가 생겨난다. 그렇지만 이러한 기의 차이에도 불구하고, 누구나 리가 본성으로 내재되어 있기 때문에 학업을 닦고 수양에 힘쓰면 선한 본성을 회복할 수 있다. 이 과정에서 사욕을 제어하고 본성을 실현하도록 도울 수 있는 교육제도가 필요하며, 학교는 모든 사람에게 본성으로 내재하는 리의 실현이라는 공동의 목표가 정해진다.

넷째, 퇴계는 인간에게 본성으로 내재된 리를 실현하는 과정에서 마음을 주재하고 통제하는 방법으로 '경'을 중시한다. 경을 실천하는 방법으로 주일무적(主一無適)·정제엄숙(整齊嚴肅)·상성성(常惺惺)·기심수렴불용일물(其心收斂不容一物)의 네 가지를 제시하고, 이들 중에서 가장 우선으로 공부해나가야 할 것이 바로 '정제엄숙'이다. 정제엄숙하여 외면의 태도와 행동을 제어하면, 내면의 마음도 저절로 수습된다. 밖으로 몸가짐이 바르면 안으로 마음이 하나로 모아지고, 하나된 마음의 통제 하에 있으면 모든 일처리에서 잘못되는 일이 없게 된다. 이러한 밖(外)과 안(內)의 관계는 동(動)과 정(靜), 이발(已發)과 미발(未發)의 관계로도 설명된다. 일에 응하여 마음이 움직일 때(動)나 일이 없어 마음이 고요한 때(靜) 또는 일에 응하여 이미 생각이 일어났을 때(已發)나 일에 응하지 않아 아직 생각이 일어나지 않은 때(未發)에는 어떻게 경을 실천해야 하는지 그 상황에 따른 알맞은 경의 교육방법을 제시한다.

이렇게 볼 때, 퇴계의 교육은 인간에게 본성으로 내재하는 리의 실현에 궁극적 목적이 있다고 하겠다. 인간의 본성에는 인·의·예·지·신이 있으며, 이것은 오륜의 사랑(親)·의리(義)·분별(別)·차례(序)·신의(信)로 드러난다. 이때 리를 실현하는 구체적 실천방법으로서 몸과 마음을 통제하고 제어하는 경 공부가 강조된다. 이러한 교육은 밖으로의 지식탐구보다 안으로의 인성함양을 통한 자아실현과 인격완성을 지향한다. 물론 퇴계의 이러한 교육철학의 특징은 퇴계가 살았던 당시 조선의 지배 사조였던 성리학적 사유체계에 근거하여 형성된 것이다.

그러나 오늘날처럼 교육이 전문화되고 세분화되는 시대에는 마음을 통제하고 제어함으로써 본성을 실현하는 공부가 얼마나 설득력을 가질 수 있을지 의문이다. 그럼에도 교육을 학교의 범위 안에 가두지 않고 삶의 전반으로 확장시켜 보면, 퇴계의 교육방법은 여전히 중요한 의미를 갖는다. 왜냐하면 인간본성에 대한 자각은 그대로 도덕실천으로 연결되며, 이러한 도덕성의 확립은 인간존중의 사고로 귀결되어 현대사회에서 절실히 요청되는 전인교육의 효과를 배제할 수 없기 때문이다. 오늘날 교육정책에서 인성교육이 강화되고 특별법으로 제정되어 모든 대학교육의 필수과정으로 시행하는 것도 바로 이러한 이유이다.

따라서 지식을 탐구하여 각자의 전문성을 최대한 발휘하되, 지식탐구에만 머물지 않고 인성함양과 올바른 사회성을 겸비하는 것이 바로 미래의 교육이 나아갈 방향이라 하겠다. 이것이 바로 21세기의 급변하는 시대적 상황에서 대학교육의 문제와 미래의 방향을 진단하면서 퇴계의 교육철학을 재조명하는 이유이다.

참고문헌

(1) 원전

『退溪集』,『朱熹集』,『朱子語類』,『二程全書』,『周易』,『論語』,『論語集註』, 『孟子』,『孟子集註』,『中庸』,『中庸章句』,『大學』,『大學章句』,『大學或問』, 『朱子言論同異攷』,『書經』,『通書』,『禮記』,『性理大全』,『與猶堂全書』,『聖學十圖』,『大乘起信論』,『如來藏經』,『天主實義』,「국가(Politeia)」,『파이돈(Phaidon)』,『향연(Symposion)』,「Metaphysics」,「자유의지론(On Free Will)」과 「선의 본성(The Nature of the Good)」(『아우구스티누스: 전기 저서들』),「De Ira Dei」,『윤리형이상학 정초』,『영혼론(De Anima)』,『형이상학(Metaphysica)』

(2) 단행본

감산 지음, 오진탁 옮김,『감산의 기신론 풀이』, 서광사, 1992
공성철 옮김,『아우구스티누스: 전기 저서들』, 두란노 아카데미, 2011
곽신환 역주,『朱子言論同異攷』, 소명출판, 2003
권오석 옮김,『무의식의 분석』, 홍신문화사, 2007
금장태,『동서교섭과 근대한국사상』, 한국학술정보, 2005
금장태,『퇴계의 삶과 철학』, 서울대학교출판부, 2003
금장태,『퇴계평전』, 지식과 교양, 2012
금장태,『한국유학의 心說－심성론과 영혼론의 쟁점』, 서울대학교출판부, 2003
김선희,『리치와 주희, 그리고 정약용』, 심산, 2012
김우형,『주희철학의 인식론: 지각론의 형성과정과 체계』, 심산, 2005
김태길 외 역,『서양철학사』, 을유문화사, 1991
남기영 외,『인간이란 무엇인가』, 민음사, 1998

로버트 L. 애링턴 지음, 김성호 옮김,『서양 윤리학사』, 서광사, 2003
머레이 북친, 구승회 옮김,『휴머니즘의 옹호』, 민음사, 2002
머레이 북친, 문순홍 옮김,『사회 생태론의 철학』, 솔, 1997
방립천 지음, 이기훈 옮김,『문제로 보는 중국철학: 인식의 문제』, 예문서원, 2006
소피아 로시기 지음, 이재룡 옮김,『인식론의 역사』, 카톨릭대학교출판부, 2009
송영배 외 옮김,『천주실의』, 서울대학교출판부, 2007
안유경,『성리학이란 무엇인가』, 새문사, 2015
양명수,『퇴계사상의 신학적 이해』, 이화여자대학교출판부, 2016
오지은 옮김,『영혼에 관하여』, 아카넷, 2018
이동희 편역,『라이프니츠가 만난 중국』, 이학사, 1996
李明輝 지음, 김기주·이기훈 옮김,『유교와 칸트』, 예문서원, 2012
이병도,『한국유학사』, 아세아문화사, 1989
이부영,『분석심리학』, 일조작, 2000
이종훈·한명희 공저『현대사회와 윤리-윤리학의 역사와 쟁점-』, 철학과 현실사, 1999
이죽내,『융심리학과 동양사상』, 하나의학사, 2005
임마누엘 칸트, 백종현 옮김,『실천이성비판』, 아카넷, 2019
임마누엘 칸트, 백종현 옮김,『윤리형이상학 정초』, 아카넷, 2020
임헌규,『유교 인문학의 이념과 방법』, 파라아카데미, 2019
임혁재,『칸트의 도덕철학 연구』, 중앙대학교출판부, 1997
장영란,『아리스토텔레스의 인식론』, 서광사, 1977
전재원 지음,『아리스토텔레스 철학』, 역락, 2012
정명진 옮김,『분석심리학강의』, 부글, 2019
정병석 옮김,『동양철학과 아리스토텔레스』, 소강, 2001
정순목,『퇴계의 교육철학-교육 인간학적 고찰』, 지식산업사, 1986
정의채,『형이상학』, 성바오로출판사, 1982
줄리아 칭 지음, 임찬순·최효선 옮김,『유교와 기독교』, 서광사, 1993
陳來 지음, 이종란 외 옮김,『주희의 철학』, 예문서원, 2002
채무송,『퇴계율곡철학의 비교연구』, 성균관대학교출판부, 1995

천병희 옮김, 『국가』, 도서출판 숲, 2020
천병희 옮김, 『소크라테스의 변론, 크리톤, 파이돈, 향연』, 도서출판 숲, 2019
한국융연구원 C.G. 융저작번역위원회, 『인격과 전이』, 솔출판사, 2004
한국철학회 편, 『한국철학사(상·중·하)』, 동명사, 1994
화이트헤드 지음, 오영환 옮김, 『과정과 실재』, 민음사, 2003
P.T. 라쥬 지음, 최홍순 옮김, 『비교철학이란 무엇인가』, 서광사, 1989

(3) 논문류

고영미·이상욱, 「동양 산학의 논리학: 순자의 인식론과 묵자의 논리학」, 『한국수학사학회지』23, 한국수학사학회, 2010
고희선, 「유가의 이상적 인간상에 대한 분석심리학적 이해 – 中正之道를 중심으로 – 」, 『철학연구』134, 대한철학회, 2015
고희선, 「주자 심성론과 융 분석심리학의 학제 간 접목을 통한 개인과 사회의 조화로운 공존에 대한 모색」, 『동서철학연구』88, 한국동서철학회, 2018
곽은혜, 「성리학에 있어서의 인식론과 윤리학」, 『도덕교육연구』29, 한국도덕교육학회, 2007
금종우, 「퇴계선생의 戊辰六條疏와 聖學十圖 및 同箚子의 정치사상에 관한 연구」, 『퇴계학과 유교문화』15, 경북대학교 퇴계연구소, 1987
기우탁, 「조선조 성리학의 인성론탐구 – I. Kant의 인간학과의 비교 철학적 이해를 중심으로 – 」, 『유교사상문화연구』27, 한국유교학회, 2006
김기주, 「주희의 心論 – 퇴계심학을 위한 예비적 고찰」, 『철학논총』40, 새한철학회, 2005
김동현, 「칸트의 『윤리형이상학 정초』에 나타난 도덕성의 본질에 관한 연구」, 고려대학교 석사학위논문, 2006
김문준, 「퇴계 이황의 인간성 이해와 그 회복의 방법」, 『동서철학연구』17, 한국동서철학회, 1999
김미영, 「사람됨을 가르친 퇴계의 자녀교육」, 『퇴계학논집』11, 영남퇴계학연구원, 2012

김봉규, 「Kant 윤리학에 있어서의 실천이성 연구」, 『철학』48, 한국철학회, 1996
김선희, 「라이프니츠의 신, 정약용의 상제」, 『다산사상과 서학』, 경기문화재단 실학박물관 편, 2013
김세정, 「퇴계 이황 철학사상의 생태론적 특성」, 『퇴계학논집』21, 영남퇴계학연구원, 2017
김숙경, 「혜강 최한기와 아리스토텔레스의 인식론 비교 연구」, 『철학』117, 한국철학회, 2013
김영선, 「칸트의 윤리학에서 선의지와 의무에 관한 연구-『윤리형이상학 정초』를 중심으로-」, 고려대학교 석사학위논문, 2012
김요한, 「아리스토텔레스 질서의 원인으로서 신 개념 연구」, 『범한철학』55, 범한철학회, 2009
김우형, 「정호와 정이의 '본성(性)' 이론에 나타나는 인식론적 사유의 특성」, 『철학연구』115, 철학연구회, 2016
김우형, 「주희 지식론의 체계와 성격-知覺과 格物 개념을 중심으로-」, 『철학연구』65, 철학연구회, 2004
김은총, 「기독교의 사랑의 윤리와 유교의 仁의 윤리 비교연구」, 이화여자대학교 석사학위논문, 2017
김철호, 「악은 선으로부터 시작된다-정호의 善惡皆天理에 대한 주희의 해석-」, 『동양철학연구』100, 동양철학연구회, 2019
김형찬, 「완결된 질서로서의 理와 미완성 세계의 上帝-기정진과 정약용을 중심으로-」, 『철학연구』30, 고려대학교 철학연구소, 2005
류제동, 「불교적 마음구조에 대한 이해-원효의 『대승기신론』 주해를 중심으로-」, 『한국마음학회』, 2013년도 제1회 국내학술대회, 2013
맹주만, 「칸트와 선의지」, 『철학탐구』17, 중앙대학교부설 중앙철학연구소, 2005
목영해, 「퇴계와 Kant 도덕관의 교육론적 탐색」, 『퇴계학보』66, 퇴계학연구원, 1990
문유미, 「아우구스티누스의 결여 개념 이해」, 『기독교철학』28, 한국기독교철학회, 2019
박균섭, 「퇴계교육철학과 근대교육」, 『교육철학』50, 한국교육철학회, 2013
박균섭, 「퇴계의 인격교육론」, 『한국교육』30, 한국교육개발원, 2003

박청미, 「퇴계교육철학과 미래교육-교육에서 공부로-」, 『교육철학』50, 한국교육철학회, 2013

박치완, 「플라톤의 실재관-실재(to on), 이데아의 부산물인가 시뮬라크르의 원인인가-」, 『철학과 문화』12, 한국외국어대학교 철학문화연구소, 2006

방영준, 「사회생태주의의 윤리적 특징에 관한 연구-머레이 북친을 중심으로-」, 『윤리연구』53, 한국국민윤리학회, 2003

배종철, 「아리스토텔레스와 유가의 인식론 비교 연구」, 동국대학교 박사학위 논문, 2019

백민정, 「다산 심성론에서 도덕감정과 자유의지에 관한 문제」, 『한국실학연구』14, 한국실학학회, 2007

백민정, 「심성론을 중심으로 본 정약용과 마테오리치 사이의 관계」, 『동방학지』136, 연세대학교 국학연구원, 2006

서명석, 「퇴계교육철학과 현대교육」, 『교육철학』50, 한국교육철학회, 2013

석길암, 「진여·생멸 二門의 관계를 통해 본 원효의 기신론관」, 『불교학연구』5, 불교학연구회, 2002

송영배, 「다산철학과 『천주실의』의 패러다임 비교연구」, 『한국실학연구』2, 한국실학학회, 2000

송영배, 「마테오리치의 서학과 한국 실학의 현대적 의미」, 『대동문화연구』45, 성균관대학교 대동문화연구원, 2004

송영배, 「마테오리치의 중국 전교와 그 유교관」, 『종교신학연구』7, 서강대학교 종교신학연구소, 1994

안동렬, 「퇴계의 교육론에서 학교의 의미와 성격」, 『교육철학연구』43, 교육철학연구회, 2021

안유경, 「대산 이상정의 미발론 연구」, 『유교사상문화연구』72, 한국유교학회, 2018

안종수, 「마테오리치의 理氣觀」, 『철학논총』60, 새한철학회, 2010

양명수, 「그리스도교의 하나님과 성리학의 리」, 『퇴계사상의 신학적 이해』, 이화여자대학교 출판부, 2016

양명수, 「퇴계의 칠정론과 악의 문제」, 『퇴계학보』122, 퇴계학연구원, 2007

오수웅, 「플라톤의 좋음의 이데아-개념추론과 정치교육적 함의-」, 『21세기

정치학회보』25, 21세기정치학회, 2015
유권종,「퇴계와 다산의 심성론 비교」,『퇴계학과 한국문화』33, 경북대학교 퇴계연구소, 2003
유우홍,「孟·荀의 인성론과 아우구스티누스의 기독교적 인간관 비교」, 경희대학교 석사학위논문, 1998
유원기,「아리스토텔레스의 환타시아 개념에 대한 재음미」,『미학』44, 한국미학회, 2005
윤병렬,「플라톤철학의 선-형이상학적인 구조-」,『철학탐구』29, 중앙대학교 중앙철학연구소, 2011
이경재,「아우구스티누스의 결함원인 개념」,『중세철학』20, 한국중세철학회, 2014
이경재,「칸트 윤리학의 학문적 가치-『도덕형이상학 정초』를 중심으로-」, 청주대학교 석사학위논문, 2012
이국화,「아리스토텔레스 실체론-형이상학을 중심으로-」, 경희대학교 석사학위논문, 1993
이동준,「16세기 한국성리학파의 역사의식에 관한 연구」, 성균관대학교 박사학위, 1975
이동희,「한국 성리학의 자연철학적 시사」,『동양철학』13, 한국동양철학회, 2000
이봉규,「동서의 지적 交錯-『천주실의』의 리 해석과 그 반향-」,『동방학지』175, 연세대학교 국학연구원, 2016
이부영,「一心의 분석심리학적 조명-원효 대승기신론 소·별기를 중심으로-」,『불교연구』11, 한국불교연구원, 1995
이상인,「아리스토텔레스의 지각론-『영혼론(de anima)』의 지각의 자발성 논증을 중심으로-」,『철학연구』54, 철학연구회, 2001
이상인,「플라톤의 현실인식과 형상인식-현실을 넘어선다는 것은?-」,『철학연구』42, 철학연구회, 1998
이시온,「대승기신론의 眞如心 연구」,『동양철학연구』22, 동양철학연구회, 2000
이영경,「퇴계의 인성론에 있어서 선악과 도덕의지」,『퇴계학과 한국문화』31, 경북대학교 퇴계연구소, 2002

이윤영, 「퇴계와 프로이트의 마음이론에 관한 대비적 연구」, 성균관대학교 박사학위논문, 2011
이인철, 「퇴계의 자녀교육론-寄安道孫을 중심으로-」, 『교육철학』33, 한국교육철학회, 2007
이정연, 「퇴계 이황의 교육적 삶과 메타교육」, 『교육원리연구』9, 한국교육원리학회, 2004
이정환, 「깨달음과 자기실현의 비교-유식사상과 융의 분석심리학을 중심으로-」, 대구교육대학교 석사학위논문, 2005
이종호, 「퇴계 이황의 유기체 우주론과 생태사상」, 『한국한문학연구』33, 한국한문학회, 2004
이헌나, 「칸트의 도덕사상에 관한 연구」, 부산교육대학교 석사학위논문, 2002
임광국, 「휴머니즘적 교육생태학의 가능성 탐구-머레이 북친의 사회생태론을 중심으로-」, 『교육철학연구』43, 한국교육철학학회, 2021
임종진, 「악에 대한 주희의 해석」, 『철학연구』71, 대한철학회, 1999
장동익, 「덕 윤리, 유교 윤리 그리고 도덕교육」, 『도덕윤리과교육』51, 한국도덕윤리과교육학회, 2016
장승희, 「불교 인성론의 윤리교육적 함의-『대승기신론』의 一心을 중심으로-」, 『윤리연구』123, 한국윤리학회, 2018
장영란, 「아리스토텔레스의 인식론에서 판타시아의 역할-영혼론 제3권을 중심으로-」, 『철학연구』36, 철학연구회, 1995
전재원, 「아리스토텔레스의 감각 개념」, 『철학연구』108, 대한철학회, 2008
정낙찬, 「퇴계의 경의 교육방법론」, 『교육철학』17, 한국교육철학회, 1999
정상봉, 「주희의 격물치지와 경공부」, 『철학』61, 한국철학회, 1999
정우엽, 「그리스도교의 신과 신유학의 태극」, 『동양고전연구』64, 동양고전학회, 2016
정진규, 「플라톤의 이데아론과 형이상학적 사유」, 『철학과 문화』28, 한국외국어대학교 철학문화연구소, 2014
정현수, 「마테오리치의 天學과 성리학의 인성론 연구-『천주실의』를 중심으로-」, 『유교사상문화연구』54, 한국유교학회, 2013
조남욱, 「이퇴계의 가정교육에 관한 연구」, 『퇴계학논총』27, 퇴계학부산연구원, 2016

조영일, 「퇴계와 율곡의 심성론과 교육론에 대한 비교연구」, 『교육과정연구』 5, 한국교육과정학회, 1986
채방록, 「이퇴계의 주자 심성론에 대한 계승과 발전」, 『퇴계학논총』4, 퇴계학 부산연구원, 1998
천병영 외, 「『대승기신론』에 나타난 발심과 수행의 교육적 의미」, 『교육철학』 48, 한국교육철학학회, 2010
최용하, 「플라톤의 이데아론과 객체지향패러다임 비교 연구」, 연세대학교 석사학위, 2007
최윤희, 「칸트 윤리학의 정언명법에 대한 고찰-『윤리형이상학 정초』를 중심으로-」, 고려대학교 석사학위논문, 2007
최은주, 「융의 분석심리학의 개성화과정이론-교육학적 재해석-」, 『심리유형과 인간발달』21, 한국심리유형학회, 2020
최일범, 「유가심성론의 분석심리학적 해석을 위한 시론」, 『양명학』29, 한국양명학회, 2014
최일범, 「유교 인본주의의 생태철학에 관한 연구-머레이 북친의 사회생태론 철학과 비교하여-」, 『유교사상문화연구』34, 한국유교학회, 2008
편상범, 「아리스토텔레스에게 사유대상이란 무엇인가」, 『철학』73, 한국철학회, 2002
편상범, 「아리스토텔레스의 감각이론-개별감각과 통감의 관계를 중심으로-」, 『철학』51, 한국철학회, 1997
표주학, 「칸트의 정언명령에 관한 고찰」, 경산대학교 석사학위논문, 2001
하영석, 「퇴계의 성리학과 칸트철학의 비교연구」, 『퇴계학과 유교문화』14, 경북대학교 퇴계학연구소, 1986
한형조, 「주자 神學 논고 시론」, 『한국실학연구』8, 한국실학학회, 2004
허종희, 「『대승기신론』의 인간이해와 교육학적 의의」, 전남대학교 석사학위논문, 2017
허종희, 「『一圓相眞理』에 관한 연구-『대승기신론』의 一心사상과의 비교를 중심으로-」, 원광대학교 박사학위논문, 2018
호명환, 「퇴계에 있어 리의 초월성과 내재성에 관한 연구」, 성균관대학교 석사학위논문, 2004
홍기표, 「플라톤의 좋음 이데아에 담긴 교육적 의미」, 고려대학교 석사학위,

2011

황의동, 「퇴계철학의 리에 관한 고찰」, 『인문과학논총』6, 청주대학교 인문과학연구소, 1987

황준영, 「조선후기 신유학과 서학의 세계관에 대한 차이점」, 『범한철학』42, 범한철학회, 2006

찾아보기

(ㄱ)

가능태(potentiality) 101, 117, 118, 119, 195, 295, 314, 315, 316, 317, 318, 319, 322
가시적(可視的) 62, 80, 85, 88, 90
가언명령 183, 186
가이아(gaia) 247
가지적(可知的) 62, 80, 84, 85, 86, 90
가치론 69, 87, 91, 409
가톨릭 278
각(覺) 350, 351, 354
각구일태극(各具一太極) 71, 72, 73, 74, 87, 103, 104, 120, 122
각언(各言) 93
각혼(覺魂) 369, 372, 373, 382
감각(感覺) 80, 207, 315, 316, 318, 322
감각기관 299, 300, 313, 314, 315, 316, 317, 318, 319, 321, 322, 376
감각기능 300, 302, 313, 322
감각능력 299, 315, 316, 317, 318, 319, 321, 322, 323
감각대상 313, 317, 319, 321, 323
감각주체 313, 319, 321
감성계 169, 171, 177, 178, 182, 185, 186
감이수통(感而遂通) 38
감정 42, 207
갑자사화(甲子士禍) 63
강일순(姜一淳) 284
강절(소옹) 27

개별(個別) 309, 310, 323
개성화 207, 212, 213, 215, 216
개인무의식 208, 209, 213, 216, 217, 219
거경궁리(居敬窮理) 98, 326
거경함양(居敬涵養) 50, 51, 56, 311, 324
건순(健順) 227, 334
격물(格物) 54, 55, 302, 303, 304, 305, 307, 308
격물궁리(格物窮理) 50, 54, 56, 57, 58, 311, 312, 324
격물치지(格物致知) 54, 55, 296, 302, 310, 312, 322, 323, 324, 326
견문의 지(見聞之知) 305, 311, 413
겸애(兼愛) 238
경(敬) 17, 22, 23, 50, 51, 53, 56, 138, 139, 153, 155, 157, 189, 200, 202, 203, 205, 219, 220, 222, 413, 414, 419, 421, 423
경영계탁(經營計度) 167
「경재잠도(敬齋箴圖)」 204, 415
거경함양(居敬涵養) 312
경향(傾向) 186
경향성(傾向性) 169, 170, 177, 178, 179, 181, 182, 183, 186
「계사전(繫辭傳)」 67, 97, 226
계상서당(溪上書堂) 19
「고백론」 153

찾아보기 **435**

고봉(기대승) 22
공(公) 64
공(空) 345, 346
공자 15, 27, 61, 67, 99, 412
과정철학 389
관통(貫通) 307, 310, 311, 323, 324
교육철학 396, 397, 421
교토 의정서 254
구용(九容) 415
구원론 151
구천대원조화주신(九天大元造化主神) 284, 285
『국가』 80, 82, 85, 86, 87, 89
국제화 387, 388, 391
국학 388, 398
군신유의(君臣有義) 404, 405, 406
군자 25, 48, 65, 221, 271, 273, 274, 379
군자유(君子儒) 64
궁궁(弓弓) 277, 279
궁리(窮理) 396, 407, 408
그림자 74, 81, 206, 209, 214, 216, 219, 221, 222
극존무대(極尊無對) 276
『근사록(近思錄)』 16, 18
금수(禽獸) 57, 398
기(器) 28, 66, 67, 97, 226
기(氣) 66, 158, 159, 231, 411
기대승(奇大升) 43, 44, 45, 46, 47, 48, 55, 70, 73, 98, 99, 104, 136, 161
기독교 95, 125, 126, 143, 264
기묘사화(己卯士禍) 21, 63
기미 39, 139, 201, 202, 379
기발(氣發) 45, 46, 47, 49, 135, 199
기발이이승지(氣發而理乘之) 136
기선이후(氣先理後) 93

기수지(氣隨之) 46, 136
『기신론(起信論)』 326, 327, 337, 340, 341, 342, 344, 345, 347, 348, 349, 351, 352, 353, 354, 355
기심수렴불용일물(其心收斂不容一物) 17, 53, 203, 204, 414, 416, 418, 419, 423
기억 207
기억능력 376, 377
기의 정상(氣之精爽) 330
기질(氣質) 32, 34, 37, 50, 149, 153, 194, 197, 229, 230, 235, 253, 326, 336, 337, 338, 353, 355, 382, 383, 410
기질지성(氣質之性) 27, 44, 45, 46, 65, 73, 74, 136, 137, 138, 149, 154, 194, 326, 339, 340, 341, 342, 353, 354
기호학파 387
김성일(金誠一) 26
김우옹(金宇顒) 26
김흥락(金興洛) 26

(ㄴ)
남명(조식) 20, 23
남한조(南漢朝) 26
내부정신 207
내재성 121, 281, 282, 283, 364
노장(老壯) 53
『논어』 16
누적(累積) 307, 310, 311, 323, 324
능동성 30, 55

(ㄷ)
다산(정약용) 261, 269, 270, 271, 272, 273, 274, 275, 276, 283, 289, 291, 292
단속 48, 198, 221

달도(達道) 202
당위(當爲) 35, 160
당위규범 160
당위법칙 181, 185, 304, 322
당위성 181
대극(對極) 215, 216
대본(大本) 202
대순(大巡) 285
『대승기신론(大乘起信論)』 325
대승불교 325
대아의 마음(大我之心) 236
대역사(大役事) 286, 289
대용(大用) 306, 307
대윤(尹任) 63, 64
대중화 387, 389
대지의 윤리 225
대총상법문체(大總相法門體) 343
『대학장구(大學章句)』 302, 305
『대학』 54, 184
덕(德) 377, 378, 379
덕성(德性) 51
덕성의 지(德性之知) 305, 306, 311, 413
도(道) 28, 65, 66, 67, 97, 226, 271
도교 358, 389
도구·관습의 이성 236, 249, 253
도덕 35, 157, 176, 186
도덕법칙 75, 88, 91, 160, 161, 162, 169, 170, 177, 181, 183, 184, 260
도덕법 88
도덕본체 149, 359, 371, 374, 382
도덕성 157, 158, 159, 170, 172, 182, 184, 185, 186, 424
도덕실천 381, 382, 424
도덕철학 158, 174

도리상(道理上) 107
도산면(陶山面) 15
도산서당(陶山書堂) 19, 23
도심(道心) 17, 27, 49, 50, 57, 65, 381
도체(道體) 96
독행(篤行) 407
돈오(頓悟) 57
동(動) 52, 206, 419, 423
『동경대전(東經大全)』 283
동굴 74, 81, 82, 88
동서철학 387, 391
동양철학 390
동자(動者, first mover) 121
동적(動的) 119
동정(動靜) 29, 106, 108, 113, 191, 193, 266
두원족방 평정직립(頭圓足方 平正直立) 229

(ㄹ)

라이프니츠(Leibniz) 208
레오폴드(Leopold) 225
려(慮) 199, 218, 219
리(理) 27, 28, 32, 36, 38, 41, 46, 48, 50, 58, 61, 62, 65, 66, 69, 90, 91, 95, 110, 114, 126, 137, 158, 159, 185, 193, 226, 259, 261, 262, 263, 264, 265, 268, 270, 276, 283, 290, 293, 295, 301, 304, 322, 361, 369, 382, 409
리상간(理上看) 93

(ㅁ)

마명(馬鳴) 325, 342, 344
마음(心) 37, 39, 51, 187, 188, 189, 200, 204, 297, 374, 377, 379

마음가짐 53, 204, 205, 416
마테오 리치(Matteo Ricci) 357, 358, 359 360, 361, 362, 363, 364, 366, 369, 370, 371, 372, 373, 375, 376, 378, 379, 380, 382, 383, 384
만물(萬物) 31, 34, 35, 115, 122, 262, 263, 382
만사(萬事) 31, 35, 37, 40, 51, 115, 122, 262, 263
만상(萬象) 107, 108
망념(妄念) 326, 343, 345, 346, 348, 349
맹자 27, 61, 237, 336
『맹자집주(孟子集註)』 40
『맹자』 40, 405
머레이 북친(Murray Bookchin) 224, 231, 235, 236, 238, 239, 243, 244, 246, 248, 249, 251, 252
명(命) 95, 271
명도(정호) 27
명변(明辨) 407
명상 189
목적인(目的因) 116, 119, 120
몸가짐 53, 204, 205, 395, 398, 415, 416, 417
묘(妙) 267
묘용(妙用) 108, 109, 267
묘합(妙合) 112
무(無) 362, 365, 367
무극(無極) 112
무명(無明) 326, 337, 348, 349, 350, 353, 354, 355
무생명체 369
무아(無我) 217
무아의 공심(無我之公心) 235, 253
무위(無爲) 30, 53, 106, 107, 108, 123, 167, 266, 276, 283, 291
무위성(無爲性) 96, 262, 267
무의식 188, 189, 192, 193, 195, 196, 199, 206, 207, 208, 209, 210, 211, 212, 213, 215, 216, 217, 218, 219, 220, 221, 222
무형(無形) 137, 167, 270, 271, 273, 276, 283, 291, 369
묵자(墨子) 238
문묘(文廟) 24
문묘종사(文廟從祀) 24
문순(文純) 24
문정왕후(文定王后) 63
물격(物格) 54, 55, 306, 307
물격지지(物格知至) 319, 323
물리(物理) 55, 306
물상간(物上看) 93
물아(物我) 235
물아일체(物我一體) 35, 55, 237, 238, 307, 319, 323
물아일체론(物我一體論) 382
물욕(物欲) 23
미발(未發) 38, 41, 52, 139, 163, 188, 191, 192, 193, 201, 202, 203, 205, 210, 218, 219, 220, 221, 331, 332, 353, 419, 423
미발이발론(未發已發論) 332
미학(美學) 245
민천(旻天) 257

(ㅂ)

박씨 부인 15
박학(博學) 407
반모더니즘 246
반인간주의 239, 242, 246

반인간주의자 246, 249, 252
백록동규(白鹿洞規) 404
「백록동규도(白鹿洞規圖)」 407
범부(凡夫) 345
범인(凡人) 34
법칙 41, 181, 182, 183, 184, 186
변증법적 이성 236, 249, 253
『변한남당동이고중어(辨韓南塘同異攷中語)』 94
보살(菩薩) 345
보상작용 212, 214, 216
보유론(補儒論) 384
보편성 160, 170, 181, 182, 183, 184, 185, 389, 390
보편원리 323
보편자 323
본(paradeigma) 82, 88
본각(本覺) 351
본능(本能) 175, 380
본성(性) 42, 52, 56, 149, 151, 200, 219, 220, 334, 336, 337, 355, 370, 371, 372, 373, 375, 381, 382, 383, 396, 397, 404, 405, 406, 410, 412, 413, 421, 422, 423
본성실현 188, 189, 214, 220, 221
본심(本心) 57, 58
본연지성(本然之性) 27, 44, 46, 49, 65, 73, 74, 137, 154, 194, 197, 326, 339, 341, 342, 353, 354
본원(本源) 71, 93, 102
본질(本質) 82, 189, 320, 341, 375
본체(本體) 36, 41, 42, 105, 106, 107, 108, 138, 139, 190, 192, 193, 202, 218, 233, 331, 332, 333, 341, 343, 346, 347, 353, 420, 421
본체계(本體界) 108, 109, 110, 121, 123, 267
본체론(本體論) 36
부덕(不德) 377, 378, 379
부동의 동자(unmoved mover) 94, 95, 96, 119, 120, 121, 122, 123
부동자(不動者) 123
부부유별(夫婦有別) 404, 405, 406
부자유친(父子有親) 404, 405, 406
부잡성(不雜性) 65
부재(不在) 153
부적(符籍) 279
부정의(不正義) 76, 91
부중절(不中節) 129, 131, 166
부처 345
부패 148, 149, 153
북계(진순) 51
분개(分開) 112
분석심리학 189, 206, 218, 222
분석철학 388
분수(分殊) 74, 75, 87, 102, 309, 310, 311, 323, 324
분수지리(分殊之理) 101, 104, 105, 120
불각(不覺) 350, 351, 354
불공(不空) 345, 346, 347
불교 53, 57, 238, 311, 327, 358, 373, 389
불상리(不相離) 29, 66, 71, 76, 93, 97, 98, 99, 116, 266
불상잡(不相雜) 29, 49, 66, 71, 76, 93, 97, 98, 99, 101, 266
불생불멸(不生不滅) 343, 347, 348
불선(不善) 43, 134, 160, 197, 198, 340, 368
불의(不義) 48
붕우유신(朋友有信) 404, 405, 406

비존재(非存在) 150

(ㅅ)

사(思) 199, 218, 219, 300
사(私) 64
사고(思考) 207
사단 27, 37, 41, 42, 43, 44, 45, 47, 49, 50, 65, 133, 134, 135, 154, 165, 197, 198, 218, 221, 232
사단칠정논변 43, 44, 47, 48, 49, 98
사단칠정논쟁 93
사단칠정론 42, 48, 136, 390, 391
사덕(四德) 138, 139, 190, 194, 200, 205, 232, 404, 409, 410
사도(司徒) 405
사량좌(謝良佐) 53, 414
사려(思慮) 199
사려미맹 지각불매(思慮未萌 知覺不昧) 192
사림(士林) 64
사물(物事) 114, 115, 297
사물상(事物上) 107
사부학당(四部學堂) 395
사액서원 395
사양(辭讓) 42, 134
사양지심(辭讓之心) 42
사욕(私欲) 233, 236, 242, 253, 407, 412
사원인설(四原因說) 116
사유(思惟) 300, 301
사유기능 300, 301, 302, 322
사화(士禍) 21, 48, 64, 90
사회생태론 224, 243, 244
사회생태주의 249
삼계(三界) 285, 286
삼대(三代) 404

삼대(三大) 342
삼라만상 70, 90, 194, 195, 353
삼세육추(三細六麤) 352
상대성 121
상대주의 83
상성성(常惺惺) 53, 203, 204, 414, 415, 418, 419, 423
상성성법(常惺惺法) 17
상제(上帝) 110, 111, 112, 113, 258, 259, 260, 261, 263, 264, 268, 270, 271, 272, 273, 274, 275, 276, 277, 278, 279, 281, 282, 284, 285, 288, 289, 290, 291, 292, 293
상지(上智) 34, 230, 231, 253, 411
상채(사량좌) 204
상천(上天) 257
색욕(色欲) 380
생멸(生滅) 70, 347, 352
생멸심(生滅心) 325, 326, 340, 341, 342, 343, 347, 348, 349, 352, 353, 354
생명 중심주의 225, 227, 238, 243
생명체 369
생사(生死) 70
생성론 409
생성원인(生成原因) 71
생태 공동체 240, 243
생태 중심주의 243
생태계 223, 224, 254
생태적 변증법 243
생태학 223, 254
생혼(生魂) 369, 372, 373, 382
서경덕(徐敬德) 32
『서경(書經)』 112, 258, 259, 264, 405
서도(西道) 277, 278
「서명(西銘)」 235

서양철학 59, 388, 390, 391
서양철학자 389, 391
서학(西學) 358
선(善) 43, 139, 149, 150, 152, 197, 198, 377, 378, 379, 420
선비 25
선악(善惡) 38, 39, 40, 44, 50, 56, 129, 132, 154, 162, 168, 200, 201, 221, 335, 340, 342, 352, 375, 378, 382
선약(仙藥) 277, 279
「선의 본성(The Nature of the Good)」 140
선의 이데아 73, 78, 83, 84, 85, 86, 87, 88, 89, 90, 91, 125
선의지 158, 160, 170, 171, 172, 173, 174, 176, 178, 179, 181, 184, 185, 186
선재성 94
선종(禪宗) 311
선천(先天) 286
선천성 160
선험성 173
선험적(a priori) 170, 174, 383
설(契) 405
『설문(說文解字)』 257
성(性) 32, 34, 35, 37, 38, 40, 41, 42, 56, 95, 127, 158, 162, 174, 176, 185, 188, 189, 191, 193, 195, 196, 201, 202, 212, 220, 227, 259, 271, 301, 306, 334, 336, 337
『성리대전(性理大全)』 16
성리학 27, 32, 35, 43, 47, 49, 50, 94, 126, 131, 142, 150, 159, 160, 166, 259, 270, 275, 290, 310, 325, 326, 327, 329, 335, 336, 345, 346, 348, 352, 353, 355, 357, 358, 359, 361, 362, 364, 365, 367, 371, 373, 374, 375, 379, 382, 383, 384, 387, 390, 410, 423
성명(性命) 50
성문(聲聞) 345
성발위정(性發爲情) 42, 45, 129, 130, 135, 164, 168, 197
성선설 336
성인 34, 50, 139, 142, 184, 221, 260, 326, 339, 345, 352, 405, 406, 410, 411, 413, 422
성즉리(性卽理) 227, 259, 335, 371, 410
성찰(省察) 36, 52, 139, 200, 201, 202, 203, 205, 219, 220, 221, 419
『성학십도(聖學十圖)』 49, 204, 407, 412
성혼(成渾) 48
세계관 62, 63, 91, 125, 126, 260, 358, 359, 367, 369, 382, 384
세계화 387, 389, 391, 392
소당연(所當然) 160, 161, 181, 297, 303, 304, 305, 321, 322, 323
소당연의 법칙(所當然之則) 161, 184, 185
소아의 마음(小我之心) 236
소옹(邵雍) 38
소윤(尹元衡) 63, 64
소이(所以) 269
소이연(所以然) 96, 100, 110, 114, 160, 161, 262, 297, 303, 304, 305, 321, 322, 365
소이연의 까닭(所以然之故) 161
소인(小人) 48, 65, 379
소인유(小人儒) 64
소종래(所從來) 44, 45, 46, 363
소크라테스(Socrates) 76, 83

소피스트(sophist) 77
『소학(小學)』 16, 18
속성 360, 361, 382
수화목금토(水火木金土) 35
수박(粹駁) 194, 219, 382
수신(修身) 36
수심(獸心) 380, 381
수양(修養) 189
수양론 36, 47, 48, 50, 51, 54, 58, 138, 312, 324, 330, 337, 341, 353, 355
수오(羞惡) 42, 134
수오지심(羞惡之心) 42
수운(최제우) 261, 276, 277, 278, 279, 280, 281, 282, 283, 285, 289, 291, 292
순선(純善) 39, 133, 134, 410
순선무악(純善無惡) 32, 168, 193, 329, 335, 340
순수성 32, 170
순(舜) 412, 413, 420
「순전(舜典)」 405
쉘링(Schelling) 208
스콜라철학 384
시각(始覺) 351
『시경(詩經)』 109, 258, 259
시비(是非) 42, 56, 134, 162
시비지심(是非之心) 42
시천주(侍天主) 280, 282
식욕(食欲) 380
신(神) 76, 95, 115, 116, 119, 120, 121, 122, 125, 263, 365
신명(神明) 40, 301, 320, 328
신사(愼思) 407
신유학 325
신정론(神正論) 125, 143
신학 155

신학자 126
실(實) 31, 114, 115, 262
실상(實相) 74
실재(實在) 71
실재성(實在性) 62, 65, 115, 153, 155, 263, 275, 289, 290
실재자(實在者) 264
실존철학 389
실체(實體) 153, 360, 361, 382
심(心) 35, 37, 158, 160, 162, 164, 166, 169, 176, 185, 327
『심경부주(心經附註)』 16
「심경후론(心經後論)」 16
『심경(心經)』 16, 18
심론(心論) 326, 342
심리학 189
심리학자 187
심문(審問) 407
심발위의(心發爲意) 168
심법(心法) 16, 404, 407, 408, 420
심설논쟁 94
심성론 27, 37, 51, 55, 58, 127, 187, 188, 189, 199, 218, 222
심즉리(心卽理) 330, 332, 333
심층 생태주의 225
심층 생태주의자 227
심통성정(心統性情) 37, 41, 42, 191, 218, 328, 331, 420
「심통성정도(心統性情圖)」 49
심학(心學) 16, 17

(ㅇ)
아니마(anima) 206, 214, 215, 216, 219, 221, 222
아니무스(animus) 206, 214, 215, 216,

219, 221, 222
아뢰야식 349, 351, 354
아리스토텔레스(Aristoteles) 94, 95, 101, 116, 117, 118, 119, 120, 122, 123, 295, 296, 299, 300, 309, 313, 314, 315, 316, 317, 319, 320, 321, 323, 389
아우구스티누스(Augustinus) 125, 126, 128, 132, 140, 141, 142, 143, 144, 145, 148, 149, 153, 155, 389
아테네 76
악(惡) 126, 131, 132, 139, 143, 148, 151, 155, 377, 378, 379, 420
「악기(樂記)」 127, 162
안동(安東) 26
안정복(安鼎福) 26
양명학 58
양의(兩儀) 67
양지(良知) 57
어량(魚梁) 23
에피쿠로스(Epicurus) 143
여래(如來) 345, 350
여래장(如來藏) 347, 348, 349, 351
여실공(如實空) 345
여실불공(如實不空) 346
역생하향(逆生下向) 229
『역학계몽(易學啓蒙)』 16
역행(力行) 396, 407, 408
연각(緣覺) 345
염(念) 199, 218, 219
염계(주돈이) 27
염려(念慮) 199
영남학파 387
영명(靈明) 41, 275
영혼(靈魂) 319, 320, 321, 322, 359, 369, 370, 371, 373, 374, 382

『예기(禮記)』 42, 127, 162, 415
예수 285
예수회 357
예술철학 388
예안현(禮安縣) 15
「예운(禮運)」 42
예지계 169, 171, 177, 178, 182
오관(五官) 313
오교(五敎) 405
오륜(五倫) 395, 404, 405, 406, 408, 422
오상(五常) 35, 190, 197, 227, 334, 404, 405, 410
오성(五性) 130, 135, 165, 229
오성방통(五性旁通) 229
오장(五臟) 327
오전(五典) 405
오품(五品) 404, 405
오행(五行) 31, 32, 33, 35, 50, 115, 122, 128, 163, 190, 262, 263, 363, 382, 409
온계리(溫溪里) 15
완전성 368
왕수인(王守仁) 57, 58
외경(畏敬) 36
외부정신 207
욕구(欲) 77, 162, 196, 197
용(用) 52, 201
「용담가(龍潭歌)」 280
『용담유사(龍潭遺詞)』 280, 282
우인(愚人) 411
우(禹) 420
우주론 359
우주발생론 264
우주생성론 69, 364
우주일가(宇宙一家) 35
우주창조설 264

찾아보기 443

운동성 30
운동인(運動因) 116, 118, 119, 120
원형이정(元亨利貞) 35, 410
원기(元氣) 397
원초성(primality) 247
원형(archetypus) 82, 187, 188, 195, 196, 214, 216, 219, 210, 220
유(有) 362
유교 126, 358
유기체 382
유물론(唯物論) 389
유선악(有善惡) 43, 329
유성룡(柳成龍) 26
유식불교 325
유아의 사심(有我之私心) 235, 253
유원지(柳元之) 26
유위(有爲) 269
유주목(柳疇睦) 26
유진(柳袗) 26
유치명(柳致明) 26
유학 25, 226, 290, 325, 358, 387, 395, 406, 408
유학자 126, 187, 224
유행(流行) 71, 93, 102, 113
유행상(流行上) 71
유형(有形) 291, 369
육구연(陸九淵) 311, 312, 324, 330, 332, 333
육신(肉身) 376, 380
육체(肉體) 319, 320, 322, 369, 375, 380
윤돈(尹焞) 53, 414
윤리학 157, 245
『윤리형이상학 정초』 171
윤임(尹任) 63
윤형원(尹元衡) 64

율곡(이이) 29, 96, 105, 269, 410
율곡학파 43, 48, 96, 387
융(Jung) 187, 188, 189, 192, 193, 196, 199, 205, 206, 207, 210, 213, 217, 218, 219, 389
은총 151, 152, 153, 155
을사사화(乙巳士禍) 21, 63, 64
음양 27, 31, 32, 33, 35, 50, 66, 68, 106, 115, 122, 128, 163, 168, 190, 228, 262, 263, 363, 382
음양오행(二五) 75, 112, 226, 334, 410
의(意) 39, 131, 138, 139, 154, 158, 166, 167, 168, 178, 185, 199, 200, 218, 219, 379
의(義) 64
의견(doxa) 77, 80
의뢰자(依賴者) 360
의리(義理) 57, 381, 408
의리지성(義理之性) 340
의무 178, 179, 180, 181, 183, 184, 185, 186
의식 188, 192, 193, 195, 196, 199, 206, 207, 208, 210, 211, 212, 213, 215, 216, 218, 219, 220, 221, 222
의식화 214, 216, 217, 220, 221, 222
의지(意志) 39, 169, 174, 175, 176, 177, 178, 183, 185, 374, 375, 377, 378, 379, 380, 381, 382, 383
이(利) 64
이간(李柬) 93
이간(離看) 71, 93, 102
이공호(李公浩) 106
이기(李芑) 21, 64
이기경(李基敬) 94
이기론 27, 37, 43, 49, 51, 55, 58, 94, 99,

126, 132, 133, 154, 158, 166, 190, 219, 299, 327, 330, 353
이기무선후(理氣無先後) 93
이기이원론(理氣二元論) 65
이기지묘(理氣之妙) 105
이기호발설(理氣互發說) 46, 47, 135, 197
이덕홍(李德弘) 26
이데아(idea) 73, 74, 77, 78, 79, 82, 83, 90, 91, 105
이데아계 61, 62, 71, 80, 83, 85, 86, 88, 90
이도(理到) 391
이도설(理到說) 54, 55
이동(理動) 391
이동설(理動說) 27, 30, 55
이륜(彝倫) 404
이만부(李萬敷) 26
이문(二門) 342
이물(二物) 65, 67, 68, 69, 71, 99, 100
이발(已發) 38, 52, 133, 134, 136, 139, 164, 188, 191, 192, 331, 419, 423
이발(理發) 45, 198, 391
이발설(理發說) 42, 55
이발이기수지(理發而氣隨之) 136
이법(理法) 260, 290
이법천(理法天) 290
이상정(李象靖) 26
이선기후(理先氣後) 68, 93, 94, 100
이성 169, 174, 175, 176, 177, 178, 181, 185, 225, 244, 247, 248, 249, 251, 253, 378
이성능력 370, 371, 374, 376, 377, 382, 383
이승지(理乘之) 46, 136

이식(李埴) 15
이식(李栻) 26
이약기강(理弱氣强) 194, 336
이언적(李彦迪) 32
이원론 61, 63, 125
이이(李珥) 48, 93
이익(李瀷) 26
이일(理一) 74, 75, 87, 102, 309, 310, 311, 323, 324
이일분수(理一分殊) 71, 95, 101, 102, 104, 122, 310
이일지리(理一之理) 101, 104, 105, 120
이재(李栽) 26
이적(夷狄) 398
이정(二程) 342
이진상(李震相) 26
이차 자연(second nature) 239, 240, 241, 242, 243, 244
이천(정이) 27
이천기(李天機) 113
이해(李瀣) 21, 64
이현일(李玄逸) 26
이황(李滉) 15, 93, 261
인(仁) 35, 225, 232, 233, 235, 236, 237, 242, 252, 253, 359, 371
인의예지(仁義禮智) 36, 46, 134, 139, 149, 194, 205, 227, 334, 371, 372, 383, 404
인의예지신(仁義禮智信) 35, 404, 410, 423
인간 중심주의 224, 233, 238, 243, 252
인간계 382
인간학 389
인격신(人格神) 110, 112, 285

찾아보기 **445**

인격자 270
인격적 주재 269
인류(人類) 244
인륜(人倫) 406, 407
인문주의 155, 224
인문학 157
인물성동이논쟁 93
인식(認識) 295, 297, 304, 315, 324
인식내용 302, 305
인식대상 55, 302, 306, 307, 313
인식론 55, 56, 295, 296, 297, 312, 313, 320, 321, 322, 323, 324
인식론사 296
인식주체 55, 297, 302, 305, 306, 307, 313, 315, 321, 322, 323
인심(人心) 17, 27, 49, 50, 57, 65, 380, 381
인욕(人欲) 17, 18, 27, 40, 48, 65, 129, 130, 131, 132, 154, 165, 166, 169, 204, 396, 416, 420, 421
일두(정여창) 24
일물(一物) 67, 68, 69, 71, 76, 99
일법계(一法界) 343
일신(一身) 138, 328
일심(一心) 138, 325, 327, 342, 343, 346, 347, 351, 352, 354
일원의 기(一元之氣) 68
일자(一者) 116, 122
일차 자연(first nature) 239, 240, 242, 244, 245
일체(一體) 237
일체제법(一切諸法) 327, 343

(ㅈ)
자각(自覺) 312
자기(self) 188, 193, 206, 211, 213, 214, 215, 216, 217, 218, 219, 220, 221
자기실현 188, 189, 207, 212, 213, 214, 216, 220, 221, 222
자기원형(archetype) 211, 213, 214, 216, 220
자기이언(自氣而言) 93
자기입법 177
자기화 213
자득(自得) 296, 311, 312, 324
자리이언(自理而言) 93
자립자(自立者) 122, 360
자사(子思) 109
『자성록(自省錄)』 25
자아(ego) 206, 207, 208, 216, 217
자아의식 208, 209, 212, 214, 216
자연 중심주의 226
자연계 241, 243, 244, 382
자연관 225, 226, 227
자연법칙 174
자유 자연(free nature) 239, 242, 243, 244
자유의지 143, 144, 145, 146, 147, 148, 151, 152, 153, 154, 155, 177
「자유의지론(On Free Will)」 140, 144
자율성 155, 176, 177
자주지권(自主之權) 359
작용(作用) 106, 107, 139, 190, 193, 218, 233, 331, 333, 353, 421
작용성(作用性) 266
장경왕후(章敬王后) 63
장단(長短) 339
장복추(張福樞) 26
장유유서(長幼有序) 404, 405, 406
장재(張載) 41, 191, 235

장현광(張顯光) 26
재리상간(在理上看) 71, 102
재마법화 236, 250
재물상간(在物上看) 71, 102
적감(寂感) 191
적멸(寂滅) 53
적연부동(寂然不動) 38, 193
『전경(典經)』 289
전색불통(全塞不通) 229
「전습록논변(傳習錄論辯)」 58
『전습록(傳習錄)』 58
전언(專言) 93
전체(全體) 306, 307
전체성 215, 216
전체정신 193, 208, 212, 213, 214, 215, 216, 221
절대선(絶對善) 127, 159, 160, 185, 335, 383
절대성 32, 94, 116, 121, 122, 157, 160, 161, 162, 173, 176
절대자 112
절제 84
정(情) 127, 129, 138, 139, 158, 160, 162, 164, 167, 189, 191, 192, 193, 196, 199, 200, 212, 218
정(靜) 193, 206, 419, 423
정경세(鄭經世) 26
정구(鄭逑) 26
정민정(程敏政) 16
정상(精爽) 176, 185
「정성서(定性書)」 136
정시한(丁時翰) 26
정암(조광조) 24
정약용(丁若鏞) 270, 359, 371, 384
정언명령 183, 186

정의(情意) 30, 48, 84, 106, 107, 145, 146, 262, 266
정이(程頤) 51, 53, 309, 414
정일집중(精一執中) 420
정자(정이) 25, 61, 70, 112, 203, 264, 267, 414, 416
정자중(鄭子中) 70
정적(靜的) 119
정제엄숙(整齊嚴肅) 17, 53, 203, 204, 414, 415, 416, 417, 418, 419, 423
정조(精粗) 306, 307
정지운(鄭之雲) 43
정편(正偏) 339
제이동자(第二動者) 365
제일동자(第一動者) 365
제일질료(第一質料) 122
제일형상(第一形相) 95, 122
조광조(趙光祖) 63
조목(趙穆) 26
조선성리학 48, 58, 387
조선유학 257
조선유학사 49
조선유학자 43
조작(造作) 30, 262, 266
조짐 69, 195
존양(存養) 52, 139, 200, 201, 202, 203, 205, 219, 220, 221, 332, 420
존재(存在) 58, 160
존재근거 71, 260, 304, 320, 322, 362
존재론 56, 69, 87, 91, 153, 239, 278, 365
존천리 알인욕(存天理 遏人欲) 48
존체응용(存體應用) 420
종교철학 388
종교학자 187
주객(主客) 306

찾아보기 447

주경(主敬) 51
주관성 185
주관적 요소 207
주기(主氣) 46
주기설(主氣說) 32
주돈이(周敦頤) 28, 33, 51, 67, 99, 106, 115, 263, 266, 363
주리(主理) 46
주리설 32
주리철학 32
주문(呪文) 279, 280
주부자(朱夫子) 61
『주역(周易)』 67, 97, 226, 234
주일무적(主一無適) 17, 53, 203, 204, 414, 415, 418, 419, 423
『주자대전(朱子大全)』 16
주자성리학 290
『주자어류(朱子語類)』 115, 263
『주자언론동이고(朱子言論同異攷)』 93
『주자전서(朱子全書)』 18, 19
주자학 58
주재(主宰) 17, 31, 37, 38, 51, 110, 112, 113, 129, 130, 131, 139, 165, 166, 169, 192, 194, 198, 200, 201, 265, 269, 301, 320, 328, 413
주재성 122, 169, 276
주재자 105, 110, 257, 259, 260, 260, 263, 267, 269, 271, 276, 283, 284, 289, 290, 293, 365, 366, 368, 369, 382
주정(主靜) 51
주체(主體) 297
준칙 181, 182, 186
중(中) 201, 202
중관불교(中觀佛敎) 325

중국철학 389
중도(中圖) 49
중리(衆理) 72
중생(衆生) 325, 326, 345, 346, 348, 349, 350, 351, 352, 354, 355
『중용장구(中庸章句)』 49, 109, 159, 163, 226
『중용(中庸)』 109, 128, 203, 334, 407
중인(中人) 34, 230, 231, 253, 411
중절(中節) 42, 129, 131, 166
중정(中正) 196
중종반정(中宗反正) 63
중화(中和) 203
중화구설(中和舊說) 193, 331, 332
중화신설(中和新說) 193, 331, 332
증산(강일순) 261, 284, 285, 286, 287, 289, 292, 293
지(志) 199, 218, 219
지(知) 300, 305
지각(知覺) 37, 40, 41, 190, 192, 195, 271, 297, 298, 299, 300, 301, 314, 327
지각기능 298, 302, 322, 327, 328, 329, 353
지각능력 41, 190
지각작용 41, 128, 130, 190, 191, 298, 299, 371, 376
지고무상(至高無上) 365
지관(止觀) 326
지상선경(地上仙境) 286, 287
지상천국(地上天國) 288
지선(至善) 127, 153, 162, 184, 196, 406
지지(知至) 54, 306, 307
직관(直觀) 207, 296
진덕수(陳德秀) 16, 419
진여(眞如) 343, 344, 345, 346, 350,

351, 352, 354, 355
진여법(眞如法) 354
진여본체(眞如本體) 337, 340, 343, 347, 348, 349, 352, 353, 354, 355
진여심(眞如心) 325, 326, 340, 341, 342, 343, 345, 346, 347, 348, 349, 351, 352, 353
진화론 241, 245
질(質) 34, 230, 231, 411
질료(質料, matter) 94, 96, 117, 118, 119, 122, 315, 317, 319, 320, 322
질료인(質料因) 116
집단무의식 187, 208, 209, 210, 213, 216, 217, 219
집대성자 61

(ㅊ)

창시자 144
창조자 366
창조주 366, 367, 369, 382
창천(蒼天) 257
천(天) 35, 36, 95, 110, 257, 259, 276, 382
천관(天觀) 257, 293
천도(天道) 110
천리(天理) 17, 18, 27, 39, 48, 65, 95, 129, 130, 131, 132, 154, 166, 169, 204, 253, 396, 407, 416, 420, 421
천명(天命) 29, 54, 110, 112, 113, 139, 190, 259, 336, 340, 352, 353, 355
「천명도(天命圖)」 43, 229
「천명도설(天命圖說)」 43
천명지성(天命之性) 340
천명지위성(天命之謂性) 128, 159, 163, 226, 334

천인합일(天人合一) 35, 36, 367, 382
천주(天主) 261, 276, 278, 280, 291, 293, 359, 362, 364, 365, 366, 367, 368, 382
천주교 357, 358, 384
『천주실의(天主實義)』 357, 358, 359, 369
천지(天地) 34, 113, 193, 196, 234
천지공사(天地公事) 286, 287, 292, 293
천지만물 228, 231, 236, 237, 239, 303
천지지성(天地之性) 45, 73, 340
철학 157, 245
철학자 187, 395
청탁(淸濁) 194, 219, 339, 382
체(體) 52, 201
체성(體性) 346
체용(體用) 37, 42, 55, 107, 110, 191, 122, 139, 190, 218, 330, 331, 353
체용론 329, 331
초월성 94, 116, 121, 364
초월자 365, 369
최고선(最高善) 185
최고신(最高神) 287
최제우(崔濟愚) 276, 284
충막무짐(沖漠無朕) 69, 101, 107, 108
충막무짐 만상삼연이구(沖漠無朕 萬象森然已具) 70
측은(惻隱) 42, 134, 196
측은지심(惻隱之心) 42, 233
지양지(致良知) 57
치지(致知) 54, 302, 305, 307, 308
칠정 27, 37, 42, 44, 45, 46, 47, 49, 50, 65, 133, 135, 137, 154, 165, 197, 198, 218, 221

칠포사(七包四) 45
침입 207

(ㅋ)
칸트(Kant) 157, 158, 161, 169, 170, 171, 177, 179, 180, 181, 182, 184, 389

(ㅌ)
타율성 155
태극(太極) 27, 29, 35, 38, 66, 67, 71, 72, 90, 99, 102, 103, 104, 106, 113, 168, 193, 197, 277, 279, 360, 363
태극도(太極圖) 28
「태극도설(太極圖說)」 33, 51, 363
통색(通塞) 339
『통서(通書)』 115, 263
통체일태극(統體一太極) 71, 72, 74, 87, 90, 102, 103, 104, 105, 120, 122
『퇴계선생언행록(退溪先生言行錄)』 25
퇴계철학 61, 392, 410
퇴계학 387, 388, 389, 390, 391
퇴계학파 26, 43, 48, 49, 387

(ㅍ)
『파이돈(phaedo)』 83
페르소나(persona) 205, 206, 214, 216, 221
펠로폰네소스 76
「포덕문(布德文)」 281
표리(表裏) 306, 307
풍기군수 22
프로이트(Freud) 187, 208, 209, 210, 213
프로타고라스(Protagoras) 77

플라톤(Platon) 61, 62, 71, 72, 74, 76, 77, 78, 79, 81, 82, 86, 89, 105, 125, 389
피조물 141, 142
필연성 161, 162, 170, 176, 177, 181, 182, 183, 184

(ㅎ)
하도(下圖) 49
하숙경(하호) 418
하우(下愚) 34, 230, 231, 253, 411
한국사 63
한국사상사 387, 388, 392
한국유학사 32
한국철학 388, 389, 390, 391
한국철학사 388
한원진(韓元震) 93
한훤당(金宏弼) 24
합간(合看) 71, 93, 102
해석학 388, 389
허(虛) 31, 114, 115, 262
허령(虛靈) 37, 40, 41, 190, 298, 328, 346
허목(許穆) 26
허전(許傳) 26
허훈(許薰) 26
현대철학 389, 390
현대화 387, 389, 392
현상(現象) 74, 188, 341
현상계(現象界) 61, 62, 80, 83, 85, 86, 87, 88, 90, 105, 107, 109, 110, 112, 115, 121, 122, 123, 267
현실태(actuality) 101, 117, 118, 119, 195, 314, 316, 317, 318, 319, 322
혈기(血氣) 57
형기(形氣) 49

형상(形相, form) 78, 80, 94, 117, 118, 119, 122, 295, 315, 316, 317, 319, 320, 321, 322
형상인(形相因) 116
형이상(形而上) 27, 28, 29, 30, 65, 66, 81, 90, 96, 97, 109, 121, 163, 226, 299, 317
형이상학(形而上學) 94, 149
「형이상학(metaphysics)」 116
형이하(形而下) 28, 29, 65, 66, 90, 96, 97, 121, 163, 226, 299, 317
형체(形體) 53, 69, 100, 128, 137, 139, 160, 163, 195, 196, 227, 228, 231, 302, 334, 362, 409, 422
호색(好色) 57
호천(昊天) 257
혹통일로(或通一路) 229
혼(魂) 372, 373
혼륜(渾淪) 112
화(利) 201, 203
화복(禍福) 259
화정(윤돈) 204
확충(擴充) 48, 198
환경론 223
활물(活物) 108, 110, 123, 267, 268
활연관통(豁然貫通) 306, 309, 323
황덕길(黃德吉) 26
황천(皇天) 257
황천상제(皇天上帝) 259
회의주의 83
회재(이언적) 24
횡거(장재) 27
횡생미상(橫生尾上) 229
후박(厚薄) 339
후직(后稷) 405

후천선경(後天仙境) 287
훈구(勳舊) 64
훈구파 63
휴머니스트 252
휴머니즘 248, 250, 251, 252
희로애구애오욕(喜怒哀懼愛惡欲) 42, 164, 198

책에 실린 글의 출처

이 책에 실린 각 장의 글들은 이미 학술지에 발표한 논문을 단행본의 형식으로 수정·보완한 것이다. 원래 수록된 학술지의 내역은 다음과 같다.

제1장 퇴계와 플라톤의 이원론적 세계관
원제목: 「퇴계와 플라톤의 이원론적 세계관 고찰」(『국학연구』50, 한국국학진흥원, 2023)

제2장 퇴계의 리와 아리스토텔레스의 신
원제목: 「퇴계의 리와 아리스토텔레스의 신과의 접점」(『동서인문학』56, 계명대학교 인문과학연구소, 2019)

제3장 퇴계와 아우구스티누스의 악의 해석
원제목: 「퇴계와 아우구스티누스의 악에 대한 시론적 고찰」(『연민학지』42, 연민학회, 2024)

제4장 퇴계와 칸트의 도덕성 해석
원제목: 「퇴계와 칸트의 도덕성에 관한 고찰」(『퇴계학논총』36, 퇴계학부산연구원, 2020)

제6장 퇴계와 북친의 인간 해석
원제목: 「21세기 생태환경 문제에서 인간에 대한 해석과 그 역할 고찰-퇴계 이황과 머레이 북친을 중심으로-」(『퇴계학논총』40, 퇴계학부산연구원, 2022)

제7장 퇴계와 조선유학자의 천관(天觀)
원제목: 「조선 중·후기 종교적 천관(天觀)의 전개양상-퇴계, 다산, 수운, 증산을 중심으로-」(『대순사상논총』36, 대순사상학술원, 2020)

제9장 주자 성리학과 마명『대승기신론』의 심론
원제목: 「주자 성리학과 마명『대승기신론』의 심론 비교 고찰」(『퇴계학논집』 26, 영남퇴계학연구원, 2020)

제10장 주자 성리학에서 본 천주교: 마테오 리치의 우주론과 심성론
원제목: 「마테오 리치의 우주론과 심성론 −『천주실의』를 중심으로−」(『퇴계학논총』39, 퇴계학부산연구원, 2022)

부록 퇴계의 교육철학
원제목: 「21세기의 대학교육과 퇴계의 교육철학」(『후마니타스 포럼』8, 후마니타스 교양교육연구소, 2022)

저자 약력

안유경

경북 안동 출생
경북대학교 중어중문학과, 성균관대학교 대학원 동양철학과 한국철학전공 졸업(철학박사)
현재 경북대학교 영남문화연구원 연구교수

■ 역서

『리의 철학』,『맹자의 성선론 연구』,『유가의 형이상학』,『동아시아 유교경전 해석학』,『유교는 종교인가(1·2)』,『임계유의 노자 풀어 읽기』,『오행이란 무엇인가』,『주역전해(상·하)』

■ 저서

『이현일의 철학사상』,『성리학이란 무엇인가』,『퇴계학파의 심성론』,『경이란 무엇인가: 이상정의 『敬齋箴集說』역주』,『성학십도 이야기: 학생이 묻고 퇴계가 답하다』,『조선성리학의 사단칠정론 역사』 외 다수

퇴계와 동서철학의 만남

초 판 인 쇄	2025년 06월 12일
초 판 발 행	2025년 06월 27일
저　　　자	안유경
발 행 인	윤석현
발 행 처	박문사
책 임 편 집	최인노
등 록 번 호	제2009-11호
우 편 주 소	서울시 도봉구 우이천로 353
대 표 전 화	02) 992 / 3253
전　　　송	02) 991 / 1285
전 자 우 편	bakmunsa@hanmail.net

ⓒ 안유경, 2025 Printed in KOREA.

ISBN 979-11-7390-008-2　93150　　　　　정가 43,000원

* 이 책의 내용을 사전 허가 없이 전재하거나 복제할 경우 법적인 제재를 받게 됨을 알려드립니다.
** 잘못된 책은 구입하신 서점이나 본사에서 교환해 드립니다.